D1599169

Latin: A Structural Approach
Revised Edition

LATIN

A Structural Approach

Revised Edition

by
Waldo E. Sweet
Ruth Swan Craig and
Gerda M. Seligson

Ann Arbor
The University of Michigan Press

Revised edition 1966
Second printing 1971
ISBN 0-472-08803-3
Library of Congress Catalog Card No. 66-17030
Published in the United States of America by
The University of Michigan Press and
in Don Mills, Canada, by Longmans Canada Limited
Manufactured in the United States of America

FOREWORD TO THE FIRST EDITION

This book attempts to apply the findings of structural linguistics to Latin in the same way that Charles C. Fries has applied them to the teaching and learning of English as a foreign language.

The course is built around 360 Basic Sentences, which not only illustrate all points of structure but serve as the basis for the Pattern Practices, which in turn give massive drill on these points. These Basic Sentences are *sententiae*, gathered from various centuries to give the student some idea of the vast scope of Latin literature. The Narrative Readings in many cases parallel the Basic Sentences in language or thought.

This book was written for teachers without previous training in structural linguistics who are dissatisfied with the traditional approach to Latin teaching and want to try something new. For them the following observations may be useful.

Few, if any, of the grammatical explanations are like those found in traditional textbooks. Some of them you may find hard to understand. This does not necessarily mean that your students will find them difficult. Be chary of giving what may seem to be simpler explanations until you have had experience with the book.

In general keep any talk *about* the language to a minimum. Students will learn Latin by hearing it, speaking it, reading it, and writing it, not by talking about it. Wherever possible, avoid the kind of talking about the language which we call translating. If the student can answer the questions in Latin, he knows the meaning of the passage. The slower student, who cannot at first answer the Latin questions, will gradually comprehend the meaning of the original through the questions and answers. If the questions given in the text are not sufficient, you can supply additional questions which will elucidate the point of difficulty. As your own skill increases you will discover that you can do away almost entirely with translation as a teaching technique.

It is essential to proceed as fast as the ability of the class permits. No single lesson by itself can teach any item of structure; the student will only learn it after he has seen it in contrast with all other structures. To illustrate, in Lesson One the student learns that *virō* is ablative singular. No matter how astute, he cannot understand this *virō* until he sees it in contrast with the homophonous dative singular *virō* in Lesson Sixteen. If, through zeal for thoroughness, one were to spend two years on the first fifteen lessons, would the student ever comprehend that *virō* could be anything but ablative singular?

College freshman classes can proceed at the rate of one lesson per class meeting, high school students at half this speed. For a single assignment the college student could learn ten Basic Sentences, master the Pattern Practice, and do the Self Test. A Basic Sentence is learned when the student, after hearing it given once in Latin, can repeat it or write it without hesitation or error. A Pattern Practice is mastered when a student can give the correct response to the stimulus without pausing to think. This may be tested by a tape recording in class, with the stimuli arranged in an order which is different from that of the book or learning tape. The purpose of the Self Test is to show the student whether he has studied the Pattern Practice well enough to answer the Self Test *without hesitation.*

Only a few minutes of each class period should be spent on checking the assigned work. With a tape recorder to give the Stimulus-Pause-Response of a Pattern Practice, a class of 25 students can be tested and graded in five minutes.

To anticipate the inevitable question, it is *not* necessary to use tape recorders in order to use the book. In fact, most teachers who have used previous experimental editions of this book did not use mechanical equipment. However, the economical saving of such mechanical aids should not be overlooked. As a classroom teacher, I would prefer to teach a class of 50 with access to mechanical equipment than a class of 25 without it.

In collecting the *sententiae,* the following works were particularly useful:

William F. H. King, *Classical and Foreign Quotations* (New York, 1888).

L. De-Mauri, *Flores Sententiarum* (Milan, 1949).

A. Otto, *Die Sprichwörter und Sprichwörtlichen Redensarten der Römer* (Leipzig, 1890).

Wilhelm Binder, *Novus Thesaurus Adagiorum Latinorum* (Stuttgart, 1861).

Jakob Werner, *Lateinische Sprichwörter und Sinnsprüche des Mittelalters* (Heidelberg, 1912).

Guiseppe Fumagelli, *L'Ape Latina* (Milan, 1955).

Acknowledgement is made to S. I. Hayakawa and to Harcourt, Brace and Company for permission to use an extensive quotation from *Language in Action*; and to Eugene A. Nida and The University of Michigan Press for permission to use examples from *Morphology: The Descriptive Analysis of Words*.

The Introduction is an expansion of the opening chapter of *Experimental Materials, Book One,* the result of a two-year program under the auspices of the Carnegie Corporation.

The illustrations were drawn by Edith Kovach, Mumford High School, Detroit, Michigan.

The authority for quantities has been Walde-Hoffmann, *Lateinisches etymologisches Wörterbuch* (3rd ed.; Heidelberg, 1938-54).

The prose paraphrases of Phaedrus and Martial are in many cases based on those in the Delphin edition.

The Latin explanations of new words are often adapted from the dictionary of Forcellini.

To many people I owe a profound debt of gratitude. First and foremost is John F. Gummere, classicist, linguist, and headmaster of the William Penn Charter School, where I spent seven happy years learning and teaching. It was he who first introduced me to structural linguistics; without him there would have been no book.

My thanks go also to Ralph L. Ward, who devoted much of the summer of 1951 to a minute scrutiny of the materials which I was then constructing.

The influence of Charles C. Fries is enormous, as anyone familiar with his work can see; and the inspiration of his counsel was of great personal value. I am indebted also to two of his pupils, Betty W. Robinett and Barbara Y. Gordon, who spent many hours helping me work out the application of Pattern Practice to the Latin language.

For my interpretation of Latin grammar, upon which the entire book rests, I owe much to Henry M. Hoenigswald.

Thanks are due my colleagues in the Department of Classical Studies at The University of Michigan, Frank O. Copley, Ruth S. Craig, and Gerda M. Seligson, who have taught from these materials in preliminary form and have furnished constant help and encouragement. I am under much the same obligation to the members of the Latin Workshop, who in 1952 and 1953 worked out with me the *Experimental Materials* and whose shared experience taught me much: Clara Ashley, Grace Crawford, Sister Mary Donald, Margaret Forbes, Rev. Charles Herkert, Eleanor Huzar, Jane Infield, Eileen Johnson, Frederick Kempner, Edith Kovach, Austin Lashbrook, Joan Madsen, Malcolm McLoud, Stanford Miller, Gerda Seligson, John Shepard, Lawrence Springer, Hilton Turner, Myra Uhlfelder, Laura Voelkel, Richard Walker, Evelyn Way, Elizabeth White.

Finally, affectionate thanks to my wife, who typed and edited all drafts of the manuscript.

With regret I must somewhere bring to a close this list of names. To all the others—classicists, linguists, teachers, administrators, and students—who have assisted in the production of this book I give my grateful thanks.

Waldo E. Sweet

Ann Arbor,
August 1957

PREFACE TO THE REVISED EDITION

This revised edition was carried out in cooperation with Waldo E. Sweet, who submitted an extensive list of suggestions when the work was undertaken and has gone over the manuscript in its several revisions. In general the aim has been to tighten and shorten the text.

The revised edition also represents the result of teaching the structural approach for ten years and of weighing the critical comments made by teachers everywhere. We are especially grateful to Henry Hoenigswald, Harry Levy, and Wade Stephens, whose unpublished survey of teachers' opinions has guided us in many changes. We are indebted to Allan Keiler, who introduced us to transformational grammar and helped us to incorporate some of its concepts into the text. Jeremiah Reedy, whose assistance was made possible through the generosity of the Department of Classical Studies at The University of Michigan, compiled the vocabularies and helped in many ways.

A list of the main changes includes:

1. The number of Basic Sentences has been reduced from 360 to 166.
2. The length of the Pattern Practices has been greatly reduced.
3. The Latin questions on Basic Sentences and Readings have been reviewed and the contrast between structural and comprehension questions has been made explicit.
4. A number of progressively longer passages, mostly from Latin prose authors, has been added.
5. The Self Tests have been expanded.
6. Some of the vocabulary in the Readings has been added to the required vocabulary. This does not include Narrative Readings.
7. Each Review Lesson has a vocabulary section.
8. Most words listed in the Lesson Vocabularies have been arranged at the end of the book in alphabetical order, without meanings, and by parts of speech, with meanings.

9. Grammatical explanations in some cases have been changed. Explanations of the following items have been added:
    a) sequence of tenses
    b) indirect commands
    c) kernel sentences
    d) factitive verbs
    e) impersonal intransitive passive
    f) oratio obliqua

10. The lessons on the subjunctive in subordinate clauses have been rewritten.

11. An appendix for Morphology, Syntax, Question Words and Metaphrasing has been added.

12. The Narrative Readings have been amplified and rearranged.

The goal of reading Latin as Latin is hard to reach for many reasons. We believe that the teacher must use any activity which helps toward that goal: structural and comprehension questions in Latin, paraphrasing, oral reading, structural and rhetorical analysis. In addition to these we advocate the teaching of structural translation, which we call metaphrasing. This skill is based upon an understanding of the structures of both English and Latin, whether they coincide or contrast. These must be consistently taught and drilled. We believe that one of the reasons why translation has become discredited as a classroom procedure is that translation of this kind has not been taught and accordinly not been learned. Not only can the student use this skill in the analysis of difficult passages, but it is also the quickest way to show that he has understood at least the simple meaning of a passage. Like other preliminary activities, metaphrasing will become unnecessary as soon as it has been fully mastered.

We hope that the revised edition will be of use elsewhere as it has been in our elementary courses. Although the text is the best we can do at this time, we are only too aware of its shortcomings, for which we alone are responsible.

For information about tapes, write to the Audio-Visual Center.

Ruth Swan Craig
Gerda M. Seligson

CONTENTS

6

INTRODUCTION

What Sounds Mean

LANGUAGES ARE DIFFERENT.

Read that sentence again. Like a lot of things in life, it is more complicated than it seems. It is a fair assumption that unless you have studied a foreign language for some time you do not really understand the meaning of that sentence. The purpose of this Introduction is to try to give you some understanding of the problems that face you in learning a new language. At the end of the year you will understand this Introduction fairly well.

Languages are different. For one thing, they have different words for the same objects. Probably everyone knows that there are people in the world who use words like *cheval* or *Pferd* or *cavallo* for what is really just a plain old horse.

But the difference goes far deeper than that. Speakers of other languages just do not view the universe in quite the same way as we. They don't talk about quite the same colors, recognize quite the same sort of family relationships, or think of time exactly as we do.

To give an example, there are two words for *uncle* in Latin; one is *avunculus* and the other is *patruus*. But they are not synonyms. The first is your mother's brother; the second is your father's brother. Your uncle on your mother's side is not the same person as your uncle on your father's side: why do speakers of English give them the same name? The answer is that we classify this relationship in a different way from the Romans. The difference between *patruus* and *avunculus* was important to a Roman boy because if his father died his *patruus* usually became his guardian. In such ways as these, languages reflect differences in cultures.

Although we have taken an example from Latin, the same thing is true in every other language. To give another example of kinship terms, there is no word for *brother* in Japanese; you must always specify whether you are talking about your older brother or your younger brother. This difference has an importance for the Japanese that it does not have for us.

There are languages that don't concern themselves with whether things are singular or plural, some that don't bother to indicate the time when things happen, some that don't have adjectives. In these countries, two and two apples still make four apples, one action still occurs before another, and objects still have size, shape, and color, but in these languages it is not obligatory to comment on these facts the way we do. This is the source of the greatest single difficulty in language learning; it is also what makes the study so fascinating.

You may wonder how a language can get along without adjectives. First, let us define an adjective. An adjective (like any other part of speech) is a member of a form class; that is, it shares certain characteristics of form with certain other words in the language. In English *red* works the same way as *big*: we can say "The barn is big" as well as "The barn is red," and we have *red, redder, reddest* like *big, bigger, biggest*. *Blush*, however, although much closer to *red* in meaning than *big* is, is not an adjective; it is a verb, since it works like *cease*: *she blushes, she blushed*; *she ceases, she ceased*. A language that lacked a form class for adjectives would express the idea "The barn is red" by using other parts of speech, perhaps a verb, as "The barn blushes," perhaps a noun, as "The barn has redness."

Other languages differ from English not only in lacking certain features which English has but in possessing others which it does not. There are languages in which it is obligatory to comment on the shape, size, or texture of objects; others in which you must note the position of everything you discuss; and so on through a list that seems to be endless. In Hupa, a language of the American Southwest, nouns have tenses; one says *xonta* for a house now in existence, *xontaneen* for a house that used to exist but has ceased to be, and *xontate* for a house that will come into existence in the future.

It is compulsory in English to say whether a noun is singular or plural. One must either say "I am picking up the *book*" or "I am picking up the *books*," even though you do not care or perhaps do not even know whether the books are one or more than one. You *must* make a decision and state it. Not all languages require this distinction between singular and plural.

But they all require similar ones.

This is a bewildering idea to grasp, one you cannot expect to understand by reading about it, particularly in such a short presentation as this. You must dig down inside another language and find out by experience how it works. If you approach this in the right way, you will find it one of the most interesting things you have ever studied. But most of the difficulties which beginners have with a foreign language can be traced to their refusal to believe that languages can *really* be different.

THE SOUNDS

Languages are made up of sets of sounds called *phonemes*. Each language has from two dozen to six dozen sets of these sounds, *and no two languages have the same combination of sets*. It is a safe assumption for you to make in starting any new language that there will be *no* sounds in this language exactly like English sounds. In actual practice there will usually be a few sounds that are much like English, but the *total combination* is sure to sound completely different. Most people approach a foreign language with the feeling that its sounds are essentially like those in English. In the preceding pages we used the foreign words *cheval, Pferd, cavallo, avunculus, patruus, xonta, xontaneen, xontate*. No matter how you pronounced these words, you may be absolutely sure of one thing: unless you already knew the language, you were wrong. Only through long practice could you come even reasonably close to a native's pronunciation.

As a child you started to learn the sounds of your language almost from the day you were born. Long before you could talk you were making English noises rather than French or German noises. It is no wonder that you find it hard to realize that other sets of sounds can have meaning.

When a language has an alphabet that really fits the language, then each phoneme has one symbol, and this one symbol always stands for the same phoneme. English is an example of a language where the alphabet is a wretched fit. Who would ever guess that *pair, pear,* and *pare* were pronounced alike, or that the words *cough, tough, through,* and *though* do not rhyme? Latin, you will be glad to know, is an example of a language whose alphabet is almost (but not quite) a perfect fit.

Now to define more closely what we mean by *phoneme*. The phoneme /p/[1] occurs in both the word *pot* and the word *spot*. Say these two words aloud. Can you detect any difference in the /p/? The answer may very well be in the negative, for all your life you have been trained to respond to these quite different sounds as members of the same set. Perhaps, however, you can feel a difference which you have trained yourself not to hear. Place the back of your hand a few inches in front of your mouth and try the two words again. You will feel a distinct puff of air with *pot* which is absent in *spot*. This difference is nonsignificant in English because we automatically omit the puff after /s/.

This difference between /p/ with a puff and /p/ without it is significant in Chinese: the word *pa*[2] with a puff means *eight*, and *pa* without the puff means *white*. French, on the other hand, has a phoneme /p/ which never has the puff. If you want to speak French the way the natives do, you will have to learn to omit the puff on such words as *Paris*. If you want to learn Chinese, you will have to learn to recognize and produce the /p/ with a puff and the /p/ without it.

People who speak Korean as their native language do not have the contrast that we have between /l/ and /r/. To them the words *loot* and *root* sound alike. They must work hard to learn a difference which to you seems so natural that you may find it incredible that there are people who cannot hear it.

[1]The slanted lines mean that we are talking about a phoneme and not about a letter. In the word *philosophy* the letter *p* occurs twice, the phoneme /p/ not at all.

[2]The tones (rising and falling) are omitted here, although they are essential to the Chinese phonemic system. The student should be warned that almost all the examples are simplified in some way.

One of the problems in learning a modern language is to master this complicated system of contrasting sounds so that you "have a good accent," one that is acceptable to natives of that country. Unless you can come reasonably close to a native pronunciation, you will not be understood. We have all heard foreigners speak what they thought was English but which was largely unintelligible. What they were doing, of course, was substituting the sound system of their own language for that of English.

This problem of acquiring the accent of a native does not arise in the study of Latin. You will have a lot of opportunity in your later life to use Latin, but the possibility of talking with a Roman is one we may safely eliminate. You will speak and hear a great deal of Latin both in class and outside (in order to fix it securely in your mind), but in general you may use sounds which are pretty much like English sounds.

Although some points are debatable, we know a lot about the way Latin sounded. If you want to sound as much like a Roman as possible, listen carefully to your teacher and to tapes,[3] and imitate them as closely as possible. Better than imitating, mock them.

For practice, then, mock the pronunciation of the following utterances. Since at this point we are concerned solely with pronunciation, it doesn't matter what they mean. Take it on faith that they are meaningful; you will find out the meaning later on. Learn these well enough so that you can repeat them without the slightest hesitation. A famous authority on language once said that language learning is overlearning and that anything less is of no use.

Do this introductory Pattern Practice either with the teacher or with a tape or record. If you do it by yourself you can be sure that you are doing it wrong.

PATTERN PRACTICE, Part One

Purpose: to learn to repeat whole utterances.
Directions: repeat the utterances.

Prūdēns cum cūrā vīvit, stultus sine cūrā.—Werner[4]
Fūrem fūr cognōscit et lupum lupus.—Anon.
Rem, nōn spem, . . . quaerit amīcus.[5]—Carmen dē figūrīs
Fortiter, fidēliter, fēlīciter.—Motto

[3]See the Preface to the Revised Edition, page x.

[4]The identification *Werner* means that the quotation is medieval and is to be found in Jakob Werner's *Lateinische Sprichwörter und Sinnsprüche des Mittelalters* (Heidelberg, 1912).

[5]The dots mean that a word or words have been omitted.

Vestis virum reddit.—Binder
Vulpēs vult fraudem, lupus agnum, fēmina laudem.—Werner
Manus manum lavat.—Petronius
Vītam regit fortūna, nōn sapientia.—Cicero
Vēritās numquam perit.—Seneca
In pulchrā veste sapiēns nōn vīvit honestē.—Werner

Once you observe a few facts about the Latin writing system there is almost no problem in writing down what you hear or in reading what someone else has written.

Observe the following:

1. There are no "silent letters" as in the English writing system. The word amōre has three syllables.
2. Each letter always represents the same set of sounds. Both *c*'s in *cognōscit* (in the second sentence) are pronounced hard (like English /k/).
3. The letter *v* has the sound of English /w/.
4. The letter *j* has the sound of the first phoneme in English *young*.
5. Note carefully the difference between the five short vowels and the five long vowels (marked with the macron, as in *ā, ē, ī, ō,* and *ū*). This contrast between long and short will cause some trouble.
6. Note also that double consonants in Latin stand for a doubled sound; double letters in English, on the other hand, show the pronunciation of the preceding vowel, as in *supper/super, dinner/diner*.

PATTERN PRACTICE, Part Two

Purpose: to help you recognize and produce the difference between long and short vowels and double and single consonants. In each of these sets, two words will be alike and a third will differ.

Directions: repeat the sets.

fīlia	cūra	ēdō	honeste	summus	ager	hōc	fugīs	virīs
fīliā	cūrā	ēdō	honeste	summus	agger	hoc	fugīs	vīrīs
fīlia	cūrā	edō	honestē	sumus	ager	hōc	fugis	virīs
vestīs	erās	amō	callidus	vultus	regī	spīna	morī	vocēs
vestis	errās	amo	calidus	vultūs	rēgī	spīnā	mōrī	vocēs
vestis	errās	amo	callidus	vultūs	rēgī	spīnā	morī	vōcēs
sōlum	nota	hic	mānibus	stultē	modo	canum	īdem	lēgit
solum	nōta	hic	manibus	stulte	modō	cānum	īdem	legit
solum	nota	hīc	manibus	stultē	modo	cānum	idem	legit

colis	dēdī	ūtī	rēxeris	dūceris	ducī	fugit	lēvis	nōtus
collis	dedī	utī	rēxeris	dūcēris	dūcī	fūgit	levis	nōtus
collis	dedī	utī	rēxerīs	dūceris	ducī	fugit	levis	notus

liber	male	īra	parent	vīlīs	auris	vēnit	manus	suīs
līber	mālle	īra	parent	vīllīs	aurīs	venit	manūs	suis
liber	male	īrā	pārent	vīllīs	aurīs	vēnit	manūs	suīs

PATTERN PRACTICE, Part Three

Purpose: to contrast some of the short vowels.
Directions: repeat each set.

servum	servem	at	efficiō	oppetō	omnis	ut	anus
servam	servam	et	efficiō	appetō	omnis	at	anus
servam	servam	at	officiō	oppetō	amnis	ut	onus

Your assignment is to read this lesson several times, making careful note of the parts you do not understand. If you think you understand it all, this may be a danger signal, particularly if you have studied no other foreign language. Then with tape, record, or someone who knows Latin, go over again and again the ten sample sentences and the exercises which contrast the sounds.

How a Language Fits Together

You would probably like to know what the utterances meant which you heard in the last lesson. If we told you what the words meant, do you think you could do it? Let's look at the first one: Vestis virum reddit.

Vestis means *clothing, virum* means *man,* and *reddit* means *make;* what does the entire utterance mean?

Now for another one: Virum reddit vestis.
And this one: Vestem reddit vir.
And this one: Reddit virum vestis.
And this one: Virum vestis reddit.

Unless you are a lucky guesser or unless you already know something about Latin, your chances of getting all five of those right were small indeed. You knew the lexical meaning of the individual words, but you didn't know the structural meaning. The following quotation presents the problem well: "When we test Ph.D. candidates for their ability to read German, our main concern is to make sure they can work the machinery of the language. With a dictionary any student of chemistry can discover that a certain paragraph deals with the mixing of sulfuric acid and water; but what he really needs to find out is whether the acid is poured into the water or the water into the acid (the difference between safety and an explosion), and for that he needs to be able to read the structure of the sentence."[6] This lesson will try to explain a little what we mean by *structure*. Only in this way will you have a full understanding of what you need to learn when you turn to Latin.

As a small child, along with learning the sounds of your own language you learned a lot of other things about English, too. You found out the difference between *Daddy scared the dog* and *The dog scared Daddy*. You were learning the syntax of your language, although of course at that time you didn't know what syntax was. In case you are still hazy, we will define it for you: syntax is the machinery that makes the individual words operate, the system by which the words are related to one another. When you knew the difference in meaning between the two sentences given above, you knew the difference (in English) between subject and object; you understood this bit of English syntax. You didn't of course know the terms *subject* and *object*, and you couldn't give a good explanation of how you knew the difference. Can you give that explanation now?

Unless you are different from most students, your answer was probably something like, "The subject is the doer of the action." Does this answer the question? Is this a clear explanation of *how* you tell?

Until recently we were satisfied with such answers as that given above. Now, however, we are not. A new field of study called *structural linguistics* has changed our way of thinking. Through new techniques we can now give more sensible descriptions of languages than before. Using these descriptions we can make the process of language learning somewhat more efficient. This book attempts to make use of this knowledge. You may find that much of what you learn about language will contradict what you have heard before.

Let us return to your childhood. By the time you were five and a half you had "learned the language." There were still odds and ends lying around; you might, for example, still have said *He breaked it*, but this very error shows that you had learned the system by which the vast majority of English verbs form their past tense.

On the other hand, your vocabulary at the age of five and a half was still incomplete. In fact you are still learning English vocabulary, and you will never learn more than a small part of it. One of the tasks in any field is to learn the complex specialized vocabulary ("jargon") and the concepts for which they stand. This continuing experience with new words is the reason why the learner of a foreign language invariably thinks first of vocabulary: it is the only part of the learning of his own tongue that he remembers.

Just as the sounds of languages are different, so are the shapes of

[6]From a review by Martin Joos in *Language* 32 (1956), 295-96.

words, phrases, and utterances.[7] Some languages form utterances by stringing together a lot of short words in a fixed order. English is this sort of language, and so is Chinese.

Other languages may express in one word what takes us three or four. This does not mean that these languages are any more or less efficient than English, but it does most decidedly mean that they are different.

Here are some examples from a dialect of Aztec spoken in Veracruz, Mexico.[8] See if you can answer the questions.

First Problem

Aztec Word	English Meaning
ničoka	I cry
ničokaˀ	I cried
nimayana	I am hungry
nimayanaˀ	I was hungry
nimayanaya	I was hungry (and may still be)
timayana	You (sg) are hungry
nimayanas	I will be hungry
tičoka	You (sg) cry
ničokaya	I was crying (and may still be)
ničokas	I will cry

Explanation of symbols: The *č* stands for a sound something like the *ch* in *chair*. The hook stands for a sound something like the one which some people have when they say *moun'en* instead of *mountain*. The other sounds are something like the sounds in English. If you wanted to pronounce them so that they were intelligible to a native speaker, you would need to have special instruction. You may be sure that as we pronounce these words, no speaker of Aztec would understand them.

1. In this language, what is it that signals simple past time?
2. What signals the first person singular?
3. What signals the second person singular?
4. What signals the stem of the word that means *cry*?
5. What signals the stem of the word that means *be hungry*?
6. What signals future time?

The minimal units of meaning which you have cut out of these words are called *morphemes*. To turn to English, *slowly* is composed of two morphemes, *slow* and *-ly*. *Slow* has meaning and so does *-ly*. It so happens that *slow* can stand by itself, while *-ly* cannot.

[7]An *utterance* is a segment of speech which begins at the point when a person starts to talk and continues until he stops.

[8]The Aztec examples are from *Morphology* by Eugene A. Nida (Ann Arbor, 1949).

If you had trouble in picking out the morphemes in the Aztec example, here is a suggestion. Compare the forms of the words and then compare the meanings. What, for example, is the difference in form between the first two words? It is the sound represented by the little hook. And what is the difference in meaning? Apparently the difference between present and past time. Then what is the answer to the first question?

But let's check. Look back for another pair of words that have this same contrast in form; do they have the same contrast in meaning? Items three and four answer this. There is your check. Now try this one from the same dialect.

Second Problem

Aztec Word	English Meaning
ikalwewe	big house
ikalsosol	old house
ikalcīn	little house
komitwewe	big cooking pot
komitsosol	old cooking pot
komitcīn	little cooking pot
petatwewe	big mat
petatsosol	old mat
petatcīn	little mat
ikalmeh	houses
komitmeh	cooking pots
petatmeh	mats
kōyamecīn	little pig
kōyamewewe	big pig
kōyamemeh	pigs

The long mark over some of the vowels means that the vowel is held longer than the ones without it. This is important in some languages. Can you name one?

Pick out the morphemes that have the following meanings:

1. cooking pot
2. plural
3. old
4. little
5. mat
6. house
7. big
8. pig

Here is a third set, taken from a different dialect of Aztec. This should go fairly easily now.

Third Problem

Aztec Word	English Meaning
-ita	stem of verb *to see*
nikita	I see it
kita	He sees it
kinita	He sees them

kitas	He will see it
kitak	He saw it
tikinita	You (sg) see them
nikitak	I saw it
nikinitak	I saw them
kitakeh	They saw it
kinitakeh	They saw them
tikitas	You (sg) will see it
kitaya	He was seeing it
tikitaya	You (sg) were seeing it
kitaskia	He would see it
nikitaskia	I would see it

The third person singular subject is signaled by a zero element; that is, when the verb does not contain the morphemes for any of the other persons, it is thereby identified as third person singular.

Identify the morphemes that have the following meanings:

1. past time
2. *you* as subject
3. *it* as object
4. *them* as object
5. *I* as subject
6. *they* as subject
7. stem of verb *see*
8. future time

We will now try the same kind of analysis on Latin. We will first pick out the parts of speech. You must forget the definitions which you have probably learned for noun, verb, adjective, and so on. Each language has definite signals for parts of speech and other grammatical features; these are arbitrary and differ from language to language. To say that a noun is the name of a person, place, or thing is not really very helpful. Here are examples from Nahuatl (a language of Mexico);[9] can you pick out the nouns and the verbs?

chuka piltsīntli	The baby cries
tlākatl nehnemi	The man walks
xutla cuawitl	The wood burns
asiko tunalli	The day arrived

You cannot of course possibly do it. If you identified the first word as a noun and the second as a verb, you were assuming that the structure of this language was like that of English. If we tell you, however, that nouns in this language are marked by the morpheme *-tl*, with the variant forms *-tli*, *-li*, *-tsī*, or *-tū*, can you now identify the nouns?

In Latin the different parts of speech have specific markers. Among the different endings which verbs may have, the one which shows third person singular is *-t*. What is therefore the verb in each of the following Latin utterances?

Rem, nōn spem, quaerit amīcus.
In pulchrā veste sapiēns nōn vīvit honestē.

[9] Taken from *A Grammar of Tetelcingo Nahuatl* by Richard S. Pittman (Baltimore, 1954).

If we were to tell you that the morpheme for subject is *-s*, could you pick out the subjects of these sentences? The morpheme for object is *-m*. How many objects are there in the first sentence? How many in the second?

Don't get a false idea of the simplicity of the problem from these examples. Verbs in Latin have other endings besides *-t*, and sometimes they look confusingly like nouns to the unwary. But through it all runs a *system*, and your task is to learn this system.

What Words Mean

We have tried to show you that languages differ in the distinctive sounds which signal meaning and in the way the pieces fit together. We now want to impress you with the fact that vocabulary too is different.

Language is a set of symbols which represent certain ideas. In learning a foreign language you do not learn a new set of symbols for the concepts you already hold; you learn a new set of symbols for a new group of concepts. You will find that speakers of other languages group together things which you never considered comparable in any way. The study of language teaches us—and this is one of its most valuable lessons —that different peoples in their several languages divide up the real world in quite different ways. This Introduction cannot possibly teach you this, but it will prepare you so that you can grasp it as the evidence piles up during the course.

One task of the scientist is to analyze and classify the world as it really is and not as we talk about it. We speak in English of heat and cold, but do these things exist in the real world? The physicist tells us that only heat exists; that a "cold" object possesses heat but less of it than the object we call "hot." This belief in "cold" as a reality makes it impossible for some people to understand how a heat pump or a refrigerator works.

A recent book on semantics[10] has this to say about naming objects: "The figure below shows eight objects, let us say animals, four large and four small, a different four with round heads and another four with square heads, and still another four with curly tails and another four with straight tails. These animals, let us say, are scampering about your village, but since at first they are of no importance to you, you ignore them. You do not even give them a name.

"One day, however, you discover that the little ones eat up your grain, while the big ones do not. A differentiation sets itself up, and, abstracting the common characteristics of A, B, C, and D, you decide to call these *gogo*; E, F, G, and H you decide to call *gigi*. You chase

[10] S. I. Hayakawa, *Language in Action* (New York. Harcourt, Brace and Co., 1941), pp. 149-50.

away the *gogo,* but leave the *gigi* alone. Your neighbor, however, has had a different experience; he finds that those with square heads bite, while those with round heads do not. Abstracting the common characteristics of B, D, F, and H, he calls them *daba,* and A, C, E, and G, he calls *dobo*. Still another neighbor discovers, on the other hand, that those with curly tails kill snakes, while those with straight tails do not. He differentiates them, abstracting still another set of common characteristics: A, B, E, and F are *busa,* while C, D, G, and H are *busana.*

"Now imagine that the three of you are together when E runs by. You say, 'There goes the *gigi*'; your first neighbor says, 'There goes the *dobo*'; your other neighbor says, 'There goes the *busa*.' Here immediately a great controversy arises. What is it *really*—a *gigi,* a *dobo,* or a *busa*? What is its *right name*? You are quarreling violently when along comes a fourth person from another village who calls it a *muglock,* an edible animal, as opposed to *uglock,* an inedible animal—which doesn't help matters a bit."

The Comanche word for bicycle is *nataʔaikïʔ* and that for rocking chair is *naviʔaikïʔ*. Is this a chance resemblance, or do a rocking chair and a bicycle actually have something in common in Comanche? The verb stem ná-ʔaikïʔ means *move in an oscillatory manner by the agency of a human*; the *-ta-* morpheme means *by means of the feet,* and *-vi-* means *by means of the buttocks*. The two Comanche words are thus similar in both form and meaning. However bizarre this association may seem to us, we must always remember that it does not seem so to the Comanche, to whom it seems "the natural way" to talk.

Now let us examine an English word which we are accustomed to regard as straightforward and uncomplicated. When we hear the word *cat* some of us will think of a kitten, others of a battle-scarred old tom.

Those who like cats will have a pleasant reaction; some may have an unpleasant one. A man who works in a circus might well think first of a lion or tiger.

But even though we all have a slightly different reaction to the word *cat,* there is a common element in these "meanings" which permits us to operate. If your friend's picture is too different from yours, misunderstandings arise ("I can't for the life of me see why you like cats!").

It is perhaps obvious why *cat* is applied to lions and tigers; it is not at all obvious why it should be applied to a kind of whip, to a double tripod with six legs (a cat with six legs?), to a piece of naval equipment, or to a piece of wood pointed at both ends used in a game called tip-cat. Yet these meanings are all listed in my small desk dictionary, along with others.

Sometimes we will hear, "The word for cat in German is *Katze*." It is easy to misunderstand this statement. It does not mean that *cat* and *Katze* are interchangeable. It is only a short way of saying that the most common set of meanings of *cat* correspond pretty well with the most common meanings of *Katze*. My German dictionary (again, a small one) tells me that besides meaning a feline creature *Katze* also means a kind of shellfish, a kind of fortification, a battering ram, a money bag, a disease of the lungs, or a hook. No mention of the double tripod or even of lions and tigers.

What is the Latin word for cat? The word *fēlēs* happens to have three meanings. The first is the house cat. The second refers to cat-like animals, such as the weasel, but not to lions and tigers. The third meaning is a man who is a woman-chaser, the person we might term a *wolf.* Why did the Romans see a resemblance to cats in weasels and lady-killers but not in lions and tigers?

Because languages are different.

In French, "The word for cat is *chat*." The French use this for the domestic cat and for lions and tigers (very intelligent of them!). But when a person is hoarse, the French say, "Il a un chat dans la gorge," which does not mean "He's got a cat in his throat." It describes the same unpleasant sensation for which we use the expression "he has a frog in his throat." It's a little naive to say that *chat* in this last example means *frog,* and no more intelligent to say that it means *cat;* it is more productive to think in larger terms and say that under the circumstances where we would say, "He has a frog in his throat," a speaker of French says, "Il a un chat dans la gorge."

If you were to ask a speaker of Chinese for the word for *carry,* he might well be at a loss for an answer unless you also told him *how* you planned to carry. There is no one word for the action of carrying but, instead, some thirty different words, which are not interchangeable. It would strike a speaker of Chinese as exceedingly comical (or stupid, depending upon his attitude toward you) if you were to use *nye* (carry between thumb and forefinger) in speaking of an article like a suitcase. From the point of view of a speaker of Chinese we use the English word *carry* to describe activities that have little or nothing in common; from

"TO TAKE" HAS MORE THAN 70 USES.
IT IS POSSIBLE, FOR INSTANCE, TO TAKE—
-A PILL
-A WALK
-MEASUREMENTS
-COLD
-SICK
-AWAY
37
-21
16
-FIRST PRIZE
-YOUR LUNCH
-TO YOUR HEELS
-IN MARRIAGE
-A MAGAZINE
-A STREETCAR
-TIME
-THE FIELD
-PRIDE
-IN (I.E. TO UNDERSTAND)
-IN (I.E. TO CHEAT)
-ROOT
ETC., ALMOST AD INFINITUM!
-AFTER SOMEONE
SOMEONE'S EYE
-NOTES
-A SEAT
-A REST
-A PICTURE

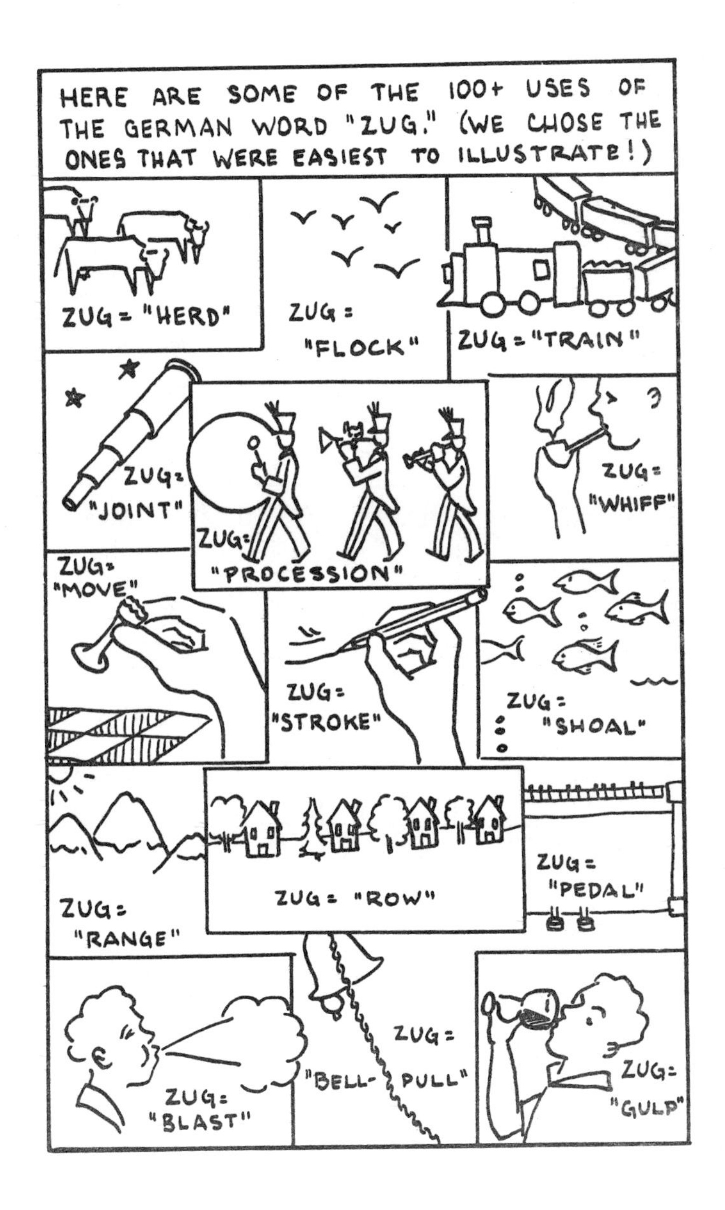

HERE ARE SOME OF THE 100+ USES OF THE GERMAN WORD "ZUG." (WE CHOSE THE ONES THAT WERE EASIEST TO ILLUSTRATE!)
ZUG = "HERD"
ZUG = "FLOCK"
ZUG = "TRAIN"
ZUG = "JOINT"
ZUG = "PROCESSION"
ZUG = "WHIFF"
ZUG = "MOVE"
ZUG = "STROKE"
ZUG = "SHOAL"
ZUG = "RANGE"
ZUG = "ROW"
ZUG = "PEDAL"
ZUG = "BLAST"
ZUG = "BELL-PULL"
ZUG = "GULP"

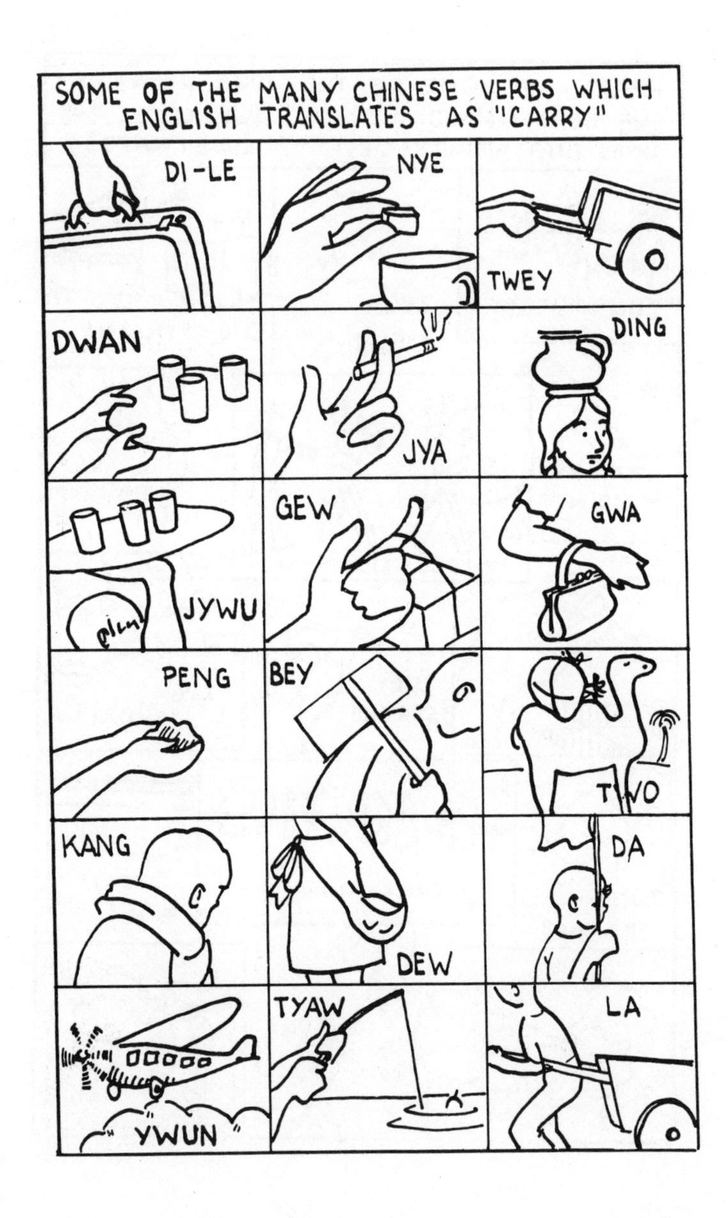
SOME OF THE MANY CHINESE VERBS WHICH ENGLISH TRANSLATES AS "CARRY"
DI-LE
NYE
TWEY
DWAN
JYA
DING
JYWU
GEW
GWA
PENG
BEY
TWO
KANG
DEW
DA
"YWUN"
TYAW
LA

SOME OF THE MANY MEANINGS OF THE LATIN VERB "GERIT"
TUNICAM GERIT
HE WEARS A TUNIC
PERSŌNAM GERIT
HE PLAYS A ROLE
TIBI MŌREM GERIT
HE OBEYS OR HUMORS YOU
HE CARRIES A SHIELD
CLIPEUM GERIT
SĒ HONESTĒ GERIT
HE BEHAVES HONORABLY
BELLUM GERIT
HE WAGES WAR
HE HAS A MESSY BEARD
SQUALENTEM BARBAM GERIT
CORŌNAM GERIT
HE WEARS A CROWN
AMICITIĀS GERIT
HE IS FRIENDLY
SAXA GERIT
HE CARRIES STONES
RĒS GERIT
HE RULES
ODIUM GERIT
HE HATES
FRŪGĒS GERIT
IT PRODUCES CROPS
ONERA GERIT
HE BEARS BURDENS
FORTEM ANIMUM GERIT
HE IS BRAVE

our point of view the speaker of Chinese has divided one activity (carrying) into ridiculous subdivisions.

A word has different meanings according to the different environments in which it occurs. Your job, besides learning the structure, is to learn the different meanings as the various environments appear.

After you have studied this chapter well, practice reading the ten sentences on this page. Be prepared to repeat any one of these ten utterances without hesitation and without error.

PATTERN PRACTICE

Vestis virum reddit.—Binder[11]
Fūrem fūr cognōscit et lupum lupus.—Anon.
Rem, nōn spem, . . . quaerit amīcus.—Carmen dē figūrīs
Fortiter, fidēliter, fēlīciter.—Motto
Prūdēns cum cūrā vīvit, stultus sine cūrā.—Werner
Vulpēs vult fraudem, lupus agnum, fēmina laudem.—Werner
Manus manum lavat.—Petronius
Vītam regit fortūna, nōn sapientia.—Cicero
Vēritās numquam perit.—Seneca
In pulchrā veste sapiēns nōn vīvit honestē.—Werner

A Quick Look at English

Oddly enough, in the past languages were taught on the assumption that they were fundamentally alike. It was believed that there was a universal grammar which applied to all languages, although it was often noted that language X was deficient in a certain respect or that language Y seemed to have an extra item or two in its inventory.

Now one important thing that languages do share in common is that they contain meaning. It is possible to take this meaning, analyze it, and give names to the divisions that result. You can make a classification of persons, places, and things, and if you wish to call these nouns, that is your privilege. The only trouble with it is that it isn't very consistent and it doesn't seem to describe the facts of language as well as the newer approach.

What is a noun in English? Does it have the marker *-tli,* like Nahuatl? What is an English verb? Does it end in *-t,* like Latin verbs?

[11] Dr. Wilhelm Binder gathered over 3,000 of these sayings in a book called *Novus Thesaurus Adagiorum Latinorum* (Stuttgart, 1861). The identification *Binder* means that the saying is not ancient and is found in this collection.

In English, just as in every other language, there are formal markers for such distinctions. If no such markers can be found, then the language lacks this particular feature. Much of the difficulty which students have had with English grammar has arisen from the fact that they were asked to identify things which exist in Latin but are not present in English, since the "universal grammar" to which we referred above was based on Latin. Here then is a description of English, condensed into a single lesson.

PARTS OF SPEECH

In English we distinguish five major parts of speech: nouns, verbs, adjectives, adverbs, and a class with many subdivisions called function words. Sometimes morphology clearly indicates the part of speech to which a word belongs, as in *breadth, broaden, broad,* and *broadly.* In many cases, however, it is necessary to see the morphology and *distribution* of an English word before we can determine the form class. *Gardens* is a noun in *The gardens are beautiful this spring* but a verb in *He gardens with great pleasure.* The distribution tells us whether it is noun or verb.

A *noun* in English has the following characteristics:

1. Morphologically it has a distinction between singular and plural (*man/men*) and between the common form and the possessive (*man/man's* and *men/men's*). In most nouns, if we disregard the apostrophe (which corresponds to nothing in the spoken language), the contrast is the same in both instances (*boy/boys*).
2. Distributionally it fits into the frame *The* _____ *is good* or _____ *is good.*

There is a small but important subclass of nouns called *pronouns.* In addition to the contrast which nouns have between singular and plural and common case and possessive case, pronouns have a further contrast between subjective and objective case: *I/me, she/her,* etc. Although in general they have the same distribution as nouns, they do not take the noun-markers *the* or *a.*

A *verb* in English has the following characteristics:

1. Morphologically it has a distinction between singular and plural of the present tense in the third person (*write/writes*) and between present and past (*write/wrote*).
2. Distributionally it fits into one or more of the following frames:
   a. *The man* _____*s the house.*
   b. *The man* _____*s there.*
   c. *The man* _____*s wise.*

Verbs that fit into the first frame (*see, build,* etc.) are *transitive*; those that fit into the second (*sit, swim,* etc.) are *intransitive*; those that fit into the third (*look, is, seem,* etc.) are *linking*. Some verbs fit into more than one frame (*run, sink,* etc.).

An *adjective* in English has the following characteristics:

1. Morphologically it has a distinction between the positive form, the comparative form, and the superlative form (*big, bigger, biggest*).
2. Distributionally it fits into both of these frames:
   a. *The* _____ *man arrived.*
   b. *The man is very* _____.

An *adverb* in English has the following characteristics:

1. Morphologically it has the morpheme *-ly*.
2. Distributionally it fits into the frame *The man fell* _____.

Words which do not qualify morphologically but have the same distribution as one of these four parts of speech are called by names which have the suffix *-al* or *-ial,* as *adjectival, adverbial*. The word *slow* in *Drive slow* (leaving aside the question of whether it is correct) is an adverbial; it does not have the morpheme marker *-ly,* but it fits into the frame *The man fell slow*. *Slowly,* in *Drive slowly,* is an adverb: it is morphologically marked by the *-ly* and fits into the frame *The man fell slowly*.

The real complexity of English grammar lies in the residue of words, called *function words*:

the, a, every, no (noun markers)
may, can, must, should (auxiliaries)
not (negator)
very, more, pretty, rather (qualifiers)
and, or, nor, but, rather than (connectives)
for, by, in, from, of (prepositions)
when, why, where, how (interrogators)
because, after, when, although (subordinators)
well, oh, now, why (responders)

The criteria for establishing these classes is distribution. In *The dog is barking* we could substitute the other noun markers (*A dog, every dog, no dog*) but not the qualifiers or any other group.

Bear in mind that every language has its own criteria for setting up such classes, whether by form or distribution or by both.

SYNTAX

Syntax (the formal signals that indicate meaning) is shown in English primarily by *word order* and *function words*, only secondarily by morphological change. Subject and object, for example, are indicated by word order:

The *man* sees the bear. (*man* is subject)
The bear sees the *man*. (*man* is object)

Latin does not signal subject and object in this way.

When pronouns replace nouns in the subject or object position, they generally take the subjective or objective forms:

He sees the bear.
The bear sees *him*.

It should be noted that word order is the primary signal, and the change in the pronoun is secondary. If you were to hear *John saw Mary and I downtown today,* the word order would tell you that *I* was object of the sentence in spite of the subjective case.

The situation is different in Latin, where, although there is a favorite order, (subject, object, verb), about half the time we find one of the other five permutations (object, verb, subject; verb, subject, object, etc.) without any change in syntactical meaning.

In English there are a few variations of subject, verb, object:

"Stop!" cried the cop:	object, verb, subject
Came the dawn:	verb, subject
Did he see the bear?:	auxiliary, subject, verb, object

Modification of nouns is shown in English by word order:

The *big* man sees the bear.
The man sees the *big* bear.

Modification is not signaled in Latin in this way.

In English most adjectives and adjectivals precede the noun they modify. A few petrified phrases, most long phrases, and all prepositional phrases follow:

God Almighty, house beautiful, courts-martial
The man, shaking all over, saw a bear.
The man who was here yesterday saw a bear.
The man with a gun saw a bear.

Verbs in English are modified by adverbs, adverbials, prepositional phrases, and certain function words. There is some freedom in the position of some of them:

We go to the lake in the summer.
We go in the summer to the lake.
In the summer we go to the lake.

Notice that although there is the same general meaning conveyed, there is a different emphasis. This shift in emphasis is meaning on a quite different level from the contrast between *The man saw the bear* and *The bear saw the man*.

The importance of word order in English may be seen in the pair *an awful pretty hat / a pretty awful hat*. Word order tells us that *awful* is a qualifier in the first and an adjective in the second. Notice too that the order of adjectives in series is fixed. In *all those fat little old American tourists over there* we cannot change the order of any of the modifiers. Such facts as these, traditionally ignored in grammars, are part of the machinery of the English language. To teach a foreigner English it is necessary to set up special drills that will teach him to respond *automatically* to these signals.

Nouns may modify nouns in English; the signal is the placing of a noun immediately before the noun it modifies. Notice the difference in the following pairs:

chair arm / arm chair	station bus / bus station
race horse / horse race	leather shoe / shoe leather

The following questions will test your comprehension of this chapter. Forget the old criteria of meaning and try to apply the new ones of form and distribution. For example, the word *home* in *d* of the first set is not a noun but an adverbial; in *e*, however, it is a noun.

1. Identify the parts of speech of the italicized words:
   a. John has an *inclination* to be lazy.
   b. The girl has a *pretty* dress.
   c. The dog was *pretty* ugly.
   d. The man ran *home*.
   e. The woman ran her *home* well.
   f. The catcher hit a *home* run.
   g. The batter knocked the runner *home*.
   h. The player hits *well*.
   i. The driller hit a *well*.

2. If you saw on the menu the item "chicken lobster" what would you get if you ordered it, chicken or lobster? What is the signal?

3. Some English grammars have stated that in English we signal questions by raising the voice at the end. Observation shows, however, that whereas the voice is raised at the end of some questions, it must be lowered at the end of others, and it may be either raised or lowered at the end of still others. Test this by reading aloud the following sentences:

   "Where do you work?" "I work in New Jersey."
   "Where?" "In New Jersey, I said; didn't you hear me?"

   "Where do you work?" "I work in New Jersey."
   "Where?" "In Passaic." "Where?" "On Main Street."
   "Where?" "1905 Main."

4. How do we signal commands in English?

LESSON ONE: **And Finally Latin**

Here are the ten utterances which you met in the Introduction. We are going to show you how to identify the parts of speech and such items as subject and object *without knowing what the utterance means.* You will then be shown how, through this knowledge of the structure, you arrive at the meaning.

S1 Vestis virum reddit. -BINDER
S2 Fūrem fūr cognōscit et lupum lupus. -ANON.
S3 Rem, nōn spem, . . . quaerit amīcus. -CARMEN DĒ FIGŪRĪS
S4 Fortiter, fidēliter, fēlīciter. -MOTTO
S5 Prūdēns cum cūrā vīvit, stultus sine cūrā. -WERNER
S6 Vēritās numquam perit. -SENECA
S7 Vulpēs vult fraudem, lupus agnum, fēmina laudem. -WERNER
S8 Manus manum lavat. -PETRONIUS
S9 Vītam regit fortūna, nōn sapientia. -CICERO
S10 In pulchrā veste sapiēns nōn vīvit honestē. -WERNER

EXPLANATION OF STRUCTURE: KERNEL SENTENCES

Every complete utterance consists of a *kernel,* which may or may not be expanded by a modification structure or a connective structure. The Latin kernels in the utterances you are working with are of the following types:

I	Subject	Complement	Verb
II	Subject		Verb

Thus far the complement is a direct object. It is in the accusative case with the morpheme /m/. Which utterance is not complete? Which complete utterances are of type I? Of II? REMEMBER THAT IN LATIN, WORD ORDER IS NOT STRUCTURALLY SIGNIFICANT!

MORPHOLOGY AND SYNTAX OF NOUNS

Latin nouns are identifiable by shapes that follow the root/stem. Their function, e.g., subject, object, or modifier is signalled by *case*, that is, by a change in the shape of the endings. There are five cases; we shall start with three: *nominative*, *accusative*, and *ablative*.

The nominative case may signal the subject of the verb.

The accusative case may signal the direct object of the verb.

The ablative case may signal the modifiers of the verb (*in* a place, *by* an instrument, *from* a place, *at* a time, etc.). Some of these uses require prepositions; others do not.

Here are the three cases (in the singular) of all the nouns in the ten utterances. Notice that the first form is nominative; the second, accusative; the third, ablative. This will be the order in which they will always be presented.

Nom	cūra	fēmina	fortūna	sapientia	vīta
Acc	cūram	fēminam	fortūnam	sapientiam	vītam
Abl	cūrā	fēminā	fortūnā	sapientiā	vītā
Nom	lupus	agnus	vir		vestis
Acc	lupum	agnum	virum		vestem
Abl	lupō	agnō	virō		veste
Nom	fūr	vēritās	vulpēs	fraus	laus
Acc	fūrem	vēritātem	vulpem	fraudem	laudem
Abl	fūre	vēritāte	vulpe	fraude	laude
Nom	manus		rēs	spēs	
Acc	manum		rem	spem	
Abl	manū		rē	spē	

What is the one thing which all these accusatives have in common?

This element *-m* is the morpheme of the accusative singular. The morpheme for the nominative is a little more complicated; it is *-s*, but on some nouns (*fūr*, for instance) there is a variant (which we call an allomorph). The allomorph in this instance is a zero element. Which nouns have *-s* and which have the *zero* allomorph? The ablative singular always ends in a vowel; you will notice that this vowel is always long unless it is *e*, but that there is both a long and a short *e*.

It is too soon for you to grasp the overall scheme of the Latin noun; be content at present with recognizing that *vestis* is a noun because it has case, that is, it contrasts with *vestem* and *veste*.

Let us now analyze the first utterance:

Vestis is nominative and therefore may be subject.

Virum is accusative and therefore may be object.

Reddit is the verb.

This is as far as we go at the present; you are not yet supposed to examine the meaning. If you can guess the meaning of any of these, that is fine, but do not use this information to work back to the analysis, for how do you know that your interpretation is right?

MORPHOLOGY AND SYNTAX OF ADJECTIVES

At this point adjectives will look just like nouns; that is, they both have case. Adjectives have other characteristics that nouns do not have, which we will learn about later. For the present, identify adjectives by the fact that (1) they have case and (2) they are in the list of adjectives and not in the list of nouns. Here are eight adjectives:

Nom	amīcus	prūdēns	stultus	sapiēns
Acc	amīcum	prūdentem	stultum	sapientem
Abl	amīcō	prūdentī(-e)	stultō	sapientī(-e)
Nom	pulchra	fortis	fidēlis	fēlīx
Acc	pulchram	fortem	fidēlem	fēlīcem
Abl	pulchrā	fortī	fidēlī	fēlīcī

Adjectives modify nouns by being in the same case. Adjectives often have no noun to modify; this is true of the adjective *amīcus* in the third sentence. When this occurs, it means that the adjective is used as a noun; that is, the nominative *amīcus* does not here modify the subject (since there is no nominative noun present) but is rather itself the subject. For example, *amīcus vir* is a friendly man, while *amīcus* by itself is a friend. The same is here true of *prūdēns, stultus*, and *sapiēns.*

MORPHOLOGY AND SYNTAX OF ADVERBS

Adverbs are formed from adjectives by the morphemes *-ē* or *-ter.* The chief function of adverbs is to modify verbs. In an incomplete utterance adverbs tell how some action happened that is not actually described. In mottoes, for example, they tell how the person supposedly acts. Here are the corresponding adverbs for the eight adjectives listed above:

amīcē, prūdenter, stultē, sapienter, pulchrē, fortiter, fidēliter, fēlīciter.

VERBS

As explained in the Introduction, verbs have distinctive endings; the only ending we have used so far is *-t.*

INDECLINABLES

You will have noticed that we have not accounted for all the words in these ten utterances. Those which remain are indeclinables, i.e., they do not change form as do nouns, verbs, and adjectives. There is no signal to tell you the part of speech; you simply have to learn it.

nōn: negator
numquam: adverbial
et: conjunction (connector)
in: preposition
cum: preposition
sine: preposition

SUMMARY

The use of case (change in the shape) rather than word order or prepositions is typical of Latin and will be your chief difficulty at first because this use contrasts so sharply with the English system, where case is of minor importance.

Now go through the ten utterances and identify the part of speech and tell what it does in the sentence. You will use these ten utterances over and over again; read them aloud twenty times to fix them in your mind.

S1 Vestis virum reddit.-BINDER
S2 Fūrem fūr cognōscit et lupum lupus.-ANON.
S3 Rem, nōn spem, . . . quaerit amīcus.-CARMEN DĒ FIGŪRĪS
S4 Fortiter, fidēliter, fēlīciter.-MOTTO
S5 Prūdēns cum cūrā vīvit, stultus sine cūrā.-WERNER
S6 Vēritās numquam perit.-SENECA
S7 Vulpēs vult fraudem, lupus agnum, fēmina laudem.-WERNER
S8 Manus manum lavat.-PETRONIUS
S9 Vītam regit fortūna, nōn sapientia.-CICERO
S10 In pulchrā veste sapiēns nōn vīvit honestē.-WERNER

SELF TEST

What part of speech are the following words, the lexical meaning of which you need not know? What do the forms mean?

agnus	fēmina	amphora	vestītus
agnum	fēminam	amphoram	vestītum
agnō	fēminā	amphorā	vestītū

LESSON TWO: **What the Utterances Mean**

LEXICAL MEANING: VOCABULARY

About eighty percent of the words which you meet in Latin have English derivatives, words derived either directly or indirectly from Latin roots. It is quite true that sometimes the word has changed much in meaning in two thousand years. It is also true that you may not know the English word, in which case it won't be much help. But the next time you see that English word in your reading, you will probably recognize it.

Those fortunate people who already possess a large English vocabulary are at a great advantage in studying Latin, and those with a small vocabulary are correspondingly handicapped. But it will cheer you to know that it has been the almost universal opinion of those who have studied Latin that this experience has been of great help in increasing their English vocabulary.

Here are the nouns we met in the last lesson. Observe the English derivatives.

Vir agnum videt. Virum vestis reddit. Fēmina lupum videt.

Latin Word	English Derivative	Latin Word	English Derivative
vir	virile	spēs	Esperanto; desperate
vestis	vestment; vest	amor	amorous
fūr	furtive	cūra	cure; sinecure
fēmina	feminine	vēritās	verity
lupus	lupine	manus	manufacture; manual
rēs	real; reality		

Notice that the derivative is not necessarily the same part of speech as the Latin word you have learned. Virile does not come directly from *vir* but from a Latin adjective *virīlis* meaning manly. Amorous comes from a Late Latin adjective (i.e., not in use during the classical period, as far as documents tell us) *amorōsus*, which became in Old French *amorous*, and in this form it was taken into English. Can you guess the meaning of any of these Latin nouns?

Now glance at the adjectives from the last lesson with their derivatives. What do you suppose these Latin adjectives mean?

Latin Word	English Derivative	Latin Word	English Derivative
amīcus	amicable	honestus	honest
prūdēns	prudent	fortis	fortitude
stultus	stultify	fidēlis	fidelity
pulchra	pulchritude	fēlīx	felicity
sapiēns	sapient, homo sapiens		

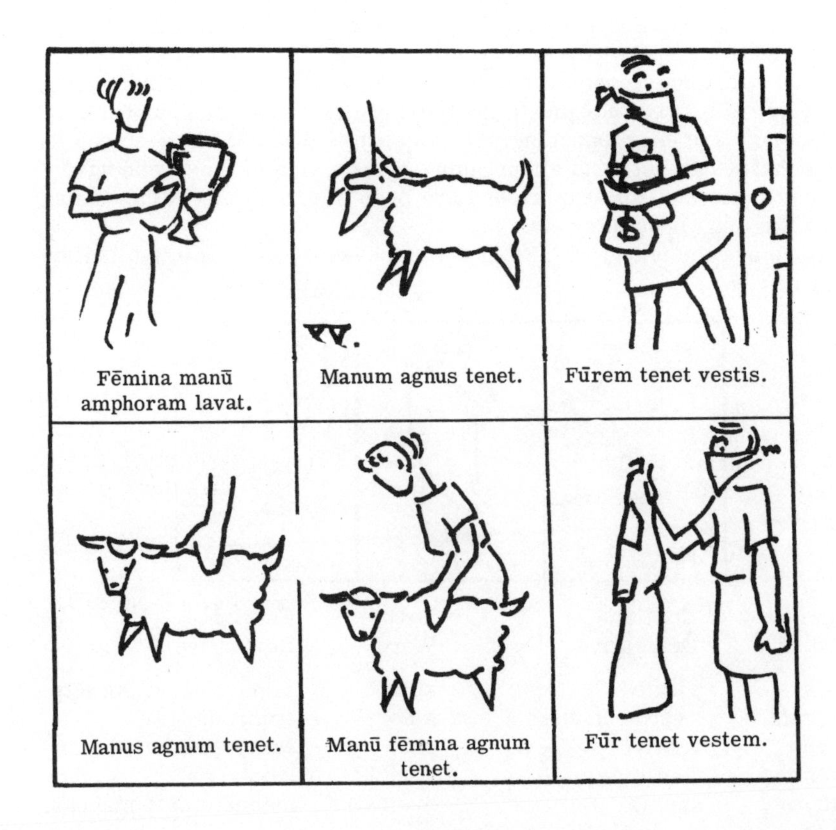

Fēmina manū amphoram lavat.

Manum agnus tenet.

Fūrem tenet vestis.

Manus agnum tenet.

Manū fēmina agnum tenet.

Fūr tenet vestem.

Here are the verbs:

Latin Word	English Derivative	Latin Word	English Derivative
cognōscit	recognize	lavat	lavatory
vīvit	vivid, vivisection	tenet	tenacious
quaerit	inquire; question		
vult	voluntary		
regit	regent; regal		
perit	perish		

What is the meaning of each Latin verb?

Lastly, here are the indeclinables. These are the hardest; they have no marker to indicate the part of speech and often have no English derivative:

Latin Word	Part of Speech	One Meaning	English Derivative
et	conjunction	and	etcetera
in	preposition	in	inscribe
nōn	negator	not	nonexistent
cum	preposition	with	cum laude
sine	preposition	without	sinecure
numquam	adverbial	never	---

A few more observations about word formation: what does the *-ine* of the adjective *feminine* mean? The right procedure is to think of other English adjectives which have this same morpheme, like *equine, feline, divine, leonine,* and the like. The *-ine* seems to mean: *having the quality of such-and-such.* If *agnus* means *lamb,* what does *agnīnus* mean?

The *-in-* is a *derivational suffix* which, when added to a *root*, makes a new *stem*. Inflectional suffixes follow the stem. A derivational suffix often marks the part of speech. In the course of your studying Latin you must gradually acquire the ability to recognize derivational suffixes.

The Latin suffix *-tās* shows up in English as *-ty*. *Vērus* is a Latin adjective meaning *true*; what does the noun *vēritās* mean? Can you now work backwards and make an educated guess on the Latin form of such words as *sanity, simplicity,* and *honesty*?

BASIC SENTENCES

In every lesson you will find a list of *Basic Sentences*. It would be hard to overemphasize the importance of these. Every Pattern Practice which you will have in this book will be built around these and similar sentences. Review them often.

S1 **Vestis virum reddit.**-BINDER

S2 **Fūrem fūr cognōscit et lupum lupus.**-ANON.

S3 **Rem nōn spem, . . . quaerit amīcus.**- CARMEN DĒ FIGŪRĪS

S4 **Fortiter, fidēliter, fēlīciter.**-MOTTO

S5 **Prūdēns cum cūrā vīvit, stultus sine cūrā.**-WERNER

S6 **Vēritās numquam perit.**-SENECA

S7 **Vulpēs vult fraudem, lupus agnum, fēmina laudem.**-WERNER

S8 **Manus manum lavat.**-PETRONIUS

S9 **Vītam regit fortūna, nōn sapientia.**-CICERO

S10 **In pulchrā veste sapiēns nōn vīvit honestē.**-WERNER

STRUCTURAL MEANING: METAPHRASING OF BASIC SENTENCES

We will now analyze the utterances word by word, observing both the structural meaning and the lexical meaning. This kind of analysis is called *metaphrasing*. For a Latin subject, give an English subject, something that fits into the frame: *A* __________ *blanks*; for a Latin object give an English object, something that fits into the frame: *Somebody/Something blanks a* __________. *Vestis* therefore means *Clothing blanks*, while *vestem* means *Something* or *Somebody blanks clothing*. Try giving the meaning (both structural and lexical) of each item in these pairs:

vir/virum lupum/lupus fēmina/fēminam fūrem/fūr

Now see if you can do these examples without the help of the contrast:

vēritās cūra rem vestem manum

All the ablatives in these ten Basic Sentences are accompanied by Latin prepositions that will tell you which kind of modification of the verb (by, with, at, etc.) is meant. A common meaning of the ablative without any preposition is *by* or *with*. Metaphrase these examples:

lupum	vēritāte	vestem	veste	cum cūrā	in manū
agnus	cūram	sine cūrā	fūr	manus	manū

Now an observation about the verb. The verbs which you meet in this lesson and for a number of lessons to come all show present time and incomplete action. This verb form has several uses in Latin, of which the two most important are (1) to indicate an action that is generally true: *Vestis virum reddit, Clothes make the man,* and (2) to indicate an action that is going on at the moment of speaking: *Fēmina amphoram lavat* (describing a picture in which a woman is washing a jug). The sayings are the first sort; the picture captions are the second. Observe that there is no signal in Latin to tell you which is meant. It is only from the context (in this case, its place under the picture) that tells you that *Fēmina amphoram lavat* is not a general truth to the effect that it is the fate of Woman to wash jugs.

Now go through the Basic Sentences with your teacher by metaphrasing. As said above, metaphrasing is the technique of showing both the structural and the lexical meaning of each item as it occurs in Latin.

For outside work, review this metaphrasing. Then commit the ten Basic Sentences to memory. To help you practice metaphrasing at home, here is an analysis of each sentence:

S1 Vestis . . .
Clothes blank . . .
Vestis virum . . .
Clothes ______ *the man,* Clothes blank *the man.*
Vestis virum reddit.
Clothes *make* the man.

S2 Fūrem . . .
Somebody/Something blanks *a thief* . . .
Fūrem fūr . . .
A thief blanks another thief . . .
Fūrem fūr cognōscit . . .
A thief *recognizes* another thief . . .
Fūrem fūr cognōscit et . . .
A thief recognizes a thief *and* something else happens.
Fūrem fūr cognoscit et lupum . . .
A thief recognizes a thief and somebody/something blanks *a wolf* . . .
Fūrem fūr cognōscit et lupum lupus.
A thief recognizes a thief and *a wolf* blanks a wolf.

In a situation like this, where there is no verb, we infer that the verb is so obvious that no information would have been added if we had included it. Such a kernel is called *elliptical.* What is the only verb in the world that would fit into this frame?

S3 Rem . . .
Somebody/Something blanks *a thing* . . .
Rem, nōn spem . . .
Somebody/Something blanks a thing, not *hope* . . .
Rem, nōn spem, quaerit . . .
Somebody/Something *seeks* a thing, not hope . . .
Rem, nōn spem, quaerit amīcus.
A friend seeks a thing (and) not hope.

Instead of *and,* one can also say *but,* or one can leave the connection unspecified, as the Latin does.

The first word here offers something of a problem. The word *rēs* in Latin is a word of broad meaning. It can refer to almost any material object; it can also refer to actions. Contrasted with *spēs,* it means *material gain* as opposed to *hope.* *Amīcus* is an adjective and means *friendly,* but since there is no noun for it to modify it is used as a noun; it is the subject and means *a friend.*

S4 Fortiter . . .
Somebody blanks *bravely* . . .
Fortiter, fidēliter . . .
Somebody blanks bravely and[1] *faithfully* . . .
Fortiter, fidēliter, fēlīciter.
Somebody acts bravely, faithfully, and *fortunately.*

S5 Prūdēns . . .
A *prudent* somebody blanks . . .
Prūdēns cum . . . (We know an ablative will follow.)
A prudent somebody blanks *with* something . . .
Prūdēns cum cūrā . . . (There's the ablative.)
A prudent somebody blanks *with care* . . .
Prūdēns cum cūrā vīvit . . .
A prudent somebody *lives* with care . . .
Prūdēns cum cūrā vīvit, stultus . . .
A prudent somebody lives with care, a *stupid* somebody blanks . . .
Prūdēns cum cūrā vīvit, stultus sine . . .
A prudent somebody lives with care, a stupid somebody blanks *without* something . . .
Prūdēns cum cūrā vīvit, stultus sine cūrā.
A prudent man lives with care, a stupid man lives without *care.*

Since there are no nouns for the adjectives *prūdēns* and *stultus* to modify, they are used as nouns in Latin: The prudent man lives with care, the stupid one lives without care.

[1]A connector may or may not be present in a series.

S6 Vēritās . . .
Truth blanks . . .
Vēritās numquam . . .
Truth *never* blanks . . .
Vēritās numquam perit.
Truth never *perishes*.

S7 Vulpēs . . .
The fox blanks . . .
Vulpēs vult . . .
The fox *wants* something/somebody . . .
Vulpēs vult fraudem . . .
The fox wants *deceit* . . .
Vulpēs vult fraudem, lupus . . .
The fox wants deceit, *the wolf* blanks . . .
Vulpēs vult fraudem, lupus agnum . . .
The fox wants deceit, the wolf blanks *the lamb* . . .
Vulpēs vult fraudem, lupus agnum, fēmina . . .
The fox wants deceit, the wolf blanks the lamb, *the woman* blanks . . .
Vulpēs vult fraudem, lupus agnum, fēmina laudem.
The fox wants deceit, the wolf wants a lamb, (and/but) a woman wants *praise*.

In what respect is S7 similar to S2?

S8 Manus . . .
A hand blanks . . .
Manus manum . . .
A hand blanks *a hand* . . .
Manus manum lavat.
A hand *washes* a hand. A translation might be: *One hand washes the other hand*. What is your interpretation of the meaning of this sentence?

S9 Vītam . . .
Somebody/something blanks *life* . . .
Vītam regit . . .
Somebody/Something *rules* life . . .
Vītam regit fortūna . . .
Fortune rules life . . .
Vītam regit fortūna, nōn . . .
Fortune rules life, somebody/something does *not* blank . . .
Vītam regit fortūna, nōn sapientia.
Fortune rules life, *wisdom* does not. Fortune, not wisdom, rules life.

S10 In pulchrā . . .
Somebody/Something blanks *in a beautiful* blank . . .
In pulchrā veste . . .
Somebody/Something blanks in beautiful *clothing* . . .
In pulchrā veste sapiēns . . .
A *wise* somebody/something blanks in beautiful clothing . . .
In pulchrā veste sapiēns nōn vīvit . . .
A wise somebody/something *does not live* in beautiful clothing . . .
In pulchrā veste sapiēns nōn vīvit honestē.
A wise man does not live *honorably* in beautiful clothing.

As said before, metaphrasing is the technique of showing both structural and lexical meaning in the Latin order. The final result of metaphrasing a sentence is a structural translation in English word order. It is not necessarily a literary translation.

SELF TEST

Metaphrase:

1. Labor paupertātem vincit.
2. Homō locum ōrnat, nōn hominem locus.
3. Diēs diem docet.
4. Diem nox premit, diēs noctem.
5. Immodica īra gignit īnsāniam.
6. Fortem adjuvat Venus.
7. Diēs dolōrem minuit.
8. Līs lītem generat. (līs, līte—lawsuit; quarrel)

LESSON THREE: **Questions—and Answers**

In this Lesson (and this is the last time that it will happen), there are no new Basic Sentences.

But let us say just a word about those Basic Sentences that you have already had, and those that you will be meeting in the coming Lessons. The sentences are chosen largely from ancient sources to give you some insight into the thinking of the Romans. At the same time we have introduced some sayings from medieval, Renaissance, and modern times to help you realize that Latin has been a universal language for several thousand years.

The themes of these utterances are limited intentionally to just a few ideas, repeated over and over. However, it is important for you to remember that these sayings represent many different views of life; consequently, it might very well happen that you will not agree with all of them.

VOCABULARY

The *-tia* in words like *sapientia* comes over into English as *-ce* or *-cy*. What would the English derivative of *cōnscientia* be? From what Latin word is *science* derived? *Patience*? *Providence*?

The *-tion* and *-sion* on the end of such English words as *operation, action, permission,* and the like come from Latin *-tiō* and *-siō*. The Latin morpheme *-iōn-* (with the *-n-* dropped off in the Nominative), like the English *-ion,* forms nouns from verb stems: one who *acts* performs an *action,* one who *operates* performs an *operation,* etc. The English words come from the accusative rather than the nominative form; hence the *-n*. What would be the Latin noun from which we get the English word *generation*? *oration*? *emendation*? What is the meaning of the Latin word *suspiciō*? *possessiō*? *expectātiō*?

A number of Latin words end in *-tūdō,* indicating an abstract quality. One who is *fortis* possesses the quality *fortitūdō*. What would be the Latin form of the English words *pulchritude* and *amplitude*? What does the Latin word *multitūdō* mean? *altitūdō*? *latitūdō*? *magnitūdō*? *certitūdō*?

EXPLANATION OF STRUCTURAL QUESTIONS

Each part of a sentence may be evoked by a question word or phrase. What English question will evoke the underlined parts?

Clothing makes the man. *What* makes the man? Clothing.
Clothing makes *the man*. *Whom* does clothing make? The man.
Clothing *makes* the man. *What does* clothing *do*? It makes the man.

The answer to a structural question is part of the sentence, not necessarily information. Structural questions and answers do not necessarily demand knowledge of lexical meanings.

Here are some question words with their English equivalents and a description of the form of the sentence part evoked by them. For reasons which you will gradually understand, it is necessary to divide nouns into *personal nouns* referring to people and animals and *nonpersonal* nouns referring to everything else.

Learn:	Meaning	Answer
1. QUIS?	*Who* [ ]s?[1]	Personal noun in nom. case
2. QUEM?	*Whom* does [ ] [ ]?	Personal noun in acc. case
3. QUAE RĒS?	*What thing* [ ]s?	Nonpers. noun in nom. case
4. QUAM REM?	*What thing* does [ ] [ ]?	Nonpers. noun in acc. case
5. QUŌ MODŌ?	*In what manner* does [ ] [ ]?	An adverbial expression; e.g., fortiter, honestē, cum cūrā, magnā (cum) cūrā[2]
6. QUID AGIT?	*What is* [ ] [ ]*ing*?	Verb with or without complement or modifier

7. Finally, the enclitic[3] *-ne* added to the first word (often the verb) asks for a repetition of that word with or without *nōn*.

You should now be ready to understand the following structural questions and answers.

Quis lupum cognōscit?	Lupus.
Quam rem quaerit amīcus?	Rem.
Quō modō vīvit stultus?	Sine cūrā.
Quae rēs vītam regit?	Fortūna.
Quem lupus cognōscit?	Lupum.
Quō modō vīvit prūdēns?	Cum cūrā.
Quid agit vēritās?	(Numquam) perit.
Quaeritne amīcus spem?	Nōn quaerit.

[1][ ] means that the lexical meaning has to be supplied.
[2]Certain common expressions omit the *cum*; consider the expression *quō modō* itself.
[3]The word enclitic means a "leaner." It is so called because it leans on the preceding word and never stands alone.

Listen to the Pattern Practice for this lesson until you have mastered it. If you do not have facilities for listening, study the Practice from this page.

PATTERN PRACTICE

Purpose: to learn to make responses to structural questions.
Directions: answer the questions based on the Basic Sentences.

Quae rēs virum reddit? (S1)
Quem vestis reddit?
Quid agit vestis?
Redditne vestis virum?
Redditne vir vestem?

Vestis virum reddit.
Virum vestis reddit.
Virum reddit vestis.
Reddit.
Nōn reddit.

Quid agit fūr? (S2)
Quid agit lupus?
Quem fūr cognōscit?
Quem lupus cognōscit?
Cognōscitne lupus lupum?
Cognōscitne fūr lupum?
Cognōscitne lupus fūrem?
Cognōscitne fūr fūrem?

Fūrem cognōscit fūr.
Lupum cognōscit lupus.
Fūrem fūr cognōscit.
Lupum lupus cognōscit.
Cognōscit.
Nōn cognōscit.
Nōn cognōscit.
Cognōscit.

Quis rem quaerit? (S3)
Quis spem nōn quaerit?
Quam rem amīcus nōn quaerit?
Quaeritne amīcus spem?
Quaeritne amīcus rem?
Quam rem amīcus quaerit?

Amīcus rem quaerit.
Amīcus spem nōn quaerit.
Spem amīcus nōn quaerit.
Nōn quaerit.
Quaerit.
Rem amīcus quaerit.

Quis cum cūrā vīvit? (S5)
Quō modō vīvit stultus?
Quid agit prūdēns?
Quis sine cūrā vīvit?
Vīvitne prūdēns cum cūrā?
Quid agit stultus?

Prūdēns cum cūrā vīvit.
Sine cūrā vīvit stultus.
Cum cūrā vīvit prūdēns.
Stultus sine cūrā vīvit.
Vīvit.
Sine cūrā vīvit stultus.

Quis laudem vult? (S7)
Quam rem vulpēs vult?
Quis fraudem vult?
Quis agnum vult?
Quam rem fēmina vult?
Quem lupus vult?
Quid agit lupus?
Quid agit fēmina?
Quid agit vulpēs?

Fēmina.
Fraudem.
Vulpēs.
Lupus.
Laudem.
Agnum.
Agnum vult.
Laudem vult.
Fraudem vult.

Vultne fēmina laudem? — *Vult.*
Vultne agnus lupum? — *Nōn vult.*
Vultne vulpēs fraudem? — *Vult.*
Vultne vulpēs laudem? — *Nōn vult.*

Quam rem fortūna regit? (S9) — *Vītam.*
Regitne vītam sapientia? — *Nōn regit.*
Regitne vītam fortūna? — *Regit.*
Quid agit fortūna? — *Vītam regit.*
Quae rēs vītam regit? — *Fortūna.*
Quae rēs vītam nōn regit? — *Sapientia.*

TO PRODUCE NEW UTTERANCES:

1. Make new utterances on the same pattern as "Vestis *virum* reddit." by substituting the correct form of the following words for *virum*. Give a sensible meaning for each utterance.

   fēmina . . .
   amīcus . . .
   prūdēns . . .
   sapiēns . . .
   fūr . . .
   stultus . . .
   lupus . . .
   vulpēs . . .

2. Make new utterances on the same pattern as "Fūrem fūr cognōscit." Give a sensible meaning for each utterance.

   Vulpem . . .
   Lupum . . .
   Stultum . . .
   Prūdentem . . .
   Sapientem . . .
   Amīcum . . .
   Fēminam . . .

SELF TEST

This Self Test consists of questions based on other Basic Sentences. If you have trouble, work on the Pattern Practice a little more.

A. S4 Fortiter, fidēliter, fēlīciter. Write two Latin sentences expanding each adverb with subject and verb; follow the pattern *Fortis fortiter vīvit.*

B. Answer the questions on the following sentences:
   S10 In pulchrā veste sapiēns nōn vīvit honestē.
   S6 Vēritās numquam perit.
   S8 Manus manum lavat.

1. Quō modō nōn vīvit sapiēns in pulchrā veste?
2. Quis in pulchrā veste nōn vīvit honestē?
3. Vīvitne sapiēns honestē in pulchrā veste?
4. Quid agit sapiēns in pulchrā veste?
5. Quō modō vīvit sapiēns?
6. Quae rēs manum lavat?
7. Lavatne manum manus?
8. Quam rem manus lavat?
9. Quid agit manus?

LESSON FOUR: A New Sentence: The Passive

In the captions to some of these pictures you will see a new verb form, one ending in *-tur*. Like the ending *-t*, it shows present time, incomplete action, third person singular. From the pictures and your present knowledge of Latin, can you figure out what new information is carried by *-tur?*

fēmina
puer
I.
Puer quaerit;
fēmina quaeritur.
II.
vir
Fēminam vir quaerit.
Fēmina ā virō quaeritur.
Ā fēminā vir nōn
quaeritur.
vir
puer
III.
Ā virō puer quaeritur.
IV.
Ā puerō canis tenētur.
V.
Manū canis tenētur.
VI.
Ā cane puer tenētur.
X.
Puer tenet.
XI.
Puer tenētur.
XII.
Manus manum tenet;
manus manū tenētur.

EXPLANATION OF STRUCTURE: THE PASSIVE TRANSFORMATION

Examine the following active sentences and their passive transformations:

Fūrem fūr cognōscit.	A thief recognizes a thief.
Fūr ⟨ā fūre⟩ cognōscitur.	A thief is recognized by a thief.
Vītam regit fortūna.	Fortune ⟨rules life⟩.
Vīta regitur ⟨fortūnā⟩.	Life is ruled ⟨by fortune⟩.

In Lesson One the following types of kernel sentences were identified:

I.	Subject	Noun complement in acc.	Verb
II.	Subject		Verb

A verb which patterns with a noun complement in the accusative is called transitive. An active sentence with a transitive verb[1] can appear in a corresponding passive form according to these rules of transformation:

The noun complement of the active sentence becomes the subject of the passive sentence.

The subject of the active sentence becomes an adverbial modifier in the passive sentence and may be optionally omitted. Personal nouns appear with the preposition *ā, ab*.

The verb in the active sentence becomes passive with a different set of endings; for the time being, *-tur* as contrasting with *-t*. This is described as a contrast in *voice*.

A verb that does not pattern with a noun complement in the accusative is called intransitive. The passive transformation of a sentence with an intransitive verb is not frequent and will be discussed in Lesson Twenty-eight, footnote 5.

Up to now structural questions could be answered by direct substitution from the active sentence. Given the sentence *Vītam regit fortūna*, a question like *Quid vīta patitur?*, to be answered by *regitur*, requires that the active sentence be transformed into the passive sentence. It is customary to evoke the passive verb with the question *Quid patitur?*

BASIC SENTENCES

S11 **Ā cane nōn magnō saepe tenētur aper.** -OVID
A boar is sometimes held by a small dog.

S12 **Amphora sub veste numquam portātur honestē.** -WERNER
A jug is never carried under one's coat for an honest reason.

[1]*Vult* appears only in the active form.

S13 **Antīquā veste pauper vestītur honestē.**-WERNER
A poor man is honestly clad in old clothes.

S14 **Amor gignit amōrem.**-ANON.
Affection creates affection.

S15 **Occāsiō aegrē[2] offertur, facile[2] āmittitur.**-PUBLILIUS SYRUS
Opportunity is offered with difficulty but lost with ease.

Metaphrase of S11:

Ā cane nōn magnō . . .
[ ] is [ ]ed by a not large dog.
Ā cane nōn magnō saepe . . .
[ ] is [ ]ed by a not large dog often.
Ā cane nōn magnō saepe tenētur . . .
[ ] is held by a not large dog often.
Ā cane nōn magnō saepe tenētur aper.
A wild boar is held by a not large dog often.

Translation: A boar is sometimes held by a small dog.

NEW NOUNS	amphora amphoram amphorā	aper aprum aprō	amor amōrem amōre	canis canem cane
	homō hominem homine	nēmō nēminem nēmine	occāsiō occāsiōnem occāsiōne	

NEW ADJECTIVES	aeger aegrum aegrō (adv. aegrē)	antīqua antīquam antīquā	magnus magnum magnō	pauper pauperem paupere

NEW VERBS	āmittit/āmittitur gignit/gignitur offert/offertur	portat/portātur tenet/tenētur vestit/vestītur

NEW INDECLINABLES
ā (with variant ab,[3] preposition): *by; away from.*[4]
saepe (adverbial): *often*
sub (preposition): *under*
facile (adverbial): *easily*

[2]While the adjective *aeger* means *sick*, the adverb *aegrē* means *with difficulty*. *Facile* means *easily*; for the time being, treat it as if it were an indeclinable. See Lesson Eleven.

[3]*Ab* is used before vowels and before *h*; *ā* is used before consonants. (*Ab* is also sometimes found before consonants, particularly *l, n, r,* and *s*. In your production of Latin, be satisfied with the statement as given in the first sentence.)

[4]For the second meaning see Lesson Five.

NEW QUESTION WORDS	Quid patitur?	What experience is someone, something undergoing?	A verb in the passive voice.
	Ā quō?	By whom?	Personal noun in the Ablative preceded by *ā, ab*.
	Quō auxiliō?	By what means?	Nonpersonal noun in the Ablative.
	Quotiēns?	How often?	Adverbial expression of time.

DERIVATIVES

Find in the Basic Sentences the Latin words from which these English words are derived. What are the roots?

Canine, amphora, magnify, antique, pauper, tenacious, transport, vestment, offer, subterranean.

In the following Pattern Practice there are a number of Basic Sentences containing transitive verbs. For each such Basic Sentence there is a transformation from active to passive or *vice versa*. The questions will be on both the active and the passive sentences.

Learn:	Meaning	Answer
8. Quid patitur?[5]	*What experience is someone, something undergoing?*	A verb in the passive voice.
9. Ā quō?	*By whom?*	Personal noun in the Ablative with *ā, ab*.
10. Quō auxiliō?	*By what means?*	Nonpersonal noun in the Ablative.
11. Quotiēns?	*How often?*	Adverbial expression of time.

PATTERN PRACTICE

Purpose: to learn more responses to structural questions.
Directions: answer the questions based on the Basic Sentences.

Fūrem fūr cognōscit et lupum lupus. (S2)

(Transformation: Fūr ā fūre cognōscitur et lupus ā lupō.)

[5] *Patitur* is not a real passive. See Lesson Twenty.

Quis fūrem cognōscit?	Fūr.
Ā quō lupus cognōscitur?	Ā lupō.
Quis ā fūre cognōscitur?	Fūr.
Quid agit lupus?	Lupum cognōscit.
Quid lupus patitur?	Cognōscitur.
Quis lupum cognōscit?	Lupus.
Quid fūr agit?	Fūrem cognōscit.
Quid fūr patitur?	Fūr cognōscitur.
Ā quō lupus cognōscitur?	Ā lupō.
Ā quō fūr cognōscitur?	Ā fūre.
Quem lupus cognōscit?	Lupum.
Quem fūr cognōscit?	Fūrem.

Rem, nōn spem, . . . quaerit amīcus. (S3)

(Transformation: Rēs, nōn spēs, quaeritur ab amīcō.)

Quis spem nōn quaerit?	Amīcus.
Quae rēs nōn quaeritur?	Spēs.
Quae rēs quaeritur?	Rēs.
Ā quō rēs quaeritur?	Ab amīcō.
Quam rem amīcus quaerit?	Rem.
Ā quō spēs nōn quaeritur?	Ab amīcō.
Quam rem amīcus nōn quaerit?	Spem.
Quis rem quaerit?	Amīcus.
Quid agit amīcus?	Rem quaerit.
Quid patitur rēs?	Quaeritur.

Ā cane nōn magnō saepe tenētur aper. (S11)

(Transformation: Canis nōn magnus saepe tenet aprum.)

Quis saepe tenētur?	Aper.
Quis saepe tenet?	Canis nōn magnus.
Quid agit canis nōn magnus?	Tenet.
Quid patitur aper?	Tenētur.
Ā quō aper tenētur?	Ā cane nōn magnō.
Quotiēns canis tenet?	Saepe.
Quem canis nōn magnus tenet?	Aprum.
Quotiēns aper tenētur?	Saepe.
Tenetne canis aprum?	Tenet.
Tenetne aper canem?	Nōn tenet.
Tenēturne aper ā cane?	Tenētur.
Tenēturne canis ab aprō?	Nōn tenētur.

Amphora sub veste numquam portātur honestē. (S12)

(Transformation: Nēmō[6] amphoram sub veste portat honestē.)

Quis amphoram sub veste honestē portat?	Nēmō.
Quam rem nēmō sub veste honestē portat?	Amphoram.
Quō modō nēmō amphoram sub veste portat?	Honestē.
Quotiēns amphora sub veste honestē portātur?	Numquam.
Quō modō amphora sub veste nōn portātur?	Honestē.
Quae rēs sub veste nōn portātur honestē?	Amphora.
Quid patitur amphora?	Nōn portātur honestē.

Occāsiō aegrē offertur, facile āmittitur. (S15)

(Transformation: Fortūna occāsiōnem aegrē offert, homō[7] facile āmittit.)

Quō modō occāsiō offertur?	Aegrē.
Quō modō occāsiō āmittitur?	Facile.
Quis occāsiōnem aegrē offert?	Fortūna.
Quis occāsiōnem facile āmittit?	Homō.

TO PRODUCE NEW UTTERANCES

1. Fūr ā *fūre* cognōscitur.
   Make new utterances by substituting for the third word the correct form of the first. Choose between *ā* and *ab*. (See p. 20.) Translate each utterance.

canis . . .	magnus . . .
aper . . .	stultus . . .
pauper . . .	stulta . . .
honestus . . .	honesta . . .

2. Rēs ab amīcō *quaeritur*.
   Make new utterances by substituting the correct form of the following words for the verb. Translate each utterance.

portat	lavat
offert	cognōscit
āmittit	regit
tenet	gignit

[6] *Nēmō, nēminem, nēmine* means *no one, nobody*.

[7] *Homō, hominem, homine* means *man* (mankind) as distinguished from gods and animals. *Vir* means *man* as distinguished from woman or child.

SELF TEST

After you have thoroughly learned the Basic Sentences and the Pattern Practice, try the following Self Test.

Here are transformations of other Basic Sentences which contain a transitive verb:

Manū manus lavātur.
Vīta regitur fortūnā, nōn sapientiā.
Antīqua vestis pauperem vestit honestē.

1. Quid patitur vīta?
2. Quis aprum saepe tenet?
3. Ā quō rēs quaeritur?
4. Quid pauper patitur?
5. Quae rēs vītam nōn regit?
6. Quem honestē vestit antīqua vestis?
7. Quae rēs ab amīcō nōn quaeritur?
8. Quis fūrem cognōscit?
9. Quae rēs vītam regit?
10. Quam rem homō facile āmittit?
11. Quō auxiliō vīta regitur?
12. Quō auxiliō pauper vestītur honestē?

LESSON FIVE: How to Produce New Latin Utterances

BASIC SENTENCES

S16 **Ā fonte pūrō pūra dēfluit aqua.**-ANON.

From a pure spring flows pure water.

S17 **Lēx videt īrātum, īrātus lēgem nōn videt.**-PUBLILIUS SYRUS

The law sees the angry man, but the angry man doesn't see the law.

S18 **In omnī rē vincit imitātiōnem vēritās.**-CICERO

In every circumstance truth conquers imitation.

S19 **Necessitās nōn habet lēgem.**-ST. BERNARD (?)

Necessity has no law, or Necessity knows no law.

S20 **Numquam ex malō patre bonus fīlius.**-ANON.

A good son never comes from a bad father.

NEW NOUNS				
	aqua	fīlius	fōns	imitātiō
	aquam	fīlium	fontem	imitātiōnem
	aquā	fīliō	fonte	imitātiōne

lēx	necessitās	pater
lēgem	necessitātem	patrem
lēge	necessitāte	patre

NEW ADJECTIVES	bonus bonum bonō (adv: bene)[1]	īrātus īrātum īrātō (adv: īrātē)	malus malum malō (adv: male)[1]
	omnis omnem omnī	pūrus pūrum pūrō	pūra pūram pūrā

NEW VERBS	dēfluit/---[2] est/---	habet/habētur videt/vidētur	vincit/vincitur

NEW INDECLINABLES
- dē (preposition): *down from, concerning*
- ex, ē (preposition): *out of, from*; *ex* is used before vowels and *h*; either *ex* or *ē* is used before consonants.

NEW QUESTION WORDS		Meaning	Answer	
	Quō ā locō?	*Away from what place?*	ā, ab	& Ablative
	Quō dē locō?	*Down from what place?*	dē	& Ablative
	Quō ē locō?	*Out of what place?*	ē, ex	& Ablative

DERIVATIVES

What Latin words do you associate with the following? Omnivorous, malice, fount, legal, bonus, exit, description, aquatic, imitation, irate, necessity, paternity, filial, fluid, habit.

NEW UTTERANCES

You have now learned twenty Basic Sentences. We will show you how to make up thousands of Latin sentences by changing the twenty Basic Sentences.

There are three ways to change a Latin sentence: by *substitution, expansion,* or *transformation*. At the present the most useful technique will be *substitution*. As an example, let us take the third Basic Sentence, *Rem, nōn spem, . . . quaerit amīcus*. For the first word (*rem*) we can substitute any other nonpersonal noun in the accusative case. Another way to put it is that to get *rem* we ask a question *Quam rem quaerit amīcus?* Any other word that can substitute for *quam rem* is a possibility, only of course some words make better sense than others. *Īram, nōn spem, quaerit amīcus* is one answer, but it doesn't sound very sensible. How do you like these possibilities?

[1]Note the short *e* (allomorph) in *male* and *bene*.
[2]What does the absence of a passive form show about this verb?

Amōrem, nōn spem, quaerit amīcus.
Laudem, nōn spem, quaerit amīcus.
Fraudem, nōn spem, quaerit amīcus.

For *spem* (another *quam rem* word) we can make the following substitutions:

Rem, nōn amōrem, quaerit amīcus.
Rem, nōn vestem, quaerit amīcus.
Rem, nōn sapientiam, quaerit amīcus.
Rem, nōn laudem, quaerit amīcus.

In substituting for the verb we must of course choose only from the list of transitives:

Rem, nōn spem, vult amīcus.
Rem, nōn spem, offert amīcus.

Finally, we may substitute for *amīcus*. *Amīcus* is an adjective used as a personal noun; we may therefore substitute any personal noun or adjective that may be used alone for a personal noun:

Rem, nōn spem, quaerit fūr.
Rem, nōn spem, quaerit fēmina.
Rem, nōn spem, quaerit īrātus.

We may substitute more than one element at a time:

Laudem, nōn fraudem, quaerit amīcus.

In fact we may change them all (except the negator *nōn*):

Vestem, nōn amphoram, lavat fēmina.

Make new sentences by substituting for the italicized words. Suggested lexical items are given in the parentheses. Remember to write the correct form of the word. Change from positive to negative and *vice versa* where it seems appropriate.

1. Vulpēs vult *fraudem*. (S7) (cūra, fōns, aqua)
2. Vītam regit *fortūna*. (S9) (labor, vēritās, spēs, amor)
3. Prūdēns cum cūrā vīvit. (S5) (laus, amor, sapientia)
4. In omnī rē vincit *imitātiōnem* vēritās. (S18) (fortūna, spēs, fraus)
5. *Amor* gignit *amōrem*. (S14) (vēritās, spēs, fraus, laus)
6. Ā cane nōn magnō saepe *tenētur* aper. (S11) (quaerit, vincit, cognōscit)
7. *Vēritās* numquam perit. (S6) (spēs, sapientia, occāsiō)

The second technique is that of *expansion*, the addition of items, or negative expansion, the subtraction of items. At this point we can expand with modifiers of the verb: adverbs (honestē), adverbials (saepe), and ablatives or ablative phrases (cum cūrā). We can also expand by *leveling*, i.e. by adding a parallel unit connected by a conjunction like *et* or (in writing) set off by commas. Thus we may expand *Rem, nōn spem, quaerit amīcus* into *Rem et vestem, nōn spem, quaerit amīcus et pauper*. Expanding by adding another verb, we might get *Rem, nōn spem, quaerit et tenet amīcus*.

We can drop off either modifiers or leveled constructions in the same way: *Rem quaerit amīcus*; *Vincit imitātiōnem vēritās*; etc.

Make new sentences by expanding the italicized items.

1. ______ *veste* pauper vestītur honestē.
2. Ā fonte pūrō ______ dēfluit *aqua*.
3. Occāsiō ______ *offertur*.
4. Fēmina vult *vestem et* ______.
5. Ā cane nōn magnō saepe *quaeritur et* ______ aper.
6. Ā fonte *bonō et* ______ pūra dēfluit aqua.

The third and most important technique for producing new Latin utterances is *transformation*. What are the rules for the *passive transformation* which was introduced in Lesson Four? Another kind of transformation is the change from one part of speech to another; e.g. Stultus *sapienter* nōn vīvit⟶Stultus *cum sapientiā* nōn vīvit. Make a similar change in this sentence: Prūdēns *prūdenter* vīvit.

Note: Paraphrasing, e.g. expressing the thought of *Ā fonte pūrō pūra dēfluit aqua* by saying *fōns pūrus pūram habet aquam*, presupposes comprehension of sentence meaning. It may involve one or more of the three techniques described, but it must not be confused with them.

Learn:

12.			
Quō ā locō?	Away from what place?	ā, ab	and ablative of a noun with the general meaning: place
Quō dē locō?	Down from what place?	dē	
Quō ē locō?	Out of what place?	ē, ex	

PATTERN PRACTICE

Purpose: to practice structural questions on Basic Sentences and their transformations.

Directions: answer the questions.

Ā fonte pūrō pūra dēfluit aqua. (S16)

Quō ā locō dēfluit aqua?	Ā fonte dēfluit aqua.
Quae rēs ā fonte dēfluit?	Aqua ā fonte dēfluit.
Quid agit aqua?	Ā fonte dēfluit aqua.

Lēx videt īrātum, īrātus lēgem nōn videt. (S17)

Quis[3] īrātum videt?	Lēx.
Quis lēgem nōn videt?	Īrātus.
Quem lēx videt?	Īrātum.
Quem īrātus nōn videt?	Lēgem.
Quis ā lēge vidētur?	Īrātus.
Quis ab īrātō nōn vidētur?	Lēx.
Quid agit lēx?	Īrātum videt.
Quid agit īrātus?	Lēgem nōn videt.
Quid patitur īrātus?	Ā lēge vidētur.
Quid patitur lēx?	Ab īrātō nōn vidētur.
Videtne lēx īrātum?	Videt.
Vidēturne īrātus?	Vidētur.
Videtne lēgem īrātus?	Nōn videt.
Vidēturne lēx?	Nōn vidētur.
Ā quō lēx nōn vidētur?	Ab īrātō.
Ā quō īrātus vidētur?	Ā lēge.

In omnī rē vincit imitātiōnem vēritās. (S18)

Vincitne vēritās?	Vincit.
Vinciturne vēritās?	Nōn vincitur.
Vincitne vēritās imitātiōnem?	Vincit.
Vincitne imitātiō vēritātem?	Nōn vincit.
Quō auxiliō imitātiō vincitur?	Vēritāte.
Quae rēs imitātiōnem vincit?	Vēritās.
Quam rem vēritās vincit?	Imitātiōnem.
Quid agit vēritās?	Vincit.
Quid patitur imitātiō?	Vincitur.
Quae rēs vincitur?	Imitātiō.

Necessitās nōn habet lēgem. (S19)

Quam rem necessitās nōn habet?	Lēgem.
Quid agit necessitās?	Nōn habet lēgem.
Quae rēs nōn habet lēgem?	Necessitās.

[3]Since the law is described as seeing and is contrasted with an angry person, it is personified and we treat it as a personal noun. The concepts of death, fate, fortune, and law are frequently treated in this way.

Numquam ex malō patre bonus fīlius. (S20)

Quotiēns ex malō patre gignitur bonus fīlius?	Numquam.
Ex quō gignitur bonus fīlius?	Ē bonō patre.
Quis bonum fīlium gignit?	Bonus pater.
Quis malum fīlium gignit?	Malus pater.
Quem gignit bonus pater?	Bonum fīlium.
Quem nōn gignit bonus pater?	Malum fīlium.
Quis ex malō patre gignitur?	Malus fīlius.
Quis ex bonō patre gignitur?	Bonus fīlius.
Gignitne malus pater malum fīlium?	Gignit.
Gignitne malus pater bonum fīlium?	Nōn gignit.
Gigniturne ex bonō patre bonus fīlius?	Gignitur.
Gigniturne ex malō patre malus fīlius?	Gignitur.
Gigniturne ex malō patre bonus fīlius?	Nōn gignitur.

SELF TEST

A. Metaphrase each of the following utterances.

1. Vulpēs quaerit agnum, fūr fraudem.
2. Saepe honor labōre gignitur.
3. Pater bonum malus nōn habet fīlium.
4. Agnus sine cūrā nōn vīvit.
5. Philosophus sapientiā, nōn veste, cognōscitur.
6. Honōrem pauper nōn habet.

B. In Lesson Three, you made a start on SUBSTITUTIONS. Working with the following utterances and their transformations, make a series of at least two new utterances from each of these. Substitute for different parts in different sentences.

1. Prūdēns occāsiōnem cognōscit.
2. Vult fraudem nēmō.
3. Amphoram videt pulchram fēmina.
4. Sapientiam, nōn laudem, quaerit bonus.
5. Necessitās nōn habet lēgem.

Suggested vocabulary for B.

NONPERSONAL NOUNS: vestis, rēs, spēs, amor, cūra, vēritās, fraus, laus, vīta, sapientia, manus, injūria, amphora, labor, honor, occāsiō, fōns, lēx, aqua, imitātiō, necessitās.
PERSONAL NOUNS: vir, fūr, lupus, nēmō, vulpēs, agnus, fēmina, fortūna, philosophus, canis, aper, pater, Deus, fīlius.
TRANSITIVE VERBS: reddit, cognōscit, quaerit, generat, regit, lavat, solvit, tenet, portat, vestit, vincit, gignit, offert, āmittit, habet, vult.
INTRANSITIVE VERBS: vīvit, perit, dēfluit, est.

C. Answer the following questions which are based on paraphrases of Basic Sentences:

1. Quam rem habet fōns pūrus? (S16)
2. Quem pater bonus gignit? (S20)
3. Vīvitne vēritās? (S7)
4. Quis amphoram sub veste nōn portat? (S12)
5. Quam rem fortūna vincit? (S9)
6. Quis laudātur ā virō? (S7)

LESSON SIX: **The Three Classes of Nouns**

MORPHOLOGY: NEUTER NOUNS

You have carefully learned to distinguish nominative from accusative in such pairs as *canis/canem* and *lupus/lupum*. Now look at the following words:

Nom	malum	bonum	vitium	vīnum
Acc	malum	bonum	vitium	vīnum
Abl	malō	bonō	vitiō	vīnō
Nom	cōnsilium	auxilium	corpus	opus
Acc	cōnsilium	auxilium	corpus	opus
Abl	cōnsiliō	auxiliō	corpore	opere

EXPLANATION OF STRUCTURE

Nouns like these, that always have nominative and accusative alike, are called neuter nouns. The forms are ambiguous. This same ambiguity occurs in the question word *Quid?* which may substitute for either *Quae rēs?* or *Quam rem?* The question now arises: how do we tell subject from object? Often, but not always, the observation of the structural environment answers this question. Do you find any example of structural ambiguity in the Basic Sentences?

BASIC SENTENCES

S21 Saepe malum petitur, saepe bonum fugitur. -ANON.

Evil is often sought after, good is often shunned.

S22 Mēns sāna in corpore sānō. -JUVENAL

A sound mind in a sound body.

S23 **In vīnō, in īrā, in puerō semper est vēritās.**-ANON

In wine, in anger, or in a child there is always truth.

S24 **Fīnis corōnat opus.**-BINDER

The end crowns the work. (Don't judge a work until it is complete.)

S25 **Gladiātor in harēnā capit cōnsilium.**-SENECA (adapted)

The gladiator plans his strategy in the arena.

S26 **Nēmō sine vitiō est.**-SENECA THE ELDER

No one is without fault.

NEW NOUNS (in addi- to those given at beginning of lesson)	fīnis fīnem fīne	gladiātor gladiātorem gladiātore	harēna harēnam harēnā	īra īram īrā
	mēns mentem mente	nēmō nēminem nēmine	puer puerum puerō	

NEW ADJECTIVES	m	f	n			
	sānus	sāna	sānum	novus	nova	novum
	sānum	sānam	sānum	novum	novam	novum
	sānō	sānā	sānō	novō	novā	novō
	(adv. sānē)					
	parvus	parva	parvum			
	parvum	parvam	parvum			
	parvō	parvā	parvō			

NEW VERBS	capit/capitur	fugit/fugitur
	corōnat/corōnātur	petit/petitur

NEW INDECLINABLES semper (adverbial): *always*

		Meaning	Answer
NEW QUESTION WORDS	Quid?	*What?*	Noun in nom. or acc.
	Quālis, quālis, quāle	*What kind of?*	Descriptive adjective
	Quantus, quanta, quantum?	*What size?*	Quantitative adjective
	Quō (in) locō?	*In what place? Where?*	*In* and ablative, noun

DERIVATIVES

Petition, fugitive, mental, sane, final, corporal, vice, vicious, opus, vine, puerile, gladiator, arena, counsel, captive, coronation.

In the above words we see a number of English adjective morphemes derived from Latin: *-al* (Latin *-ālis*), *-ile* (Latin *-īlis*), *-ive* (Latin *-īvus*), and *-ous* (Latin *-ōsus*). You will notice that there are some words which have the same form as the Latin nominative. Still others drop off an ending or change it to *-e*. Find examples of each in the list above.

EXPLANATION OF STRUCTURE: GENDER

Every Latin noun falls into one of three classes, or *genders*, e.g., *fōns*, *aqua*, and *vīnum*. If we wish to make any one of these nouns the subject of a sentence and to modify it by the adjective *pūrus*, we find that we can use the form *pūrus* in only one instance: *Fōns PŪRUS quaeritur*. For *aqua* we have to say *Aqua PURA quaeritur*, and for *vīnum*, *Vīnum PŪRUM quaeritur*.

This obligatory choice of adjective according to the class of noun is called gender. All nouns modified by *pūrus/pūrum/pūrō* are masculine; those modified by *pūra/pūram/pūrā* are feminine; and those modified by *pūrum/pūrum/pūrō* are neuter.

This obligatory choice of adjective according to the GENDER of the noun is called *concord* or *agreement* in *gender*. Remember that an adjective also agrees in CASE with the noun it modifies.

There are two ways to discover the gender of Latin nouns. One is to look in a Latin dictionary, or in the back of this book.

What is the gender of *ratiō, hortus, īnsānia, fūnus*, and *beneficium*?

The second and easier way is to remember from a Basic Sentence or a Reading whether the adjective is *pūrus, pūra*, or *pūrum*.

Identify the gender of the following nominative nouns: bona fāma, malus poēta, flūmen pūrum, exemplum bonum, occāsiō nulla, amor meus.

Nouns with the suffixes *-tās* (*vēritās, necessitās*), *-tūdō* (*fortitūdō*), *-ia* (*concordia, cōnstantia*), and *-iō* (*imitātiō, occāsiō*) are all feminine. You will note that they are abstractions.

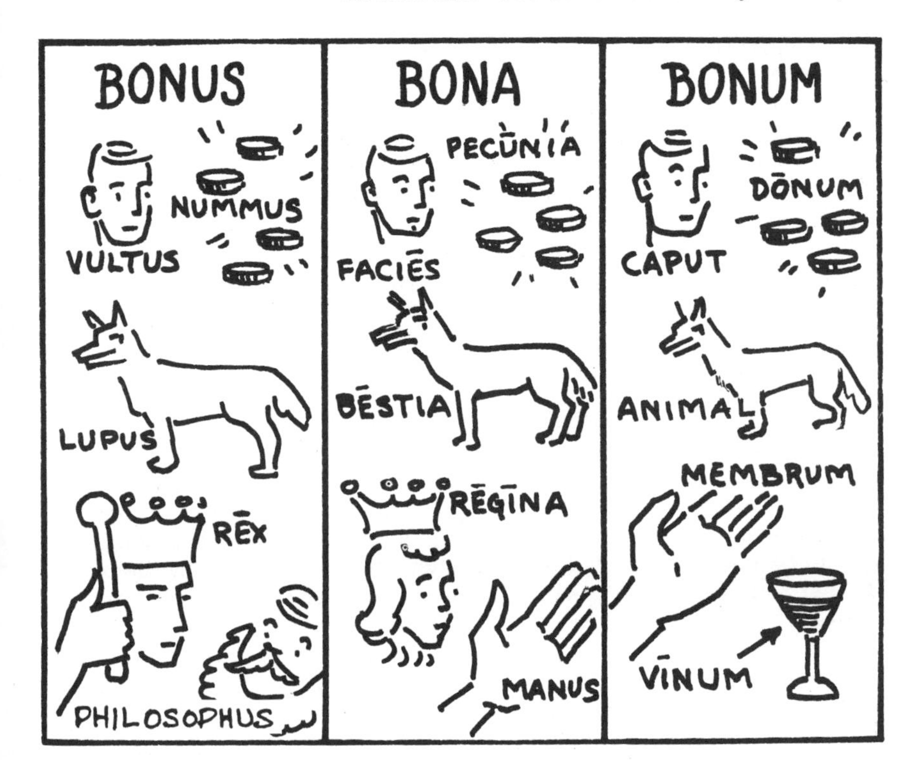

MORPHOLOGY: ADJECTIVES

There are two types of adjectives, the forms of which at this point look like those of nouns except in one form. Can you find the one form?

FIRST TYPE

	m	f	n
Nom	bonus	bona	bonum
Acc	bonum	bonam	bonum
Abl	bonō	bonā	bonō

Notice the resemblance between masculine and neuter; they differ only in the nominative. This means that in many instances you cannot tell from the modifying adjective whether a noun is masculine or neuter.

SECOND TYPE

	m-f	n	m-f	n
Nom.	omnis	omne	prūdēns	prūdēns
Acc.	omnem	omne	prūdentem	prūdēns
Abl.	omnī	omnī	prūdentī(e)[1]	prūdentī(e)

Observe that in the second type there is no difference between masculine and feminine, but only between masculine-feminine and neuter. Note further that this difference occurs only in the accusative of *prūdēns* but is found in both the nominative and accusative of *omnis*.

EXPLANATION OF STRUCTURE: ADJECTIVES AND NOUNS

We now have the criterion to distinguish adjectives from nouns which we promised you on page 3. Adjectives have a contrast somewhere between the neuter forms and the other forms, whether masculine and feminine or masculine-feminine. However, without a dictionary, this distinctive contrast is of little help in reading Latin. This means that it is important to learn which words are adjectives.

A few nouns have contrast between masculine and feminine, as *lupus/lupa* (male wolf/female wolf), but there is no neuter. What is the meaning and gender of *agnus/agna, deus/dea,* and *fīlius/fīlia*?

We have also seen that certain adjectives may be used as nouns; we have seen examples in Basic Sentences 5, 13, 17, and 21. What is the signal that tells you these adjectives do not modify nouns? The masculine form[2] indicates a man, the feminine a woman, and the neuter a quality or thing. Observe the following:

Bonum saepe fugitur. (S21)	Good is often shunned.
Bonus saepe fugitur.	A good man is often shunned.
Bona saepe fugitur.	A good woman is often shunned.

What then do the following mean?

Malus saepe petitur.
Malum saepe petitur.
Mala saepe petitur.
Malus saepe petit.

The question word that calls for a descriptive adjective is *quālis, quāle,* which has forms like *omnis, omne*. *Quantus, quanta, quantum*

[1] The common ablative ending is *-ī*. Adjectives like *prūdēns* have a variant *-e,* especially when used as nouns.

[2] The masculine nominative singular adjective without a noun is rarely used in Latin prose, but is freely employed by the Latin poets.

asks for adjectives of size (*magnus, parvus*). The first part of the Pattern Practice requires the production of adjectives in answer to *quālis* or *quantus*. The second part asks questions on the Basic Sentences and practices the use of the nominative-accusative neuter form.

Learn:

13.	Nom. Quid? = Quae rēs?	*What?*	Nonpersonal noun in the nominative.
	Acc. Quid? = Quam rem?	*What?*	Nonpersonal noun in the accusative.
14.	Nom. Quantus? Quanta? Quantum? Acc. Quantum? Quantam? Quantum? Abl. Quantō? Quantā? Quantō?	*How-large-a...?*	An adjective denoting size.
15.	Nom. Quālis? Quālis? Quāle? Acc. Quālem? Quālem? Quāle? Abl. Quālī? Quālī? Quālī?	*What-kind-of...?*	An adjective denoting quality.
16.	Quō (in) locō?	*In what place?*	Noun, denoting place, in the ablative, preceded by a preposition.

PATTERN PRACTICE, Part One

Purpose: practice in neuter nouns.
Directions: answer the questions based on the Basic Sentences.

Quae rēs saepe petitur? (S21)	Malum.
Quid saepe petitur?[3]	Malum.
Quid saepe fugitur?	Bonum.
Quam rem sapiēns petit?	Bonum.
Quid sapiēns petit?[3]	Bonum.
Quid sapiēns fugit?	Malum.
Quae rēs ā sapientī petitur?	Bonum.
Quid ā sapientī fugitur?	Malum.
Quam rem stultus saepe fugit?	Bonum.
Quid stultus saepe petit?	Malum.
Ā quō malum saepe petitur?	Ā stultō.
Ā quō malum fugitur?	Ā sapientī.
Ā quō bonum fugitur?	Ā stultō.
Ā quō bonum petitur?	Ā sapientī.
Petitne stultus saepe malum?	Petit.
Petitne sapiēns saepe malum?	Nōn petit.
Quālis vir bonum petit?	Sapiēns vir.
Quālis vir bonum fugit?	Stultus vir.

[3] Remember that *Quid?* is the equivalent of either *Quae rēs?* or *Quam rem?*.

Quid in harēnā capit gladiātor? (S25)	Cōnsilium.
Ā quō cōnsilium in harēnā capitur?	Ā gladiātōre.
Quō in locō capit gladiātor cōnsilium?	In harēnā.
Quis cōnsilium in harēnā capit?	Gladiātor.
Quid agit gladiātor?	Cōnsilium capit.
Capiturne cōnsilium?	Capitur.
Quae rēs opus corōnat? (S24)	Fīnis.
Quō auxiliō opus corōnatur?	Fīne.
Quid fīnis corōnat?	Opus.
Quid fīne corōnatur?	Opus.

PATTERN PRACTICE, Part Two

Purpose: to learn to answer structural questions on adjectives.
Directions: answer the questions based on the Basic Sentences.

Quantō ā cane saepe tenētur aper? (S11)	Parvō[4] ā cane.
Quantus canis aprum saepe tenet?	Parvus canis.
Quantus aper ā cane saepe tenētur?	Magnus aper.
Quantum aprum canis saepe tenet?	Magnum aprum.
Quālī veste pauper honestē vestītur? (S13)	Antīquā veste.
Quālī veste pauper honestē nōn vestītur?	Novā[5] veste.
Quālem vestem pauper honestē habet?	Antīquam vestem.
Quālis vestis pauperem honestē vestit?	Antīqua vestis.
Quālis vestis pauperem honestē nōn vestit?	Nova vestis.
Quālī ā fonte dēfluit aqua pūra? (S16)	Pūrō ā fonte.
Quālis aqua ā fonte pūrō dēfluit?	Pūra aqua.
Quālī ā fonte dēfluit aqua turbulenta?	Turbulentō ā fonte.
Quālis aqua ā fonte turbulentō dēfluit?	Turbulenta aqua.
Quālis pater fīlium bonum gignit? (S20)	Bonus pater.
Quālem fīlium pater malus gignit?	Malum fīlium.
Quālī ex patre gignitur fīlius bonus?	Bonō ex patre.
Quālī ex patre gignitur fīlius malus?	Malō ex patre.
Quālem fīlium pater bonus gignit?	Bonum fīlium.
Quālis pater fīlium malum gignit?	Malus pater.
Quālis fīlius ex bonō patre gignitur?	Bonus fīlius.
Quālis fīlius ex malō patre gignitur?	Malus fīlius.

[4]parvus-a-um: *small.*
[5]novus-a-um: *new.*

Quālis mēns in corpore sānō est? (S22)	Sāna mēns.
Quālem mentem corpus sānum habet?	Sānam mentem.
Quāle corpus mentem sānam habet?	Sānum corpus.
Quālī in corpore est mēns sāna?	Sānō in corpore.
Quāle corpus mēns sāna habet?	Sānum corpus.

TO PRODUCE NEW UTTERANCES

1. Ā fonte pūrō pūra dēfluit aqua.
   Make new utterances by substituting for *pūrō* and *pūra* the correct forms of the following adjectives. Translate each utterance.

malus	bonus
pulcher	impūrus

2. Ex bonā mātre bonus fīlius.
   Make new utterances by substituting for *bonā* and *bonus* the correct forms of the following adjectives. Translate each utterance.

sapiēns	sānus	malus
stultus	īnsānus	honestus
prūdēns	īrātus	

3. Fīnis corōnat opus.
   Make new utterances by expanding *opus* with the correct form of the following adjectives. Translate each utterance.

magnus	novus
bonus	omnis
honestus	quālis?

SELF TEST

A. Give the contrasting forms of the first noun of each of the following utterances: e.g., *Vestis virum reddit,* you would give: *vestis, vestem, veste*; of *Virum vestis reddit,* you would give: *vir, virum, virō.*

1. Lēx videt īrātum.
2. Gladiātor vincitur īrā.
3. Cōnsilium quaerit sapiēns.
4. Occāsiōnem āmittit stultus.
5. Fōns dēfluit.
6. Fugit laus.
7. Aper tenētur.
8. Opus laudātur.

B. Write the active-passive transformation of all sentences which contain a transitive verb.

1. Aqua pūra ex *fonte* dēfluit.
2. Fūrem fūr cognōscit.
3. Canis *puerum* nōn mordet.
4. Īrātus lēgem nōn videt.
5. *Vestem* capit fūr.
6. Amphora ā *fēminā* lavātur.
7. Manū tenētur canis.
8. Parvum canem *aper* saepe nōn vincit.
9. Antīquam vestem pauper habet.
10. *Fīne* opus corōnatur.

C. Expand each italicized noun with an adjective.

REVIEW LESSON ONE

Reviews will occur at intervals. They will not, however, be evenly spaced. Some points are more difficult than others and need review sooner.

MORPHOLOGY: THE FIVE DECLENSIONS: PARADIGMS

It must have occurred to you that there was a pattern in the nouns we have met; while not all Latin nouns are declined exactly alike, they are not all entirely different, either. You must have observed the resemblance of *lupus, lupum, lupō* to *agnus, agnum, agnō,* and the contrast with *manus, manum, manū.*

There are five classes or declensions of nouns, distinguished by their declension marker or characteristic vowel. Listed below are the paradigms of typical nouns. These paradigms must be learned.

First Declension (-a- type)

vīta	amphora	aqua	īra	fortūna	sapientia
vītam	amphoram	aquam	īram	fortūnam	sapientiam
vītā	amphorā	aquā	īrā	fortūnā	sapientiā

All first declension nouns are feminine gender, except those that refer specifically to men, such as proper names and words like *poēta* (poet).

Second Declension (-o- type)

lupus	agnus	fīlius	vir	puer	aper	vīnum	vitium
lupum	agnum	fīlium	virum	puerum	aprum	vīnum	vitium
lupō	agnō	fīliō	virō	puerō	aprō	vīnō	vitiō

Most nouns of this declension end in *-s*. There are only a few with the zero ending like *vir, puer,* and *aper*; notice that the lexical stem of these latter words ends in *-r*. There are also a number of *neuters* like *vīnum* and *vitium*. Can you give the others we have had? If not, look at Basic Sentences 21, 25, 28.

Third Declension (*-e-*, *-i-*, or *zero* type)

lēx	vulpēs	vestis	vēritās	fōns	fūr
lēgem	vulpem	vestem	vēritātem	fontem	fūrem
lēge	vulpe	veste	vēritāte	fonte	fūre

occāsiō	amor	corpus	opus
occāsiōnem	amōrem	corpus	opus
occāsiōne	amōre	corpore	opere

The third declension is the most complicated declension of all. Notice that some nominatives have -s with the declension marker *-e-*; others have *-s* with the declension marker *-i-*; and still others have *-s* with the declension marker *zero*. Find an example of each. Other nouns of this declension have the zero ending. With both the *-s* morpheme and its *zero* allomorph there are sometimes minus elements; instead of **vēritāts* or **occāsiōn*[1] we find *vēritās* and *occāsiō*.

Fourth Declension (*-u-* type)

exitus	manus
exitum	manum
exitū	manū

The fourth declension is not as common as the first three. Most nouns of this declension are masculine gender, although *manus*, one of the most common nouns of this declension, is feminine.

Fifth Declension (*-ē-* type)

rēs	spēs	fidēs	diēs
rem	spem	fidem	diem
rē	spē	fidē	diē

There are very few nouns in this declension. All fifth declension nouns are feminine gender, except *diēs* (day), which is either masculine or feminine.

Adjectives of the *bonus* type are called first-and-second declension adjectives. Adjectives of the *omnis* type are third declension. There are some minor variations in the *sapiēns* type: although *-ī* is the common ablative ending, *-e* is also found, as *sapientī* or *sapiente*.

[1]An asterisk indicates a theoretical form.

The morpheme -*s* and its *zero* allomorph signal the nominative. What declension has only the zero allomorph in the nominative? What declensions have only the -*s*? What declensions have both? Before final -*s*, short -*o*- becomes -*u*-; hence *agnus* for **agnos*.

The morpheme -*m* signals the accusative singular. Long vowels shorten before final -*m*; therefore *rem* for **rēm*. What happens to short -*o*- before final -*m*?

The ablative is signaled by length of the characteristic vowel. In third declension nouns, however, there is no length if the characteristic vowel is -*e*-.

For neuters, observe the following:

1. Nominative and accusative are *always* alike.
2. There are no neuters in the first or fifth declensions and very few in the fourth. Therefore almost all neuters are second or third declension.
3. Nearly all second declension neuters have the nominative-accusative morpheme -*m*.
4. Third declension neuters all have the nominative-accusative *zero* allomorph. The declension marker is usually *zero*, although *mare* and a few others have -*e*.

Note: Between vowels -*s*- changes to -*r*-, which accounts for *corpus/corpore* in place of **corpos/*corpose*. Can you account for the -*u*- in *corpus*?

BASIC SENTENCES

S27 **Nōbilitat stultum vestis honesta virum.**-MEDIEVAL

Good clothes ennoble a stupid man.

S28 **Habet suum venēnum blanda ōrātiō.**-PUBLILIUS SYRUS

Smooth speech contains its own poison.

S29 **Nōn semper aurem facilem habet fēlīcitās.**-PUBLILIUS SYRUS

Prosperity doesn't always have an accessible ear.

S30 **Exitus in dubiō est.**-OVID

The outcome is in doubt.

S31 In vīlī veste nēmō tractātur honestē. -MEDIEVAL

No one is treated decently in poor clothes.

NEW	auris	exitus	fēlīcitās	ōrātiō	venēnum
NOUNS	aurem	exitum	fēlīcitātem	ōrātiōnem	venēnum
	aure	exitū	fēlīcitāte	ōrātiōne	venēnō

NEW	blandus	blanda	blandum	suus	sua	suum
ADJECTIVES	blandum	blandam	blandum	suum	suam	suum
	blandō	blandā	blandō	suō	suā	suō
	(blandē)					
	dubius	dubia	dubium	vīlis	vīle	
	dubium	dubiam	dubium	vīlem	vīle	
	dubiō	dubiā	dubiō	vīlī	vīlī	
	(dubiē)					
	facilis	facile				
	facilem	facile				
	facilī	facilī				

NEW VERBS
nōbilitat/nōbilitātur
tractat/tractātur

NEW QUESTION WORD
Ubi? Equivalent of Quō (in) locō?

Now that you understand about the five classes of nouns, it should not be necessary to give all three forms. If we give you the nominative and ablative, you should be able in all instances to predict the missing accusative. See if you can do this with the new nouns. In the same way, it will be necessary from now on to give only the nominative forms of the adjectives. You should be able to tell from this whether they are declined like *bonus, bona, bonum,* or like *omnis, omne.* The adverb (if common) follows in parentheses.

DERIVATIVES

Unit, nobility, venemous, bland, oration, aural, facility, felicity, exit, dubious.

The English ending *-ary* (Latin *-ārius*) is an adjectival suffix. Can you explain the Latin origin of English *-ty*, *-ous*, *-al*, and *-tion*?

METAPHRASE PRACTICE

This exercise is designed to give you practice on the forms without being distracted by lexical meanings. There are nominatives, accusatives, and ablatives in different combinations, but just the ending of the verb. Metaphrase these by putting in "blank" for the verb or, if you like, by inserting a reasonable verb:

Vir amphoram ______-t.
The man ______-s the jug.

Ā virō amphora ______-tur.
The jug is being ______-ed by the man.

Virum amphora ______-t.
The jug ______-s the man.

Vir amphorā ______-tur.
The man is being ______-ed by the jug.

Cōnsilium opus ______-t.
Planning ______-s the work; or
The work ______-s planning.

Cōnsiliō opus ______-tur.
The work is being ______-ed by planning.

Now try these:

Sapientem vitium ______-t.
Sapiēns vitium ______-t.
Ā sapiente vitium ______-tur.
Sapiēns vitiō ______-tur.
Vīnum corpus ______-t.

Vīnō corpus ______-tur.
Ā fūre vīnum ______-tur.
Fūrem vīnum ______-t.
Fūr vīnum ______-t.
Fūr vīnō ______-tur.

PATTERN PRACTICE, Part One

Purpose: to review the parts of speech.
Directions: answer with the appropriate part of speech.

Quō modō vīvit vir prūdēns?	Prūdenter vīvit vir prūdēns.
Quō modō vīvit vir fortis?	Fortiter vīvit vir fortis.
Quō modō vīvit vir honestus?	Honestē vīvit vir honestus.
Quō modō vīvit vir sapiēns?	Sapienter vīvit vir sapiēns.
Quō modō vīvit vir fidēlis?	Fidēliter vīvit vir fidēlis.
Quō modō vīvit vir fēlīx?	Fēlīciter vīvit vir fēlīx.
Quō modō vīvit vir bonus?	Bene vīvit vir bonus.
Quō modō vīvit vir malus?	Male vīvit vir malus.
Quālem vītam vīvit prūdēns?	Prūdentem vītam vīvit prūdēns.
Quālem vītam vīvit fēlīx?	Fēlīcem vītam vīvit fēlīx.
Quālem vītam vīvit stultus?	Stultam vītam vīvit stultus.
Quālem vītam vīvit malus?	Malam vītam vīvit malus.
Quālem vītam vīvit fidēlis?	Fidēlem vītam vīvit fidēlis.
Quālem vītam vīvit fortis?	Fortem vītam vīvit fortis.

Quālem vītam vīvit bonus?	Bonam vītam vīvit bonus.
Quālem vītam vīvit malus?	Malam vītam vīvit malus.
Quālem vītam vīvit honestus?	Honestam vītam vīvit honestus.
Quālem vītam vīvit sapiēns?	Sapientem vītam vīvit sapiēns.
Quam virtūtem[2] habet fortis?	Fortitūdinem habet fortis.
Quam virtūtem habet prūdēns?	Prūdentiam habet prūdēns.
Quam virtūtem habet honestus?	Honōrem habet honestus.
Quam virtūtem habet fēlīx?	Fēlīcitātem habet fēlīx.
Quam virtūtem habet fidēlis?	Fidēlitātem habet fidēlis.
Quam virtūtem habet sapiēns?	Sapientiam habet sapiēns.
Quod vitium[2] habet stultus?	Stultitiam habet stultus.

PATTERN PRACTICE, Part Two

Purpose: to review thoroughly the uses of the three cases of nouns and the active and passive voice of verbs.
Directions: Answer these questions based on the Basic Sentences.

Quālis vestis virum stultum nōbilitat? (S27)	Honesta vestis.
Quālī veste vir stultus nōbilitātur?	Honestā veste.
Quālem virum vestis honesta nōbilitat?	Stultum virum.
Quālis vir veste honestā nōbilitātur?	Stultus vir.
Quid agit honesta vestis?	Virum stultum nōbilitat.
Quid patitur vir stultus?	Honestā veste nōbilitātur.
Quō auxiliō vir stultus nōbilitātur?	Veste honestā.
Quālis ōrātiō habet suum venēnum? (S28)	Blanda ōrātiō.
Quam rem habet blanda ōrātiō?	Suum venēnum.
Ubi[3] est venēnum?	In blandā ōrātiōne.
Quid in blandā ōrātiōne est?	Venēnum.
Quālī in ōrātiōne est venēnum?	Blandā in ōrātiōne.
Quālem rem nōn semper habet fēlīcitās? (S29)	Facilem aurem.
Quae rēs nōn semper habet aurem facilem?	Fēlīcitās.
Quālem aurem fēlīx nōn semper habet?	Facilem aurem.
Quis nōn semper habet aurem facilem?	Fēlīx.

[2] *Virtūtem* here is substituted for *rem*; if the substituted noun is neuter, the question word must be *quod* which is also neuter.
[3] *Ubi* is an interrogative adverbial, meaning *quō in locō*.

Quae rēs in dubiō est? (S30)	Exitus.
Ubi est exitus?	In dubiō.
Estne exitus certus?[4]	Nōn est.
Estne exitus incertus?[4]	Est.

Quālī in veste nēmō tractātur honestē? (S31)	Vīlī in veste.
Quis in vīlī veste tractātur honestē?	Nēmō.
Quid patitur nēmō in vīlī veste?	Honestē tractātur.
Ubi nēmō honestē tractātur?	In vīlī veste.

SELF TEST

A. If you can answer the following questions without stopping to think, you understand the first six lessons. Write the minimum answer.

1. Antīqua vestis pauperem vestit. Quō auxiliō pauper vestītur?
2. Honestus ōrātiōne malā corrumpitur. Quem ōrātiō mala corrumpit?
3. Stultus vitium quaerit. Ā quō vitium quaeritur?
4. Ā fortī fortis cognōscitur. Quem fortis cognōscit?
5. Prūdēns vēritātem petit. Quid petitur?
6. Fraude vēritās āmittitur. Quid fraus āmittit?
7. Manū canis tenētur. Quid tenet canem?
8. Aper canem tenet. Ā quō canis tenētur?

B. Write the paradigm (in the order: nominative, accusative, ablative) of each of the following words or phrases.

1. laus
2. cōnsilium
3. pulcher, pulchra, pulchrum
4. mēns sāna
5. vir fortis

C. As we mentioned before, about eighty percent of the words you meet in Latin have English derivatives; from the following list of words, see how many English derivatives you can give: e.g., fraus, fraudem, fraude: fraud, fraudulent, defraud.

1. portat	7. fīlius	13. vir	19. laus, laude
2. aqua	8. manus	14. vīvit	20. regit
3. fēmina	9. īrātus	15. capit	21. auris
4. pater	10. videt	16. fōns, fonte	22. magnus
5. honor	11. fugit	17. generat	23. venēnum
6. harēna	12. cōnsilium	18. fidēlis	24. bonus

[4] *Certus-a-um*; *incertus-a-um*. From now on many new words will be introduced without any English meaning. You will be given the forms but you should be able to figure out the meaning. Look up the meaning as a last resort.

REVIEW VOCABULARY: Lessons Two—Six and Review Lesson One

NOUNS

I	II	III		IV
amphora	agnus	amor	laus	exitus, m
aqua	aper	canis	lēx	manus, f
cūra	cōnsilium	corpus	līs	
fēmina	fīlius	fēlīcitās	mēns	
fortūna	lupus	fīnis	necessitās	
harēna	puer	fōns	nēmō	
īra	venēnum	fraus	occāsiō	
sapientia	vīnum	fūr	opus	
vīta	vir	gladiātor	ōratiō	V
	vitium	homō	pater	rēs
		imitātiō	vēritās	spēs
			vestis	
			vulpēs	

ADJECTIVES

I & II			III	
aeger	honestus	parvus	facilis	pauper
amīcus	īrātus	pulcher	fēlīx	prūdēns
antīquus	magnus	pūrus	fidēlis	sapiēns
blandus	malus	sānus	fortis	vīlis
bonus	novus	stultus	omnis	
dubius		suus		

VERBS

āmittit/āmittitur	lavat/lavātur	regit/regitur
capit/capitur	fugit/fugitur	tenet/tenētur
cognōscit/cognōscitur	nōbilitat/nōbilitātur	tractat/tractātur
corōnat/corōnātur	offert/offertur	vestit/vestītur
dēfluit/---	perit/---	videt/vidētur
est/---	petit/petitur	vincit/vincitur
gignit/gignitur	portat/portātur	vīvit/---
habet/habētur	quaerit/quaeritur	vult/---
	reddit/redditur	

INDECLINABLES

ā (ab)	sine	nōn	et
cum	sub	numquam	
dē		saepe	
ex (ē)		semper	
in			

QUESTION WORDS

a quō?
-ne?
quae rēs, quam rem?
quid?
quālis, quāle?
quantus-a-um?
quid agit?
quid patitur?
quis, quem?
quō auxiliō?
quō ā locō?
quō dē locō?
quō ex locō?
quō (in) locō?
ubi?
quō modō?
quotiēns?

LESSON SEVEN: **More Than One**

A glance at the illustrations should make their purpose clear.

I.
Agna cum puellā est.
Puella *agnam* tenet.
Puella cum *agnā* est.
II.
Agnae cum puellā sunt.
Puella *agnās* tenet.
Puella cum *agnīs* est.
III.
Puer cum cane est.
Canis *puerum* cognōscit.
Canis cum *puerō* est.
IV.
Puerī cum cane sunt.
Canis *puerōs* cognōscit.
Canis cum *puerīs* est.

EXPLANATION OF STRUCTURE: THE CONCEPT OF PLURALITY

The concept of number is familiar; you will need to learn only the signal (which of course will not be the English signal) and the fact that Latin does not always regard the same things as plural that we do.

This will cause you less difficulty if you understand that singular/plural is more a distinction in the linguistic world than it is a distinction in the real world. We say, "Bill wears glass*es* but he has taken *them* off." Why is *glasses* plural?

We must not assume, however, that the speakers of Language X would refer to this piece of optical equipment as a plural. The thing itself is not by nature either singular or plural. For example, in the sentence above we can substitute for *glasses* (a plural noun) the phrase *piece of optical equipment* (singular). In German the device is *die Brille* (singular); in French it is *les lunettes* (plural; the singular means a *telescope*). The Latin word *vestis* is a singular; we have been representing it in English by the word *clothes*. There is no singular of *clothes*, and there is no plural of *vestis* in the prose of the time of Cicero.

One final point about number in Latin. The verb also has number and agrees with the subject. When the subject is plural, the ending is *-nt* for active and *-ntur* for passive. In other words, Latin tells us *twice* that the subject is plural. Notice that agreement in English is found only in the present tense in the third person (he writes/they write).

MORPHOLOGY: PLURAL

Nouns

	1st declension	2d declension	2d declension neuter
Nom.	cūrae	agnī	vitia
Acc.	cūrās	agnōs	vitia
Abl.	cūrīs	agnīs	vitiīs

The morpheme for the nominative plural of the first two declensions is *-i*, with **-ai* (first declension) becoming *-ae*, and **-oi* (second declension) becoming *-ī*. The morpheme for accusative plural is *-s* and length of the declension marker. Neuters have the nominative-accusative form in *-a* with disappearance of the declension marker; i.e., *vitia* for **vitioa*. The morpheme for ablative plural is *-īs*, with **-ais* and **-ois* both becoming *-īs*.

Quis? and Quae rēs?

	Singular	Plural	Singular	Plural
Nom.	quis?	quī?	quae rēs?	quae rēs?
Acc.	quem?	quōs?	quam rem?	quās rēs?
Abl.	ā quō?	ā quibus?		

BASIC SENTENCES

S32 Magna dī cūrant, parva neglegunt.-CICERO

The gods take care of big things but neglect the small.

S33 Religiō deōs colit, superstitiō violat.-SENECA

Religion fosters the gods, superstition dishonors them.

S34 Verba movent, exempla trahunt.-ANON.

Words move people, but examples compel them.

S35 Sub omnī lapide scorpiō dormit.-ANON.

Under every stone sleeps a scorpion.

S36 Crūdēlis lacrimīs pāscitur, nōn frangitur.-PUBLILIUS SYRUS

The cruel person is nourished, not broken, by another's tears.

DERIVATIVES

In this lesson we shall try to suggest the extent to which the Romance Languages have derived their vocabulary from Latin. In this discussion we will limit ourselves to the better-known languages, omitting mention of such languages as Roumanian, Sardinian, Catalan, Ladin, Provençal, and the like.

Latin	French	Spanish	Portuguese	Italian
bēstia	bête, biche	bestia, bicho	bicha	biscia
nātus	né	nacido	nada	nato
āctum	acte	acto	auto	atto
verbum	verbe	verbo	verbo	verbo
exemplum	exemple	ejemplo	exemplo	esempio
lapis		lapida		
scorpiō	scorpion	escorpión	escorpião	scorpione
lacrima	larme	lágrima	lagrima	lagrima
religiō	religion	religión	religião	religione
superstitiō	superstition	superstición		
quisque ūnus	chacun	(cada uno)		
corōnat	couronne	corona	coroa	corona
cūrat	cure	cura	cura	cura
neglegit	néglige			neglige
fallit	faut	falla		
movet	meut	mueve	move	muove

Latin	French	Spanish	Portuguese	Italian
trahit	trait	trae	traz	trae
pāscit	pait	pace	pasce	pasce
frangit			frange	frange

The Romance Languages, as their name indicates, are descendants of Latin, and their debt to the mother tongue is obvious from the above table. Several words of caution are necessary, however. The fact that the spelling is so similar conceals the fact that their pronunciation is very different. Second, the meaning of the word has sometimes changed considerably through the centuries. The Spanish *bicho,* for example, means a small worm or insect. Also, some of these words are scholarly, and the common speech has another expression for the concept. But even so, it should be apparent why no one can engage in serious study of Romance Languages without a knowledge of Latin.

PATTERN PRACTICE, Part One

Purpose: to learn the plural of the first two declensions.
Directions: The following utterances are arranged in pairs of singular and plural. Expand the first noun in each utterance by adding the right form of *ūnus-a-um* (one) if the first noun is singular or *multī-ae-a* (many) is the first noun is plural.

First the nominative:

Amphorae sub veste portantur. — Multae amphorae sub veste portantur.
Amphora sub veste portātur. — Ūna amphora sub veste portātur.

Agna ā lupō capitur. — Ūna agna ā lupō capitur.
Agnae ā lupō capiuntur. — Multae agnae ā lupō capiuntur.

Lupae agnum capiunt.[1] — Multae lupae agnum capiunt.
Lupa agnum capit. — Ūna lupa agnum capit.

Exemplum hominem trahit. — Ūnum exemplum hominem trahit.
Exempla hominem trahunt.[1] — Multa exempla hominem trahunt.

Lupī agnum capiunt. — Multī lupī agnum capiunt.
Lupus agnum capit. — Ūnus lupus agnum capit.

Verba hominem movent. — Multa verba hominem movent.
Verbum hominem movet. — Ūnum verbum hominem movet.

[1] The rule governing the choice between *-unt* and *-iunt* will be presented in Lesson Twenty-three.

Now the accusative:

Bonum sapiēns petit.
Bona sapiēns petit.

Aprōs canis tenet.
Aprum canis tenet.

Virum vestis nōbilitat.
Virōs vestis nōbilitat.

Agnās lupus capit.
Agnam lupus capit.

Malum prūdēns fugit.
Mala prūdēns fugit.

Amphorās fēmina portat.
Amphoram fēmina portat.

Fīliās pater gignit.
Fīliam pater gignit.

Vitia malus habet.
Vitium malus habet.

Ūnum bonum sapiēns petit.
Multa bona sapiēns petit.

Multōs aprōs canis tenet.
Ūnum aprum canis tenet.

Ūnum virum vestis nōbilitat.
Multōs virōs vestis nōbilitat.

Multās agnās lupus capit.
Ūnam agnam lupus capit.

Ūnum malum prūdēns fugit.
Multa mala prūdēns fugit.

Multās amphorās fēmina portat.
Ūnam amphoram fēmina portat.

Multās fīliās pater gignit.
Ūnam fīliam pater gignit.

Multa vitia malus habet.
Ūnum vitium malus habet.

And finally the ablative:

Sine vitiō nēmō est.
Sine vitiīs nēmō est.

Verbīs homō movētur.
Verbō homō movētur.

Ā fēminā vir vincitur.
Ā fēminīs vir vincitur.

Dē amphorīs aqua dēfluit.
Dē amphorā aqua dēfluit.

Ab aprīs canis vincitur.
Ab aprō canis vincitur.

Ā stultō malum petitur.
Ā stultīs malum petitur.

Exemplō homō trahitur.
Exemplīs homō trahitur.

Ab agnīs lupus fugitur.
Ab agnā lupus fugitur.

In puerō est vēritās.
In puerīs est vēritās.

Ūnō sine vitiō nēmō est.
Multīs sine vitiīs nēmō est.

Multīs verbīs homō movētur.
Ūnō verbō homō movētur.

Ūnā ā fēminā vir vincitur.
Multīs ā fēminīs vir vincitur.

Multīs dē amphorīs aqua dēfluit.
Ūnā dē amphorā aqua dēfluit.

Multīs ab aprīs canis vincitur.
Ūnō ab aprō canis vincitur.

Ūnō ā stultō malum petitur.
Multīs ā stultīs malum petitur.

Ūnō exemplō homō trahitur.
Multīs exemplīs homō trahitur.

Multīs ab agnīs lupus fugitur.
Ūnā ab agnā lupus fugitur.

Ūnō in puerō est vēritās.
Multīs in puerīs est vēritās.

Ā lupā agnus capitur.	Ūnā ā lupā agnus capitur.
Ā lupīs agnus capitur.	Multīs ā lupīs agnus capitur.

PATTERN PRACTICE, Part Two

Purpose: to review the singular and learn the new plurals.
Directions: answer the questions based on Basic Sentences.

Quanta dī[2] cūrant? (S32)	Magna.
Quanta dī neglegunt?	Parva.
Ā quibus magna cūrantur?	Ā dīs.
Ā quibus parva negleguntur?	Ā dīs.
Quantās rēs[3] dī neglegunt?	Parvās rēs.
Quantās rēs dī cūrant?	Magnās rēs.
Cūrantne dī magna?	Cūrant.
Cūrantne dī parva?	Nōn cūrant.

Quid agunt exempla? (S34)	Trahunt.
Quid agunt verba?	Movent.
Quō auxiliō homō movētur?	Verbīs.
Quō auxiliō homō trahitur?	Exemplīs.
Quae rēs hominem movent?	Verba.
Quem verba movent?	Hominem.
Quis verbīs movētur?	Homō.
Quae rēs hominem trahunt?	Exempla.
Quem exempla trahunt?	Hominem.
Quis exemplīs trahitur?	Homō.

Quō auxiliō crūdēlis pāscitur? (S36)	Lacrimīs.
Quid agunt lacrimae?	Crūdēlem pāscunt.
Quid nōn agunt lacrimae?	Crūdēlem nōn frangunt.
Quae rēs crūdēlem pāscunt?	Lacrimae.
Quem lacrimae nōn frangunt?	Crūdēlem.
Franguntne lacrimae crūdēlem?	Nōn frangunt.
Pāscuntne lacrimae crūdēlem?	Pāscunt.

[2] The plural of *deus, deum, deō* is *deī, deōs, deīs*; but for *deī* there is a common variant *dī*, and for *deīs* there is a common variant *dīs*.

[3] *Rēs* is the plural of both *rēs* (nominative) and *rem* (accusative).

SELF TEST

A. Read off the following rapidly, adding the necessary form of *ūnus* or *multī* to modify the italicized word.

1. *Amphorae* ā virō portantur.
2. Sapiēns *vitia* cognoscit.
3. Ā *lupīs* agna quaeritur.
4. Cum *vitiō* malus vīvit.
5. *Exempla* hominēs trahunt.
6. Homō *capillōs* habet.
7. In *amphorā* est aqua.
8. *Verbīs* vir fēminam movet.
9. *Bēstiae* suōs nātōs cum laude corōnant.
10. *Lacrima* dēfluit.

B. Make up and answer six questions on S33 and four on S35.

READINGS

You are now ready to begin the reading of Latin. What will be your problems?

1. If you understand the Latin, you have no problems except those which are cultural.
2. If you understand the vocabulary, but not the sentence-structure, consider:
   a. morphology
   b. sentence-type
   c. grammatical agreement between sentence parts
   d. connectors[4]
   e. the fact that a sentence-part may be "understood" (zero), even though omitted
3. If you understand the structure, but not the vocabulary, use the "blank" technique of metaphrasing (see Lesson Two). Then try to arrive at the specific or at least the general meaning of a word through *intelligent guessing*. Use the Latin dictionary only to check your conclusion. This is of great importance in your learning. If you yield to the temptation to do your work the easy way and look up the lexical items before understanding the structure, you will not be developing correct habits.
4. If you understand neither structure nor vocabulary, ask for help. (This happens to everybody.)

[4] So far, the only connector (conjunction) you have learned is *et* in S2, the English *and*. *And* occurs always between the connected items (SAMES); *et* may occur in a different position in the sentence.

The questions which you are asked to answer in Latin are selected so as to help you with your understanding. YOU MUST METAPHRASE ALL READINGS.

Note: In the margin beside each reading you will find the dictionary forms of new words. A word listed with an English equivalent must be learned. It will be included in the lesson vocabulary.

R1 Sapientia vīnō obumbrātur.—Pliny the Elder (adapted)

1. Quid sapientia patitur?
2. Quid obumbrātur?
3. Quō auxiliō obumbrātur?
4. Quid vīnum agit?

obumbrat/-ātur

R2 Ācta deōs numquam mortālia fallunt.—Ovid

1. Quālia ācta deōs nōn fallunt?
2. Quōs ācta mortālia nōn fallunt?
3. Quī numquam falluntur?
4. Quō auxiliō dī nōn falluntur?
5. Quotiēns dī falluntur?

fallit/-itur: *deceives*

R3 Malō in cōnsiliō fēminae vincunt virōs.—Publilius Syrus

1. Quid patiuntur virī?
2. Quālī in cōnsiliō virī vincuntur?
3. Malō in cōnsiliō ā quibus virī vincuntur?

R4 Etiam capillus ūnus habet umbram suam.—Publilius Syrus

etiam: *even*
capillus-ō, m.
umbra-ā, f: *shadow, shade*

NEW NOUNS[5]

āctum, āctō, n
deus, deō, m
exemplum, exemplō, n
lacrima, lacrimā, f
lapis, lapide, m
religiō, religiōne, f
scorpiō, scorpiōne, m
superstitiō, superstitiōne, f
umbra, umbrā, f
verbum, verbō, n

NEW ADJECTIVES[6]

crūdēlis-e (crūdēliter)
mortālis-e
multī-ae-a
ūnus-a-um

[5] From now on, only the nominative and ablative cases of nouns will be given. The accusative can be predicted from the ablative.

[6] From now on, adjectives will be listed only in the nominative case.

NEW VERBS	colit/colitur	movet/movētur
	cūrat/cūrātur	neglegit/neglegitur
	dormit/---	pāscit/pāscitur
	fallit/fallitur	trahit/trahitur
	frangit/frangitur	violat/violātur

NEW INDECLINABLES etiam (an intensifying particle): *even*

LESSON EIGHT: **The Other Plurals**

The only thing new about this lesson is the forms of the plural of the third, fourth, and fifth declensions.

MORPHOLOGY

3d declension nouns

fūrēs	opera
fūrēs	opera
fūribus	operibus

3d declension adjectives

m & f	n
omnēs	omnia
omnēs	omnia
omnibus	omnibus

4th declension nouns

manūs
manūs
manibus

5th declension nouns

rēs
rēs
rēbus

The morpheme for nominative and accusative plural is length of vowel and *-s*. Neuters have *-a* for the nominative-accusative form; the declension marker is usually *zero*, as in *opera*, but in a few nouns and in almost all adjectives it is *-i-*, as in *maria* and *omnia*. How will you deal with this structural ambiguity? (See p. 64.)

The morpheme for ablative plural is *-bus*. The declension marker in the third is *-i-* (never *-e-* or *zero*); the vowel in the fourth is *-i-* instead of the expected *-u-* (although *-u-* is found in a few words); the vowel in the fifth is *-ē-*.

BASIC SENTENCES

S37 Stultī timent fortūnam, sapientēs ferunt.-PUBLILIUS SYRUS

The stupid fear fortune, the wise endure it.

S38 In marī magnō piscēs capiuntur.-ANON.

Fish are caught in a big ocean.

S39 Vulpēs nōn capitur mūneribus.-MEDIEVAL

A fox is not caught by gifts.

S40 Nēmō sine crīmine vīvit.-DIONYSIUS CATO

No one lives a life without some wrongdoing.

S41 Amīcus certus in rē incertā cernitur.-ENNIUS

A sure friend is discovered in an unsure situation.

Learn:

Quōcum?[1]	*With whom* (singular)?	*cum* & ablative
Quibuscum?	*With whom* (plural)?	personal noun
An . . .-ne?	Asks a double question: Is it this *or* is it that?	
Quot?	*How many?*	

PATTERN PRACTICE; Part One

Purpose: to practice the plurals of the third, fourth, and fifth declensions.

Directions: repeat the utterances, expanding with the right form of *ūnus* if the first noun is singular, or of *multī* if the first noun is plural. Note that *ūnus* and *multī* are both first-and-second declension adjectives, while the nouns are all third, fourth, and fifth declension.

First the nominatives:

Scorpiō sub lapide dormit.	Ūnus scorpiō sub lapide dormit.
Scorpiōnēs sub lapide dormiunt.	Multī scorpiōnēs sub lapide dormiunt.

[1] *Cum* is an enclitic. See Lesson Three, footnote 3.

Canis aprum tenet.
Canēs aprum tenent.

Ūnus canis aprum tenet.
Multī canēs aprum tenent.

Gladiātōrēs capiunt cōnsilium.
Gladiātor capit cōnsilium.

Multī gladiātōrēs capiunt cōnsilium.
Ūnus gladiātor capit cōnsilium.

Mūnera vulpem nōn capiunt.
Mūnus vulpem nōn capit.

Multa mūnera vulpem nōn capiunt.
Ūnum mūnus vulpem nōn capit.

Manus vestem tenet.
Manūs vestem tenent.

Ūna manus vestem tenet.
Multae manūs vestem tenent.

Occāsiōnēs faciunt fūrem.
Occāsiō facit fūrem.

Multae occāsiōnēs faciunt fūrem.
Ūna occāsiō facit fūrem.

Now the accusatives:

Piscēs in marī capit.
Piscem in marī capit.

Multōs piscēs in marī capit.
Ūnum piscem in marī capit.

Crīmen fugit sapiēns.
Crīmina fugit sapiēns.

Ūnum crīmen fugit sapiēns.
Multa crīmina fugit sapiēns.

Exitum videt puer.
Exitūs videt puer.

Ūnum exitum videt puer.
Multōs exitūs videt puer.

Canem aper petit.
Canēs aper petit.

Ūnum canem aper petit.
Multōs canēs aper petit.

Lēgem nōn videt īrātus.
Lēgēs nōn videt īrātus.

Ūnam lēgem nōn videt īrātus.
Multās lēgēs nōn videt īrātus.

Mūnus nōn vult vulpēs.
Mūnera nōn vult vulpēs.

Ūnum mūnus nōn vult vulpēs.
Multa mūnera nōn vult vulpēs.

Rem amīcus quaerit.
Rēs amīcus quaerit.

Ūnam rem amīcus quaerit.
Multās rēs amīcus quaerit.

Lapidēs puer fert.
Lapidem puer fert.

Multōs lapidēs puer fert.
Ūnum lapidem puer fert.

Fūrēs vir cognōscit.
Fūrem vir cognōscit.

Multōs fūrēs vir cognōscit.
Ūnum fūrem vir cognōscit.

And finally the ablatives:

Sine crīmine vīvit nēmō.
Sine crīminibus vīvit nēmō.

Ūnō sine crīmine vīvit nēmō.
Multīs sine crīminibus vīvit nēmō.

Mūneribus nōn capitur vulpēs.
Mūnere nōn capitur vulpēs.

Multīs mūneribus nōn capitur vulpēs.
Ūnō mūnere nōn capitur vulpēs.

In marī piscēs capiuntur.
In maribus piscēs capiuntur.

Ūnō in marī piscēs capiuntur.
Multīs in maribus piscēs capiuntur.

Ā gladiātōre cōnsilium capitur.	Ūnō ā gladiātōre cōnsilium capitur.
Ā gladiātōribus cōnsilium capitur.	Multīs ā gladiātōribus cōnsilium capitur.
Sub lapidibus dormit scorpiō.	Multīs sub lapidibus dormit scorpiō.
Sub lapide dormit scorpiō.	Ūnō sub lapide dormit scorpiō.
Manū canis tenētur.	Ūnā manū canis tenētur.
Manibus canis tenētur.	Multīs manibus canis tenētur.
Ā cane aper tenētur.	Ūnō ā cane aper tenētur.
Ā canibus aper tenētur.	Multīs ā canibus aper tenētur.
Ā vulpe mūnera nōn quaeruntur.	Ūnā ā vulpe mūnera nōn quaeruntur.
Ā vulpibus mūnera nōn quaeruntur.	Multīs ā vulpibus mūnera nōn quaeruntur.

PATTERN PRACTICE, Part Two

Purpose: to learn the new plurals, practice the old plurals, and review points previously learned.
Directions: answer the questions based on the Basic Sentences.

Quō modō vīvit nēmō? (S40)	Sine crīmine.
Quis sine crīmine vīvit?	Nēmō.
Quot hominēs cum crīmine vīvunt?	Omnēs hominēs.
Quis cernitur in rē incertā? (S41)	Amīcus certus.
Quid patitur amīcus certus in rē incertā?	Cernitur.
Quem homō cernit in rē incertā?	Amīcum certum.
Quālis amīcus cernitur in rē incertā?	Certus amīcus.
Quālī in rē amīcus certus cernitur?	Incertā in rē.
Ubi piscēs capiuntur? (S38)	In marī.
Quantō in marī piscēs capiuntur?	Magnō in marī.
Quae rēs homō in marī capit?	Piscēs.
Quās rēs in magnō marī capiuntur?	Piscēs.
Quid patiuntur piscēs?	Capiuntur.
Quis mūneribus nōn capitur? (S39)	Vulpēs.
Quem mūnera nōn capiunt?	Vulpem.
Quō auxiliō nōn capitur vulpēs?	Mūneribus.
Quid vulpēs nōn patitur?	Mūneribus nōn capitur.
Quae rēs vulpem nōn capiunt?	Mūnera.
Quī timent Fortūnam? (S37)	Stultī.
Quī ferunt Fortūnam?	Sapientēs.
Ā quibus Fortūna fertur?	Ā sapientibus.

Ā quibus timētur?	Ā stultīs.
Quot stultī timent Fortūnam?	Omnēs stultī.

PATTERN PRACTICE, Part Three

Purpose: to review all the plurals of the last two lessons.
Directions: answer the questions by analogy; e.g., *If* (Latin *sī*) *men see men, whom do thieves see? Thieves.* Notice that in English the verb must appear in both clauses. Is this true in Latin?

Sī virī virōs, quōs fūrēs vident?	Fūrēs.
Sī fūr fūrem, quem lupus videt?	Lupum.
Sī lupus lupum, quōs agnī vident?	Agnōs.
Sī vulpēs vulpem, quōs fēminae vident?	Fēminās.
Sī fēminae fēminās, quī puerōs fallunt?	Puerī.
Sī puerī puerōs, quī hominēs fallunt?	Hominēs.
Sī hominēs hominēs, quī fīliōs fallunt?	Fīliī.
Sī fīliī fīliōs, quī gladiātōrēs fallunt?	Gladiātōrēs.
Sī gladiātōrēs gladiātōrēs, quī fīliās fallunt?	Fīliae.

Now, if the boy sees wrongdoings, what things are seen?

Sī puer crīmina cernit, quae rēs cernuntur?	Crīmina.
Sī puer amphorās cernit, quae rēs cernuntur?	Amphorae.
Sī puer vestem cernit, quid cernitur?	Vestis.
Sī puer lītēs cernit, quae rēs cernuntur?	Lītēs.
Sī puer fontem cernit, quid cernitur?	Fōns.
Sī puer honōrem quaerit, quid quaeritur?	Honor.
Sī vir vitia quaerit, quae rēs quaeruntur?	Vitia.
Sī vir vīnum quaerit, quid quaeritur?	Vīnum.
Sī vir exempla quaerit, quae rēs quaeruntur?	Exempla.
Sī vir fīnem quaerit, quid quaeritur?	Fīnis.

Another pattern.

Sī fīlius cum fīliō, quibuscum vīvunt virī?	Cum virīs.
Sī virī cum virīs, quōcum vīvit fīlia?	Cum fīliā.
Sī fīlia cum fīliā, quibuscum vīvunt canēs?	Cum canibus.
Sī canēs cum canibus, quōcum vīvit vulpēs?	Cum vulpe.
Sī vulpēs cum vulpe, quōcum vīvit fortis?	Cum fortī.

SELF TEST

Repeat the following sentences, making the singular italicized words plural. Remember that when you change the number of the subject you must also change the number of the verb, and of any modifying adjective.

1. In *marī* stultus aquam quaerit.
2. *Virum* fēmina videt.
3. *Vitium* homō omnis habet.
4. *Rem* quaerit amīcus.
5. *Exitus* in dubiō est.
6. *Fūrem* canis petit.
7. *Gladiātor* bēstiās vincit.
8. Stultus sine *cūrā* vīvit.
9. Lupus *agnum* videt.
10. Ā *fonte* aqua fluit.

Repeat the following, making the plural italicized words singular. Make any other necessary change.

1. Fēmina *aprōs* timet.
2. Sine *crīminibus* vīvit nēmō.
3. Ā *piscibus* mare vidētur.
4. *Vulpēs* mūnera nōn quaerunt.
5. *Vitia* sapiēns semper fugit.
6. Malīs in *cōnsiliīs* fēmina vincit.
7. Bēstia *nātōs* corōnat.
8. *Stultī* timent fortūnam.
9. *Injūriīs* solvitur amor.
10. In omnibus *rēbus* vincit amor.

READINGS

R5 Omnia tempus revēlat.—Tertullian

Here is a model for your procedure in reading. Observe the following facts: *Omnia* is nominative-accusative neuter plural; *tempus* is nominative-accusative singular. Since there is no noun for *omnia* to modify, it is used as a noun. One of these two words is the subject, the other is the object; either *everything blanks time* or *time blanks everything*; at this point both are equally possible. The concord (agreement) of subject and verb solves the problem; since the *-t* of *revēlat* indicates a singular subject, *omnia* cannot be the subject. We therefore have *time blanks all things*. There are a number of words which would make good sense, as *time heals all things*, *time destroys all things*, etc. Now guess the meaning of *revēlat*.

1. Quid omnia revēlat?
2. Quot rēs revēlantur?
3. Quid agit tempus?
4. Quid patiuntur omnia?
5. Quō auxiliō revēlantur omnia?
6. Quās rēs tempus revēlat?

tempus, tempore, n: *time*
revēlat/revēlātur
Quot? (an indeclinable adj): *how many?*

R6 Auctor opus laudat.—Ovid

auctor, auctōre, m

1. Quis opus laudat?
2. Quid auctor laudat?
3. Ā quō opus laudātur?
4. Quī opera laudant?
5. Quae rēs laudantur?
6. Ā quibus opera laudantur?

R7 Honor alit artēs.—Cicero

alit/alitur: *feeds*

1. Quid patiuntur artēs?
2. Pāscitne honor artēs?
3. Quō auxiliō artēs aluntur?
4. Quid agit honor?
5. Quās rēs honor pāscit?
6. Pāscunturne artēs honōre?

R8 Fortēs Fortūna adjuvat.—Terence

fortis-e: *strong, brave*
adjuvat/adjuvātur: *helps*
an: *or*

1. Quis adjuvat?
2. Quī adjuvantur?
3. Ā quō adjuvantur?
4. Quōs adjuvat?
5. Adjuvatne Fortūna fortēs an ignāvōs?

R9 Vīna bibunt hominēs, animālia cētera fontēs.—Binder

cēterī-ae-a: *all the other*
animal, animālī, n
bibit/bibitur: *drinks*

1. Quī fontēs bibunt?
2. Quis vīnum bibit?
3. Bibuntne hominēs vīnum an aquam?
4. Quot animālia aquam bibunt?
5. Quid patitur vīnum?
6. Bibuntne animālia aquam an vīnum?
7. Quid agunt animālia?

If you had trouble producing the answers to the questions, perhaps the following will help. The expected answer to any question is usually to be found either in the original utterance or in one of the questions. Let us look at R6. The first question is simple: *Quis opus laudat?* is the original utterance with *quis* substituted for *auctor*, and in answering you simply had to replacc *quis* with *auctor*. However, the third question, *Ā quō opus laudātur?* is not so simple. And even if you understand what it is that you are being asked for, the answer is difficult since you do not know the ablative of *auctor*. Actually there are three ways in which you can proceed.

The first and most efficient way is by analogy. You have learned *amor* (S14) and *gladiātor* (S25), and in each case the ablative ended in *-ōre*. By analogy you should be able to *predict*, at least tentatively, that the ablative of the new word is *auctōre*. The second way is to look at the other questions; very often the required form occurs in one of them. Finally, you may glance at the margin, where new nouns are listed.

If the word you wish to use is one which has occurred before but which you cannot recall, you may have to turn to the vocabulary at the back of the book. The first form of a noun listed there is the nominative case; the second is the genitive case, which you will learn in Lesson Seventeen. The page number given is the page where the noun first occurs. You will find the ablative there. Verbs are listed in the vocabulary with the ending *-ō* rather than *-t*.

Proceed in this way with all such questions. Give the unknown form by analogy if you can; otherwise look for it in the other questions; or use the vocabulary in the back of the book.

NEW NOUNS	animal, animālī, n	mūnus, mūnere, n
	crīmen, crīmine, n	piscis, pisce, m
	mare, marī, n	tempus, tempore, n

Note: The ablative singular of a few third declension nouns ends in *-ī*. What is the ablative singular ending of third declension adjectives?

NEW ADJECTIVES	certus-a-um	incertus-a-um
	cēterī-ae-a	

NEW VERBS	adjuvat/adjuvātur	fert/fertur
	alit/alitur	timet/timētur
	cernit/cernitur	bibit/bibitur

NEW QUESTION WORDS	quōcum?[2]	*with whom* (singular)?	cum & ablative personal noun
	quibuscum?	*with whom* (plural)?	
	-ne . . . an?	asks a double question: Is it this *or* is it that?	
	quot?	*how many?*	

[2] *Cum* is an enclitic. See Lesson Three, footnote 3.

REVIEW LESSON TWO

This review is put in at this point to give you a chance to master the plurals. Review Basic Sentences 1-41. Read over Lessons Seven and Eight. Then study these new Basic Sentences. This is the last review in which there will be new Basic Sentences.

BASIC SENTENCES

S42 Parva levēs capiunt animōs.-OVID

Small things attract light minds.

Quid faciunt[1] parva?
Quantae rēs levēs animōs capiunt?
Quās rēs parva capiunt?
Quālēs animōs parvae rēs capiunt?
Quālēs animī parvīs rēbus capiuntur?
Quid patiuntur levēs animī?
Quae rēs capiuntur?
Quō auxiliō animī levēs capiuntur?

S43 Juppiter in caelīs, Caesar regit omnia terrīs.-ANON.

Jupiter rules everything in heaven, Caesar everything on earth.

Quis omnia in caelō regit?
Quis omnia in terrīs regit?
Quid facit Juppiter?
Quid facit Caesar?
Ā quō omnia in caelō reguntur?
Ā quō omnia in terrīs reguntur?
Ā Caesare ubi omnia reguntur?

[1]*Quid facit?* means the same as *quid agit?* and will occur frequently from now on.

Ubi omnia ā Jove reguntur?
Regitne Juppiter caelum?
Regitne Caesar caelum?
Regitne Caesar terrās?
Quōcum Caesar comparātur?[2]

comparat/comparātur

S44 Fāta regunt orbem; certā stant omnia lēge. -MANILIUS

The Fates rule the world; all things stand under a fixed law.

Quam rem regunt Fāta?
Quī orbem regunt?
Quae rēs ā Fātīs regitur?
Ā quibus orbis regitur?
Quot rēs certā sub lēge stant?

S45 Homō locum ōrnat, nōn hominem locus. -MEDIEVAL

The man adorns his position, the position does not adorn the man. (that is), the man gives luster to his position, not *vice versa*.

Quid facit homō?
Ōrnatne locus hominem?
Ōrnatne locum homō?
Quam rem homō ōrnat?
Quid homō ōrnat?
Ā quō locus ōrnātur?
Quō auxiliō homō nōn ōrnātur?
Quid locus nōn facit?

S46 Astra regunt hominēs, sed regit astra Deus. -ANON.

The stars rule mankind, but God rules the stars.

Quōs regunt astra?
Quis regit astra?
Quid hominēs patiuntur?
Quid astra patiuntur?
Quī astrīs reguntur?
Quae rēs ā Deō reguntur?
Ā quō astra reguntur?

Learn: Unde? equivalent of: quō ab (dē, ex) locō?

[2]This question implies not only structural, but complete understanding. This kind of question is discussed in Lesson Nine.

PATTERN PRACTICE

Purpose: to produce both singular and plural of nouns.
Directions: Each set starts off with the statement that something exists, as *Aqua est. Water exists.* You are then to answer the question by using this noun. Notice that the first question asks for the nominative, the next two for the accusative, and the last two for the ablative. Study the lesson until you can answer the questions in any order. To do this, either use the records or tape, or have a friend help you.

Aqua est. (1st decl. sg.)

Quae rēs puerum lavat?	Aqua puerum lavat.
Quam rem lupus petit?	Aquam lupus petit.
Quid agnus quaerit?	Aquam agnus quaerit.
Quō auxiliō amphora lavātur?	Aquā amphora lavātur.
Ubi est lapis?	In aquā est lapis.

Amphorae sunt. (1st decl. pl.)

Quae rēs in fonte sunt?	Amphorae in fonte sunt.
Quās rēs fēmina fert?	Amphorās fēmina fert.
Quās rēs āmittit puer?	Amphorās āmittit puer.
Quō auxiliō vīnum portātur?	Amphorīs vīnum portātur.
Unde dēfluit aqua?	Dē amphorīs dēfluit aqua.

Agnus est. (2d decl. sg.)

Quis lupum timet?	Agnus lupum timet.
Quem canis cūrat?	Agnum canis cūrat.
Quem puer neglegit?	Agnum puer neglegit.
Quōcum lupus nōn vīvit?	Cum agnō lupus nōn vīvit.
Ā quō aqua quaeritur?	Ab agnō aqua quaeritur.

Lupī sunt. (2d decl. pl.)

Quī agnōs petunt?	Lupī agnōs petunt.
Quōs canēs fugiunt?	Lupōs canēs fugiunt.
Quōs puer timet?	Lupōs puer timet.
Quibuscum nōn vīvunt agnī?	Cum lupīs nōn vīvunt agnī.
Ā quibus perīculum cernitur?	Ā lupīs perīculum cernitur.

Vīnum est. (2d decl. neuter sg.)

Quae rēs lītem generat?	Vīnum lītem generat.
Quam rem petit stultus?	Vīnum petit stultus.
Quid fugit sapiēns?	Vīnum fugit sapiēns.
Quō auxiliō stultus capitur?	Vīnō stultus capitur.
Ubi est vēritās?	In vīnō est vēritās.

Vitia sunt. (2d decl. neuter pl.)

Quae rēs vītam corrumpunt?	Vitia vītam corrumpunt.
Quās rēs sapiēns ēmendat?	Vitia sapiēns ēmendat.
Quās rēs prūdēns vincit?	Vitia prūdēns vincit.
Quō modō vīvit omnis?	Cum vitiīs vīvit omnis.
Quō modō vīvit nēmō?	Sine vitiīs vīvit nēmō.

Fōns est. (3d decl. sg.)

Quae rēs aquam habet?	Fōns aquam habet.
Quam rem aper petit?	Fontem aper petit.
Quid vir cūrat?	Fontem vir cūrat.
Ubi est lapis?	In fonte est lapis.
Unde dēfluit aqua?	Ex fonte dēfluit aqua.

Fūrēs sunt. (3d decl. pl.)

Quī perīculum cernunt?	Fūrēs perīculum cernunt.
Quōs canis capit?	Fūrēs canis capit.
Quōs fēmina videt?	Fūrēs fēmina videt.
Ā quibus canis capitur?	Ā fūribus canis capitur.
Quibuscum fūrēs vīvunt?	Cum fūribus fūrēs vīvunt.

Crīmen est. (3d decl. neuter sg.)

Quae rēs vēritātem violat?	Crīmen vēritātem violat.
Quam rem honestus fugit?	Crīmen honestus fugit.
Quid prūdēns timet?	Crīmen prūdēns timet.
Quō modō vīvit omnis?	Cum crīmine vīvit omnis.
Quō modō vīvit nēmō?	Sine crīmine vīvit nēmō.

Mūnera sunt. (3d decl. neuter pl.)

Quae rēs virōs capiunt?	Mūnera virōs capiunt.
Quās rēs puer vult?	Mūnera puer vult.
Quās rēs fūr portat.	Mūnera fūr portat.
Quō auxiliō prūdēns nōn capitur?	Mūneribus prūdēns nōn capitur.
Quō auxiliō fēmina ōrnātur?	Mūneribus fēmina ōrnātur.

SELF TEST

A. Write the paradigm:

1. singular: exitus, spēs
2. plural: manus, rēs
3. singular and plural: verbum crūdēle.

B. In the following series of Readings, we have not formulated the usual questions. Instead of this, we give only the question word, and ask you to complete the questions and to give a minimum answer.

Fīnis corōnat opus.—Binder

1. Quid . . . ?
2. Quid . . . ?
3. Corōnāturne . . . ?
4. Quō auxiliō . . . ?
5. Quid agit . . . ?

Numquam perīc'lum sine perīc'lō vincitur.—Publilius Syrus

1. Quid . . . ?
2. Quō modō . . . ?
3. Quotiēns . . . ?

perīculum-ō, n: *danger*

Malō in cōnsiliō fēminae vincunt virōs.—Publilius Syrus

1. Quōs . . . ?
2. Quālī in . . . ?
3. Ubi . . . ?
4. Vincunturne . . . ?
5. Quid patiuntur . . . ?

Dē sapientī virō facit īra virum citō stultum.—Werner

1. Quid . . . ?
2. Quālem . . . ?
3. Dē quālī . . . ?
4. Unde . . . ?
5. Quō modō . . . ?

citō: *quickly*

READINGS

R10 Vānēscit . . . absēns et novus intrat amor.—Ovid

1. Quālis amor intrat?
2. Quālis amor vānēscit?
3. Quid agit amor absēns?

vānēscit/---
absēns (adj. of one ending); absentī (abl.)

4. Quid agit amor novus?
5. Peritne amor absēns?

intrat/---

Note: The English translation of this sentence is "An absent love vanishes and a new one enters."

R11 Bēstia quaeque suōs nātōs cum laude corōnat.—Werner

bēstia-ā, f: *beast*
quisque, quaeque, quodque: *each, every*
nātus-ō, m: *son*

R12 Concordiā parvae rēs crēscunt.—Sallust

1. Quantae rēs crēscunt?
2. Quō auxiliō crēscunt?
3. Quid agunt parvae rēs?
4. Quantae rēs concordiā aluntur?

concordia-ā, f
crēscit/---: *grows*

R13 Corrumpunt bonōs mōrēs colloquia mala.—I Corinthians

1. Quālia colloquia corrumpunt bonōs mōrēs?
2. Quālēs mōrēs colloquia mala corrumpunt?
3. Quō auxiliō bonī mōrēs corrumpuntur?
4. Quid patiuntur mōrēs bonī?
5. Quid corrumpitur malīs colloquiīs?

mōs, mōre, m: *custom, habit*; in pl., *character, morals*
colloquium-ō, n

R14 Numquam aliud nātūra, aliud sapientia dīcit.—Juvenal

alius, alia, aliud: *another, other*
alius-a-ud . . . alius-a-ud: *one . . . another*

R15 Homō semper aliud, fortūna aliud cōgitat.—Publilius Syrus

cōgitat/cōgitātur

Are you able to figure out the meaning of new words like *concordia* or do you have to resort to the back of the book? If there are words whose meaning you cannot solve even after real effort, follow this procedure. Write down on a piece of paper what you think the word means. Then—and only then—look it up.

NEW NOUNS	animus-ō, m	fātum-ō, n	nātus-ō, m
	astrum-ō, n.	Juppiter, Jove, m	orbis, orbe, m
	bēstia-ā, f	locus-ō, m	terra-ā, f
	caelum-ō, n	mōs, mōre, m	
	Caesar, Caesare, m		

NEW ADJECTIVES	alius, alia, aliud	quisque, quaeque, quodque
	citus-a-um (citō)	
	levis-e (leviter)	

NEW VERBS	crēscit/---
	ōrnat/ōrnātur
	stat/---

NEW INDECLINABLES sed (connector): *but*

NEW QUESTION WORDS unde? equivalent of: quō ab (dē, ex) locō?

To what declension does each new noun belong?

REVIEW VOCABULARY: Lessons Seven-Eight and Review Lesson Two

NOUNS		ADJECTIVES	
I	III	I & II	
lacrima	animal	alius-a-ud (See L. 19)	
terra	Caesar	certus	
bēstia	crīmen	cēterī-ae-a	
	Juppiter	citus	
II	lapis	incertus	
āctum	mare	multī-ae-a	
animus	mōs	ūnus	
astrum	mūnus		
caelum	orbis	III	
deus	piscis	crūdēlis	quisque
exemplum	scorpiō	levis	
fātum	superstitiō	mortālis	
locus	tempus		
verbum	religiō		

VERBS

adjuvat/adjuvātur
alit/alitur
bibit/bibitur
cernit/cernitur
colit/colitur
crēscit/---
cūrat/cūrātur
dormit/---
fallit/fallitur
fert/fertur
frangit/frangitur
movet/movētur
neglegit/neglegitur
ōrnat/ōrnātur
pāscit/pāscitur
stat/---
timet/timētur
trahit/trahitur
violat/violātur

INDECLINABLES

etiam
sed (connector)

QUESTION WORDS

-ne . . . an?
quōcum?
quibuscum?
quot?
unde?

WORD STUDY

Give English derivatives of Latin words in the Review Vocabulary.

MORPHOLOGY PRACTICE

Can you give the paradigm of any noun or adjective in the above list?

LESSON NINE: **A Equals B: Subordinate Clauses**

EXPLANATION OF STRUCTURE: THE LINKING VERB KERNEL

In Lesson One you were taught two types of kernel sentences:

I.	Subject	Complement (Accusative)	Transitive Verb
II.	Subject		Intransitive Verb

The third type of kernel sentence as in S47: *Vīta vīnum est* consists of:

III.	Subject	Complement (Nominative)	Linking Verb

The items may occur in any order.

Only a few verbs appear in this construction; the most common ones are:

est	*is*	tenētur	*is considered*
vidētur	*seems*	habētur	*is considered*
fit	*becomes*	appellātur	*is called*

This kernel sentence often appears as two nominatives without the verb *est,* as in R17: *Ars longa, vīta brevis.*

This construction, called A equals B, is always ambiguous. There is no overt signal to show which nominative is the subject and which the complement. You must therefore try to see what the situation demands. *Vīta vīnum est* may mean: *Wine is life,* or *Life is wine.*

Another form of the A equals B kernel occurs as two accusatives and a so-called "factitive" verb, as in S48: *Necessitūdō etiam timidōs fortēs facit* ("Necessity makes even the timid brave."). The following verbs, when they appear with two accusatives, may be *factitives*:

facit	*makes*
habet; tenet	*considers*
appellat	*calls*

A factitive verb when transformed into the passive voice functions as a linking verb as in *Necessitūdine timidī fortēs fīunt,*[1] ("The timid are made brave by necessity.").

Try the following Contrast Readings which illustrate these points:

Fōns pūrus est.	Crīmen malum est.
Fēmina bona est.	Fēminae levēs appellantur.
Fēmina bonum est.	Vīta fēlīx vidētur.
Vir prūdēns fit.	Sapiēns philosophus est.
Malum est crīmen.	Levēs appellat fēminās.
Vīnum bonum tenētur.	Philosophus bonus est.
Lupus malus est.	Malum est crīmen.
Sapiēns amīcus habētur.	Sapientem amīcum habet.

Which of the above utterances are ambiguous? Which are not?

EXPLANATION OF STRUCTURE: SUBORDINATE CLAUSE TRANSFORMATION

A complex sentence is the result of combining two or more simple sentences, when one sentence is included in the other and is thereby structurally less important. There are several kinds of subordinate (included) clauses, nearly always signaled by a *clause starter.* The first type are subordinate clauses which function as adverbial modifiers.

Hominēs docent.	Men teach.
Hominēs discunt.	Men learn.
Hominēs dum docent discunt.	Men learn, while they teach.

Vēr dat flōrem.	Spring gives the flower.
Studium reddit honōrem.	Study makes honor.

Ut vēr dat flōrem, sīc studium reddit honōrem.
As Spring gives flowers, so study gives honor.

Metaphrase: A subordinate clause in English must begin with the clause starter, even if this is not so in Latin.

In order to understand a complex sentence, it is helpful to realize how it is derived from the simple sentence.

The rules for *Subordinate Clause Transformation* are:

1. The sentence to be included is expanded with a subordinating conjunction (clause starter).
2. The including sentence usually remains unchanged.
3. Any item common to both sentences is usually deleted in the subordinate clause.

[1]There are no passive forms of *facit* and *faciunt*; *fit* and *fīunt* are substitutes for these nonexistent passive forms.

4. The subordinate clause may interrupt the including clause, but is usually not interrupted by it.

Subordinating conjunctions both in English and Latin may have more than one meaning. For a while the following meanings will be found:

sī	*if*	ut	*as; when*
dum	*while*	ubi	*where; when*
cum	*when*		

Subordinate clauses starting with these words answer the following questions:

Quā condiciōne?	*Under what condition?*	Sī . . . . . . ,
Quō tempore? Quandō?	*When?*	Dum . . . . ,
		Cum . . . . ,
		Ut . . . . . . ,
		Ubi . . . . . ,
Quō (in) locō? Ubi?	*Where?*	Ubi . . . . . . ,
Quō modō?	*In what manner?*	Ut (as) . . . ,

BASIC SENTENCES

S47 Vīta vīnum est.-PETRONIUS

Wine is life.

Quid est vīta?
Quid est vīnum?
Quō auxiliō homō fēlīx fit?[2]
Quid Petrōnius vīnum appellat?[2]
Quid Petrōnius vītam appellat?[2]
Ā quō vīnum vīta appellatur?[2]

S48 Necessitūdō etiam timidōs fortēs facit.-SALLUST

Necessity makes even the timid brave.

Quōs necessitūdō fortēs facit?
Ex quibus[3] necessitūdō fortēs facit?
Quī fortēs fīunt?

[2]On this kind of comprehension questions see Explanation of Comprehension Questions, further on in this Lesson.

[3]The ambiguity may be removed by transforming one accusative to *dē* or *ex* with the ablative as in *De sapientī facit īra virum citō stultum* or *Sapientem facit īra virum citō stultum*.

S49 Mulier, cum sōla cōgitat, male cōgitat. -PUBLILIUS SYRUS

A woman, when she plans by herself, plans badly.

Quandō mulier male cōgitat?
Quid agit fēmina sōla?
Quāle cōnsilium capit fēmina sōla?[2]

S50 Hominēs, dum docent, discunt. -SENECA

Men learn, while they teach.

Quō tempore homō discit?
Quandō hominēs docentur?
Discuntne doctōrēs?[2]
Suntne doctōrēs discipulī?[2]

S51 Nōbilitāte caret,[4] sī quis[5] virtūte caret. -WERNER (ADAPTED)

If anyone lacks virtue he lacks nobility.

Quā condiciōne aliquis nōbilitāte caret?
Quid nōn habet sī quis virtūtem nōn habet?
Quid dēest sī virtūs dēest?
Estne nōbilis sī quis bonus nōn est?
Quō modō vīvit sī quis sine virtūte vīvit?

dēest/---: *is lacking*
aliquis-quid: *someone*

PATTERN PRACTICE, Part One

Purpose: to review singulars and plurals in complex sentences.
Directions: answer the questions.

Sī fūrem fūr, quem agnus cognōscit?	Agnum agnus cognōscit.
Sī agnum agnus, quem homō cognōscit?	Hominem homō cognōscit.
Sī hominem homō, quem mulier cognōscit?	Mulierem mulier cognōscit.
Sī mulierem mulier, quem puer cognōscit?	Puerum puer cognōscit.

[4]The verb *caret/---* is a *special verb*, insofar as it takes a complement, but requires that complement to be in the ablative.

[5]*Quis, quid* after *sī* and some other subordinating conjunctions is not the question word, but is the equivalent of the indefinite pronoun, *aliquis, aliquid: any-, some-*.

Sī puerōs puerī, quōs bēstiae cognōscunt?	Bēstiās bēstiae cognōscunt.
Sī bēstiās bēstiae, quōs virī cognōscunt?	Virōs virī cognōscunt.
Sī virōs virī, quōs fēminae cognōscunt?	Fēminās fēminae cognōscunt.
Sī fēminās fēminae, quōs stultī cognōscunt?	Stultōs stultī cognōscunt.
Sī lupus cum lupō, quōcum vīvit agnus?	Cum agnō vīvit agnus.
Sī agnus cum agnō, quōcum vīvit vulpēs?	Cum vulpe vīvit vulpēs.
Sī vulpēs cum vulpe, quōcum vīvit lupa?	Cum lupā vīvit lupa.
Sī lupa cum lupā, quōcum vīvit homō?	Cum homine vīvit homō.
Sī hominēs cum hominibus, quibuscum vīvunt prūdentēs?	Cum prūdentibus vīvunt prūdentēs.
Sī prūdentēs cum prūdentibus, quibuscum vīvunt levēs?	Cum levibus vīvunt levēs.
Sī levēs cum levibus, quibuscum vīvunt bonī?	Cum bonīs vīvunt bonī.
Sī bonī cum bonīs, quibuscum vīvunt sapientēs?	Cum sapientibus vīvunt sapientēs.
Sī quis mūnera capit, quae rēs capiuntur?	Mūnera capiuntur.
Sī quis piscēs capit, quae rēs capiuntur?	Piscēs capiuntur.
Sī quis[5] animōs capit, quae rēs capiuntur?	Animī capiuntur.
Sī timidus cum timidō, quis cum fūre vīvit?	Fūr cum fūre vīvit.
Sī fūr cum fūre, quis cum stultō vīvit?	Stultus cum stultō vīvit.
Sī stultus cum stultō, quis cum prūdentī vīvit?	Prūdēns cum prūdentī vīvit.
Sī prūdēns cum prūdentī, quis cum amīcō vīvit?	Amīcus cum amīcō vīvit.
Sī amīcī cum amīcīs, quī cum malīs vīvunt?	Malī cum malīs vīvunt.
Sī malī cum malīs, quī cum ducibus vīvunt?	Ducēs cum ducibus vīvunt.

Sī ducēs cum ducibus, quī cum fortibus vīvunt?	Fortēs cum fortibus vīvunt.
Sī fortēs cum fortibus, quī cum timidīs vīvunt?	Timidī cum timidīs vīvunt.

PATTERN PRACTICE, Part Two

Purpose: to develop familiarity with the special verb *caret/---*.
Directions: answer the questions.

Sī quis oculum nōn habet, quō caret?	Oculō caret.
Sī quis virtūtem nōn habet, quō caret?	Virtūte caret.
Sī quis manum nōn habet, quō caret?	Manū caret.
Sī quis aurēs nōn habet, quibus caret?	Auribus caret.
Sī quis vitia nōn habet, quibus caret?	Vitiīs caret.
Sī quis mūnera nōn habet, quibus caret?	Mūneribus caret.
Sī quis fortūnā caret, quam rem nōn habet?	Fortūnam nōn habet.
Sī quis aure caret, quam rem nōn habet?	Aurem nōn habet.
Sī quis exemplō caret, quam rem nōn habet?	Exemplum nōn habet.
Sī quis vitiō caret, quam rem nōn habet?	Vitium nōn habet.
Sī quis amīcīs caret, quōs nōn habet?	Amīcōs nōn habet.
Sī quis crīminibus caret, quās rēs nōn habet?	Crīmina nōn habet.

SELF TEST

A. Complete the following with the type of verb which the structure requires. There are five choices: (a) if the combination is *Vir fūrem . . .*, you must complete with a transitive verb, as *Vir fūrem quaerit*; (b) if the combination is *Vir fūr . . .*, you must complete with a linking verb, as *Vir fūr est*; (c) if nominative and ablative occur, as *Vir in marī*, complete with a passive or an intransitive verb. (d) For this exercise, if you have the combination *Vir ā fūre . . .*, complete with a passive verb. (e) For this exercise, if you have the combination *accusative accusative*, complete with a factitive verb. More than one type may be possible because of the ambiguity of the nouns, as in numbers 9 and 15.

1. Vir canem . . .
2. Lupus agnum . . .
3. Puer manū . . .
4. Nātūra aquam . . .
5. Vulpēs agnum . . .
6. Vīnō mēns . . .
7. Vir ā cane . . .
8. Agnus lupus . . .
9. Hominēs dī . . .
10. Pauper veste . . .
11. Sapientia stultum . .
12. Auris verbō . . .
13. Vir canis . . .
14. Lupus ab aprō . . .
15. Auxilium fēmina . . .
16. Fortem timidum . . .
17. Piscis in marī . . .
18. Dux philosophus . . .

Now complete these:

1. Aqua dēfluit . . .	5. Mulier tenētur . . .	9. Regit homō . . .
2. Sapientia numquam . . .	6. Lupus vidētur . . .	10. Deus homō . . .
3. Deus auxilium . . .	7. Perit . . .	11. Vincitur . . .
4. Puer homō . . .	8. Virum vestis . . .	12. Deus vult . . .

B. Combine the two simple sentences into a complex sentence by subordinate clause transformation:

1. Ā fonte pūrō pūra dēfluit aqua. Numquam ex malō patre bonus fīlius gignitur.
2. Mulier sōla cōgitat. Mulier male cōgitat.
3. Vulpēs vult fraudem. Lupus vult agnum.

READINGS

EXPLANATION OF COMPREHENSION QUESTIONS

You have been taught to approach sentences by means of answering structural questions. However, you realize that it is possible to answer such questions and even to give a metaphrase without understanding the complete meaning. Since complete understanding is the final goal, structural questions will be supplemented in two ways.

1. To strengthen your active mastery over structure you should make yourself ask structural questions, evoking any part of the sentence.
2. To strengthen your mastery over meaning you will answer comprehension questions based on paraphrases. These questions will be so phrased as to be understandable in themselves. Answer them from your total experience. Use your imagination to discover any possible relation between the comprehension question and the reading. Your answers will lead you to an understanding of the complete meaning. There will also be an increasing number of readings for metaphrase and understanding only.

R16 Oculī sunt in amōre ducēs.—Propertius

oculus-ō: *eye*
dux, duce: *leader*

R17 Ars longa, vīta brevis.—Hippocrates (Translation from the Greek)

brevis-e: *short*

Ask and answer questions evoking each nominative in the preceding readings.

R18 Virum bonum nātūra, nōn ōrdō, facit.—Publilius Syrus

1. Quid facit virum bonum?
2. Quid nōn facit virum bonum?
3. Quālem virum nātūra facit?
4. Quō auxiliō vir bonus fit?
5. Fitne ōrdine vir bonus?

ōrdō/ōrdine, m
facit /fit: *makes*
(*fit* substitutes for the passive of *facit*)

R19 Rēs est forma fugāx.—Seneca

1. Sī forma fugit, quālis rēs est?
2. Quid fugit?
3. Sī quis fugit, quālis est?
4. Quō auxiliō forma corrumpitur?
5. Sī forma fugit, quālis forma est?

fugāx, adjective
fugācī, ablative

R20 Ut vēr dat flōrem, studium sīc reddit honōrem.—Medieval

1. Sī vēre flōrēs crēscunt, quid studiō crēscit?
2. Quantō flōrēs crēscunt?

vēr, vēre, n: *spring*
dat/datur
sīc: *thus, so*

R21 Aspiciunt oculīs superī mortālia jūstīs.—Ovid

1. Suntne superī jūstī?
2. Quō modō deī regunt?

jūstus-a-um: *just*

R22 Ibi semper est victōria, ubi concordia est.—Publilius Syrus

Ubi semper est victōria?

R23 Aliquis latet error.—Vergil Aen II 48 (referring to Trojan horse)

R24 Semper aliquid haeret.—Anon.

R25 Celtae linguā Latīnā Gallī appellantur.—Caesar BG I 1 (adapted)

NEW NOUNS	dux, duce, m	oculus-ō, m.
	mulier, muliere, f	ōrdō, ōrdine, m
	necessitūdō, necessitūdine, f.	vēr, vēre, n
NEW VERBS	appellat/appellātur	docet/docētur
	caret/---	dūcit/dūcitur
	cōgitat/cōgitātur	latet/---
	discit/discitur	dēest/---
		facit/fit

NEW ADJECTIVES	brevis-e	sōlus-a-um	timidus-a-um

NEW PRONOUNS	aliquis, aliquid: *any-, some-* (sī) quis, (sī) quid: (*if*) *any-*	} indefinite

NEW INDECLINABLES

cum (subordinating conj.): *when*
dum " " : *while*
sī " " : *if*
ubi " " : *where/when*
ut " " : *as*

ibi (adverbial): *there*
sīc (adverbial): *thus, so* (often with *ut*)

NEW QUESTION WORDS	Quā condiciōne?	*Under what condition?*	Adverbial clause.
	Quō tempore?, quando?	*When?*	Adverbial clause or ablative.

LESSON TEN: **Relative Pronouns**

EXPLANATION OF STRUCTURE: THE RELATIVE CLAUSE TRANSFORMATION

The second type of included sentences are subordinate relative clauses which function like adjectives. In this type, two simple sentences which have a noun in common[1] are combined into a complex sentence by means of *relative clause transformation.*

The specific rule is: in the included clause the noun or pronoun common to both sentences is replaced by a relative pronoun in the same case, number, and gender. The noun in the including sentence is called the *antecedent* of the relative pronoun. In *metaphrasing* the relative clause appears immediately after the antecedent, even if this is not so in Latin, as in S53.

Mulier sōla cōgitat.	A woman plans alone.
Mulier male cōgitat.	A woman plans badly.

Mulier quae sōla cōgitat male cōgitat.
A woman who plans alone plans badly.

MORPHOLOGY[2]

	Singular			Plural		
	m	f	n	m	f	n
Nom	quī	quae	quod	quī	quae	quae
Acc	quem	quam	quod	quōs	quās	quae
Abl	quō	quā	quō	quibus	quibus	quibus

[1]Any two sentences can be combined by subordinate clause transformation. The relative clause transformation is possible only when the two sentences have a noun in common.

[2]The forms of the *relative pronoun* are the same as those of the *interrogative adjective.* You have been using interrogative adjectives in the question words *Quae rēs?*, What thing?, *Quam rem?*, What thing?, *Quās rēs?*, What things? The plural forms may also be interrogative pronouns. See Lesson Seven.

In the following examples the relative clause is italicized in the first five sentences only. Study sentences 1-3, then rewrite sentences 4-10 as two simple sentences.

1. Vir sōlus cōgitat. Vir male cōgitat.
   Vir *QUĪ sōlus cōgitat* male cōgitat.
   The man who plans alone is planning badly.

2. Vir male cōgitat. Virum fēmina videt.
   Vir *QUEM fēmina videt* male cōgitat.
   The man whom the woman sees is planning badly.

3. Vir male cōgitat. Cum virō fēmina cōgitat.
   Vir *QUŌcum fēmina cōgitat* male cōgitat.
   The man with whom the woman is planning is planning badly.

4. Mulier *QUAM vir videt* male cōgitat.
   The woman whom the man sees is planning badly.

5. Mulier *QUĀcum vir cōgitat* male cōgitat.
   The woman with whom the man is planning is planning badly.

6. Vīnum quod dē amphorā dēfluit bonum est.
   The wine which is flowing from the jug is good.

7. Vir quem fēmina videt male cōgitat.
   The man whom the woman sees plans badly.

8. Virī quōs fēmina videt male cōgitant.
   The men whom the woman sees plan badly.

9. Vir quōcum fēmina cōgitat male cōgitat.
   The man with whom the woman plans plans badly.

10. Virī quibuscum fēmina cōgitat male cōgitant.
    The men with whom the woman plans are planning badly.

Note: Although the pronoun *quī, quae, quod* is the most common relative pronoun, there are a few others. The morpheme *-cumque,* as in *quīcumque,* makes the relative *whosoever;* the *quī* part is declined, the *-cumque* part is not (*quemcumque,* etc.). An example occurs in S54.

Quīcumque has no antecedent. When *quī, quae, quod* appears without an antecedent, it usually is the equivalent of *quīcumque* and the subordinate clause functions as a noun. Find, in the Basic Sentences, two examples of a relative clause functioning as a noun.

EXPLANATION OF STRUCTURE: CORRELATIVES

Quālis (which you have known as a question word) is a *Correlative* when paired with *tālis* in any order, e.g., *Quālis pater, tālis fīlius,* "As the father is, so is the son." The same is true of other words you have known so far only as question words. A partial list includes:

tantus	*as great*	quantus	*as* cf. R90
tālis	*such*	quālis	*as*
tot	*as many*	quot	*as* cf. R31, R32
totiēns	*as often*	quotiēns	*as* cf. S101
tam	*as*	quam	*as* cf. R100
ibi	*there*	ubi	*where* cf. R22

BASIC SENTENCES

S52 Nāvis, quae in flūmine magna est in marī parvula est.-SENECA

A ship that is big in the river is pretty small in the ocean.

Quae nāvis in marī parva vidētur?
Ubi nāvis magna vidētur?
Ubi parva vidētur?
Quid in flūmine magnum sed in marī parvum vidētur?

S53 Nīl agit exemplum, lītem quod līte resolvit.-HORACE

An example which answers one question by asking another accomplishes nothing.

Quod exemplum nihil agit?
Estne exemplum ūtile an inūtile, quod līte lītem resolvit?
Quālis est vir quī lītem resolvit līte?

S54 Semper inops quīcumque cupit.-CLAUDIAN

Whoever desires is always poor.

Quis semper caret?
Habetne satis quī semper cupit?
Estne dīves quī semper cupit? dīves, dīvite: rich

S55 Citō fit quod dī volunt.-PETRONIUS

What the gods want happens quickly.

Quid citō fit?
Fitne sērō quod superī volunt? sērō
Fitne citō quod homō vult?

Learn:

Cūr?	*Why?*	Adverbial clause
Quī? Quae? Quod?	*Which ---?*	

PATTERN PRACTICE, Part One

Purpose: to learn to recognize the antecedent of relative pronouns.
Directions: answer the questions.

Quālis est aqua quae dēfluit ā fonte pūrō?	Pūra est aqua.
Quālis est nāvis quae in marī est?	Parvula est nāvis.
Quālis vestis est quā pauper honestē vestītur?	Antīqua vestis est.
Quālis est amīcus quī in rē incertā cernitur?	Amīcus est certus.
Quāle est corpus in quō est mēns sāna?	Corpus est sānum.

PATTERN PRACTICE, Part Two

Purpose: to practice relative clauses.
Directions: answer the questions with a relative clause.

Quae aqua dēfluit ā fonte pūrō?	Aqua quae pūra est.
Quae nāvis parvula est?	Nāvis quae in marī est.
Quā veste pauper vestītur honestē?	Veste quae antīqua est.
Quī amīcus certus est?	Amīcus quī in rē incertā cernitur.
Quō in corpore est mēns sāna?	In corpore quod sānum est.

SELF TEST

A. Rewrite the complex sentence as two simple sentences; e.g.,
Nīl agit exemplum, lītem quod līte resolvit.
Nīl agit exemplum.
Lītem exemplum līte resolvit.

1. Ars, quae hominēs alit, longa est.
Ars, quam hominēs discunt, longa est.
Artem, quae longa est, hominēs discunt.
Ars, quae longa est, hominēs docet.

2. Crūdēlis, quem lacrimae pāscunt, nōn frangitur.
Crūdēlis, quī lacrimīs pāscitur, nōn frangitur.

3. Fortūnam, quam stultī timent, sapientēs ferunt.
Fortūna, quā stultī terrentur, ā sapientibus fertur.

terret/terrētur: *frightens*

4. Vestis quae honesta est virum stultum nōbilitat.
   Vestis quā stultus nōbilitātur honesta est.

5. Dī, quī religiōne coluntur, superstitiōne violantur.
   Deōs, quī religiōne coluntur, superstitiō violat.
   Deōs, quōs religiō colit, superstitiō violat.

B. Combine the sentences of each set into two different complex sentences by means of *relative clause transformation.*

1. Juppiter in caelō est.
   Juppiter omnia regit.
   Jovem hominēs timent.

2. Sapiēns vēritātem quaerit.
   Vēritās numquam perit.
   In omnī rē vincit imitātiōnem vēritās.
   Sapiēns vēritāte regitur.

3. Ā stultō saepe bonum fugitur, ā sapiente petitur.
   Bonum facile āmittitur.

READINGS

R26 Nōn convalēscit planta quae saepe trānsfertur.—Seneca

1. Quae planta nōn convalēscit?
2. Quae planta bene crēscit?
3. Quā condiciōne planta vānēscit?

R27 Nōn est vir fortis ac strēnuus quī labōrem fugit.—Seneca

ac, atque: *and*

R28 Quī prō innocente dīcit, satis est ēloquēns.—Publilius Syrus

1. Quis satis est ēloquēns?
2. Quis sine ēloquentiā dēfenditur?

satis (adv.): *enough*
dēfendit/dēfenditur
prō: *in behalf of*

R29 Quī capit, capitur.—Anon.

R30 Quālis dominus, tālis et[3] servus.—Petronius

[3]When *et* does not connect equal sentence parts, it means *even* or *also*, and is a synonym of *etiam*.

Make up further sets comparing persons. Here are some personal nouns: discipulus, doctor, fīlius, fīlia, māter, nāta, nātus, pater, vir, mulier.

dominus-ō, m: *master*
servus-ō, m: *slave, servant*
nātus-ō, m: *son*

R31 Tot hostēs, quot servī.—Seneca (adapted)

hostis, hoste, m & f: *enemy*

Make up similar sayings. Suggested pairs: dominus/hostis; doctor/error; lapis/scorpiō; vulpēs/fraus; flōs/color; homō/animus; agna/lupus; amor/dolor; verbum/exemplum; barba/philosophus

R32 Tot sunt doctōrēs quot vernō tempore flōrēs;
tot sunt errōrēs quot habet nātūra colōrēs.—Medieval

1. Quot sunt doctōrēs?
2. Quot sunt errōrēs?
3. Quot colōrēs habet nātūra?
4. Suntne tot doctōrēs quot errōrēs?

error, errōre, m.
vernus-a-um

R33 Nihil tam citō redditur quam ā speculō imāgō.—Seneca

1. Quid redditur ā speculō?
2. Unde imāgō redditur?
3. Quid tam citō redditur quam imāgō?
4. Quō modō imāgō redditur?

speculum-ō, n: *mirror*
imāgō, imāgine, f

R34 Quem amat, amat; quem nōn amat, nōn amat.—Petronius

R35 Nēmō . . . patriam quia magna est amat, sed quia sua.—Seneca

1. Quid nēmō nōn amat?
2. Cūr omnēs patriam amant?
3. Amatne homō patriam quae parva est?

amat/amātur: *loves*
cūr?: *why?*
quia: *because*

NEW NOUNS	
flūmen, flūmine, n	nīl, variant of nihil
hostis, hoste, m & f	patria-ā, f
nātus-ō, m	servus-ō, m
nāvis, nāve, f	thēsaurus-ō, m
	speculum-ō, n

NEW ADJECTIVES	
captīvus-a-um	inops
dīves, abl. dīvite	parvulus-a-um
ēloquēns (ēloquenter)	vīvus-a-um
innocēns (innocenter)	

NEW VERBS	amat/amātur cupit/cupitur	invenit/invenītur terret/terrētur

NEW PRONOUNS	quī, quae, quod	quīcumque, quaecumque, quodcumque: *whosoever, whatsoever*

NEW INDECLINABLES

ac (variant *atque,* conjunction): *and*
prō (preposition): *in behalf of*
quia (variant *quod,* conjunction): *because*
satis (adverbial and adjectival): *enough*

NEW QUESTION WORDS	cur?	*why?*
	quī? quae? quod?	*which* or *what* [ ]?

REVIEW LESSON THREE

Review Basic Sentences 1-55 and Readings 1-35.

PATTERN PRACTICE, Part One

Purpose: to review the singular and plural of the first three cases.
Directions: change the first noun from singular to plural.

First, the subjects:

Malum saepe petitur.	Mala saepe petuntur.
Crūdēlis lacrimīs pāscitur.	Crūdēlēs lacrimīs pāscuntur.
Sapiēns fortūnam fert.	Sapientēs fortūnam ferunt.
Animal dē fonte bibit.	Animālia dē fonte bibunt.
Amphora sub veste portātur.	Amphorae sub veste portantur.
Stultus fortūnam timet.	Stultī fortūnam timent.
Prūdēns cum cūrā vīvit.	Prūdentēs cum cūrā vīvunt.
Gladiātor cōnsilium capit.	Gladiātōrēs cōnsilium capiunt.

Now, the objects:

Amphoram sub veste portat.	Amphorās sub veste portat.
Occāsiōnem offert fortūna.	Occāsiōnēs offert fortūna.
Laudem vult fēmina.	Laudēs vult fēmina.
Deum colit religiō.	Deōs colit religiō.
Timidum fortem necessitūdō facit.	Timidōs fortēs necessitūdō facit.
Rem nōn habet pauper.	Rēs nōn habet pauper.
Opus fīnis corōnat.	Opera fīnis corōnat.
Vitium fugit sapiēns.	Vitia fugit sapiēns.

And now, the ablative modifiers:

In omnī rē vincit vēritās.	In omnibus rēbus vincit vēritās.
Exemplō omnēs trahuntur.	Exemplīs omnēs trahuntur.
Manū tenētur amphora.	Manibus tenētur amphora.
Ā sapiente fortūna fertur.	Ā sapientibus fortūna fertur.
In harēnā cōnsilium capitur.	In harēnīs cōnsilium capitur.
Ā lupō lupus cognōscitur.	Ā lupīs lupus cognōscitur.
Ā fūre fūr cognōscitur.	Ā fūribus fūr cognōscitur.
Sine vitiō vīvit nēmō.	Sine vitiīs vīvit nēmō.

And finally, mixed examples:

Lēx videt īrātum.	Lēgēs vident īrātum.
Ab amīcō rēs quaeritur.	Ab amīcīs rēs quaeritur.
In marī piscēs capiuntur.	In maribus piscēs capiuntur.
Rem quaerit amīcus.	Rēs quaerit amīcus.
Sine cūrā vīvit stultus.	Sine cūrīs vīvit stultus.
Sub lapide dormit scorpiō.	Sub lapidibus dormit scorpiō.
Cōnsilium gladiātor quaerit.	Cōnsilia gladiātor quaerit.
Īrātus lēgem nōn videt.	Īrātī lēgem nōn vident.
Manum puer lavat.	Manūs puer lavat.
Deus astra regit.	Dī astra regunt.
Verbum movet.	Verba movent.
Ā fēminā laus quaeritur.	Ā fēminīs laus quaeritur.
Astrum regit Deus.	Astra regit Deus.
Lēgem nōn habet necessitās.	Lēgēs nōn habet necessitās.
Amīcus in rē incertā cernitur.	Amīcī in rē incertā cernuntur.
Īrātum lēx videt.	Īrātōs lēx videt.
Occāsiō aegrē offertur.	Occāsiōnēs aegrē offeruntur.
Ab amīcō spēs nōn quaeritur.	Ab amīcīs spēs nōn quaeritur.
Hominem locus nōn ōrnat.	Hominēs locus nōn ōrnat.
Manū amphora tenētur.	Manibus amphora tenētur.
In puerō est vēritās.	In puerīs est vēritās.
Vulpēs nōn capitur mūneribus.	Vulpēs nōn capiuntur mūneribus.
Homō locum ōrnat.	Hominēs locum ōrnant.
Mūnus vulpēs nōn vult.	Mūnera vulpēs nōn vult.

PATTERN PRACTICE, Part Two

Purpose: more review of singulars and plurals.
Directions: change the first noun of each utterance in the second column of Part One from the plural to the singular.

REVIEW VOCABULARY: Lessons Nine-Ten

NOUNS

I	III
patria	dux
	flūmen
II	hostis
nātus	mulier
oculus	nāvis
servus	necessitūdō
speculum	ōrdō
thēsaurus	vēr

nīl, nihil

ADJECTIVES

I & II	III
captīvus	brevis
parvulus	dīves
strēnuus	ēloquēns
sōlus	innocēns
timidus	inops
vīvus	

VERBS

amat/amātur
appellat/appellātur
caret/---
cōgitat/cōgitātur
cupit/cupitur
dēest/---
discit/discitur
docet/docētur
dūcit/dūcitur
facit/fit
invenit/invenītur
latet/---
terret/terrētur

CORRELATIVES

tantus . . . quantus
tālis . . . quālis
tot . . . quot
totiēns . . . quotiēns
tam . . . quam
ibi . . . ubi

PRONOUNS

aliquis, aliquis, aliquid
quī, quae, quod
quīcumque, quaecumque, quodcumque
(sī) quis, quis, quid

INDECLINABLES

prō	ac, atque
	cum
ibi	dum
satis	quia
sīc	sī
	ubi
	ut

QUESTION WORDS

cūr?
quā condiciōne?
quō tempore?
quandō?
quī? quae? quod?

LESSON ELEVEN: **The Adverbial Accusative**

EXPLANATION OF STRUCTURE: THE ADVERBIAL USE OF THE ACCUSATIVE

So far, all the accusatives have patterned with transitive verbs as direct objects. A few verbs (*facit, habet, appellat*) have patterned with two accusatives, as in S48. These are then called factitive verbs.

Now we find that there is another use for the accusative: the *adverbial*. As an adverbial modifier it may pattern with an intransitive verb or a passive, or a transitive verb that already has an object. Which of these environments will cause difficulty?

The adverbial accusative appears with or without a preposition.

A. Here is a list of typical prepositions which pattern with the accusative. Those marked with an asterisk occur in this lesson and should be learned now.

**ad* plus acc.:	*to, toward* (with verbs of motion); *at* (with verbs of rest)
ante:	*in front of* (with nouns of place); *before* (with nouns of time)
contrā:	*against*
extrā:	*outside of*
**in* plus acc.:[1]	*into, in* (with verbs of motion)
**inter*:	*between, among*
intrā:	*within*
ob:	*against, because of*
**per*:	*through*
**post*:	*behind* (with nouns of place); *after* (with nouns of time)

[1]The preposition *in* with the ablative patterns with verbs of rest and answers the question *ubi?* (in what place?). In with the accusative patterns with verbs of motion and answers the question *quem ad locum?* (toward what place?), or *quō?*. The only other common preposition with this variation is *sub*. Most other prepositions take either the accusative or the ablative, but not both. Which other prepositions pattern with the ablative?

praeter:	*in addition to, except*
prope:	*near*
**propter*:	*because of*
sub:	*to a position under*
**super*:	*above*
suprā:	*above*
**trāns*:	*across*

B. Adverbial accusatives without a preposition include:

Place expressions answering the question: Quem ad locum? *Where to?* e.g., Rōmam: *to Rome*

Time expressions answering the question: Quam diū? *How long?*
e.g., multōs diēs: *for many days*
multōs annōs: *for many years*

Expressions of degree such as:
multum: *much* answering the question: Quantum?: *How much?*
nihil: *nothing*
tantum: *so much*
etc.

Expressions such as: facile: *with ease, easily*
difficile: *with difficulty*

Contrast Readings:

Lupus mentem vertit.	The wolf turns his attention.
Lupus agnum vertit.	The wolf turns the lamb.
Lupus mentem ad agnum vertit.	The wolf turns his attention toward the lamb.

BASIC SENTENCES

S56 Nōn lupus ad studium sed mentem vertit ad agnum. -WERNER

The wolf turns his attention not to study but to the lamb.

Quem ad locum lupus mentem vertit?
Quō lupus mentem nōn vertit? quō?: *whereto?*
Quid vertitur ad agnum?
Ā quō mēns vertitur in agnum?
Quid vult lupus?

S57 Cōgitur ad lacrimās oculus, dum cor dolet intus. -WERNER

The eye is driven to tears when the heart grieves within.

lacrimat/---: *weeps, cries*
sentit/sentītur: *feels*
dolor, dolōre, m
gaudet/---: *rejoices*

Quās ad rēs oculus cōgitur?
Quō oculus cōgitur?
Quandō lacrimat oculus?
Unde fluunt lacrimae?
Sī lacrimat vir, sentitne dolōrem?
Dum cor gaudet, cōgiturne oculus ad lacrimās?
Lacrimantne hominēs propter dolōrem?

S58 Caelum, nōn animum, mūtant quī trāns mare currunt. -HORACE

Those who cross the sea change their environment, not themselves.

Quī caelum mūtant?
Quis nōn mūtat animum?
Quid agunt hominēs quī trāns mare currunt?
Fitne fēlīx quī trāns mare currit?

S59 Inter caecōs rēgnat luscus. -ANON.

Among the blind the one-eyed man is king.

Quis inter caecōs rēgnat?
Ā quō caecī reguntur?
Inter quōs rēgnat quī ūnum oculum habet?
Quot oculōs luscus habet?
Rēgnatne luscus an caecus?

Refer to the table of Latin numerals in the Appendix. Then answer the questions based on the following pictures.

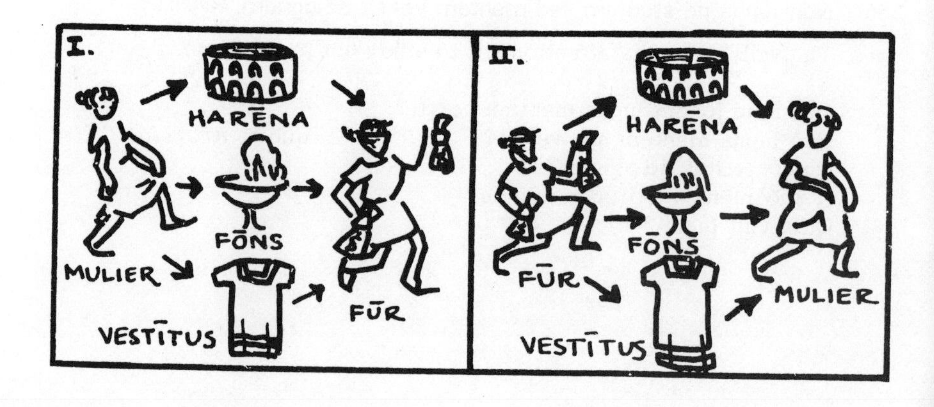

Quotā in pictūrā[2] fūr ad fontem currit? Secundā in pictūrā.
Quotā in pictūrā mulier ā vestītū currit? Secundā in pictūrā.
Quotā in pictūrā mulier ab harēnā currit? Secundā in pictūrā.
Quotā in pictūrā fūr ā fonte currit? Prīmā in pictūrā.

Prīmā in pictūrā quis ad harēnam currit?
Secundā in pictūrā quis ā fonte currit?
Prīmā in pictūrā quō ex locō currit fūr?
Secundā in pictūrā quem ad locum currit fūr?

Quotā in pictūrā fūr ad harēnās currit?
Quotā in pictūrā mulier ad vestītūs currit?
Quotā in pictūrā mulier ā fontibus currit?
Quotā in pictūrā fūr ab harēnīs currit?

Tertiā in pictūrā quis ab harēnīs currit?
Quārtā in pictūrā quis ā vestītibus currit?
Tertiā in pictūrā quem ad locum currit mulier?
Quārtā in pictūrā quem ad locum currit fūr?

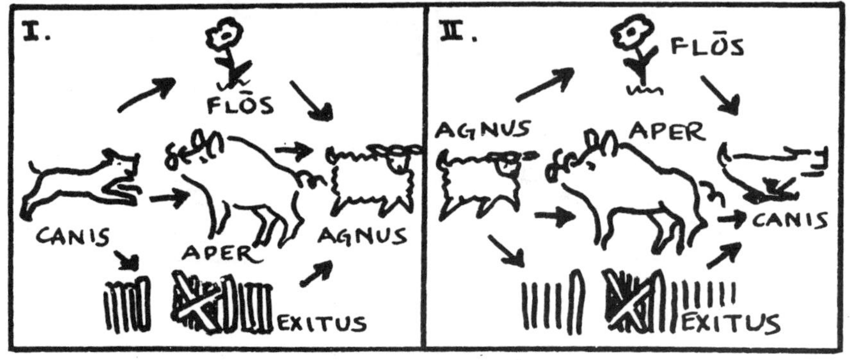

Quotā in pictūrā canis ab aprō currit?
Quotā in pictūrā agnus ad aprum currit?
Quotā in pictūrā agnus ad flōrem currit?
Quotā in pictūrā canis ad exitum currit?

[2]Quotā in pictūrā? *In which picture* (by number)?

Prīmā in pictūrā quis ab exitū currit?
Prīmā in pictūrā quis ad exitum currit?
Prīmā in pictūrā quem ad locum currit canis?
Prīmā in pictūrā quō ex locō currit agnus?

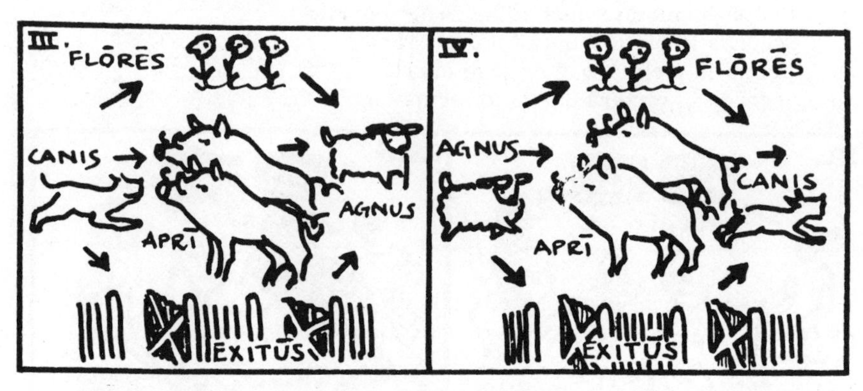

Quotā in pictūrā agnus ad exitūs currit?
Quotā in pictūrā canis ā flōribus currit?
Quotā in pictūrā canis ad aprōs currit?
Quotā in pictūrā canis ab aprīs currit?

Quārtā in pictūrā quis ad flōrēs currit?
Tertiā in pictūrā quis ab exitibus currit?
Tertiā in pictūrā quem ad locum currit canis?
Quārtā in pictūrā quō ex locō currit canis?

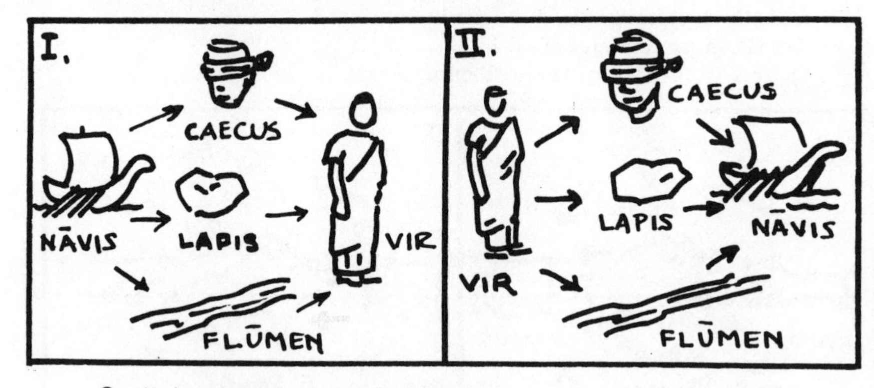

Quotā in pictūrā vir ad lapidem it?
Quotā in pictūrā vir ad lapidēs it?
Quotā in pictūrā nāvis ā caecīs it?
Quotā in pictūrā nāvis ā flūmine it?

Quotā in pictūrā nāvis ad flūmen it?
Quotā in pictūrā vir ad flūmina it?
Quotā in pictūrā nāvis ad lapidēs it?
Quotā in pictūrā vir ā lapide it?

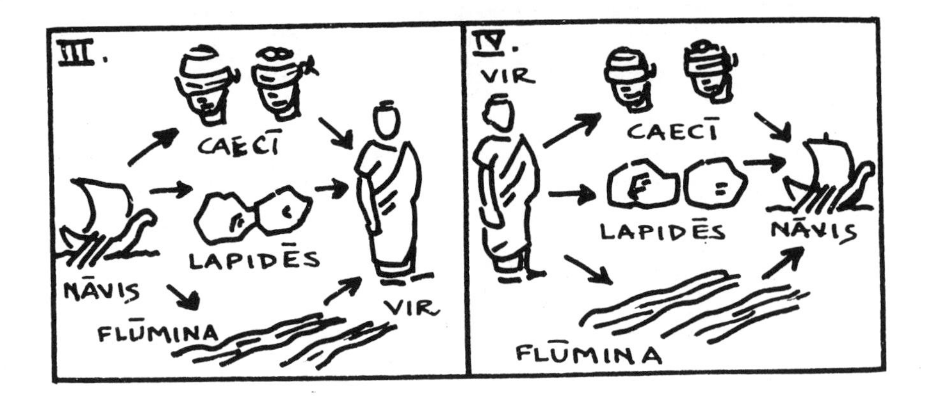

Prīmā in pictūrā quid ad lapidem it?
Secundā in pictūrā quis ad caecum it?
Tertiā in pictūrā quis ā lapidibus it?
Quārtā in pictūrā quis ad flumina it?

Prīmā in pictūrā quem ad locum nāvis it?
Secundā in pictūrā quem ad locum vir it?
Tertiā in pictūrā quō ex locō vir it?
Quārtā in pictūrā quem ad locum vir it?
Quot pictūrae sunt?

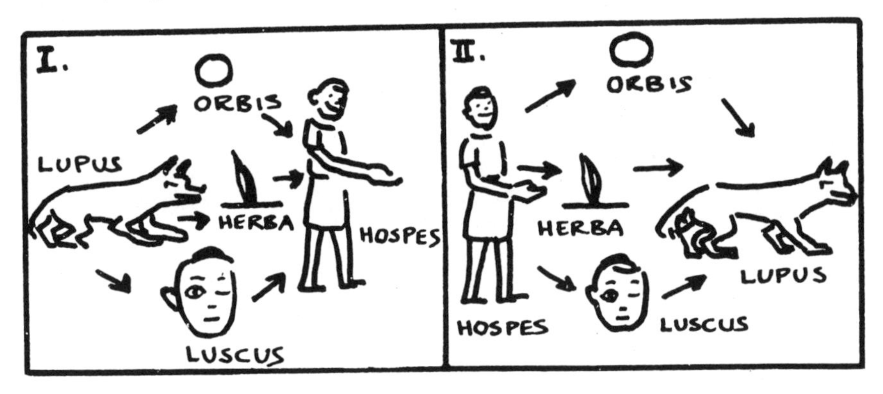

Quotā in pictūrā hospes ad luscōs it?
Quotā in pictūrā hospes ad herbam it?
Quotā in pictūrā hospes ab orbibus it?
Quotā in pictūrā hospes ab herbīs it?

Quotā in pictūrā lupus ā luscō it?
Quotā in pictūrā lupus ab orbe it?
Quotā in pictūrā lupus ad orbem it?
Quotā in pictūrā lupus ad herbās it?

Prīmā in pictūrā quis ad herbam it?
Secundā in pictūrā quis ad herbam it?
Tertiā in pictūrā quis ab orbibus it?
Quārtā in pictūrā quis ad luscōs it?

Prīmā in pictūrā quem ad locum it lupus?
Secundā in pictūrā quō ex locō it lupus?
Tertiā in pictūrā quō ex locō it hospes?
Quārtā in pictūrā quem ad locum it hospes?

READINGS

R36[3] Ā lacū Lemannō, quī in flūmen Rhodanum īnfluit, ad montem Jūram, quī Sēquanōs ab Helvētiīs dīvidit, Caesar mūrum perdūcit.—Caesar (adapted)

1. Quō ā locō Caesar mūrum perdūcit?
2. Quem ad locum mūrum perdūcit?
3. Quō lacus Lemannus īnfluit?
4. Unde Sēquanī monte Jūrā dīviduntur?

lacus-ū, m
mōns, monte, m
mūrus-ō, m : *wall*

R37 Longum iter est per praecepta, breve et efficāx per exempla. --Seneca

1. Quantum iter est per praecepta?
2. Quantum per exempla?
3. Per quās rēs est iter breve?
4. Per quās longum?
5. Estne iter per exempla longum?
6. Quanta est via per verba?

iter, itinere, n: *journey*
praeceptum-ō, n

R38 Vīvit post fūnera virtūs.--Motto

1. Vīvitne virtūs etiam post mortem?

mors, morte, f: *death*

[3]For this and other readings, where necessary, the teacher will supply the context.

2. Quid nōn perit? — fūnus, fūnere, n
3. Quō auxiliō virtūs nōn perit?

R39 Post trēs saepe diēs vīlēscit piscis et hospes.—Werner

1. Estne piscis vīlis prīmō diē?
2. Estne piscis vīlis secundō diē?
3. Quō diē piscis vīlis fit?
4. Quō diē hospes vīlis fit?
5. Quam diū hospes laudātur?

trēs, tria: *three*
hospes, hospite, m & f
quārtus-a-um: *fourth*

R40 Ūnus vir nūllus vir.—Binder

1. Valetne ūnus vir?
2. Sī vir sōlus est, estne validus?
3. Quis nihil valet?
4. Quantum valet vir sōlus?

nihil, n: *nothing*
valet/---: *is strong, flourishes*

If, in spite of all that has been said, you have still been making heavy use of the vocabulary in the back of the book, you are not using your newly acquired understanding of language to the best advantage. The time will come, in the section called "Narrative Readings," when the meaning of almost none of the new words will be given, either in the text or in the back of the book.

R41 Multum lacrimās verba inter singula fundit.—Vergil Aen III 348 (about Aeneas)

1. Inter quās rēs Aenēās lacrimās fundit?
2. Quae inter verba Aenēās lacrimat?
3. Quantum Aenēās lacrimat?

fundit/funditur: *pours*

R42 Diem noctemque in opere versantur.—Caesar BG VII 77 (about his soldiers)

Quam diū mīlitēs in opere versantur? — versātur = manet

R43 Noctēs atque diēs patet jānua. —Vergil Aen VI 127 (about the gate to the underworld)

Quam diū patet jānua?

patet/---: *stands open*
nox, nocte, f: *night*

NEW NOUNS		
	cor, corde, n	mors, morte, f
	dolor, dolōre, m	mūrus-ō, m
	iter, itinere, n	rēx, rēge, m
	nox, nocte, f	

NEW VERBS		
	cōgit/cōgitur	mūtat/mūtātur
	currit/---	patet/---
	dolet/---	rēgnat/---
	fundit/funditur	sentit/sentītur
	gaudet/---	vertit/vertitur
	lacrimat/---	

NEW ADJECTIVES		
	caecus-a-um	luscus-a-um
	quārtus-a-um	trēs, tria

NEW INDECLINABLES intus (adverbial): *within*

NEW QUESTION WORDS		
	Quam diū?	*How long?*
	Quem ad (in) locum?	*Whereto?*
	Quō?	*Whereto?*
	Quantum?	*How much?*

To what declension does each new noun and adjective belong?

LESSON TWELVE: The Imperfective Participle, a Predictable Adjective

You have learned two types of clause subordination, one functioning like adjectives and the other like adverbs. Another kind of subordination is the *participial transformation.*

Mulier sōla cōgitat.	A woman plans alone.
Mulier male cōgitat.	A woman plans badly.

Mulier sōla cōgitāns male cōgitat.
A woman planning alone plans badly.

Fōns fluit.	A spring is flowing.
Flūmen crēscit.	A river is increasing.

Fonte fluente, flūmen crēscit.
With a spring flowing, a river increases.

Verb forms that end in *-t* (*-nt*) or *-tur* (*-ntur*) are called finite.[1] Almost all Latin verbs have nonfinite forms called participles which function as adjectives and are predictable. One predictable adjective is the *imperfective active participle.*

MORPHOLOGY

	Singular		Plural	
	m & f	n	m & f	n
Nom	amāns	amāns	amantēs	amantia
Acc	amantem	amāns	amantēs	amantia
Abl	amantī (-e)[2]	amantī (-e)[2]	amantibus	amantibus

[1]Finite verbs are inflected for person. See Lesson Twenty-two.

[2]The ablative, when used as an adjective, usually has the form *amantī*. When the participle is used as a noun, however, it usually has the form *amante*. There is a great deal of free variation (change in form without corresponding syntactical significance); be prepared for *-e* or *-ī* in either place.

Nom.	vidēns[3]	vidēns	videntēs	videntia
Acc.	videntem	vidēns	videntēs	videntia
Abl.	videntī (-e)[2]	videntī (-e)[2]	videntibus	videntibus

The imperfective active participle has the morpheme *-nt-*. In the nominative singular the *-t-* does not appear since Latin does not permit the final cluster *-ts*. The *-nt-* morpheme corresponds rather well to the English *-ing* verbal adjective morpheme.

EXPLANATION OF STRUCTURE: PARTICIPIAL TRANSFORMATION

Two simple sentences are combined into one sentence when one sentence is included in the other by participial transformation. There are two kinds of participial transformation.

The first kind occurs when the two simple sentences have a noun in common. The rules are:

1. The noun in the sentence to be included is deleted.
2. The verb of the sentence to be included becomes a participle in the same case, number, and gender as the noun in the including sentence.

Therefore the participle functions as an adjectival modifier of this noun and is the equivalent of a relative clause. Which modifier is used in Latin in a given situation is a matter of style.

In the following examples combine the sentences into one. Subordinate the first to the second by means of (a) relative transformation, and (b) participial transformation.

1. Ars hominēs alit. Ars longa est.
   Ars, qu__ hominēs alit, longa est.
   Ars, hominēs alēns, longa est.

2. Fortūna stultōs terret. Fortūnam sapientēs ferunt.
   Fortūnam, qu__ stultōs terret, sapientēs ferunt.
   Fortūnam, stultōs terre____, sapientēs ferunt.

3. Juppiter omnia regit. Jovem hominēs timent.
   Jovem, qu_ omnia regit, hominēs timent.
   Jovem, omnia rege____, hominēs timent.

Metaphrase: In a good translation, the Latin participle is often rendered by a subordinate clause. In metaphrasing, it is safest to put the participle after the noun it modifies. This noun may be *zero* in Latin, but in English a noun or

[3]Note: *regit* has *regēns*, *fugit* has *fugiēns*, *dormit* has *dormiēns*. The reason for this will become apparent later.

pronoun must be supplied as the word modified by the participle.

1. Stultī fortūnam fortēs adjuvantem timent.
   Stupid men fear fortune helping brave men.
   Stupid men fear fortune, which helps brave men.
2. Ab hominibus Juppiter omnia regēns timētur.
3. Ā cane lātrante nōn tenētur aper.
4. Labōrem fugientēs fortēs nōn sunt.

EXPLANATION OF STRUCTURE: ABLATIVE ABSOLUTE TRANSFORMATION

If a noun and participle appear in the ablative without a preposition, the construction may be an ablative absolute, which is the equivalent of a subordinate adverbial clause. This construction is derived from two simple sentences when the two have no noun in common.

Rules for the ablative absolute transformation:

1. The subject of the sentence to be included is transformed to the ablative case.
2. The verb of the sentence to be included becomes a participle agreeing in case, number and gender. Here are some examples:

   Fōns, fluit. Flūmen crēscit.
   Fonte fluente, flūmen crēscit.
   With the spring flowing, the river is increasing (i.e., because the spring is flowing, since the spring is flowing, when the spring is flowing).

   Fonte fluente, flūmen nōn crēscit.
   With the spring flowing, the river isn't increasing (i.e., although the spring is flowing).

   Pauper honestē vīvit. Fūr dītātur.
   Paupere honestē vīvente, fūr dītātur.
   With the poor man living honestly (i.e., while the poor man lives honestly), the thief gets rich.

An ablative absolute does not answer the question *ā quō?*, *quō auxiliō?*, etc. An ablative absolute tells the circumstances under which the situation described by the verb occurs. *Quā condiciōne?* may be used to evoke an ablative absolute. It may be metaphrased by "with," but a better English equivalent can almost always be found. It may be transformed into a *sī*, *cum*, *quod*, or *dum* clause. Notice that the exact nature of the connection between the ablative absolute and the rest of the sentence is not stated; in a good English translation we are usually compelled to make clear the relationship and say *when*, *because*, *since*, *although*, *while*, etc.

At this point personal nouns may be used in the ablative only with prepositions, with *caret*, or in the ablative absolute construction.

METAPHRASE PRACTICE

1. Which of the following might be an ablative absolute?
2. Metaphrase:

Fortūnā adjuvante	Flūmen crēscēns	Ā virō currentī
Fortūnam adjuvantem	Flūmine crēscente	Virō currente
Fortūna adjuvāns	Ā flūmine crēscentī	Virum currentem
Virōs fugientēs	Fēminā cōgitante	Mēns dolēns
Virīs fugientibus	Fēminam cōgitantem	Mente dolente
Ā virīs fugientibus	Fēmina cōgitāns	Mentem dolentem

Scorpiōnēs dormientēs	Labor omnia vincēns
Scorpiōnibus dormientibus	Labōre omnia vincente
Scorpiōnēs dormiunt	Labōrem omnia vincentem
Dī cūrant	Virīs fēminam videntibus
Deōs cūrantēs	Virī fēminam vident
Dīs cūrantibus	Virōs fēminam videntēs

BASIC SENTENCES

S60 Deō volente.-COMMONPLACE

If God is willing.

Quis vult?
Per quem opus omne fit?
Quā condiciōne omnia fīunt?
Complete: Sī Deus v--t, omnia fīunt.

S61 Lātrante ūnō, lātrat statim et alter canis.-ANON.

When one dog barks, immediately another one barks too.

Quā sub condiciōne lātrat alter canis?
Quot canēs lātrant?
Complete: Sī ūnus c---s l----t, statim et lātrat a---r c---s.

S62 Nōn redit unda fluēns; nōn redit hōra ruēns.-WERNER

The flowing wave returns not, nor does the passing hour.

Quid fluit?
Quid ruit?
Quid nōn redit?
Complete: Nōn redit unda quae f---t; nōn redit hōra quae r--t.

S63 Saepe, premente deō, fert deus alter opem.-OVID

Often, when one god afflicts you, another god brings aid.

Quā sub condiciōne fert deus alter auxilium?
Ā quō, deō premente, auxilium saepe fertur?
Quis premit?
Quis auxilium fert?
Complete: Saepe, sī deus p----t, fert deus alter opem.

auxilium-ō, n: *aid*

PATTERN PRACTICE, Part One

Purpose: to learn the imperfective active participle.
Directions: answer the questions, using the imperfective active participle.

First, the nominative:

Sī cor dolet, quāle cor est?	Cor dolēns est.
Sī fēmina cōgitat, quālis fēmina est?	Fēmina cōgitāns est.
Sī canis lātrat, quālis canis est?	Canis lātrāns est.
Sī unda fluit, quālis unda est?	Unda fluēns est.
Sī hōra ruit, quālis hōra est?	Hōra ruēns est.
Sī corda dolent, quālia corda sunt?	Corda dolentia sunt.
Sī canēs lātrant, quālēs canēs sunt?	Canēs lātrantēs sunt.
Sī undae fluunt, quālēs undae sunt?	Undae fluentēs sunt.
Sī hōrae ruunt, quālēs hōrae sunt?	Hōrae ruentēs sunt.

Next, the accusative:

Puer, sī cognōscit cor quod dolet, quāle cor cognōscit?	Puer cor dolēns cognōscit.
Puer, sī cognōscit corda quae dolent, quālia corda cognōscit?	Puer corda dolentia cognōscit.
Puer, sī tenet canem quī lātrat, quālem canem tenet?	Puer canem lātrantem tenet.
Puer, sī tenet canēs quī lātrant, quālēs canēs tenet?	Puer canēs lātrantēs tenet.

Homō, sī nōn tenet undam quae fluit, quālem undam nōn tenet?	Homō undam fluentem nōn tenet.
Homō, sī nōn tenet undās quae fluunt, quālēs undās nōn tenet?	Homō undās fluentēs nōn tenet.
Homō, sī nōn tenet hōram quae ruit, quālem hōram nōn tenet?	Homō hōram ruentem nōn tenet.
Homō sī nōn tenet hōrās quae ruunt, quālēs hōrās nōn tenet?	Homō hōrās ruentēs nōn tenet.

PATTERN PRACTICE, Part Two

Purpose: to learn the ablative absolute.
Directions: change the subordinate clauses with *sī*, *cum*, *dum*, *quod*, or *ubi* to the new construction of ablative absolute.

Sī Deus vult . . .	Deō volente . . .
Sī dī volunt . . .	Dīs volentibus . . .
Sī Fortūna adjuvat . . .	Fortūnā adjuvante . . .
Cum fēminae cōgitant . . .	Fēminīs cōgitantibus . . .
Cum aqua dēfluit . . .	Aquā dēfluente . . .
Cum deus premit . . .	Deō premente . . .
Dum dī premunt . . .	Dīs prementibus . . .
Dum dī magna cūrant . . .	Dīs magna cūrantibus . . .
Dum dī parva neglegunt . . .	Dīs parva neglegentibus . . .
Quod Deus parva neglegit . . .	Deō parva neglegente . . .
Quod stultī fortūnam timent . . .	Stultīs fortūnam timentibus . . .
Quod stultus fortūnam timet . . .	Stultō fortūnam timente . . .
Ubi virī labōrem fugiunt . . .	Virīs labōrem fugientibus . . .
Ubi luscus inter caecōs rēgnat . . .	Luscō inter caecōs rēgnante . . .
Ubi luscī inter caecōs rēgnant . . .	Luscīs inter caecōs rēgnantibus . . .

Do the same Pattern Practice in reverse order.

SELF TEST

1. Substitute a participle for the relative clause:

Fēmina flūmen quod fluit videt.
Aper ā cane quī lātrat nōn tenētur.

2. Substitute a relative clause for the participle:

   Sapiēns Fortūnam adjuvantem quaerit.
   Stultus canēs lātrantēs timet.
   Homō hōram fugientem amat.

3. Change these ablative absolutes into subordinate clauses with *sī*, *cum*, or *dum*:

   Vēre flōrēs dante . . .
   Labōre omnia vincente . . .
   Hōrā fugiente . . .

4. Change these subordinate clauses into ablative absolutes:

   Ubi canēs lātrant . . .
   Sī canis tacet . . .
   Quia tempus fugit . . .

READINGS

R44 Saepe tacēns vōcem verbaque vultus habet.—Ovid

1. Quid saepe habet vultus quī tacet?
2. Estne saepe ēloquēns vultus quī tacet?
   Complete: Saepe vultus quī t---t vōcem verbaque h---t.

tacet/---: *is silent*
vōx, vōce, f: *voice*
vultus-ū, m: *face*

R45 Mulier rēctē olet ubi nihil olet.—Plautus

1. Quantum olet fēmina quae rēctē olet?
2. Oletne multum fēmina bona?
3. Mulier, quae multum olet, quālis est?
   Complete with an imperfective participle: Mulier nihil o---s rēctē olet.

olet/---
rēctē: *correctly*

R46 Deī facientēs adjuvant.—Varro

Substitute for *facientēs* the correct forms of: amat, magnus, honestus, fortis, bonus, agit, labōrat, regit, dat, vīvit, vincit, cūrat, cōgitat, docet, discit.

R47 Deō dūcente.—Commonplace

1. Quā condiciōne omnia bene aguntur?
   Substitute other verbs for *dūcente*.

R48 Pendente līte.--Legal

1. Quid pendet?
   Complete: Dum l-s p----t.
   Substitute other subordinating conjunctions for *dum*.

pendet/---: *hangs*
līs, līte, f

R49 Audentēs Fortūna juvat.—Vergil

audet/---: *dares*

Substitute for *audentēs* the correct form of the following: facit, labōrat, rēctus, tacet, strēnuus ac fortis, bonus.

R50 Lātrantem cūratne alta Diāna canem?—Anon.

1. Estne Diāna lūna an sōl?
2. Quō in locō est lūna?
3. Cūratne Diāna canem quī lātrat?
4. Quō in locō est canis?
5. Quid canis lātrāns videt?
6. Cūr canis lātrat?

Diāna-ā, f (Moon goddess)
lūna-ā, f: *moon*
altus-a-um: *high*
sōl, sōle, m: *sun*

R51 . . . mātre deā mōnstrante viam, ...—Vergil Aen I 382

1. Quis viam mōnstrat?
2. Quis est māter?
3. Quis est dea?
4. Semperne ex mātre pulchrā pulcher gignitur nātus?

māter dea = Venus
nātus-ō, m.: = fīlius

R52 Ruit Oceanō nox
īnvolvēns umbrā magnā terramque polumque.—Vergil Aen II 250-51

Nox quid agēns Oceanō ruit?

polus-ō, m = caelum
Oceanō = ex Oceanō

R53 Suādentque cadentia sīdera somnōs.—Vergil Aen 9

cadit/---: *falls*
sīdus, sīdere, n: = astrum

NEW NOUNS	auxilium-ō, n	sōl, sōle, m
	hōra-ā, f	unda-ā, f
	lūna-ā, f	vōx, vōce, f
	ops, ope, f	vultus-ū, m
NEW VERBS	audet/---	redit/---
	cadit/---	ruit/---
	lātrat/---	tacet/---
	pendet/---	

NEW ADJECTIVES

alter-era-erum
altus-a-um
rēctus-a-um (rēctē)

NEW INDECLINABLES

statim (adverb): *at once* (*-im* is an adverb morpheme of limited distribution)
-que (conjunction): *and*
-que . . . -que (conjunction): *both . . . and*

To what declension does each new noun belong?

Which of the Basic Sentences contain the imperfective active participle?
What is the morpheme of the imperfective active participle?
In which Basic Sentence does the morpheme *-nt-* show up with the *-t-* missing?
Which of the Basic Sentences contain an ablative absolute? What are the signals?

LESSON THIRTEEN: **The Perfective Passive Participle**

MORPHOLOGY

In addition to the participle which you learned in the last lesson, there is another common one.[1] It is passive in meaning and corresponds roughly to the English form in *-ed*. Below are representative verbs with their two participles.

Present Tense	Imperfective Active Participle	Perfective Passive Participle
agit	agēns	āctus-a-um
amat	amāns	amātus-a-um
āmittit	āmittēns	āmissus-a-um
audit	audiēns	audītus-a-um
capit	capiēns	captus-a-um
cernit	cernēns	crētus-a-um
cōgit	cōgēns	coāctus-a-um
cognōscit	cognōscēns	cognitus-a-um
corōnat	corōnāns	corōnātus-a-um
corrumpit	corrumpēns	corruptus-a-um
dīcit	dīcēns	dictus-a-um
docet	docēns	doctus-a-um
facit	faciēns	factus-a-um
fallit	fallēns	falsus-a-um
indicat	indicāns	indicātus-a-um
invenit	inveniēns	inventus-a-um
laedit	laedēns	laesus-a-um
movet	movēns	mōtus-a-um
mūtat	mūtāns	mūtātus-a-um
neglegit	neglegēns	neglēctus-a-um

[1] There are two more participles (future active and future passive) but we shall not need them for a while.

parat	parāns	parātus-a-um
perficit	perficiēns	perfectus-a-um
pōnit	pōnēns	positus-a-um
portat	portāns	portātus-a-um
premit	premēns	pressus-a-um
quaerit	quaerēns	quaesītus-a-um
regit	regēns	rēctus-a-um
scrībit	scrībēns	scrīptus-a-um
solvit	solvēns	solūtus-a-um
trahit	trahēns	tractus-a-um
vertit	vertēns	versus-a-um
videt	vidēns	vīsus-a-um
vincit	vincēns	victus-a-um

Observe these points. The imperfective active participle with the morpheme *-nt-* may be predicted from the present tense. The perfective passive participle is based on a variation of the stem which must be learned. Every perfective participle has either *-t-* or *-s-* plus the same endings as *bonus, bona, bonum*. Whereas *capiēns* means "capturing at the same time as the governing verb:" *captus* means "captured before that time."

There is an important reason for introducing this form at this time: the perfective passive stem is productive in forming nouns. The Latin nouns *cognitiō, solūtiō, vīsus, victor, mōtus, agrīcultūra, dictiō, versus, scrīptor, positiō, āctus* and many, many more are formed on this stem in *-t-* or *-s-*. Furthermore, English derivatives based on this form are common. In order that you may understand word formation in Latin and the historical process of bringing Latin words into English, it seems desirable to learn this form now, even though you will not use it much for a while. It will occur frequently in the latter part of the book.

Can you give an English derivative from each perfective passive participle in the list?

METAPHRASING

The perfective passive participle (morpheme: *-t-* or *-s-*, English [ ]*-ed* or *having been* [ ]*-ed*) appears in metaphrasing immediately after the noun it modifies. Remember that the imperfective participle (morpheme *-nt-*, English *-ing*) is metaphrased in the same position. In a good translation, both participles are often rendered by a subordinate clause. The difference is: The *-t-*, *-s-* participle cannot be rendered by a clause starting with *while*, the *-nt-* participle cannot be rendered by a clause starting with *after*.

The perfective passive participle is common in narratives in the ablative absolute: *lupō vīsō* means "with the wolf seen" or "when the wolf has been seen." It answers the question *quō factō?, with what done?*

BASIC SENTENCES

In which of the following utterances do you see the perfective passive participle? What is the morpheme?

S64 Jūcundī āctī labōrēs.-CICERO

Labors (when) completed are pleasant.

Quōs labōrēs omnēs amant?
Quī labōrēs dulcēs sunt?
Suntne jūcundī labōrēs, quī āctī nōn sunt?
Quō factō omnēs gaudent?

gaudet/---: *rejoices*

S65 Parātae lacrimae īnsidiās, nōn flētum, indicant.-PUBLILIUS SYRUS

Tears (when) contrived indicate treachery, not grief.

Quō auxiliō īnsidiae indicantur?
Quae lacrimae sunt falsae?
Quālis homō est quī lacrimās parat, vērus an falsus?
Doletne semper quī lacrimat?
Hominem quās rēs parantem lacrimae parātae indicant?

S66 Vōx audīta perit, littera scrīpta manet.-ANON.

The spoken word vanishes but the written letter remains.

Quae vōx nōn manet?
Quae littera nōn perit?
Utra[2] rēs manet?
Utra[2] rēs nōn manet?
Quō factō nihil manet?
Manetne vōx postquam audīta est?

postquam (conjunction): *after*

S67 Nihil est . . . simul et inventum et perfectum.-CICERO

Nothing is at once discovered and perfected.

Sī quid est inventum, estne perfectum?

S68 Absentem laedit, cum ēbriō quī lītigat.-PUBLILIUS SYRUS

Who(ever) argues with a drunken man harms one who isn't really there.

Quōcum lītigat quī cum ēbriō lītigat?
Quis est extrā corpus suum?
Quis abest?

[2]Utra rēs? means *Which thing* (of two)?

There is no Pattern Practice for this lesson. Instead, do the following metaphrase exercise. Note that participles can occur in all cases. Also note that while *-nt-* (medial position) is the signal for the imperfective participle, *-nt* (final position) is the signal for third person plural active. What do *-t-* and *-t* signal respectively?

1. piscēs captī
2. ā virō victō
3. īnsidiās parātās
4. fēmina laudem quaerēns
5. virum victum
6. fēminā lacrimante
7. virum sapientem
8. luscī rēgnant
9. hostēs īnsidiās parant
10. vir sapit
11. vīnō corruptus
12. opus perficiēns
13. deus premēns
14. lupus vertēns mentem
15. hoste īnsidiās parante
16. dī premunt
17. lupus mentem versam
18. amphorā portātā
19. vir nocet
20. amphora cēlat
21. lupus mentem vertit
22. luscō rēgnante
23. fēminam laudem quaerentem
24. īnsidiae parātae
25. piscibus captīs
26. fēminae lacrimant
27. virō victō
28. amphoram cēlat
29. labōrēs aguntur
30. vir nocēns
31. deō premente
32. vir victus
33. vir sapiēns
34. piscēs captōs
35. amphoram cēlātam
36. deum prementem
37. īnsidiīs parātīs
38. Deus magna neglegēns
39. Deus magna neglēcta
40. virum nocentem
41. fēmina laudem quaerit
42. vir nocentem
43. labōrēs āctī
44. virīs victīs
45. mulieribus rēctē olentibus
46. opere perfectō
47. mulierem rēctē olentem
48. fēminā laudem quaerente
49. amphora latitat
50. fortūnā fortēs adjuvante

1. Which of the above are complete utterances? There are twelve.
2. Which of the above could be ablative absolutes? There are thirteen.
3. Make sensible complete utterances out of the incomplete ones by adding an appropriate verb. For example, *īnsidiās parātās* is accusative; we could make it direct object by adding a transitive verb with subject: *īnsidiās parātās fūr cognōscit*. The other possibility would be an intransitive verb (or a transitive verb with an object or a passive); we would then need a preposition: *Per īnsidīas parātās vir fortis saepe vincitur*.

Note: The perfective passive participle also may be transformed into a subordinate clause starting with a relative pronoun or a subordinating conjunction like *postquam* (*after*). The verb form used in these clauses will be taught in Lesson Twenty-six.

SELF TEST

A. Substitute participles for the subordinate clause:

Astra, quae regunt hominēs, regit deus.
Hominēs, dum docent, discunt.
Dum canis tacet, fūr fugit.
Hominēs, quī docent, discunt.
Hominem, quī locum ōrnat, non ōrnat locus.
Verba, quae dicta sunt, pereunt.
Verba, sī scrīpta sunt, manent.
Labōrēs, postquam perfectī sunt, amantur.
Labōrēs, postquam perfectī sunt, vir amat.
Postquam lupus vīsus est, agnus fugit.

B. Write the paradigms:

a. singular: vōx audīta
b. plural: āctī labōrēs
c. singular and plural, all genders: absēns

READINGS

R54 Gallia est omnis dīvīsa in partīs trīs.[3] —Caesar BG I 1
Quot in partīs Gallia dīvīsa est?

R55 Ventī . . . agmine factō . . . ruunt. —Vergil Aen I 82-83

1. Quō factō ventī ruunt?
2. Quid factum est?
3. Ā quibus?

Complete: Ventī, postquam agm--fact--est, ruunt.

agmen, agmine, n: *line of march*

R56 Silent arrēctīsque auribus adstant. —Vergil Aen I 152

1. Quō factō hominēs adstant?
2. Quae rēs arrēctae sunt?
3. Quā condiciōne hominēs aurēs arrigunt?

silet/---
arrigit/arrigitur, arrēctus-a-um
adstat/---

R57 Invādunt urbem somnō vīnōque sepultam. —Vergil Aen II 265

1. Quō auxiliō urbs sepulta est?
2. Vīvuntne quī sepultī sunt?
3. Quandō hominēs sepeliuntur?
4. Quam urbem Graecī invādunt bellō Trojānō?
5. Ā quibus urbs Troja capitur?

sepelit/sepelītur, sepultus-a-um

[3] See Lesson Eighteen.

R58 Īnfēlīx fātīs exterrita Dīdō
mortem ōrat.—Vergil Aen IV 450-51

1. Quis exterrita est?
2. Quō auxiliō rēgīna exterrita est?
3. Estne Dīdō fēlīx?
4. Cūr Dīdō mortem quaerit?

Dīdō, Dīdōne, f: *a queen of Carthage*
ōrat = quaerit

R59 Caelifer Atlās
axem ūmerō torquet stēllīs ardentibus aptum.—Vergil Aen VI 796-97

1. Quid stēllae agunt?
2. Quid Atlās agit?
3. Quālis est Atlās?
4. Quō auxiliō caelum aptum est?

Atlas in geography is a mountain, in mythology a giant.
Caelifer = quī caelum fert
umerus-ō, m: *shoulder*
stēlla-ā, f: *star*
aptus-a-um

R60 Servī, aere parātī, injūsta imperia nōn perferunt;
Rōmānī in imperiō nātī, aequō animō servitūtem tolerant.—Sallust Jug 31

1. Quī aere parātī sunt?
2. Tolerantne servī injūsta imperia?
3. Ubi Rōmānī nātī sunt?
4. Quō modō Rōmānī servitūtem perferunt?
5. Suntne Rōmānī strēnuī et fortēs?

aes, aere, n: *bronze, money*

NEW NOUNS
flētus-ū, m
īnsidiae-īs, f
stēlla-ā, f

NEW VERBS
audit/audītur
gaudet/---
indicat/indicātur
laedit/laeditur
lītigat/---
manet/---
parat/parātur
perficit/perficitur

NEW ADJECTIVES
ēbrius-a-um
jūcundus-a-um (jūcundē)

NEW INDECLINABLES
postquam (conjunction): *after*
simul (adverbial): *at the same time*

NEW QUESTION WORDS
quō factō?: *with what done?* ablative absolute

LESSON FOURTEEN: **More and Most**

EXPLANATION OF STRUCTURE AND MORPHOLOGY: COMPARISON OF ADJECTIVES

Many Latin adjectives may be inflected to signal *comparative* and *superlative* degree.

Prīmus vir est *sapiēns*;	The first man is wise;
secundus vir est *sapientior*;	the second is wiser;
tertius est *sapientissimus*.	the third is the wisest.
Prīmum flūmen *pūrum* est;	The first river is clean;
secundum *pūrius*;	the second, cleaner;
tertium *pūrissimum*.	the third, cleanest.

The *-ior-* morpheme signals the comparative degree; here is the paradigm:

	Singular		Plural	
	m & f.	n.	m & f	n
Nom	pūrior	pūrius	pūriōrēs	pūriōra
Acc	pūriōrem	pūrius	pūriōrēs	pūriōra
Abl	pūriōre	pūriōre	pūriōribus	pūriōribus

The *-issim-* morpheme signals the superlative. The *-issimus-a-um* form is declined like *bonus, bona, bonum.* The comparative and superlative adjectives have corresponding adverbs.

Prīmus sapiēns *honestē* vīvit;	The first wise man lives decently;
secundus *honestius* vīvit;	the second, more decently;
tertius *honestissimē* vīvit.	the third, most decently.

The adverb forms should seem familiar. The *honestissimē* contains the adverb morpheme *-ē. Honestius* is the accusative singular of the neuter adjective used as a noun and used adverbially.[1]

When the comparative appears without a point of comparison, it shows moderate intensification:

Fōns pūrior est.	The spring is pretty clean. The spring is quite clean. The spring is rather clean.

And the superlative may show great intensification:

Fōns pūrissimus est.	The spring is very clean.

When a point of comparison is expressed, it may be done in two ways:

Flūmen pūrius quam fōns est. Flūmen quam fōns pūrius est. Flūmen pūrius fonte est.	The river is cleaner than the spring.

The order of items is significant only when you use *quam*; i.e., *quam* always precedes the second member of the comparison.

There are now *four* environments in which we find personal nouns in the ablative:

1. With prepositions like *ā/ab, dē,* etc.
2. In an ablative absolute.
3. With *caret.*

And now:

4. With a comparative (*-iōr-*).

Adjectives (and adverbs) may also be qualified by *magis* (more), *minus* (less), and *maximē* (*most*) or *minimē* (*least*). *Magis prūdēns* means approximately the same as *prūdentior*, and *maximē prūdēns* or *prūdēns super omnēs* means approximately the same as *prūdentissimus.*

To show that you understand comparison, change each of the following into an alternate construction. For *timidior* substitute *magis timidus.* For *timidissimus* substitute *timidus super omnēs.* For the ablative of comparison substitute the *quam* construction.

Canis timidior aprō est.	Lupus fortior cane est.
Cane timidior aper est.	Lupīs timidiōrēs canēs sunt.
Canis timidius aprō vīvit.	Lupīs fortius canēs vīvunt.

[1]For the adverbial accusative, see Lesson Eleven.

Aper timidissimus est.
Aprō timidior est.
Aper timidius vīvit.
Aper timidior vīvit.

Lupō timidior est.
Lupus fortior est.
Lupī fortissimī sunt.
Lupī fortissimē canēs petunt.

Virō stultior fēmina est.
Vir stultior fēminā est.
Virō stultior est.
Fēminā vir stultior est.

Fōns pūrior flūmine est.
Fonte pūrius flūmen est.
Fōns pūrius flūmine fluit.
Flūmine pūrior fōns est.

Puer sapientior philosophō est.
Philosophō sapientior puer est.
Puerō sapientior philosophus est.

Mātre pulchrior fīlia est.
Māter pulchrior fīliā est.
Māter pulchrior fīlia est.

Fēminae leviōrēs virīs sunt.
Fēminae virīs leviōrēs sunt.
Fēminīs virī leviōrēs sunt.
Fēminae virīs levius vīvunt.

Ars vītā longior est.
Arte brevior vīta est.
Vīta brevissima est.
Vīta brevior est.

A few adjectives are compared irregularly. Here are those which have occurred in the Basic Sentences.

magnus-a-um	major, majus	maximus-a-um
malus-a-um	pejor, pejus	pessimus-a-um
bonus-a-um	melior, melius	optimus-a-um
multus-a-um	plūs[2]	plūrimus-a-um
parvus-a-um	minor, minus	minimus-a-um

In addition, adjectives which end in *-er* are compared *pulcher, pulchrior, pulcherrimus.* Six adjectives in *-lis* (*facilis, difficilis, similis, dissimilis, gracilis, humilis*) are compared like *facilis, facilior, facillimus.* All the other adjectives in *-lis,* e.g., *crūdēlis, nōbilis,* etc., have the *-issimus* superlative.

BASIC SENTENCES

S69 Melior est canis vīvus leōne mortuō. -ECCLESIASTES

A live dog is better than a dead lion.

Uter est īnferior, canis vīvus an leō mortuus?
Uter est superior? uter, utra, utrum: *which of two?*

[2] *Plūs* is a noun, not an adjective; you will learn later how to use it.

Quem superat canis vīvus?	superat/superātur: *surpasses*
Quō[3] est leō mortuus īnferior?	īnferior-ius
	superior-ius

S70 Perdit majōra quī spernit dōna minōra.-WERNER

Who scorns the smaller gifts loses the bigger ones.

Quis majōra dōna nōn capit?	
Quanta mūnera āmittit quī minōra contemnit?	
Sapitne quī mūnera minōra nōn laudat?	contemnit/contemnitur:
Quanta dōna capit quī minōra laudat?	*despise*

S71 Mōbilior ventīs . . . fēmina.-CALPURNIUS

Woman is more changeable than the winds.

Uter facilius movētur, mulier an ventus?	
Quid fēmina levitāte superat?	levitās/levitāte, f
Quō homine sunt ventī minus levēs?	

S72 Intolerābilius nihil est quam fēmina dīves.-JUVENAL

Nothing is more unbearable than a rich female.

Quālis domina est fēmina dīves?	domina-ā, f
Quālis rēs est fēmina dīves?	
Quis fēminam dīvitem facile fert?	
Quem omnis aegrē fert?	

S73 Dē minimīs nōn cūrat lēx.-LEGAL

The law does not concern itself with trifles.

Cūratne lēx rēs magnās?
Quantae rēs lēgem movent?
Quantae rēs lēgem nōn movent?
Quantās rēs lēx nōn cūrat?
Cūratne lēx rēs parvās?
Quid lēx neglegit?

PATTERN PRACTICE, Part One

Purpose: to learn the comparative form of the adjective.

[3] The interrogative *quō?* in the environment of a comparative asks for the point of comparison.

Directions: combine the two sentences into one, using the ablative of comparison.

Leō mortuus est. Canis vīvus melior est.	Melior est canis vīvus leōne mortuō.
Lupus est. Vulpēs est sapientior.	Vulpēs lupō sapientior est.
Vulpēs est. Lupus est stultior.	Vulpe lupus stultior est.
Leō est. Agnus timidior est.	Leōne agnus timidior est.
Est agnus. Fortior est leō.	Fortior agnō est leō.
Canis vīvus est. Leō mortuus est īnferior.	Leō mortuus cane vīvō īnferior est.
Vīta est. Est longior ars.	Vītā ars est longior.
Ars est. Est brevior vīta.	Vīta arte est brevior.
Fēmina dīves est. Nihil est intolerābilius.	Intolerābilius nihil est fēminā dīvite.
Ventī sunt. Fēmina est mōbilior.	Mōbilior est ventīs fēmina.

PATTERN PRACTICE, Part Two

Answer the questions:

Leō agnō fortior est.

Uter timidior est?	Agnus timidior est.
Uter fortior est?	Leō fortior est.
Quō est agnus timidior?	Leōne est agnus timidior.
Quō est leō fortior?	Agnō est leō fortior.
Quā virtūte leō superior est?	Fortitūdine leō superior est.
Quō vitiō agnus superior est?	Timiditāte agnus superior est.

PATTERN PRACTICE, Part Three

Purpose: to learn the superlative form of the adjective.
Directions: change the adjective in the left-hand column into a superlative.

Hic[4] leō super omnēs fortis est.	Hic leō fortissimus est.
Hae mulierēs super omnēs pulchrae sunt.	Hae mulierēs pulcherrimae sunt.
Hic homō super omnēs stultus est.	Hic homō stultissimus est.
Haec via super omnēs difficilis est.	Haec via difficillima est.
Hī fīliī super omnēs bonī sunt.	Hī fīliī optimī sunt.
Hī virī super omnēs malī sunt.	Hī virī pessimī sunt.

[4]For the forms of *hic* (*this*), etc., see Lesson Nineteen.

Haec ōrātiō super omnēs blanda est.	Haec ōrātiō blandissima est.
Hae aurēs super omnēs facilēs sunt.	Hae aurēs facillimae sunt.
Hoc opus super omnia magnum est.	Hoc opus maximum est.
Hoc crīmen super omnia malum est.	Hoc crīmen pessimum est.
Hic flētus super omnēs crūdēlis est.	Hic flētus crūdēlissimus est.
Hic amīcus super omnēs certus est.	Hic amīcus certissimus est.
Haec vīta super omnēs brevis est.	Haec vīta brevissima est.
Hae artēs super omnēs longae sunt.	Hae artēs longissimae sunt.
Hoc cōnsilium super omnia malum est.	Hoc cōnsilium pessimum est.

PATTERN PRACTICE, Part Four

Purpose: to learn the use of the ablative with comparatives.
Directions: change the left-hand column from *quam* comparison to ablative comparison.

Canis melior quam leō mortuus est.	Canis melior leōne mortuō est.
Fēmina mōbilior quam ventus est.	Fēmina mōbilior ventō est.
Virī stultiōrēs quam fēminae sunt.	Virī stultiōrēs fēminīs sunt.
Canis timidior quam aper est.	Canis timidior aprō est.
Lupī fortiōrēs quam agnī sunt.	Lupī fortiōrēs agnīs sunt.
Juppiter major quam Caesar est.	Juppiter major Caesare est.
Bonī fēlīciōrēs quam malī sunt.	Bonī fēlīciōrēs malīs sunt.
Amnis major quam fōns est.	Amnis major fonte est.
Leō mortuus pejor quam canis est.	Leō mortuus pejor cane est.
Ventī minus mōbilēs quam fēmina sunt.	Ventī minus mōbilēs fēminā sunt.
Aper fortior quam canis est.	Aper fortior cane est.
Fēminae sapientiōrēs quam virī sunt.	Fēminae sapientiōrēs virīs sunt.
Agnus timidior quam lupus est.	Agnus timidior lupō est.
Ars longior quam vīta est.	Ars longior vītā est.
Caesar minor quam Juppiter est.	Caesar minor Jove est.
Malī īnfēlīciōrēs quam bonī sunt.	Malī īnfēlīciōrēs bonīs sunt.

SELF TEST

A. Show the comparison without using *quam*.

1. Nihil intolerābilius quam fēmina dīves.
2. Servus amīcior quam dominus est.
3. Vōx audīta brevior quam verbum scrīptum est.
4. Canis timidus altius quam fortis lātrat.
5. Piscis captīvus melior quam vīvus est.

B. Change to the superlative.

1. Haec lēx super omnēs valida est.
2. Haec via super omnēs mollis est.
3. Hic fīlius super omnēs malus est.
4. Hic fōns super omnēs pūrus est.
5. Hic lupus super omnēs crūdēlis est.

C. Write the paradigm: *dōnum melius.*

READINGS

R61 Fontibus ex modicīs concrēscit maximus amnis.—Werner

amnis, amne, m = *flūmen*

R62 Rēs mala vir malus est; mala fēmina pessima rēs est.—Werner

R63 Quī multum habet, plūs cupit.—Seneca

R64 Fidēliōrēs sunt oculī auribus.—Binder

R65 Quid levius flammā? Flūmen. Quid flūmine? Ventus. Quid ventō? Mulier. Quid muliere? Nihil.—Werner

1. Quid est levissimum omnium?[5]
2. Quid amnem levitāte superat?
3. Quā rē est ventus mōbilior?
4. Quō est nihil mōbilius?
5. Quis est ventō mōbilior?

[5]Genitive case, see Lesson Seventeen. Metaphrase: *of* [ ].

R66 Multō . . . grātius venit quod facilī quam quod plēnā manū datur.—Seneca

grātus-a-um: *pleasing*
venit/---: *comes*
plēnus-a-um: *full*
dat/datur: *gives*

R67 Famēs est optimus coquus.—Anon.

famēs, famē, f: *hunger*
coquus-ō, m

R68 Omnium[5] fortissimī sunt Belgae, propterea quod ā cultū atque hūmānitāte prōvinciae[5] (Rōmānae) longissimē absunt.—Caesar BG I 1

propterea quod = quod, *because*

R69 Undique locī[5] nātūrā Helvētiī continentur: unā ex parte flūmine Rhēnō lātissimō atque altissimō, quī agrum Helvētium ā Germānīs dīvidit; alterā ex parte monte Jūrā altissimō, quī est inter Sēquanōs et Helvētiōs; tertiā, lacū Lemannō et flūmine Rhodanō, quī prōvinciam nostram ab Helvētiīs dīvidit.—Caesar BG II 2

undique = omnibus ex partibus
ager, agrō; m: *field*
lātus-a-um: *wide*
mōns, monte; m: *mountain*
noster-tra-trum: *our*
lacus-u, m

NEW NOUNS
amnis, amne, m
dōnum-ō, n
famēs, famē, f
leō, leōne, m
mōns, monte, m
ventus-ō, m.

NEW VERBS
cōgit/cōgitur
contemnit/contemnitur
dat/datur
perdit/perditur
spernit/spernitur
superat/superātur
venit/---

NEW ADJECTIVES
grātus-a-um
mōbilis-e (mōbiliter)
mortuus-a-um
plēnus-a-um
uter, utra, utrum: *which of two?*

NEW INDECLINABLES
magis (adv.): *more*
quam (conjunction): *than*
quod (conjunction, variant *quia*): *because*
undique (adv.): *from all sides*

REVIEW LESSON FOUR

This review lesson will attempt to drive home the nominative, accusative and ablative, singular and plural. First read over Lessons Eleven through Fourteen. Second, review Basic Sentences 56-73.

PATTERN PRACTICE, Part One

Purpose: to review nouns in the six forms learned so far.
Directions: transform the active verb in the left-hand column to a passive. This involves three changes; do you know what they are?

In the first series, all the subjects are personal nouns and therefore take *ā, ab,* and the ablative when the verb is changed to the passive.

Fūr fūrem cognōscit.	Ā fūre fūr cognōscitur.
Lupus lupum cognōscit.	Ā lupō lupus cognōscitur.
Amīcus rem quaerit.	Ab amīcō rēs quaeritur.
Amīcus spem nōn quaerit.	Ab amīcō spēs nōn quaeritur.
Īrātus lēgem nōn videt.	Ab īrātō lēx nōn vidētur.
Stultus malum petit.	Ā stultō malum petitur.
Stultus bonum fugit.	Ā stultō bonum fugitur.
Sapiēns vitium ēmendat.	Ā sapiente vitium ēmendātur.
Bēstia nātum corōnat.	Ā bēstiā nātus corōnātur.
Gladiātor cōnsilium capit.	Ā gladiātōre cōnsilium capitur.
Stultus fortūnam timet.	Ā stultō fortūna timētur.
Sapiēns fortūnam fert.	Ā sapiente fortūna fertur.

Fēmina virum vincit.	Ā fēminā vir vincitur.
Homō locum ōrnat.	Ab homine locus ōrnātur.
Fēlīx amīcum invenit.	Ā fēlīcī amīcus invenītur.
Fortis labōrem nōn fugit.	Ā fortī labor nōn fugitur.

Now we will try sentences with the subjects in the plural; the verb changes in number.

Fūrēs fūrem cognōscunt.	Ā fūribus fūr cognōscitur.
Lupī lupum cognōscunt.	Ā lupīs lupus cognōscitur.
Amīcī rem quaerunt.	Ab amīcīs rēs quaeritur.
Amīcī spem nōn quaerunt.	Ab amīcīs spēs nōn quaeritur.
Īrātī lēgem nōn vident.	Ab īrātīs lēx nōn vidētur.
Stultī malum petunt.	Ā stultīs malum petitur.
Stultī bonum fugiunt.	Ā stultīs bonum fugitur.
Sapientēs vitium ēmendant.	Ā sapientibus vitium ēmendātur.
Bēstiae nātum corōnant.	Ā bēstiīs nātus corōnātur.
Gladiātōrēs cōnsilium capiunt.	Ā gladiātōribus cōnsilium capitur.
Stultī fortūnam timent.	Ā stultīs fortūna timētur.
Sapientēs fortūnam ferunt.	Ā sapientibus fortūna fertur.
Fēminae virum vincunt.	Ā fēminīs vir vincitur.
Hominēs locum ōrnant.	Ab hominibus locus ōrnātur.
Fēlīcēs amīcum inveniunt.	Ā fēlīcibus amīcus inventītur.
Fortēs labōrem nōn fugiunt.	Ā fortibus labor nōn fugitur.

Finally, the subjects are all singular, the objects all plural:

Fūr fūrēs cognōscit.	Ā fūre fūrēs cognōscuntur.
Lupus lupōs cognōscit.	Ā lupō lupī cognōscuntur.
Īrātus lēgēs nōn videt.	Ab īrātō lēgēs nōn videntur.
Lēx īrātōs videt.	Ā lēge īrātī videntur.
Stultus mala petit.	Ā stultō mala petuntur.
Prūdēns bona petit.	Ā prūdente bona petuntur.
Sapiēns vitia ēmendat.	Ā sapiente vitia ēmendantur.
Bēstia nātōs corōnat.	Ā bēstiā nātī corōnantur.
Deus magna cūrat.	Ā Deō magna cūrantur.
Deus parva neglegit.	Ā Deō parva negleguntur.
Sapiēns amīcōs cernit.	Ā sapiente amīcī cernuntur.
Juppiter omnia regit.	Ā Jove omnia reguntur.
Caesar omnia regit.	Ā Caesare omnia reguntur.
Fēmina virōs vincit.	Ā fēminā virī vincuntur.
Fēlīx amīcōs invenit.	Ā fēlīcī amīcī inveniuntur.
Fortis labōrēs nōn fugit.	Ā fortī labōrēs nōn fugiuntur.

READINGS

R70 Vōx ēmissa volat, littera scrīpta manet.—Anon.

ēmittit/ēmittitur
volat/---: *flies*

R71 Nihil est majus, in rēbus hūmānīs, philosophiā.—Plato (translation)

R72 Praecepta dūcunt, exempla trahunt.—Anon. praeceptum-ō, n

R73 Verba volant, scrīpta manent.—Anon.

R74 Pūrās Deus, nōn plēnās, aspicit manūs.—Anon.

plēnus-a-um: *full*

R75 Nōn est in silvā pejor fera quam mala lingua;
dē linguā stultā veniunt incommoda multa.—Werner

silva-ā, f: *woods*
fera, ā, f: *wild beast*
incommodus-a-um

R76 Omnia mors aequat.—Claudian aequat/aequātur

R77 Immodica īra gignit īnsāniam.—Seneca immodicus-a-um

R78 In mundō tria sunt, quae sunt dignissima laude:
fēmina casta, bonus, socius, famulusque fidēlis.—Werner

mundus-ō, m: *world*
dignus-a-um: *worthy*
(patterns with abl.)
castus-a-um
socius-ō, m: *comrade, ally*
famulus = servus

R79 Ācta exteriōra indicant interiōra sēcrēta.—Legal

R80 Optima medicīna temperantia est.—Anon.

R81 Prīma crātēra ad sitim pertinet, secunda ad hilaritātem, tertia ad voluptātem, quārta ad īnsāniam.—Apuleius

pertinet/---
crātēra-ā, f
sitis, sitim, sitī, f: *thirst*
voluptās, voluptāte, f: *pleasure*

R82 Magis valet longa via ad Paradīsum quam brevis ad īnfernum.—Petrus Alphonsus

valet/--- : *be strong*

R83 Deō adjuvante.—Motto

R84 Audentem Sorsque Venusque juvat.—Ovid

sors, sorte, f = fortūna

R85 Quī quod vult dīcit, quod nōn vult saepius audit; et mala verba malum prōvocat alloquium.—Werner

alloquium-ō, n

R86 Varium et mūtābile semper fēmina.—Vergil

R87 Graviōra quaedam sunt remedia perīculīs.—Anon.

quīdam, quaedam, quoddam (indefinite pronoun & adj): *a certain somebody*
gravis-e: *serious, heavy*

R88 Ūna domus nōn alit duōs canēs.—Binder

domus-ō or -ū, f: *house, home* (has forms in both 2d & 4th decl.)

R89 Ventō quid levius? Fulmen. Quid fulmine? Fāma. Fāmā quid? Mulier. Quid muliere? Nihil.—Medieval

fulmen, fulmine, n.
fāma-ā, f: *fame, rumor*

R90 Quantō altior est ascēnsus, tantō dūrior dēscēnsus.—St. Jerome

dūrus-a-um: *hard*

NEW NOUNS

domus-ō or -ū, f
fāma-ā, f
fera-ā, f
mundus-ō, m
silva-ā, f
sitis, sitī, f
socius-ō, m
voluptās, voluptāte, f

NEW ADJECTIVES	dignus-a-um	plēnus-a-um
	dūrus-a-um	quīdam, quaedam, quoddam
	gravis-e	

NEW VERBS	valet/---
	volat/---

REVIEW VOCABULARY: Lessons Eleven - Fourteen and Review Lesson Four

NOUNS

I	II	III		IV
fāma	ager	amnis	ops	domus
fera	auxilium	cor	rēx	flētus
hōra	dōmum	dolor	sitis	vultus
īnsidiae	mundus	famēs	sōl	
lūna	mūrus	iter	voluptās	
silva	socius	leō	vōx	
stēlla	ventus	mōns		
unda		mors		
		nox		

VERBS

audet/---	indicat/indicātur	perdit/perditur
audit/audītur	lacrimat/---	perficit/perficitur
cadit/---	laedit/laeditur	redit/---
cōgit/cōgitur	lātrat/---	rēgnat/---
contemnit/contemnitur	lītigat/---	ruit/---
currit/---	manet/---	sentit/sentītur
dat/datur	mūtat/mūtātur	spernit/spernitur
dolet/---	parat/parātur	superat/superātur
fundit/funditur	patet/---	tacet/---
gaudet/---	pendet/---	valet/---
		venit/---
		vertit/vertitur
		volat/---

ADJECTIVES

I & II		III
alter	mortuus	mōbilis
altus	plēnus	gravis
caecus	quārtus	
dignus	rēctus	
dūrus	uter, utra, utrum	quīdam, quaedam, quoddam
ēbrius		trēs, tria
grātus		
jūcundus		
lātus		
luscus		

INDECLINABLES

intus	statim	quam
magis	undique	-que
simul	postquam	quod, quia

QUESTION WORDS

Quam diū?	Quem ad (in) locum?
	Quō?
Quantum?	Quō factō?

LESSON FIFTEEN: The Third Party

EXPLANATION OF STRUCTURE: SUMMARY OF THE THREE CASES

Nominative:

1. in environment of verb with which it agrees in number: presents an entity about which the verb makes a statement.

2. in environment of another nominative and linking verb (*est, fit,* etc.): presents two entities as being equal (A = B).

3. in environment zero: presents an entity.

Accusative:

1. in environment of transitive verb: indicates the complement of the verb, in this case the direct object.

2. in environment of (a) intransitive verb, (b) transitive verb which already has a direct object, or (c) passive verb: indicates an adverbial modifier of the verb. For most accusatives used in this way there will also be present a preposition (*ad, ante, post, inter,* etc.) There are a few special words used in the accusative adverbially *without* a preposition; so far we have had *facile, difficile, nihil, multum, plūs, quantum, tantum, utrum,* and comparative adjectives (*melius,* accusative singular of *melior*).

Ablative:

1. in environment of comparative adjective or adverb: of certain special words (*multō, parvō, tantō,* etc.) shows measure, by how much greater, smaller, etc.; question word *Quantō?* Of all other words shows the point of comparison, question word, Quō?, *than what?*

2. otherwise shows adverbial modification of the verb: a preposition is also often present.

3. in environment of special verbs like *caret*: indicates the complement of the verb.

4. Two ablatives may be an Ablative Absolute (Lesson Twelve).

The following pictures illustrate the meaning of another case, the *dative*; observe the italicized words.

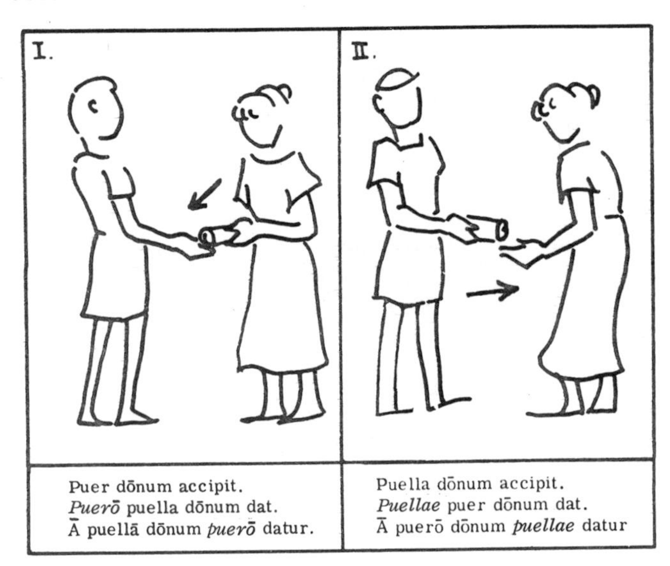

I. Puer dōnum accipit.
Puerō puella dōnum dat.
Ā puellā dōnum *puerō* datur.

II. Puella dōnum accipit.
Puellae puer dōnum dat.
Ā puerō dōnum *puellae* datur

MORPHOLOGY

The signal for the dative case is *-ī* (with **-aī* becoming *-ae*); in the second declension, however, the dative is always like the ablative:

I	II	III	IV	V
fēminae	lupō	canī	manuī	diēī

Question Words: Cui? *to, for whom?*
Cui reī? *to, for what?*

EXPLANATION OF STRUCTURE: THE DATIVE CASE

The *dative* may be added to any kernel as an expansion.

Fīnis corōnat opus.
Cui fīnis corōnat opus?
Hominī fīnis corōnat opus.

A dative expansion may be expected regularly in the following environments:

1. Verbs such as *dat* and *reddit* meaning *give, tell, show, offer,* where the dative signals the person to whom somebody gives, etc. something.

   Occāsiō aegrē offertur.
   Cui occāsiō aegrē offertur?
   Hominī occāsiō aegrē offertur.

2. Certain compound verbs, such as:

   im-pōnit, *place upon*
   prae-pōnit, *put in charge*
   prae-scrībit, *prescribe*

   where the dative signals the person or thing to which somebody or something does something.

   Fīnis impōnitur.
   Cui reī fīnis impōnitur?
   Operī fīnis impōnitur.

3. The verb *est,* where the dative signals the person to whom something belongs.

   Vestis est.
   Cui vestis est?
   Virō vestis est.

4. Special intransitive verbs, such as:

servit	*serve*
placet	*please*
favet	*favor*
nocet	*harm*
nūbit	*marry* (used only of a woman)

   where the dative signals the person whom somebody or something *serves, pleases,* etc. With these verbs the dative is almost always present, and is often described as complement rather than expansion:

Gaudēns gaudentī placet.	*A man who rejoices is pleasing to another man who rejoices.*
Cui gaudēns placet?—Gaudentī	

Most of these verbs have transitive equivalents:

Intransitive	Transitive	
servit	cūrat	
placet	dēlectat	dēlectat/
favet	adjuvat, amat	dēlectātur:
nocet	laedit	*pleases*

5. Some adjectives, such as:

amīcus	*friendly*
inimīcus	*unfriendly*
cārus	*dear*
similis	*like, similar*
dissimilis	*unlike, dissimilar*
proximus	*near*
grātus	*pleasing, welcome*

where it signals the person or thing to whom somebody or something is similar or near, etc.

Frāter amīcus est.	A brother is friendly.
Cui frāter amīcus est?	
Frāter frātrī amīcus est.	

BASIC SENTENCES

S74 Inopī beneficium bis dat quī dat celeriter.-PUBLILIUS SYRUS

Who confers a benefit quickly on a poor man confers it twice.

semel: *once*

Cui beneficium datur?
Quis beneficium semel dat?
Si quis citō dat, cui est dōnum grātum?
Si quis sērō dat, estne dōnum grātum?
Quis gaudet sī dōnum celeriter datur?
Quotiēns dat quī citō dat?

S75 Nēmō līber est quī corporī servit.-SENECA

No one is free who is slave to his body.

Cui reī servit quī servus est?
Cui servit quī servus est?

Estne līber quī patriae servit?
Estne līber quī philosophiae servit?
Estne līber quī famī servit?
Estne līber quī sitī servit?
Estne līber quī voluptātī servit?
Estne līber quī Deō servit?

S76 Suum cuique[1] placet.-PLINY THE ELDER

One's own possessions please one (said of wine).

Cui nātī placent?
Cui frāter placet?
Quid quisque maximē amat?
Amatne virum suum quaeque mulier?
Placetne mulier sua cuique virō?
Quod vīnum cārissimum cuique est?
Amatne mulierem suam quisque vir?

S77 Gaudēns gaudentī, flēns flenti, pauper egentī, prūdēns prūdentī, stultus placet īnsipientī.-WERNER

Like pleases like, no matter whether happy or sad, poor, wise or foolish.

Cui sapiēns placet?
Cui similis placet?
Sī quis gaudet, quem amat?
Sī quis dolet, quem amat?
Quis inopī placet?
Quem amat pauper?
Quem stultus amat?
Sī quis sapit, cui placet?

Make up sentences on the model of *Gaudēns gaudentī placet.*

Suggestions: amīcus, canis, dīves, dominus, fēlīx, fūr, gladiātor, inops, leō, lupa, piscis, timidus.
audit, docet, labōrat, quaerit, servit.

S78 Quis amīcior quam frāter frātrī?-SALLUST

Who is friendlier than brother to brother?

Cui est frāter cārus?
Quantum amat frāter frātrem?

[1]The dative singular of *quisque* is *cuique.*

Make up parallel sentences.

Suggestions: agna, coquus, fēmina fīlia, fortis, homō, hospes, leō, lupus, prīnceps, puella, sapiēns, servus, stultus, vir. amat, dat, dolet.

PATTERN PRACTICE, Part One

Purpose: to learn the special intransitives which pattern with the dative.

Directions: In this first set transform the sentence in the left column to one which contains an intransitive verb of approximately the same meaning.

Vestis fēminam dēlectat.	Vestis fēminae placet.
Ignis virum dēlectat.	Ignis virō placet.
Munus mulierem dēlectat.	Mūnus mulierī placet.
Juppiter Rōmam adjuvat.	Juppiter Rōmae favet.
Pater fīlium adjuvat.	Pater fīliō favet.
Fortūna fortem adjuvat.	Fortūna fortī favet.
Leō agnum laedit.	Leō agnō nocet.
Lupus lupum laedit.	Lupus lupō nocet.
Mala fidēs dominum laedit.	Mala fidēs dominō nocet.
Canis cum bēstiā pūgnat.	Canis bēstiae resistit.
Captīvus cum leōne pūgnat.	Captīvus leōnī resistit.
Puer cum aprō pūgnat.	Puer aprō resistit.
Servus dominum cūrat.	Servus dominō servit.
Canis caecum cūrat.	Canis caecō servit.
Philosophus sapientiam cūrat.	Philosophus sapientiae servit.

PATTERN PRACTICE, Part Two

Purpose: to learn the forms of the dative.

Directions: In this next series you are asked "What is like a hand?" and the answer is "A hand is like a hand," or "One hand is like another."

Cui lacrima similis est?	Lacrimae lacrima similis est.
Cui līs similis est?	Lītī līs similis est.
Cui manus similis est?	Manuī manus similis est.
Cui diēs similis est?	Diēī diēs similis est.

Cui unda similis est?	Undae unda similis est.
Cui vultus similis est?	Vultuī vultus similis est.
Cui spēs similis est?	Speī spēs similis est.
Cui flūmen simile est?	Flūminī flūmen simile est.

PATTERN PRACTICE, Part Three

Directions: transform from the preposition *prope* (plus accusative) to the adjective *proximus* (plus dative).

Scorpiō prope lapidem est.	Scorpiō proximus lapidī est.
Amīcus prope amīcum est.	Amīcus proximus amīcō est.
Mulier prope amphoram est.	Mulier proxima amphorae est.
Canis prope aprum est.	Canis proximus aprō est.
Leō prope fontem est.	Leō proximus fontī est.
Caesar prope flūmen est.	Caesar proximus flūminī est.
Piscātor prope mare est.	Piscātor proximus marī est.
Nēmō prope harēnam est.	Nēmō proximus harēnae est.

PATTERN PRACTICE, Part Four

Directions: transform the *habet* sentences to *est* with the nominative and dative.

Fēmina flōrem habet.	Fēminae flōs est.
Puer flōrem habet.	Puerō flōs est.
Hospes flōrem habet.	Hospitī flos est.
Dominus nāvem habet.	Dominō nāvis est.
Vir nāvem habet.	Virō nāvis est.
Dux nāvem habet.	Ducī nāvis est.
Pater nātum habet.	Patrī nātus est.
Lupus nātum habet.	Lupō nātus est.
Lupa nātum habet.	Lupae nātus est.

EXPANSION PRACTICE

Expand the following utterances with a suitable noun in the *dative* case.

1. Puer dōnum dat.

2. Puella dōnum dat.
3. Piscis offertur.
4. Puer offertur.
5. Medicus medicīnam praescrībit.
6. Amphorae sunt.
7. Servus servit.
8. Canis nocet.
9. Mulier cāra est.
10. Fīlius similis est.

SELF TEST

A. Expand the following by adding the dative of the word which follows in parentheses. Metaphrase each sentence.

1. Labor omnia vincit. (homō)
2. In marī magnō piscēs capiuntur. (puer)
3. Mēns sāna in corpore sānō. (sapiēns)
4. Numquam perīculum sine perīculō vincitur. (fortis)

B. Answer the following questions, using the words *vulpēs, lupus, prūdēns, fēmina, via*:

1. Cui est fraus cāra?
2. Cui est canis similis?
3. Cui Deus glōriam dat?
4. Cui est laus cāra?
5. Cui reī proxima est arbor?

C. Substitute a transitive for an intransitive verb, or *vice versa* and metaphrase:

1. Vīnum hominem dēlectat.
2. Jūnō dea urbī Carthāginī favet.
3. Inimīcus inimīcum laedit.
4. Māter īnfantem cūrat.
5. Temperāns corporī nōn servit.
6. Gaudēns gaudentem amat.

READINGS

Run your eye rapidly over the following readings to see if you can instantly spot the datives. The hardest ones will be the second declension nouns and adjectives, like *amīcō*. If you see a personal noun in this ambiguous form it will be dative unless

1. it is with a preposition like *ab, dē, ex,* etc.,
2. it is in an ablative absolute,
3. it is in a comparison with an *-iōr-* form,
4. it patterns with a special verb like *caret*.

R91 Cui Fortūna favet multōs amīcōs habet.—Anon.

1. Quot amīcōs habet quem Fortūna amat?
2. Quot amīcōs habet cui Fortūna nocet?
3. Quot amīcōs habet quī Fortūnae cārus est?
4. Quis est amīcus virō quī fortūnā caret?
5. Cui cārus est quī multōs numerat amīcōs?

R92 Deō, Rēgī, Patriae.—Motto

1. Cui terrae servit hic homō?
2. Cui praeter Deum servit hic homō?
3. Cui praeter rēgem servit hic homō?

praeter (prep. with accusative): *except*

R93 Lupus est homō hominī, nōn homō.—Plautus

1. Quis est lupus hominī?
2. Cui homō est lupus?
3. Estne amīcus an inimīcus homō hominī?
4. Quō modō homō agit?
5. Quem lupus mordet, si lupus nōn mordet lupum?
6. Quem homō mordet?
7. Cui similis est homō?

inimīcus-a-um (inimīcē)
mordet/mordētur: *bites*

R94 Suum cuique pulchrum est.—Cicero

1. Quāle est suum cuique?
2. Quālis est sua cuique mulier?
3. Quālēs sunt nātī suī cuique bēstiae?

R95 Īra perit subitō quam gignit amīcus amīcō.—Werner

Make up other sentences using substitutions for *amīcus amīcō*. If you think it makes better sense, substitute *sērō* (slowly) for *subitō*. Suggestions: vir, fūr, sapiēns, honestus, fēmina, puer, rēx, homō, puella, doctor, frāter, prīnceps, dux, dīves, pauper, mulier, agnus, leō, ēbrius, hospes, fortis, crūdēlis, stultus, gladiātor, philosophus, fēlīx.

subitus-a-um = citus

R96 Claudus eget baculō, caecus duce, pauper amīcō.—Werner

1. Quō homine eget quī nōn videt?
2. Quō membrō caret quī male ambulat?
3. Quō homine caret quī parvās opēs habet?
4. Quid claudus vult?

baculus-ō, m.
eget/---: a synonym for *caret*, here means *needs*.

5. Quid caecus? (vult)
6. Cui baculus necessārius est?
7. Cui dux?
8. Cui amīcus?

R97 Deō favente.—Commonplace

Cui Deus favet? (Use fortis, agit, amat, audet.)
Make up other ablative absolutes on this pattern.
(Use Fortūna, sors, Juppiter, dūcit, vult, adjuvat.)

R98 Verbum sapientī sat est.—Anon.

1. Cui verbum ūnum satis est?
2. Quot verba sapientī satis sunt?
3. Discitne sapiēns citō an sērō?
4. Cui plūrima verba nōn satis sunt?

sat (variant of *satis*): *enough*

R99 Nihil . . . semper flōret: aetās succēdit aetātī.—Cicero

1. Quid semper in flōre est?
2. Cui reī altera aetās succēdit?
3. Cui reī diēs succēdit?
4. Cui reī hōra succēdit?
5. Cui reī annus succēdit?
6. Quid semper manet?
7. Cui mors accidit?
8. Quot rēs pereunt?

succēdit/---: *follows*
aetās, aetāte, f: *period of life, youth, old age*
flōret/---
annus-ō, m

R100 Nōn ōvum tam simile ōvō.—Quintilian

"As like as peas in a pod."
1. Sī ōvum est simile ōvō, cui reī capillus similis est?
2. Quid est similius quam ōvum ōvō?

Restate using unda, lacrima, astrum, lapis, capillus, manus, aqua.

ōvum-ō, n
tam (adv): *so, as*

NEW NOUNS		
	aetās, aetāte, f	frāter, frātre, m
	annus-ō, m	
	beneficium-ō, n	

NEW VERBS		
	dēlectat/dēlectātur	nocet/---
	eget/---	placet/---
	favet/---	praepōnit/praepōnitur
		praescrībit/praescrībitur

	flet/---	pūgnat/---
	impōnit/impōnitur	resistit/---
		succēdit/---

NEW ADJECTIVES	cārus-a-um	līber-era-erum (līberē)
	celer-eris-e (celeriter)	proximus-a-um
	dissimilis-e	similis-e (similiter)
	grātus-a-um	suus-a-um
	īnsipiēns (īnsipienter)	

NEW PRONOUNS — quisque, quisque, quidque: *each one, every one*

NEW INDECLINABLES

bis (adverbial): *twice*
praeter (prep. with accusative): *in addition to, except*
sat (adverbial): *enough*
semel (adverbial): *once*
tam (adverbial): *so*

NEW QUESTION WORDS		
	Cui?	*To, for whom?*
	Cui reī?	*To, for what?*

LESSON SIXTEEN: **The Dative Plural**

MORPHOLOGY

	I		II		II (neuter)	
	Singular	Plural	S	P	S	P
Nom	hōra	hōrae	servus	servī	exemplum	exempla
Acc	hōram	hōrās	servum	servōs	exemplum	exempla
Abl	hōrā	hōrīs	servō	servīs	exemplō	exemplīs
Dat	hōrae	hōrīs	servō	servīs	exemplō	exemplīs

	III		III (neuter)		IV	
	dux	ducēs	crīmen	crīmina	manus	manūs
	ducem	ducēs	crīmen	crīmina	manum	manūs
	duce	ducibus	crīmine	crīminibus	manū	manibus
	ducī	ducibus	crīminī	crīminibus	manuī	manibus

V	
diēs	diēs
diem	diēs
diē	diēbus
diēī	diebus

Notice that the dative plural is *always* like the ablative plural. This poses a problem. What is the problem? What is the solution?

In the first place, the dative occurs in the environment of special words: dat, reddit, placet, favet, nocet, nūbit, servit, succēdit, resistit, impōnit, īnstat, cārus, amīcus, inimīcus, similis, proximus, grātus, etc.

Second, the dative used as expansion is usually limited to personal nouns. You may remember from Lesson Fourteen that personal nouns have occurred in the ablative only (1) with prepositions like dē, ē, ex, ā, ab, prō (2) in the environment of a comparative (3) in an ablative absolute (and what are the signals for that?), and (4) with special verbs like *caret* and *eget*.

Therefore, the dative-ablative plurals are distinguished only by *environment*. To show you how this works, here is some metaphrasing practice. Decide from the environment whether the italicized word is Dative or Ablative.

1. Caelum *oculīs* aspicitur.
2. Caelum ab *hominibus* aspicitur.
3. Puer *manibus vīnum* portat.
4. Puer *fēminīs* vīnum reddit.
5. Leōnēs *agnīs* fortiōrēs sunt.
6. Leōnēs *agnīs* inimīcī sunt.
7. *Dīs* volentibus superbus vincitur.
8. *Dīs* superbus resistit.
9. Cum *amīcīs* hospes redit.
10. *Amīcīs* hospes dōnum reddit.

Remember: there is nothing in the form to tell you how to distinguish dative plural from ablative plural.

Learn: Quibus? *To, for whom?*
Quibus rēbus? *To, for what things?*

BASIC SENTENCES

S79 Deus superbīs resistit; humilibus autem dat grātiam.-I PETER

God resists the haughty; but he gives grace to the humble.

Quōs Deus amat?
Quibus Deus nōn favet?
Cui humilēs cārī sunt?
Quī Deō nōn cārī sunt?

S80 Mulier quae multīs nūbit multīs nōn placet.-PUBLILIUS SYRUS

A woman who marries many men is displeasing to many men.

Quot virīs placet quae multīs nūbit?
Quantum amātur quae saepe nūbit?

S81 Sōlitūdō placet Mūsīs, urbs est inimīca poētīs.-PETRARCH (?)

Solitude pleases the Muses; the city is unfriendly to poets.

Quibus urbs nōn placet?
Quibus urbs nocet?
Quid Mūsae amant?

Quid poētae nōn amant?
Quōs sōlitūdō dēlectat?
Quibus sōlitūdō grāta est?
Quid poētīs grātum est?
Quō auxiliō poētae aluntur?

S82 Impōnit fīnem sapiēns et[1] rēbus honestīs.-JUVENAL

The wise man puts a limit even on honorable undertakings.

Estne sapiēns intemperāns?
Habetne sapiēns temperantiam etiam in rēbus bonīs?

S83 Hominēs amplius oculīs quam auribus crēdunt.-SENECA

Men trust their eyes more than their ears.

Utrum oculī an aurēs sunt fidēliōrēs?
Quibus membrīs sunt oculī fidēliōrēs?
Quae membra oculī fidē superant?
Quae membra fidē īnferiōra sunt?
Quā virtūte superant oculī?
Quibus membrīs sunt aurēs minus fidēlēs?
Quibus membrīs hominēs magis crēdunt?
Quibus membrīs hominēs minus crēdunt?

PATTERN PRACTICE

Purpose: to learn to recognize the dative plural by the environment.
Directions: You will be given a sentence which contains the ambiguous dative-ablative plural. You are to transform this plural to the singular. The exercise will give you practice (a) in *recognizing* by the environment whether a noun is dative or ablative plural and (b) in *producing* the dative or ablative singular.

Inopibus beneficium dat.	Inopī beneficium dat.
Hominēs corporibus serviunt.	Hominēs corporī serviunt.
In harēnīs cōnsilium capitur.	In harēnā cōnsilium capitur.
Deus superbīs resistit.	Deus superbō resistit.
Gaudēns gaudentibus placet.	Gaudēns gaudentī placet.
Deus humilibus dat grātiam.	Deus humilī dat grātiam.
Crīminibus nēmō caret.	Crīmine nēmō caret.
In puerīs semper est vēritās.	In puerō semper est vēritās.

[1]See Lesson Ten, R30.

Flēns flentibus placet.	Flēns flentī placet.
Sōlitūdō placet Mūsīs.	Sōlitūdō placet Mūsae.
Frāter frātribus amīcus est.	Frāter frātrī amīcus est.
Sub lapidibus dormit scorpiō.	Sub lapide dormit scorpiō.
Urbs est inimīca poētīs.	Urbs est inimīca poētae.
Mulier virīs nubit.	Mulier virō nūbit.
Amīcus in rēbus incertīs cernitur.	Amīcus in rē incertā cernitur.
Prūdēns prūdentibus placet.	Prūdēns prūdentī placet.
Nēmō sine vitiīs est.	Nēmō sine vitiō est.
Canis agnīs servit.	Canis agnō servit.
Ā fontibus dēfluit aqua.	Ā fonte dēfluit aqua.
Canibus lātrantibus . . .	Cane lātrante . . .
Pauper egentibus placet.	Pauper egentī placet.
Vestis fēminīs placet.	Vestis fēminae placet.
Mūnus mulieribus placet.	Mūnus mulieri placet.
Captīvus leōnibus resistit.	Captīvus leōnī resistit.
Ā canibus tenētur aper.	Ā cane tenētur aper.
Fortūna fortibus favet.	Fortūna fortī favet.
Puer aprīs resistit.	Puer aprō resistit.
Ā dīs magna cūrantur.	Ā Deō magna cūrantur.
Vulpēs nōn capitur mūneribus.	Vulpēs nōn capitur mūnere.
Vulpēs fraudibus caret.	Vulpēs fraude caret.
Fēmina mōbilior ventīs.	Fēmina mōbilior ventō.
Dīs volentibus . . .	Deō volente . . .

SELF TEST

A. Expand the following by adding the dative plural of the word which follows in parentheses. Metaphrase each sentence.

1. Fortūna favet. (fortis)
2. Nōn frātrēs tam similēs. (frāter)
3. Verbum sat est. (sapiēns)
4. Diēs succēdunt. (diēs)
5. Īra perit subitō quam gignunt amīcī. (amīcus)

B. Change the dative-ablative form to the singular, just as you did in the Pattern Practice.

1. Impōnit fīnem rēbus honestīs.
2. Nāvēs in flūminibus sunt.
3. Hominēs amplius oculīs crēdunt.
4. Nēmō sine crīminibus vīvit.
5. Certīs stant omnia lēgibus.
6. Hominēs auribus nōn crēdunt.

C. Substitute a synonym for each verb making all necessary changes. Metaphrase each new sentence:

1. Lacrimae crūdēlēs dēlectant.
2. Deus nōn pūgnat cum humilibus.
3. Caecus oculīs eget.
4. Jūnō urbī Trojae nocet.
5. Flentēs flentēs amant.

READINGS

In every reading except R103 there is a form which could be dative or ablative. Locate the form, explain which case it is, and show what part of the environment tells you this.

R101 Ingrātus ūnus omnibus miserīs nocet.—Publilius Syrus

1. Quot miserīs ingrātus nocet?
2. Quōs laedit ingrātus ūnus?
3. Sī ūnus ingrātus est, quid patiuntur omnēs miserī?

miser-a-um: *miserable*

R102 Vīnō forma perit, vīnō corrumpitur aetās.—Anon.

1. Quō auxiliō et forma et aetās corrumpitur?
2. Quibus rēbus vīnum nocet?
3. Quās rēs vīnum laedit?

et . . . et . . . : *both . . . and*

R103 Crūdēlem medicum intemperāns aeger facit.—Publilius Syrus

1. Quid agit aeger intemperāns?
2. Quis crūdēlis fit?
3. Ā quō medicus crūdēlis fit?
4. Per quem medicus crūdēlis fit?
5. Quālis fit medicus per aegrum intemperantem?
6. Sī aeger intemperāns est, quod vitium medicus habet?
7. Cui medicus nōn favet?
8. Cui medicus favet?

R104 Immodicīs brevis est aetās et rāra senectūs.—Martial

1. Intemperantibus quālis est vīta?
2. Quālibus est aetās longa?
3. Per quid perit aetās?
4. Quid est optima medicīna? (Cōnfer Lēctiōnem octōgēsimam)
5. Utrum citō an sērō pereunt intemperantēs?
6. Quis aetātem brevem dūcit?

senectūs, senectūte, f: *old age*

R105 Bonus vir nēmō est nisi quī bonus est omnibus.—Publilius Syrus

1. Estne vir bonus quī paucōs adjuvat?
2. Estne vir bonus quī omnēs adjuvat?
3. Quibus favet vir bonus?
4. Quālis est quī tantum paucīs favet?

R106 Sōl omnibus lūcet.—Petronius

Quid sōl omnibus dat?

lūx, lūce, f: *light*

R107 Mors omnibus īnstat.—Common grave inscription

1. Quōs mors manet?
2. Quot hominēs pereunt?
3. Quot hominēs mortālēs sunt?
4. Quid vītae semper succēdit?

R108 Nihil est perīculōsius virō quam mulier, et mulierī quam vir.—St. Jerome

1. Quis est perīculōsus mulierī?
2. Quis est perīculōsa virō?
3. Quis virō maximē nocet?
4. Quis fēminae maximē nocet?
5. Cui fēmina maximē nocet?
6. Cui vir?
7. Quem vir maximē laedit?
8. Quem fēmina?

R109 Quid clārius astrīs?—Motto

Make up similar sayings.
Suggestions: sōl, lūna, Caesar, dux, prīnceps, philosophia, stēllae, amīcitia, mulier, āctī labōrēs, ignis, glōria, ars, litterae, Juppiter, vēritās, Venus, lūx, fidēs, lēgēs.

clārus-a-um: *clear, bright, famous*

R110 Paucīs cārior fidēs quam pecūnia.—Sallust

paucī-ae-a: *few*
pecūnia-ā, f: *money*

R111 Maximō perīc'lō custōdītur quod multīs placet.—Publilius Syrus

R112 Rēbus in hūmānīs tria sunt pejōra venēnīs:
uxor amāra, malus socius, malefīdus amīcus.—Werner

amārus-a-um
uxor, uxōre, f: *wife*

NEW NOUNS	grātia-ā, f	pecūnia-ā, f
	lūx, lūce, f	senectūs, senectūte, f
	Mūsa-ā, f	sōlitūdō, sōlitūdine, f
	membrum-ō, n	urbs, urbe, f

NEW VERBS — nūbit/---

NEW ADJECTIVES

amplus-a-um (amplē, ampliter)
clārus-a-um (clārē)
humilis-e (humiliter)
miser, misera, miserum (miserē)
paucī-ae-a
superbus-a-um (superbē)

NEW INDECLINABLES

autem (conjunction); *however, moreover, and, but* (shows a connection but does not show whether the connection is one you expect).
et . . . et . . . (conjunction): *both . . . and*
nisi, nisī (conjunction): *if not, unless*

NEW QUESTION WORDS

Quibus? *To, for whom?*
Quibus rēbus? *To, for what things?*

LESSON SEVENTEEN: The Last Case

We call this the last case, for although there are a few words which have special forms (*Rōmae,* for example means "at Rome"), this is the last case for most nouns.

MORPHOLOGY

The signal for this case in the singular is *-ī* in the first, second, and fifth declensions, and *-s* in the third and fourth. Notice that the characteristic vowel is always *-i* in the third. Notice also length of the vowel in the fourth.

I	II	III	IV	V
aquae *	lupī	vēritātis canis	manūs	diēī

(*-*aī* = -*ae*)

Aquae is identified in isolation as dative singular, nominative plural, or (after this lesson) as genitive singular. How can you tell which case it is? What cases can *lupī* be? *Canis? Manūs? Diēī? Vēritātis?*

Question words: Cujus? *Of whom?, Whose?*
Cujus reī? *Of what thing?*

EXPLANATION OF STRUCTURE: THE GENITIVE

The most common function of the genitive is modification of another noun. If there is more than one other noun in the sentence, the construction is ambiguous, for *there is no structural signal* to tell the direction of modification. You assume that it goes with the nearest noun with which it makes a sensible combination. In practice this doesn't very often cause trouble.

BASIC SENTENCES

S84 Timor Dominī fōns vītae. -MOTTO

The fear of God is the fountain of life.

Cujus timor vītam colit?
Quid est timor Deī sī nōn est tōta vīta?
Quem bonī timent?
Unde vīta fluit?

S85 Quī pingit flōrem, flōris nōn pingit odōrem. -WERNER

Who paints the flower does not paint the flower's fragrance.

Quis flōris nōn pingit odōrem?
Cujus reī odōrem pictor nōn pingit?
Quid nōn pingit quī flōrem pingit?

S86 Calamitās virtūtis occāsiō est. -SENECA

Disaster is an opportunity for bravery.

Quid est calamitās sī nōn est virtūs?
Quam ob rem virtūs crēscit?
Quid calamitās generat?
Unde crēscit virtūs?

S87 Imāgō animī vultus; indicēs oculī. -CICERO

The face is a reflection of the spirit; the eyes are a clue.

Quid est vultus sī nōn est tōtus animus?
Per quae membra cognōscitur animus?
Sī faciēs honesta, quālis animus?
Quid oculī indicant?

S88 Crūdēlitātis māter est avāritia. -QUINTILIAN

Greed is the mother of cruelty.

Quid avāritia generat?
Unde generātur crūdēlitās?
Quālis homō per avāritiam fit?

PATTERN PRACTICE, Part One

Purpose: to learn the genitive singular through transformation.

Directions: answer the questions. You will be told that something is not the thing itself but *only* a picture of that thing. The word *ipse, ipsa, ipsum,* meaning *himself, herself, itself,* is an intensifying adjective, which you will study in Lesson Nineteen.

Sī nōn est Mūsa ipsa, quid est? — Est tantum imāgō Mūsae.
Sī nōn est agnus ipse, quid est? — Est tantum imāgō agnī.
Sī nōn est hospes ipse, quid est? — Est tantum imāgō hospitis.

Sī nōn est ignis ipse, quid est? — Est tantum imāgō ignis.
Sī nōn est urbs ipsa, quid est? — Est tantum imāgō urbis.
Sī nōn est vultus ipse, quid est? — Est tantum imāgō vultūs.

PATTERN PRACTICE, Part Two

In this series, someone cries; whose tears are they?

Sī vir lacrimat,[1] cujus lacrimae sunt? — Virī lacrimae sunt.
Sī dux lacrimat, cujus lacrimae sunt? — Ducis lacrimae sunt.
Sī homō lacrimat, cujus lacrimae sunt? — Hominis lacrimae sunt.

Sī rēx lacrimat, cujus lacrimae sunt? — Rēgis lacrimae sunt.
Sī poēta lacrimat, cujus lacrimae sunt? — Poētae lacrimae sunt.
Sī dominus lacrimat, cujus lacrimae sunt? — Domini lacrimae sunt.

PATTERN PRACTICE, Part Three

In this series it's not the whole thing, but part of it.

Sī oculus nōn est tōta faciēs, quid est? — Oculus est pars faciēī.
Sī hōra nōn est tōta diēs, quid est? — Hōra est pars diēī.
Sī digitus nōn est tōta manus, quid est? — Digitus est pars manūs.

Sī terra nōn est tōtus mundus, quid est? — Terra est pars mundī.
Sī auris nōn est tōtum caput, quid est? — Auris est pars capitis.
Sī rēx nōn est tōta rēs pūblica, quid est? — Rēx est pars reī pūblicae.

PATTERN PRACTICE, Part Four

Answer the following questions on Basic Sentences by using the new genitive form.

[1] Among the Greeks and Romans weeping was not considered unmanly.

Sī gladiātor cōnsilium capit, cujus cōnsilium est?	Gladiātōris cōnsilium est.
Sī vestis virum nōbilitat, cujus vestis est?	Virī vestis est.
Sī Juppiter in caelō regit, cujus caelum est?	Jovis caelum est.
Sī Caesar in terrīs regit, cujus terrae sunt?	Caesaris terrae sunt.
Sī lupus mentem vertit, cujus mēns est?	Lupī mēns est.
Sī vultus vōcem habet, cujus vōx est?	Vultūs vōx est.

PATTERN PRACTICE, Part Five

If somebody lives, whose life is it?
If somebody dies, whose death is it?

Sī servus vīvit, cujus vīta est?	Servī vīta est.
Sī homō vīvit, cujus vīta est?	Hominis vīta est.
Sī poēta vīvit, cujus vīta est?	Poētae vīta est.
Sī animal vīvit, cujus vīta est?	Animālis vīta est.
Sī sapiēns perit, cujus mors est?	Sapientis mors est.
Sī agna perit, cujus mors est?	Agnae mors est.
Sī servus perit, cujus mors est?	Servī mors est.
Sī fūr perit, cujus mors est?	Fūris mors est.

SELF TEST

1. Sī vēritās vincit, cujus victōria est?
2. Sī Caesar vincit, cujus victōria est?
3. Sī spēs vincit, cujus victōria est?
4. Sī concordia vincit, cujus victōria est?
5. Sī integritās vincit, cujus victōria est?

6. Sī vīnum olet, cujus odor est?
7. Sī flōs olet, cujus odor est?
8. Sī amnis olet, cujus odor est?
9. Sī amphora olet, cujus odor est?
10. Sī piscis olet, cujus odor est?

11. Sī leō perit, cujus mors est?
12. Sī servus perit, cujus mors est?
13. Sī lupa perit, cujus mors est?
14. Sī piscis perit, cujus mors est?
15. Sī fūr perit, cujus mors est?

16. Sī canis labōrat, cujus labor est?
17. Sī homō labōrat, cujus labor est?
18. Sī puella labōrat, cujus labor est?
19. Sī domina labōrat, cujus labor est?
20. Sī dux labōrat, cujus labor est?

21. Sī leō pedēs habet, cujus pedēs sunt?
22. Sī Caesar pedēs habet, cujus pedēs sunt?
23. Sī fēmina pedēs habet, cujus pedēs sunt?
24. Sī vir pedēs habet, cujus pedēs sunt?
25. Sī agnus pedēs habet, cujus pedēs sunt?

pēs, pedis,[2] m: *foot*

READINGS

R113 Religiō vēra est firmāmentum reī pūblicae.—Plato (translation)

1. Cujus reī magna pars est religiō?
2. Quid est religiō, sī nōn est tōta rēs pūblica?
3. Quō auxiliō rēs pūblica flōret?
4. Per quid rēs pūblica valet?

vērus-a-um: *true*
pūblicus-a-um

R114 Rōma caput mundī.—Lucan (adapted)

caput, capitis,[2] n: *head*
mundus-ī,[2] m: *world*

R115 Contrā vim mortis nōn est medicāmen in hortīs.—Werner

1. Contrā quid herbae nōn valent?
2. Quid morte validius est?
3. Quid plūrimum valet?
4. Quae rēs mortālem immortālem nōn facit?

contrā (prep): *against*
vīs,[3] f: *strength, force*
validus-a-um: *strong*
herba-ae,[2] f
valet/---: *is strong, is important*

R116 Nihil est . . . vēritātis lūce dulcius.—Cicero

1. Cujus reī lūx est dulcissima omnium?
2. Quid plūrimum lūcet?
3. Quantum vēritās lūcet?

dulcis-e: *sweet*

[2]From now on, the genitive case will be given instead of the ablative to show the stem and declension.

[3]The word *vīs* is irregular, and in the singular has only the nominative, accusative, and ablative forms: *vīs, vim, vī.*

R117 Salūs populī suprēma lēx.—Legal

1. Cujus salūs plūrimum valet?
2. Quantum valet salūs reī pūblicae?
3. Quid plūs valet quam salūs pūblica?

salūs, salūtis,[2] f: *health, welfare, salvation*
populus-ī, m: *people*
suprēmus-a-um

R118 Nōn scrībit, cujus carmina nēmō legit.—Martial

1. Quis nōn scrībit?
2. Estne poēta quem nēmō legit?

carmen, carminis,[2] n: *song, poem*
legit/legitur: *reads*
poēta-ae,[2] m

R119 Timor mortis morte pejor.—Anon.

R120 Lingua malī pars pessima servī.—Juvenal

1. Quae pars malī servī est pessima?
2. Quālia verba dīcit malus servus?
3. Cui nocet lingua malī servī?
4. Quālis servus mala dīcit verba?

NEW NOUNS

calamitās, calamitātis, f
caput, capitis, n
carmen, carminis, n.
crūdēlitās, crūdēlitātis, f
domina-ae, f
dominus-ī, m
faciēs, faciēī, f
flōs, flōris, m
imāgō, imāginis, f
index, indicis, m & f
māter, mātris, f
mundus-ī, m
odor, odōris, m
pēs, pedis, m
populus-ī, m.
Rōma-ae, f
salūs, salūtis, f
timor, timōris, m
virtūs, virtūtis, f
vīs, f

NEW VERBS

legit/legitur
pingit/pingitur

NEW ADJECTIVES

dulcis-e
validus-a-um

NEW INDECLINABLES

contrā (preposition with the acc): *against*
tantum (adverbial): *only*

NEW QUESTION WORDS	Cujus?	*Of whom? Whose?*
	Cujus reī?	*Of what thing?*

Latin dictionaries traditionally list nouns by nominative and genitive singular, as we have done above. From now on we will list all nouns this way. To what declension do the nouns above belong?

LESSON EIGHTEEN: **The Genitive Plural**

MORPHOLOGY: COMPLETE DECLENSION OF NOUNS

The purpose of this lesson is to learn the signal for genitive plural, which is *-rum* for the first, second, and fifth declension and *-um* for the third and fourth:

I	II	III	IV	V
aquārum	lupōrum	lēgum	manuum	diērum
		urbium		
		crīminum		
		tacentum/tacentium		

Question Words: Quōrum? *Of whom? Whose?*
Quārum rērum? *Of what things?*

The only complication is the declension marker in the third declension, which is *zero* for most nouns and a few adjectives, but *-i-* for most adjectives and a few nouns. In some nouns and adjectives there is free variation, as in the present imperfective participle. Since your ultimate purpose in learning Latin is to read it and not to produce it, we need not worry whether there is *zero* or *-i-* before the *-um*. Some rough-and-ready rules (to which there are many "exceptions") have been drawn up to try to make it easier to learn this point; your teacher will give them to you if you want them.

Of far more importance is the ability to recognize the genitive plural. The form with which you will most easily confuse it is the accusative singular. These two forms never (or almost never) look exactly alike, but they both have the final letter *-m*. Remember, however, that the accusative singular morpheme is *-m* and the genitive plural is *-um* or *-rum*. Here is some metaphrasing practice to help you on this point.

First we will pair accusatives and genitives so you may see them in contrast.

Pars fēminārum	Cūrā manuum	Causa diem
Pars fēminam	Cūrā manum	Causa diērum
Mors flōrum	Pessimus omnem	Rēgīna virtūtum
Mors flōrem	Pessimus omnium	Rēgīna virtūtem
Īra hominem	Optimus hospitum	Exemplō innocentium
Īra hominum	Optimus hospitem	Exemplō innocentem

Now try these without the benefit of contrast:

Mors hospitum	Īra fēminārum	Causa servum
Pars omnium	Optimus flōrem	Tempus vītam

Here are the complete paradigms of typical nouns of the five declensions:

First Declension (-*a* stems)

Nom	hōra	hōrae	unda	undae	umbra	umbrae
Acc	hōram	hōrās	undam	undās	umbram	umbrās
Abl	hōrā	hōrīs	undā	undīs	umbrā	umbrīs
Dat	hōrae	hōrīs	undae	undīs	umbrae	umbrīs
Gen	hōrae	hōrārum	undae	undārum	umbrae	umbrārum

Second Declension (-*o* stems)

vir	virī	puer	puerī	servus	servī
virum	virōs	puerum	puerōs	servum	servōs
virō	virīs	puerō	puerīs	servō	servīs
virō	virīs	puerō	puerīs	servō	servīs
virī	virōrum	puerī	puerōrum	servī	servōrum

dominus	dominī	exemplum	exempla	vīnum	vīna
dominum	dominōs	exemplum	exempla	vīnum	vīna
dominō	dominīs	exemplō	exemplīs	vīnō	vīnīs
dominō	dominīs	exemplō	exemplīs	vīnō	vīnīs
dominī	dominōrum	exemplī	exemplōrum	vīnī	vīnōrum

Third Declension (ϕ, -*e*, -*i*, stems)

fōns	fontēs	dux	ducēs	aetās	aetātēs
fontem	fontēs(-īs)	ducem	ducēs	aetātem	aetātēs
fonte	fontibus	duce	ducibus	aetāte	aetātibus
fontī	fontibus	ducī	ducibus	aetātī	aetātibus
fontis	fontium	ducis	ducum	aetātis	aetātum

homō	hominēs	nāvis	nāvēs	occāsiō	occāsiōnēs
hominem	hominēs	nāvem	nāvēs(-īs)	occāsiōnem	occāsiōnēs
homine	hominibus	nāve	nāvibus	occāsiōne	occāsiōnibus
hominī	hominibus	nāvī	nāvibus	occāsiōnī	occāsiōnibus
hominis	hominum	nāvis	nāvium	occāsiōnis	occāsiōnum

frāter	frātrēs
frātrem	frātrēs
frātre	frātribus
frātrī	frātribus
frātris	frātrum

corpus	corpora	crīmen	crīmina	animal	animālia
corpus	corpora	crīmen	crīmina	animal	animālia
corpore	corporibus	crīmine	crīminibus	animālī	animālibus
corporī	corporibus	crīminī	crīminibus	animālī	animālibus
corporis	corporum	crīminis	crīminum	animālis	animālium

Fourth Declension (-*u* stems)

manus	manūs	lacus	lacūs	vultus	vultūs
manum	manūs	lacum	lacūs	vultum	vultūs
manū	manibus	lacū	lacibus	vultū	vultibus
manuī	manibus	lacuī	lacibus	vultuī	vultibus
manūs	manuum	lacūs	lacuum	vultūs	vultuum

Fifth Declension (-*ē* stems)

diēs	diēs	rēs	rēs	fidēs	(no plural)	spēs	(no plural)
diem	diēs	rem	rēs	fidem	(no plural)	spem	(no plural)
diē	diēbus	rē	rēbus	fidē	(no plural)	spē	(no plural)
diēī	diēbus	reī	rēbus	fideī	(no plural)	speī	(no plural)
diēī	diērum	reī	rērum	fideī	(no plural)	speī	(no plural)

You should be warned that the preceding tables contain the most common and/or the most regular forms of nouns. When you start reading long connected passages from literature you will find variations. Among the most important we might mention the following. *Vir* and *deus* have the variants *virum* and *deum* for the genitive plural. *Nāvis* has a variant *nāvī* for the ablative singular. *Nāvis* and *fōns* have the variants *nāvīs* and *fontīs* for the accusative plural. You will learn these items as you read more Latin.

MORPHOLOGY: ADJECTIVES

The majority of adjectives are declined like *bonus*:

	m	f	n	m	f	n
Nom	bonus	bona	bonum	bonī	bonae	bona
Acc	bonum	bonam	bonum	bonōs	bonāe	bona
Abl	bonō	bonā	bonō	bonīs	bonīs	bonīs
Dat	bonō	bonae	bonō	bonīs	bonīs	bonīs
Gen	bonī	bonae	bonī	bonōrum	bonārum	bonōrum

All adjectives listed *-us-a-um* are declined like *bonus*. There is a very small subclass which has a slight difference in the nominative: *miser, misera, miserum*; *pulcher, pulchra, pulchrum*; and *līber, lībera, līberum*. Certain pronominal adjectives (*ūnus, nūllus, alius, alter*, and others) show differences from bonus in the dative and genitive singular; these are discussed in Lesson Nineteen.

Third declension adjectives have several subtypes. The most common type is like *omnis, omne*:

	m & f	n	m & f	n
Nom	*omnis*	*omne*	*omnēs*	*omnia*
Acc	*omnem*	*omne*	*omnēs* (*omnīs*)	*omnia*
Abl	omnī	omnī	omnibus	omnibus
Dat	omnī	omnī	omnibus	omnibus
Gen	omnis	omnis	omnium	omnium

Observe: there is no difference anywhere between masculine and feminine, and the neuters differ from the masculine-feminine only in the italicized forms. A common variation is *omnīs* for the m & f accusative plural.

Like *omnis* are declined *fortis, fidēlis, mōbilis, humilis, facilis, mortālis, levis, brevis*, etc.

There are subclasses which have only one form in the nominative for all three genders. The most common of these is the imperfective active participle:

m & f	n	m & f	n
tacēns	tacēns	*tacentēs*	*tacentia*
tacentem	*tacēns*	*tacentēs* (*-īs*)	*tacentia*
tacentī(-e)	tacentī(-e)	tacentibus	tacentibus
tacentī	tacentī	tacentibus	tacentibus
tacentis	tacentis	tacentium(-um)	tacentium(-um)

Notice that only the italicized forms have any distinction in gender. The forms in parentheses are common variants.

For the complete paradigms of the interrogative pronoun and adjective, and of the relative pronoun, see the Appendix.

BASIC SENTENCES

Pick out all the genitive plurals in the five Basic Sentences below.

S89 Jūstitia omnium est domina et rēgīna virtūtum.-CICERO (ADAPTED)

Justice is the mistress and queen of all the virtues.

Quārum rērum māter est jūstitia?
Quot virtūtēs jūstitia regit?
Estne jūstitia optima omnium virtūtum?
Quālis virtūs est jūstitia?
Cujus sub rēgnō sunt omnēs virtūtēs?

S90 Bona opīniō hominum tūtior pecūniā est.-PUBLILIUS SYRUS

A good reputation among men is safer than money.

Quōrum voluntās tūtissima est?
Utrum opīniō an pecūnia magis valet?
Utrum opīniō an pecūnia minus valet?
Estne pecūniā validior bona opīnīo?

S91 Vīta . . . mortuōrum in memoriā vīvōrum est posita.[1]-CICERO

The life of the dead lies in the memory of the living.

Quī mortuōs in memoriā tenent?
Quōs vīvī in memoriā tenent?
Quōrum in animīs mortuī vīvunt?

S92 Gravis īra rēgum est semper.-SENECA

The anger of kings is always serious.

Quōrum īra est perīculōsa?
Suntne rēgēs perīculōsī?
Quibus rēx īrātus īnstat?

S93 Jūcunda memoria est praeteritōrum[1] **malōrum.**-CICERO

Pleasant is the memory of past troubles.

Quālēs labōrēs jūcundī sunt? (Cōnfer Exemplar sexāgēsimum quartum)
Quālēs gravēs?
Quālēs rēs, sī praeteritae, jūcundae sunt?

[1]*Positus-a-um* is the perfective passive participle of *pōnit*; *praeteritus-a-um* of *praeterit*.

PATTERN PRACTICE, Part One

Purpose: to learn the genitive plural.
Directions: Change from genitive singular to genitive plural. You are told that the faults of a ________ are serious; change this to the faults of ______s are serious.

Vitia stultī gravia sunt.	Vitia stultōrum gravia sunt.
Vitia hominis gravia sunt.	Vitia hominum gravia sunt.
Vitia hospitis gravia sunt.	Vitia hospitum gravia sunt.
Vitia fīliae gravia sunt.	Vitia fīliārum gravia sunt.
Vitia fīliī gravia sunt.	Vitia fīliōrum gravia sunt.

PATTERN PRACTICE, Part Two

Directions: This set is similar to the preceding one. You are told that the appearance of ______ is strange; change this to the appearance of ______s is strange.

Speciēs diēī nova est.	Speciēs diērum nova est.
Speciēs manūs nova est.	Speciēs manuum nova est.
Speciēs urbis nova est.	Speciēs urbium nova est.
Speciēs capitis nova est.	Speciēs capitum nova est.
Speciēs undae nova est.	Speciēs undārum est nova.

PATTERN PRACTICE, Part Three

Directions: In this set you are asked if this person or thing is attractive. You reply enthusiastically that he, she, or it is the handsomest of all.

Estne haec puella pulchra?	Est pulcherrima omnium puellārum!
Estne haec diēs pulchra?	Est pulcherrima omnium diērum!
Estne haec rēs pulchra?	Est pulcherrima omnium rērum!
Estne hic agnus pulcher?	Est pulcherrimus omnium agnōrum!
Estne haec agna pulchra?	Est pulcherrima omnium agnārum!
Estne haec serva pulchra?	Est pulcherrima omnium servārum!
Estne hic servus pulcher?	Est pulcherrimus omnium servōrum!
Estne hic canis pulcher?	Est pulcherrimus omnium canum!
Estne hic vultus pulcher?	Est pulcherrimus omnium vultuum!
Estne hic flōs pulcher?	Est pulcherrimus omnium flōrum!

PATTERN PRACTICE, Part Four

Directions: Is that one good? It is the best of all!

Estne illa victōria clāra?	Est clārissima omnium victōriārum!
Estne ille fōns pūrus?	Est pūrissimus omnium fontium!
Estne ille fīlius bonus?	Est optimus omnium fīliōrum!
Estne ille vir honestus?	Est honestissimus omnium virōrum!
Estne ille exitus malus?	Est pessimus omnium exituum!
Estne ille diēs fēlīx?	Est fēlīcissimus omnium diērum!
Estne ille prīnceps nōbilis?	Est nōbilissimus omnium prīncipum!
Estne ille canis timidus?	Est timidissimus omnium canum!
Estne illud exemplum bonum?	Est optimum omnium exemplōrum!
Estne illud cōnsilium malum?	Est pessimum omnium cōnsiliōrum?
Estne illud tempus breve?	Est brevissimum omnium temporum!
Estne illa urbs inimīca?	Est inimīcissima omnium urbium!
Estne illa manus facilis?	Est facillima omnium manuum!
Estne illa rēs certa?	Est certissima omnium rērum!
Estne illa via longa?	Est longissima omnium viārum!

SELF TEST

A. Write the paradigms:

1. Singular: quī mundus?
2. Plural: quae rēs?
3. Plural: perīculum grave
4. Singular: speciēs pulchrior
5. Singular: magnum opus
6. Singular and plural: ōrātor clārus

B. Here is the familiar exercise of being told that something exists and then being asked a question about it. Answer the questions.

Manūs sunt.

Quae membra puer aspicit?
Quibus membrīs coquus aquam fert?
Quōrum membrōrum sunt digitī partēs?
Quibus membrīs mēns servit?
Quae membra amphoram tenent?

Mulierēs sunt.

Quī vestem amant?
Quibus avāritia dēest?

Quōrum industriā orbis volvitur?
Quōs virī amant?
Ā quibus mūnera spernuntur?

volvit/volvitur: *turns*

Poētae sunt.

Quibus sōlitūdō placet?
Ā quibus urbs nōn amātur?
Quōrum memoria semper vīvit?
Quōs Mūsa cum laude corōnat?
Quī mundum nōn cūrant?

Dominī sunt.

Quī vitia servōrum cūrant?
Quibus servī fidēliter serviunt?
Ā quibus servī negleguntur?
Quōs servī saepe fallunt?
Quōrum īrae gravēs sunt?

C. Change the italicized words (not all necessarily genitive) from singular to plural. Make all necessary changes.

1. Amor *Deī* semper hominem adjuvat.
2. *Patrī* fīliī cārī sunt.
3. *Fēminae* proximus puer est.
4. *Virī* vitium grave est.
5. Ira *rēgis* est semper gravis.
6. Odor *flōris* bonus est.
7. Vīta *canis* brevis est.
8. *Inopī* beneficium fēmina dīves dat.
9. Fēmina mōbilior *ventō*.
10. Sōlitūdō placet *poētae*.

READINGS

In each of the following Readings there is at least one word whose last two letters are *-um*. Which are genitive plurals? Which are accusative singulars? Which are neuters? In each case how do you know?

R121 Tōtus mundus deōrum est immortālium templum.—Seneca (adapted)

1. Quōrum templum mundus habētur?
2. Quibus est mundus templum?
3. Quot in locīs dī bene coluntur?
4. Suntne silvae templa deōrum?
5. Ubi dī sua templa habent?

R122 Sēcūrus jūdicat orbis terrārum.—St. Augustine (?)

1. Quālis jūdex est orbis terrārum?
2. Quō modō jūdicat mundus?

jūdex, jūdicis, m & f

R123 Bonus animus in malā rē dīmidium est malī.—Plautus

dīmidium-ī, n : *half*

1. Sī nōn est bonus animus tōta fēlīcitās, quid est?
2. In rē incertā estne bonus animus efficāx?
3. Quantum valet bonus animus in malā rē?

R124 Rērum hūmānārum domina Fortūna.—Cicero

Quōrum rēs fortūna regit?

R125 Māter artium necessitās.—Anon.

R126 Patria . . . commūnis est omnium parēns.—Cicero

parēns, parentis, m. & f: māter, pater

R127 Discordia ōrdinum venēnum est urbis.—Q. Capitolinus (?)

ōrdō, ōrdinis, m: *political class*
discordia-ae, f

1. Quid urbem laedit?
2. Cui nocet discordia ōrdinum?
3. Estne perīculōsum sī ōrdinēs in concordiā nōn sunt?
4. Quōrum concordiā crēscit rēs pūblica?
5. Quō auxiliō crēscit rēs pūblica?

R128 Nōn quaerit aeger medicum ēloquentem.—Seneca

R129 Nēmō mortālium omnibus hōrīs sapit.—Pliny the Elder

R130 Mulierem ōrnat silentium.—Sophocles (translation)

Now read Narrative Reading 1.

NEW NOUNS	dīmidium-iī, n	ōpīniō, ōpīniōnis, f
	discordia-ae, f	regīna-ae, f
	jūstitia-ae, f	speciēs-ēī, f
	memoria-ae, f	templum-ī, n

NEW VERBS	jūdicat/jūdicātur	praeterit/praeteritur
	pōnit/pōnitur	volvit/volvitur

NEW ADJECTIVES	gravis-e	tūtus-a-um (tūtē)
	sēcūrus-a-um (sēcūrē)	

NEW QUESTION WORDS	Quōrum?	*Of whom?, Whose?*
	Quārum rērum?	*Of what things?*

To what declension do the nouns above belong?

LESSON NINETEEN: **Special Adjectives**

MORPHOLOGY

In this lesson you will meet six words which are so common that you will find one or two of them in every paragraph of connected Latin. They are *hic, ille, iste, is, īdem,* and *ipse.* They are a subclass of adjectives distinguished from first and second declension adjectives by having *-ī* in the dative singular and *-īus* (or *-jus*) in the genitive singular. Not only do they modify nouns, but they frequently are found without nouns and are therefore used as nouns themselves.

Hic indicates that which is near the speaker, either in place or in thought; *ille* indicates that which is distant from the speaker, either in place or in thought.

Fēmina hunc virum videt.	The woman sees this man (near me).
Fēmina illum virum videt.	The woman sees that man (over there).
Fēmina hunc videt.	The woman sees him (over here).
Fēmina illum videt.	The woman sees him (over there).

The adjective *iste*, on the other hand, indicates that which is near to the person spoken to:

Fēmina istum virum videt.	The woman sees that man (near you).
Fēmina istum videt.	The woman sees him (near you).

Here are the forms of *hic, ille,* and *iste*; the italicized forms are irregular.

	Singular			Plural		
	m	f	n.	m	f	n
Nom	*hic*	*haec*	*hoc*	hī	hae	*haec*
Acc	hunc	hanc	*hoc*	hōs	hās	*haec*
Abl	hōc	hāc	hoc	hīs	hīs	hīs
Dat	huic	huic	huic	hīs	hīs	hīs
Gen	hujus	hujus	hujus	hōrum	hārum	hōrum
Nom	*ille*	illa	*illud*	illī	illae	illa
Acc	illum	illam	*illud*	illōs	illās	illa
Abl	illō	illā	illō	illīs	illīs	illīs
Dat	illī	illī	illī	illīs	illīs	illīs
Gen	illīus	illīus	illīus	illōrum	illārum	illōrum
Nom	*iste*	ista	*istud*	istī	istae	ista
Acc	istum	istam	*istud*	istōs	istās	ista
Abl	istō	istā	istō	istīs	istīs	istīs
Dat	istī	istī	istī	istīs	istīs	istīs
Gen	istīus	istīus	istīus	istōrum	istārum	istōrum

The adjective *is* is harder to explain, having the least one-to-one correspondence with any English element. It does not point out, as *hic, ille,* and *iste* do:

Fēmina hunc videt.	The woman sees him (who is near me).
Fēmina illum videt.	The woman sees him (who is over there).
Fēmina istum videt.	The woman sees him (who is near you).
Fēmina eum videt.	The woman sees him (location unexpressed).

When *is* is used as an adjective, it shows that the noun modified has either just been mentioned or will be soon. It frequently foreshadows a relative.

Fēmina virum videt. Is vir hospes est.	The woman sees the man. This man is the host.
Fēmina eum virum quī hospes est videt.	The woman sees the man who is the host.

Here are the forms of *is*:

	Singular			Plural		
	m	f	n	m	f	n
Nom	*is*	ea	*id*	eī, ī	eae	ea
Acc.	eum	eam	*id*	eōs	eās	ea
Abl	eō	eā	eō	eīs, īs	eīs, īs	eīs, īs
Dat.	eī	eī	eī	eīs, īs	eīs, īs	eīs, īs
Gen	ejus	ejus	ejus	eōrum	eārum	eōrum

Īdem is easy; it is *is, ea, id* with *-dem* added and regular morphophonemic changes. The meaning of *īdem*: "the same."

Fēmina eundem virum videt. Fēmina eundem videt.	The woman sees the same man. The woman sees the same one.

	Singular			Plural		
	m	f	n	m	f	n
Nom	*īdem*	eadem	*idem*	eīdem[1]	eaedem	eadem
Acc	eundem	eandem	*idem*	eōsdem	eāsdem	eadem
Abl	eōdem	eādem	eōdem	eīsdem[1]	eīsdem[1]	eīsdem[1]
Dat.	eīdem	eīdem	eīdem	eīsdem[1]	eīsdem[1]	eīsdem[1]
Gen	ejusdem	ejusdem	ejusdem	eōrundem	eārundem	eōrundem

The last is *ipse, ipsa, ipsum.* Except for the form *ipse* and the dative and genitive singular, it is declined like *bonus-a-um.* For the complete paradigm see the Appendix. *Ipse* is an intensifier; there are several ways of doing this in English:

Fēmina virum ipsum videt.	The woman sees the *man.* (high pitch, heavy stress) The *woman* sees the man himself. The woman sees the very man.

[1] Same variants as *is.*

Fēmina ipsa virum videt.	The *woman* sees the man. The very woman sees the man. The woman herself sees the man.
Fēmina ipsum videt.	The woman sees *him.* The woman sees *that one.* The woman sees the *famous* man.

As can be observed from the examples, forms of *hic, ille, is, ipse* without a noun are usually best metaphrased as forms of *he, she, it.*

The following also have the dative singular in *-ī* and the genitive singular in *-īus,* but except for some nominative singulars are otherwise exactly like *bonus-a-um:*

alter, altera, alterum: *one* (*of two*), *the other one*
alius, alia, aliud: *other, another*
neuter, neutra, neutrum: *neither*
nūllus, nūlla, nūllum: *none, no*
sōlus, sōla, sōlum: *alone, the only*
tōtus, tōta, tōtum: *whole*
ūllus, ūlla, ūllum: *any* (in questions, negations, conditions)
ūnus, ūna, ūnum: *one*
uter, utra, utrum: *which* (*of two*)?
uterque, utraque, utrumque: (usually singular) *each of two, both*

BASIC SENTENCES

S94 Dīs proximus ille est quem ratiō, nōn īra, movet. -CLAUDIAN

Next to the gods is he whom reason and not anger influences.

Quis dīs proximus est?
Quibus similis est homō sapiēns?
Quōrum imāgō est is quī sapit?
Quibuscum comparātur sapiēns?
Quō auxiliō philosophus movētur?
Quō auxiliō stultus movētur?

S95 Quī terret, plūs ipse timet. -CLAUDIAN

He who frightens people is himself more afraid than they are.

Quis timet?
Uter plūs timet, terrēns an territus?
Quantum timet quī multōs hostēs habet?
Quot hostēs habet quī multōs terret?
Estne crūdēlis sēcūrus?
Quōrum hostis est dominus crūdēlis?

S96 Vērus amīcus . . . est . . . is quī est tamquam alter īdem. -CICERO

A real friend is he who is like another self.

Cui similis est vērus amīcus?
Cujus imāgō est vērus amīcus?
Utrum similēs an dissimilēs sunt vērī amīcī?

S97 Hominēs, quō[2] plūra habent, eō[2] ampliōra cupiunt. -JUSTINIAN (?)

The more men have the more they want.

Quid semper vult quī multum habet?
Quō auxiliō avārus nōn satiātur?
Pecūniā crēscente, quid aliud crēscit?

S98 Cui dēest pecūnia, huic dēsunt omnia. -ANON.

To whom money is lacking, to him is lacking everything.

Cui omnia dēsunt?
Uter omnibus rēbus caret, pauper an dīves?
Quid habet is quī pecūniam nōn habet?
Estne pecūnia omnium rērum domina?
Sī quis pecūniā caret, quot rēbus caret?
Quantum valet pecūnia?

PATTERN PRACTICE, Part One

Purpose: to learn the special dative singular forms.
Directions: change from a transitive verb with the accusative to a special intransitive verb with the dative; cf. Lesson Fifteen, Pattern Practice.

Vestis hanc fēminam dēlectat.	Vestis huic fēminae placet.
Leō hunc agnum laedit.	Leō huic agnō nocet.
Canis cum hāc bēstiā pūgnat.	Canis huic bēstiae resistit.
Fortūna hunc fortem adjuvat.	Fortūna huic fortī favet.
Mūnus hanc mulierem dēlectat.	Mūnus huic mulierī placet.
Canis illum caecum cūrat.	Canis illī caecō servit.
Mala fidēs illum dominum laedit.	Mala fidēs illī dominō nocet.
Ignis illum virum dēlectat.	Ignis illī virō placet.
Captīvus cum illō leōne pūgnat.	Captīvus illī leōnī resistit.
Servus illum dominum cūrat.	Servus illī dominō servit.

[2] Cf. *quantō . . . tantō,* R90, Review Lesson Four.

Mūnus eandem fēminam dēlectat.	Mūnus eīdem fēminae placet.
Leō eundem agnum laedit.	Leō eīdem agnō nocet.
Puer cum eōdem aprō pūgnat.	Puer eīdem aprō resistit.
Pater eundem fīlium adjuvat.	Pater eīdem fīliō favet.
Ignis virum eundem dēlectat.	Ignis virō eīdem placet.

PATTERN PRACTICE, Part Two

Purpose: to learn the special genitive singular forms.
Directions: change from the nominative to the genitive (from the subject of a verb to a modifier of a new subject); cf. Lesson Seventeen, Pattern Practice, Part One.

Sī nōn est haec Mūsa, quid est?	Est tantum imāgō hujus Mūsae.
Sī nōn est hic lupus, quid est?	Est tantum imāgō hujus lupī.
Sī nōn est hic hospes, quid est?	Est tantum imāgō hujus hospitis.
Sī nōn est ille vultus, quid est?	Est tantum imāgō illīus vultūs.
Sī nōn est illa faciēs, quid est?	Est tantum imāgō illīus faciēī.
Sī id animal vīvit, cujus vīta est?	Ejus animālis vīta est.
Sī iste canis vīvit, cujus vīta est?	Istīus canis vīta est.
Sī ipsa fēmina vīvit, cujus vīta est?	Ipsīus fēminae vīta est.
Sī is inops vīvit, cujus vīta est?	Ejus inopis vīta est.
Sī ipsa puella vīvit, cujus vīta est?	Ipsīus puellae vīta est.
Sī illa bēstia perit, cujus mors est?	Illīus bēstiae mors est.
Sī ille avārus perit, cujus mors est?	Illīus avārī mors est.
Sī hic sapiēns perit, cujus mors est?	Hujus sapientis mors est.
Sī haec vulpēs perit, cujus mors est?	Hujus vulpis mors est.
Sī ea agna perit, cujus mors est?	Ejus agnae mors est.
Sī is leō perit, cujus mors est?	Ejus leōnis mors est.
Sī iste servus perit, cujus mors est?	Istīus servī mors est.
Sī ista lupa perit, cujus mors est?	Istīus lupae mors est.
Sī ipse piscis perit, cujus mors est?	Ipsīus piscis mors est.
Sī ipse fūr perit, cujus mors est?	Ipsīus fūris mors est.

SELF TEST

A. Change from active to passive:

1. Hic gladiātor cōnsilium capit.
2. Ille fūr fūrem cognōscit.
3. Stultus illam aquam quaerit.
4. Illa fēmina virum vincit.
5. Caesar illud regit.

6. Amīcus eandem spem nōn quaerit.
7. Gladiātor idem cōnsilium capit.
8. Canis aprum eundem tenet.
9. Astra regunt hōs hominēs.
10. Haec laus alit artēs.

B. Change from transitive to intransitive synonym with the dative.

1. Aper illum canem laedit.
2. Vīnum illum virum dēlectat.

C. Change from nominative to genitive:

1. Sī nōn est iste amīcus, quid est? (Est tantum imāgō . . .)
2. Sī nōn est iste vestītus, quid est? (Est tantum imāgō . . .)
3. Sī is dominus servum habet, cujus servus est?
4. Sī ea domina hortum habet, cujus hortus est?

5. Sī ipsa agna vīvit, cujus vīta est?
6. Sī ipsum animal vīvit, cujus vīta est?

READINGS

R131 Post hoc, propter hoc.—Commonplace

propter (prep. with acc): *because of*

Make up similar sayings on this model.
Suggestions: vīnum, beneficium, lēges, famēs, ventus, īnsidiae, flētus, ignis, vōx, lacrimae, studium, labor, litterae, victōria, mūnera, crīmen, concordia, cōnsilium, ācta, opus, industria, perīcula, occāsiō, fidēs, injūria.

R132 In hōc signō spēs mea.—Motto

R133 Caelum ipsum petitur stultitiā.—Burton

1. Per quid stultus caelum petit?
2. Quālis est is quī caelum ipsum petit?
3. Per quod vitium petitur caelum ipsum?

R134 Interdum audācēs efficit ipse timor.—Werner

1. Quid interdum timor agit?
2. Quotiēns ex timidīs ipsō timōre audācēs fīunt?
3. Quō auxiliō timidī magis nōn numquam audent?

interdum (adverbial): *sometimes* (nōn numquam)

4. Per quid ex timidīs audācēs fīunt?
5. Quō auxiliō perīculum numquam vincitur?
6. Quī per timōrem ipsum nōn numquam audāciōrēs fīunt?

R135 Crēscit amor nummī quantum ipsa pecūnia crēscit.—Juvenal

nummus-ī, m: general term for *piece of money* (pecūnia signāta)

1. Sī pecūnia crēscit, quid eōdem tempore crēscit?
2. Quantum crēscit amor nummī?
3. Quid cupiunt ipsī quī plūs habent?
4. Quid eō magis crēscit quō magis pecūnia crēscit?
5. Quid tantō magis crēscit quantō magis pecūnia crēscit?

R136 Quisquis in vītā suā parentēs colit, hic et vīvus et dēfūnctus deīs est cārus.—Stobaeus (translation)

dēfūnctus-a-um: mortuus

quisquis, quidquid: *whoever, whatever*

1. Quid patitur is quī parentēs suōs colit?
2. Estne hic post mortem fēlīx?
3. Estne hic fēlīx dum vīvit?
4. Ā quibus colitur quī parentēs suōs colit?
5. Quem dī amant?
6. Quibus placet quisquis parentēs colit?

R137 Fortēs adjuvat ipsa Venus.—Tibullus

R138 Malitia ipsa maximam partem venēnī suī bibit.—Seneca

1. Quod vitium habet malus?
2. Quantam partem venēnī bibit malus?
3. Cui malitia nocet?

R139 Senectūs ipsa est morbus.—Terence

senectūs, senectūtis, f: *old age*

R140 Nūllī est hominī perpetuum bonum.—Plautus

1. Cui est perpetuum bonum?
2. Cui Fortūna semper favet?
3. Quis bonum semper habet?
4. Quem Fortūna semper adjuvat?
5. Quō modō nēmō semper vīvit?

Now read Narrative Readings 2 and 3.

NEW NOUNS	ratiō, ratiōnis, f senectūs, senectūtis, f
NEW PRONOUNS	quisquis, quidquid: *whoever, whatever*
NEW VERBS	dēest/---
NEW INDECLINABLES	interdum (adv): *sometimes* propter (preposition with acc): *because of* tamquam (*tam* and *quam*, conjunction): *as if* quō . . . comparative, eō . . . comparative: *the . . the*

The sixteen special adjectives in this lesson must be learned as vocabulary items.

LESSON TWENTY: Deponents

You have worked hard to learn that *-tur* and *-ntur* show the passive voice; in this lesson you will find certain verbs which have these same endings but are obviously different from the passives you have seen. Just how do they differ? Study the following examples:

Puer lupum petit.	The boy attacks the wolf.
Ā puerō lupus petitur.	The wolf is attacked by the boy.
Puer lupum sequitur.	The boy follows the wolf.
Puerum lupus sequitur.	The wolf follows the boy.
Hospes dōnum amat.	The guest likes the gift.
Hospes dōnum mīrātur.	The guest admires the gift.
Mulier verbum servō dīcit.	The woman speaks a word to the slave.
Mulier cum servō loquitur.	The woman talks with the slave.
Mulier servum alloquitur.	The woman addresses the slave.
Puer perit.	The boy dies.
Puer moritur.	The boy dies.

EXPLANATION OF STRUCTURE: DEPONENTS

These new verbs are called *deponents* because they have put aside (*dē-* and *pōnit*) the active forms; these verbs do not have forms with the endings *-t* and *-nt*. There is thus no contrast between active and passive in the *finite* forms (those with personal endings.)[1] Some of these verbs are intransitive (take no direct object) like *īrāscitur*; others take direct objects but like *facit* and *vult* do not have a contrast between active and passive. What deponent verb have we been using for many lessons, a verb which has the endings *-tur* and *-ntur* but not *-t* and *-nt*?

[1] See Lesson Twenty-two.

The finite forms of deponents have no active endings, but there are a few active forms, among them the imperfective participle (Lesson Twelve).

moriēns	morientēs
morientem	morientēs
morientī (-e)	morientibus
morientī	morientibus
morientis	morientum (morientium)

Moriēns means *dying*; the perfective participle *mortuus* means *having died*, i.e., perfective participles of deponent verbs are active in meaning.

When you see a verb in *-tur* with an accusative, you know that it might be a deponent as in S102, *Multī fāmam . . . verentur*. However, if you see a sentence like S101, *Homō . . . moritur*, you cannot tell whether the verb is passive or deponent.

You must therefore learn which verbs are deponents. In this lesson you will meet ten of the most common.

imitātur: *imitates*	moritur: *dies*
īrāscitur: *is angry*	nāscitur: *is born*
loquitur: *speaks*	patitur: *allows, endures*
mentītur: *tells a lie*	sequitur: *follows*
mīrātur: *admires*	verētur: *fears, respects*

BASIC SENTENCES

S99 Nōn omnēs eadem mīrantur amantque. -HORACE

People do not all love and admire the same things.

Quās rēs nōn omnēs mīrantur?
Mīranturne omnēs carmina Horātiī?
Placetne omnibus gaudēns?
Quibus gaudēns placet? (Cōnfer Exemplar septuāgēsimum septimum)
Quid cuique maximē placet? (Cf. Exemplar septuāgēsimum sextum)

S100 Vir sapit quī pauca loquitur. -ANON.

The man is wise who talks but little.

Quid agit vir sapiēns?
Quid agit vir pauca loquēns?
Quid agēns vir sapit?
Cujus verba pauca sunt?

S101 Homō totiēns moritur quotiēns āmittit suōs. -PUBLILIUS SYRUS

A person dies as often as he loses his loved ones.

Quotiēns homō moritur?
Vīvitne homō, āmissīs suīs?
Quantum dolet pater quī nātum āmittit?

S102 Multī fāmam, cōnscientiam paucī verentur. -PLINY

Many fear rumor but few fear their own conscience.

Quot opīniōnem hominum timent?
Multīs fāmam verentibus, quot cōnscientiam suam timent?
Utrum fāma an cōnscientia plūs valet?
Num fāmam sequitur cōnscientiam verēns?

num? introduces a question which expects a negative answer.

S103 Poēta nāscitur, ōrātōr fit. -ANON.

A poet is born but an orator is made.

Utrīus ars superior est?
Cujus auxiliō ōrātor fit?
Quis poētās creat?

PATTERN PRACTICE, Part One

Purpose: to learn deponent lexical items.
Directions: give a synonym for each deponent verb in the left-hand column.

Rēx numquam moritur.	Rēx numquam perit.
Aetās aetātem sequitur.	Aetās aetātī succēdit.
Vir mulierem suam mīrātur.	Vir mulierem suam amat.
Māter citō īrāscitur.	Māter citō īram sentit.
Mulier cum servō loquitur.	Mulier servō verbum dīcit.
Puer tempore fēlīcī nāscitur.	Puer in vītam tempore fēlīcī venit.
Malus bonum imitātur.	Malus bonum simulat.
Homō fortūnam patitur.	Homō fortūnam fert.
Sapiēns Deum verētur.	Sapiēns Deum colit.
Fūr mentītur.	Fūr vēritātem nōn dīcit.

PATTERN PRACTICE, Part Two

Directions: give a deponent synonym for each verb in the left-hand column.

Puerī saepe vēritātem nōn dīcunt.	Puerī saepe mentiuntur.
Hōrae hōrīs succēdunt.	Hōrae hōrās sequuntur.
Omnēs eadem nōn amant.	Omnēs eadem nōn mīrantur.
Dominī saepe īram sentiunt.	Dominī saepe īrāscuntur.
Stultī prūdentēs simulant.	Stultī prūdentēs imitantur.
Nātī patrem suum colunt.	Nātī patrem suum verentur.
Servī dominō verba dīcunt.	Servī cum dominō loquuntur.
Dī numquam pereunt.	Dī numquam moriuntur.
Hominēs nūdī in vītam veniunt.	Hominēs nūdī nāscuntur.
Sapientēs fortūnam ferunt.	Sapientēs fortūnam patiuntur.

SELF TEST

A. Complete each of the following sentences with a different deponent verb:

1. Mala lingua saepe m-______.
2. Similis īnsānō est is quī ī-______.
3. Mulierēs vestem semper mī -______.
4. Mors vītam semper s-______.
5. Omnis quī n-______ mortālis est.
6. Sapiēns malam fortūnam fortiter p-______.
7. Post breve tempus mo-______ homō.
8. Saepe homō quantō plūs l-______, tantō minus sapit.
9. Quisquis in vītā suā parentēs v-______, ille dīs grātus est.
10. Qui sapientem ī-______ saepe ipse sapiēns fit.

B. Rewrite the above sentences, substituting the synonyms you have learned for each deponent verb and making any necessary changes.

READINGS

Nine of the verb forms in the following Readings are deponents; Which are they? (One of them is not a finite verb form.)

R141 Glōria . . . virtūtem tamquam umbra sequitur.—Cicero

1. Cui similis est glōria, virtūtem sequēns?
2. Cui succēdit glōria?
3. Cujus umbra est glōria?

R142 Quī dat beneficia deōs imitātur.—Seneca

1. Quis deōs imitātur?
2. Vir dāns beneficia, quibus similis est?
3. Quibuscum comparātur ille?

R143 Frōns, oculī, vultus persaepe mentiuntur; ōrātiō . . . saepissimē.—Cicero

1. Quid agit ōrātiō saepissimē?
2. Quid maximē mentītur?

R144 Fortiter malum quī patitur īdem post[2] patitur bonum.—Plautus

R145 Numquam sapiēns īrāscitur.—Cicero

1. Quid agēns nēmō sapit?
2. Num sapit quī īrāscitur?
3. Num īrāscitur quī sapit?

R146 Jūdex damnātur cum nocēns absolvitur.—Publilius Syrus

absolvit/absolvitur
damnat/damnātur

R147 Quem dī dīligunt, adulescēns moritur, dum valet, sentit, sapit.—Plautus

dīligit/dīligitur = amat, colit
sentit/sentītur

R148 Cui sunt multa bona, huic dantur plūrima dōna.—Bible

1. Quot dōna accipit dīves?
2. Quot dōna accipit inops?
3. Cujus dōna plūrima sunt?
4. Ā quālī homine pauca dōna accipiuntur?
5. Cui hospes plūrima dōna dat?

R149 Aurō loquente, sermō omnis inānis est.—Greek proverb

1. Quō tempore verbum nihil valet?
2. Quāle fit omne verbum sī nummus loquitur?
3. Quid in mundō maximē valet?
4. Per quid fit omnis sermō inūtilis?
5. Quid est majus verbīs?

aurum-ī, n: *gold*
sermo, sermōnis, f: *speech*
inānis-e: *empty*

[2] If an accusative patterns with this word, it is a preposition. If there is no accusative, it is an adverbial.

R150 Plērīque Deum vōcibus sequuntur, mōribus autem fugiunt.—Anon

1. Quō auxiliō multī Deum petunt?
2. Quō auxiliō plērīque nōn sequuntur?
3. Quot hominēs in vītā suā Deum sequuntur?
4. Quis vōcibus petitur, mōribus fugitur?
5. Quālēs mōrēs Deus vult?
6. Deum verbīs secūtī, quid multī agunt?

plērīque, plēraeque, plēraque: *very much, very many*

mōs, mōris, m: *custom, habit; character, morals*

Now read Narrative Readings 4 and 5.

NEW NOUNS	aurum-ī, n	poēta-ae, m
	mōs, mōris, m	sermō, sermōnis, m
	ōrātor, ōrātōris, m	

NEW VERBS	---/imitātur	---/mīrātur	---/patitur
	---/īrāscitur	---/moritur	---/sequitur
	---/loquitur	---/nāscitur	---/verētur
	---/mentītur		

NEW ADJECTIVES
inānis-e
plērīque, plēraeque, plēraque

NEW QUESTION WORDS
num? introduces a question which expects a negative answer

LESSON TWENTY-ONE: **The Verbal Nouns**

We have seen that many Latin verbs have corresponding nouns: for example, *īrāscitur* and *īra, moritur* and *mors, vincit* and both *victor* and *victōria, sapit* and *sapientia*. But we can never be sure of the corresponding noun until we look in the dictionary.

We have in Latin, as in many languages, *predictable nouns* for every regular verb; that is, once you know the verb you can form these nouns. One predictable noun is called the *infinitive,* another the *gerund.* Both are considered to be singular.

MORPHOLOGY OF THE IMPERFECTIVE INFINITIVE

	Active	*Passive*
amat	amāre, *(to) love*	amāri, *(to) be loved*
videt	vidēre, *(to) see*	vidērī, *(to) be seen*
regit	regere, *(to) rule*	regī, *(to) be ruled*
audit	audīre, *(to) hear*	audīrī, *(to) be heard*

MORPHOLOGY OF THE GERUND

Acc	ad amandum	ad videndum	ad regendum	ad capiendum	ad audiendum
Abl	amandō	videndō	regendō	capiendō	audiendō
Dat	amandō	videndō	regendō	capiendō	audiendō
Gen	amandī	videndī	regendī	capiendī	audiendī

The English morpheme is *-ing*: *for loving,* etc.

EXPLANATION OF STRUCTURE

Both infinitive and gerund may be modified by adverbs, but not by adjectives.

The infinitive functions in the sentence like a neuter noun; it has only one form which is nominative and accusative singular. The regular morpheme in Latin is *-re* for the imperfective active infinitive and *-rī* for the imperfective passive infinitive (except for one sizeable group of verbs which has *-ī* for the passive). For the infinitives of a few irregular verbs see Lesson Twenty-three. The infinitive[1] appears.

(a) In the environment of a few verbs. Among them are:

potest: *is able, can*	vidētur: *seems*
dēbet: *ought*	vult: *wants, wishes*
solet: *is accustomed*	

(b) In an A=B construction.

English has two infinitives. One is called the *marked infinitive* because it is marked by *to*. This infinitive patterns with almost any verb:

He went away	
He wanted	
He tried	
He got up in the morning	
He stayed up all night	*to buy* a hat.
He fell all over himself	
He refused	
He asked his friends	
He saved up money	

The *unmarked infinitive*, however, patterns with only a few auxiliary verbs; most of these do not have the *-s* ending in the third singular:

He can	
He could	
He may	
He might	
He shall	
He should	*buy* a hat
He will	
He would	
He must	
He does	
He did	

The Latin infinitive, on the other hand, appears with only a few verbs. What are the five we have had? Common A=B expressions are: -re est proprium; -re est honestum; -re est tūtum; -re est stultum. In such expressions a common English equivalent is the *-ing* form: Bibere est stultum = Drinking is stupid. Often English would use an ordinary noun: Morī prō patriā est dulce = Death for one's country is pleasant.

[1]For other infinitives and other uses of the infinitive, see Lessons Twenty-seven and Twenty-eight.

The gerund occurs in the ablative, dative (very rare), genitive, and in the accusative as object of a few prepositions (most commonly the preposition *ad*), never as subject, object, or complement. *Ad* with the accusative of a gerund answers the question *quō cōnsiliō? (for what purpose?)*. The same question can be answered by the genitive of the gerund followed by *causā*. The morpheme for the gerund is always *-nd-*. English has a gerund, the form in *-ing*. Note that the infinitive "to run" and the gerund "running" are interchangeable in English as subject or object:

To *shoot* robins is illegal.	I like *swimming*.
Shooting robins is illegal.	I like *to swim*.

In general the uses of the gerund are rather alike in English and Latin. This means that if you observe the *-nd-* morpheme and the case endings, you should have no trouble. Both the infinitive and the gerund[2] can occur with an object.

BASIC SENTENCES

S104 Nēmō . . . regere potest nisī quī et regī. -SENECA

No one can govern who cannot also be governed.

Quis regere potest?
Quid saepe agere potest quī regī potest?

S105 Et monēre et monērī proprium est vērae amīcitiae. -CICERO

Both giving and taking advice is proper to real friendship.

Quid est proprium amīcitiae?
Quibus hominibus est proprium et monēre et monērī?
Quī et monēre et monērī dēbent?
Quid agere et patī dēbent vērī amīcī?

S106 Et facere et patī fortia Rōmānum est. -LIVY

Both to do and to suffer brave deeds is the Roman way.

Quās rēs Rōmānī facere dēbent?
Quibus similēs sunt eī quī fortia faciunt?
Quōs eī imitantur?

[2]There are certain restrictions for the gerund with an object which are not discussed in detail in this text.

S107 Sōlem . . . ē mundō tollere videntur quī amīcitiam ē vītā tollunt. -CICERO

Those who remove friendship from life seem to remove the sun from the sky.

Cui reī amīcitia similis est?
Quid tollunt quī amīcitiam tollunt?
Cujus lūx mundum nūtrit?
Quid agere vidētur homō amīcitiam ē vītā tollēns?
Quid agēns homō sōlem ē mundō tollere vidētur?

S108 Trīste . . . est nōmen ipsum carendī. -CICERO

The very word "want" is oppressive.

Num fēlīx est quī caret?

S109 Hominis . . . mēns discendō alitur et cōgitandō. -CICERO

The mind of man is nourished by learning and thinking.

Quō auxiliō mēns hominis alitur?
Quālis vir fit quī discit et cōgitat?
Quid patitur vir discēns et cōgitāns?
Num crēscit corpus cōgitandō?

PATTERN PRACTICE, Part One

Purpose: to learn the imperfective infinitive.
Directions: change the utterance by adding *potest* and transforming the verb to the imperfective infinitive to show that the subject *can* do the action. Example: Numquam perīculum sine periculō vincī potest. (Danger can never be overcome without danger.)

Magna dī cūrant.	Magna dī cūrāre possunt.
In marī piscēs capiuntur.	In marī piscēs capī possunt.
Labor omnia vincit.	Labor omnia vincere potest.
Ā cane aper tenētur.	Ā cane aper tenērī potest.
Verba movent.	Verba movēre possunt.
Exempla trahunt.	Exempla trahere possunt.
Caesar omnia regit.	Caesar omnia regere potest.
Crūdēlis lacrimīs pāscitur.	Crūdēlis lacrimīs pāscī potest.
Oculī ducēs sunt.	Oculī ducēs esse possunt.
Sapientēs fortūnam ferunt.	Sapientēs fortūnam ferre possunt.

PATTERN PRACTICE, Part Two

Directions: add *dēbet* to show that the subject *ought* to do the action. Example: Fūrem fūr cognōscere dēbet. (A thief should recognize a thief.)

Antīquā veste pauper vestītur.	Antīquā veste pauper vestīrī dēbet.
Rem amīcus quaerit.	Rem amīcus quaerere dēbet.
Saepe malum petitur.	Saepe malum petī dēbet.
Saepe bonum fugitur.	Saepe bonum fugī dēbet.
Stultī fortūnam timent.	Stultī fortūnam timēre dēbent.

Now add *vult* to show that the subject *wants* to the action. Example: Deus humilibus grātiam dare vult. (God wants to give grace to the humble.)

Hominēs oculīs crēdunt.	Hominēs oculīs crēdere volunt.
Nēmō corporī servit.	Nēmō corporī servīre vult.
Glōria virtūtem sequitur.	Glōria virtūtem sequī vult.
Nōn omnēs eadem mīrantur.	Nōn omnēs eadem mīrārī volunt.
Paucī cōnscientiam verentur.	Paucī cōnscientiam verērī volunt.

PATTERN PRACTICE, Part Three

Directions: add *solet* to show that the subject *usually* does the action. Example: Oculī mentīrī solent. (Eyes are accustomed to lie, or Eyes usually lie.)

Glōria virtūtem sequitur.	Glōria virtūtem sequī solet.
Gravis īra rēgum est.	Gravis īra rēgum esse solet.
Gaudēns gaudentī placet.	Gaudēns gaudentī placēre solet.
Occāsiō facile āmittitur.	Occāsiō facile āmittī solet.
Imāgō animī vultus est.	Imāgō animī vultus esse solet.

Now add *vidētur* to show that the subject *seems* to do the action. Example: Sapiēns vir pauca loquī vidētur. (The wise man seems to talk little.)

Vōx audīta perit.	Vōx audīta perīre vidētur.
Vulpēs fraudem vult.	Vulpēs fraudem velle vidētur.
Sapiēns deōs imitātur.	Sapiēns deōs imitārī vidētur.
Omnia eum timent.	Omnia eum timēre videntur.
Deus superbīs resistit.	Deus superbīs resistere vidētur.

PATTERN PRACTICE, Part Four

Purpose: to learn the gerund.

Directions: A popular saying is *Dīcendō dīcere discunt.* (They learn to speak by speaking.) On this model, answer the following:

Quō auxiliō loquī discunt?	Loquendō loquī discunt.
Quō auxiliō docēre discunt?	Docendō docēre discunt.
Quō auxiliō scrībere discunt?	Scrībendō scrībere discunt.
Quō auxiliō tacēre discunt?	Tacendō tacēre discunt.
Quō auxiliō crēdere discunt?	Crēdendō crēdere discunt.
Quō auxiliō cōgitāre discunt?	Cōgitandō cōgitāre discunt.
Quō auxiliō patī discunt?	Patiendō patī discunt.
Quō auxiliō laudāre discunt?	Laudandō laudāre discunt.
Quō auxiliō pingere discunt?	Pingendō pingere discunt.

PATTERN PRACTICE, Part Five

Purpose: same as Part Four.
Directions: What is life? It is the condition of living. On this model answer the following:

Quid est vīta?	Vīta est condiciō vīvendī.
Quid est gaudium?	Gaudium est status gaudendī.
Quid est labor?	Labor est āctus labōrandī.
Quid est mors?	Mors est condiciō moriendī.
Quid est laus?	Laus est āctus laudandī.
Quid est timor?	Timor est sēnsus timendī.
Quid est doctrīna?	Doctrīna est effectus docendī.
Quid est imitātiō?	Imitātiō est āctus imitandī.
Quid est ēloquentia?	Ēloquentia est facultās loquendī.
Quid est flētus?	Flētus est āctus flendī.

PATTERN PRACTICE, Part Six

Purpose: to learn the use of the gerund with *ad* or *causā* to express purpose.
Directions: transform the accusative with *ad* to the genitive with *causā*. Note that *causā* regularly follows its gerund. Practice also the reverse transformation.

Rēx pūgnat ad vincendum.	Rēx pūgnat vincendī causā.
Auctor scrībit ad vīvendum.	Auctor scrībit vīvendi causā.
Dux tacet ad audiendum.	Dux tacet audiendī causā.
Ōrātor labōrat ad discendum.	Ōrātor labōrat discendī causā.
Hospes manet ad edendum.	Hospes manet edendī causā.

Canis lātrat ad excitandum.	Canis lātrat excitandī causā.
Puer flet ad dēcipiendum.	Puer flet dēcipiendī causā.
Aper currit ad effugiendum.	Aper currit effugiendī causā.
Lupus venit ad bibendum.	Lupus venit bibendī causā.
Vir quiēscit ad dormiendum.	Vir quiēscit dormiendī causā.

SELF TEST

Note: The *imperfective infinitive* of every verb can be found in the vocabulary. It is the second form listed (the first being the first person singular: *habeō*, I have). Nearly all verbs form the infinitive by adding *-re* to a vowel which is *-ā-*, *-ē-*, *-e-*, or *-ī-*. This vowel is the conjugation marker. See next lesson.

A. Transform the following finite verbs into an infinitive and add a verb like *dēbet, vult,* etc.

1. Mulier sōla male cōgitat.
2. Post trēs diēs hospes vīlēscit.
3. Nōn aurem facilem habet fēlīcitās.
4. Dī parva neglegunt.
5. Flēns flentī placet.

B. Now do the opposite; delete the main verb and change the infinitive to a finite verb.

1. Tempore fēlīcī multī numerārī videntur amīcī.
2. Vincere omnia potest vēritās.
3. Vīnō corrumpī solet aetās.
4. Bēstia quaeque suōs nātōs cum laude corōnāre vult.
5. Necessitūdō timidōs fortēs facere vidētur.

READINGS

R151 Ōre plēnō vel bibere vel loquī nec honestum nec tūtum.—Petrus Alphonsus (?)

vel: *or* (vel . . . vel: *either . . . or*)
nec: *and not*
nec . . . nec: *neither . . . nor*

R152 Dulce et decōrum est prō patriā morī.—Horace

decōrus-a-um: *proper, fitting*

R153 Multōs timēre dēbet quem multī timent.—Publilius Syrus

Quis multōs timēre dēbet?

R154 Stultum facit Fortūna quem vult perdere.—Publilius Syrus

Quem Fortūna stultum facit?

R155 Ōrātor est vir bonus, dīcendī perītus.—Cato

1. Cujus reī perītus est ōrātor?
2. Quid ōrātor facere potest?

perītus-a-um: *experienced*

R156 Stultum est querī dē adversīs ubi culpa est tua.—Publilius Syrus

---/queritur: *complains*
tuus-a-um: *your*

R157 Nōn sentīre mala sua nōn est hominis, et nōn ferre, nōn est virī.—Seneca

1. Cujus est mala sua sentīre?
2. Cujus est mala sua ferre?

R158 Difficile est longum subitō dēpōnere amōrem.—Catullus

1. Quid nōn est facile?
2. Quālis amor facile dēpōnitur?
3. Quō modō nēmō amōrem longum dēpōnit?

dēpōnit/dēpōnitur

R159 Omnia mors poscit; lēx est, nōn poena, perīre.—Seneca

poscit/poscitur: (petit) *demands*

R160 Nīl agentī diēs longus est.—Seneca

1. Cui diēs longus est?
2. Quid agit, cui diēs longus est?
3. Sī quis labōrat, quantus esse diēs vidētur?
4. Cujus diēs longus est?
5. Quō auxiliō diem homō longum facit? Nihil age---.

R161 Nihil agendō hominēs male agere discunt.—Marcus Cato

1. Quō auxiliō hominēs male agere discunt?
2. Quō auxiliō bene agere discunt?
3. Quō auxiliō fit vir strēnuus ac fortis?
4. Num quis bonus fit labōrem fugiendō?

R162 Legendī semper occāsiō est, audiendī nōn semper.—Pliny the Younger

1. Quid Plīnius numquam nōn agere poterat? Plīnius-ī, m
2. Quid Plīnius nōn numquam agere poterat?
3. Cujus reī occāsiō facile āmittitur?
4. Cujus reī occāsiō saepe offertur?

R163 Vigilandō, agendō, bene cōnsulendō prospera omnia cēdunt.—Sallust

Quō auxiliō omnia prospera sunt?

R164 Ūnus homō nōbīs[3] cūnctandō restituit rem.[4]—Ennius

1. Quō auxiliō Q. Fabius Maximus rem pūblicam servat?
2. Cui Maximus Cūnctātor patriam servat?
3. Quō cōnsiliō Q. Fabius Maximus cūnctātur? Ad rem restitue___.

---/cūnctātur: *delays*
restituit/restituitur

R165 Nūlla causa jūsta cuiquam esse potest contrā patriam arma capiendī.—Cicero (adapted)

quisquam, quaequam: *anyone*
quidquam, quicquam: *anything*

R166 Ut ad cursum equus, ad arandum bōs, ad indāgandum canis, sīc homō ad duās rēs, ad intellegendum et ad agendum, est nātus.—Cicero (adapted)

1. Quō cōnsiliō equus nātus est?
2. Quō cōnsiliō bōs nātus est?
3. Quō cōnsiliō canis nātus est?
4. Quō cōnsiliō homō nātus est?

ut . . . sīc: cf. R20
ad cursum: ad currendum
est nātus: *has been born*
equus-ī, m
bōs, bovis, m

R167 Breve . . . tempus aetātis; satis est longum ad bene honestēque vīvendum.—Cicero

1. Quō cōnsiliō nātus est homō?
2. Estne tempus breve bene honestēque vīventī?
3. Hominī, quid agentī, diēs longus est?

R168 Timendī causa est nescīre.—Seneca (?)

1. Quid est causa timendī?
2. Quid est īgnōrantia?
3. Quālis homō timet?
4. Quō auxiliō aliquis timidus fit? Nescie___.

nescit/---: *does not know*
īgnōrantia-ae, f

NEW NOUNS
amīcitia-ae, f.
sōl, sōlis, m.

[3]Dative plural = *for us*; see Lesson Twenty-two.

[4]Said of Quintus Fabius Maximus, victor over Hannibal, and afterwards given the surname of *Cūnctātor*. Why?

NEW VERBS

---/cūnctātur
monet/monētur
nescit/---
poscit/poscitur
potest/---
solet/---
tollit/tollitur

NEW ADJECTIVES

decōrus-a-um (decōrē)
perītus-a-um
proprius-a-um
Rōmānus-a-um
trīstis-e
tuus-a-um

NEW PRONOUNS

quisquam, quaequam, quidquam (quicquam): *anyone, anything*

NEW INDECLINABLES

vel: *or* (vel . . . vel: *either . . . or*)
While *aut* indicates that a choice must be made (Nihil rēctē sine exemplō aut docētur aut discitur), *vel* shows that the two items are not mutually exclusive (as in R151). Perhaps these jingles will help you to remember:

Aut means you must throw one *out*.
Vel means either will do as *well*.

nec: *and not*
nec . . . nec: *neither . . . nor*

NEW QUESTION WORD

Quō cōnsiliō? *With what purpose?*

REVIEW LESSON FIVE

READINGS

R169 Mors lupī agnīs vīta.—Anon.

1. Sī lupus moritur, quid agunt agnī?
2. Quā condiciōne vīvunt agnī?
3. Estne mors lupī agnīs grāta?
4. Quibus nocet lupus vīvus?
5. Quōrum hostis est lupus vīvus?
6. Sī lupus vīvit, quid patiuntur agnī?

R170 Omnis ars nātūrae imitātiō est.—Seneca

1. Quid ars imitātur?
2. Cui ars similis est?

R171 Vitiīs nēmō sine[1] nāscitur; optimus ille est quī minimīs urgētur.—Horace

urget/urgētur

R172 Ipsa scientia potestās est.—Bacon

potestās, potestātis, f

1. Quid multum valet?
2. Quis multum valet?

R173 Fortūna meliōrēs sequitur.—Sallust

1. Quōrum est fortūna fēlīx?
2. Quō modō vīvunt pejōrēs?
3. Quōrum est fortūna mala?
4. Quibus fortūna favet?

[1] *Sine* is here separated (most unusually) from the word it patterns with, *vitiīs*.

R174 Dulcis amor patriae, dulce vidēre suōs.—Anon.

1. Quae rēs est dulcis?
2. Quid est dulce?
3. Quid omnēs amant?
4. Quōs quisque amat?
5. Quōs omnēs vidēre volunt?

R175 Avārus, nisī cum moritur, nīl rēctē facit.—Publilius Syrus

1. Cujus mors grāta est?
2. Quibus est mors avārī grāta?
3. Agitne rēctē avārus cum moritur?
4. Agitne avārus rēctē dum vīvit?

R176 Vīta ipsa . . . brevis est.—Sallust

1. Sī vīta brevis, quid longum?
2. Cujus vīta brevis est?

R177 Mors sequitur, vīta fugit.—Burton

R178 Aliud aliīs vidētur optimum.—Cicero (?)

1. Quid volunt aliī?
2. Sī multī hominēs, quot sententiae?

R179 Quid est sapientia? Semper idem velle atque idem nōlle.—Seneca

nōlle is the negative of *velle*. The 3rd per. sg. is *nōn vult*.

1. Cujus voluntās semper mūtātur?
2. Quid facit sapiēns?
3. Cujus est idem semper velle, idem semper nōlle?

R180 Stat sua cuique diēs.—Vergil

1. Quem manet sua mors?
2. Cui mors certa est?
3. Quid patiuntur omnēs quī nāscuntur?

R181 Ars est cēlāre artem.—Anon.

1. Quid est ars?
2. Quō auxiliō ars ipsa cēlātur?

R182 Nec mortem effugere quisquam nec amōrem potest.—Publilius Syrus

1. Quid est prīmum quod quisquam effugere nōn potest?
2. Quid est alterum?
3. Quae duae rēs quemque semper tenent?
4. Quod perīculum nēmō effugit?

R183 Trahit sua quemque voluptās.—Vergil

1. Quō auxiliō quisque trahitur?
2. Quid quisque sequitur?
3. Cui reī quisque servit?
4. Cujus reī servus est quisque?

R184 Multī sunt quī scīre volunt sed discere nōlunt.—Werner

1. Quibus scientia placet?
2. Quibus studium placet?
3. Quō auxiliō hominēs multum possunt?

R185 Saepe solet similis fīlius esse patrī.—Werner

1. Quotiēns fīlius patrem imitātur?
2. Cujus mōrēs imitātur fīlius?
3. Quis patrem sequitur?
4. Quid sequitur fīlius?
5. Unde fīlius suōs mōrēs discit?

R186 Amāre et sapere vix deō concēditur.—Publilius Syrus

vix (adv.): *hardly*

R187 Stultus stulta loquitur.—Anon.

Make up similar sentences using other adjectives.

R188 Honor sequitur fugientem.—Motto

1. Quam rem fugit quem honor sequitur?
2. Cujus umbra est glōria?
3. Cui succēdit honor?

R189 Ibi potest valēre populus ubi lēgēs valent.—Publilius Syrus

1. Lēgibus valentibus, quid agere potest populus?
2. Gaudetne populus cujus lēgēs dormiunt?
3. Quālis populus est cujus lēgēs validae sunt?

R190 Est quaedam flēre voluptās.—Ovid

1. Quid est quaedam voluptās?
2. Estne flētus ipse voluptās?
3. Quō modō hominēs saepe lacrimant?
4. Ubi posita est quaedam voluptās?

R191 Suō . . . ūnus quisque studiō maximē dūcitur.—Cicero

1. Quid quemque maximē dūcit?
2. Quem suum studium trahit?
3. Cui reī quisque servit?
4. Quantum suum quemque studium dūcit?
5. Placetne suum cuique studium?

R192 In bibliothēcīs loquuntur dēfūnctōrum immortālēs animae.—
Pliny the Elder (adapted)

bibliothēca-ae, f
liber, librī, m
book

1. Ubi auctōrēs mortuī aeternam vītam habent?
2. Quī per librōs suōs vīvunt?
3. Quō auxiliō scriptōrēs immortālēs fīunt?
4. Quōrum auxiliō poētae nōn pereunt?

R193 Nātūrāle est magis nova quam magna mīrārī.—Seneca

nātūrālis-e

1. Quālia comparantur?
2. Quid solet quisque magis mīrārī?
3. Quid solet quisque minus mīrārī?

R194 Nēmō omnibus hōrīs sapit, Nēmō nāscitur sine vitiīs, crīmine Nēmō caret, Nēmō sorte suā vīvit contentus, Nēmō in amōre sapit, Nēmō bonus, Nēmō sapiēns, Nēmō est omnī parte beātus.

(This is adapted from a witty poem by Ulricus Huttenus about a man named Nemo. This version is the one given by Burton, much changed from the original.)

R195 Gaudium . . . nōn nāscitur nisī ex virtūtum cōnscientiā.—Seneca

gaudium-ī, n: *joy*

REVIEW VOCABULARY: Lessons Fifteen - Twenty-one and Review Lesson Five

NOUNS

I	II	III
		aetās, aetātis
amīcitia-ae	annus-ī	calamitās, calamitātis
discordia-ae	aurum-ī	caput, capitis

domina-ae
grātia-ae
jūstitia-ae
memoria-ae
Mūsa-ae
rēgīna-ae
Rōma-ae
pecūnia-ae
poēta-ae

beneficium-ī
dīmidium-ī
dominus-ī
gaudium-ī
liber, librī
membrum-ī
mundus-ī
populus-ī
templum-ī

carmen, carminis
crūdēlitās, crūdēlitātis
flōs, flōris
frāter, frātris
frōns, frontis
imāgō, imāginis
index, indicis
lūx, lūcis
māter, mātris
mōs, mōris
nōmen, nōminis

III

ōdor, odōris
ōpīniō, opīniōnis
ōrātor, ōrātōris
pēs, pedis
ratiō, ratiōnis
salūs, salūtis
sermō, sermōnis
senectūs, senectūtis
sōl, sōlis
sōlitūdō, sōlitūdinis
timor, timōris
urbs, urbis
uxor, uxōris
virtūs, virtūtis
vīs (irreg)

V

speciēs, speciēī
faciēs, faciēī

VERBS

---/cūnctātur
dēest/---
dēlectat/dēlectātur
diffundit/diffunditur
dolet/---
eget/---
favet/---
flet/---
---/imitātur

impōnit/impōnitur
---/īrāscitur
jūdicat/jūdicātur
legit/legitur
---/loquitur
---/mentītur
---/mīrātur
monet/monētur
mordet/mordētur

---/moritur
---/nāscitur
nescit/---
nocet/---
nūbit/---
---/patitur
pingit/pingitur
placet/---
pōnit/pōnitur

VERBS (cont.)

poscit/poscitur
potest/---
praepōnit/praepōnitur
praescrībit/praescrībitur
praeterit/praeterītur
pūgnat/---
resistit/---
scit/---
---/sequitur
servit/---
solet/---
succēdit/exchange to
tollit/tollitur
---/verētur
volvit/volvitur

ADJECTIVES

I & II		III
amplus	proximus	celer
cārus	plērīque	dulcis
decōrus	proprius	inānis
inimīcus	Rōmānus	humilis
lātus	sēcūrus	īnsipiēns
līber	superbus	similis
miser	tuus	dissimilis
nōtus	tūtus	trīstis
paucī	validus	
perītus	vērus	

SPECIAL ADJECTIVES

alter-a-um
alius-a-ud
hic, haec, hoc
īdem, eadem, idem
ille, illa, illud
ipse, ipsa, ipsum
is, ea, id
iste, ista, istud
neuter-tra-trum
nūllus-a-um
sōlus-a-um
tōtus-a-um
ūllus-a-um
ūnus-a-um
uter, utra, utrum
uterque, utraque, utrumque

PRONOUNS

quisquam, quaequam, quidquam (quicquam)
quisque, quidque
quisquis, quidquid

INDECLINABLES

aut
autem
bis
contrā
et . . . et . . .
interdum
nec (neque)
nec . . . nec
nisī
post
praeter
propter
quantō . . . tantō
quō . . . eō
sat
semel
tam
tamquam
tantum
totiēns
vel
vix

QUESTION WORDS

cui?	cujus reī?	quibus?	quōrum?
cui reī?	num?	quibus rēbus?	
cujus?	quārum rērum?	quō cōnsiliō?	

Review the paradigms in Lessons Eighteen and Nineteen. Test yourself by giving paradigms of words in the Review Vocabulary.

LESSON TWENTY-TWO: **Person Endings**

EXPLANATION OF STRUCTURE: HOW THE LATIN VERB SYSTEM WORKS

Here is a thumbnail sketch of the Latin verb. You are not expected to memorize the information in this section. It is intended only as a map for the next dozen lessons; refer to it frequently. As you meet each new point, this section will enable you to locate it properly within a larger framework.

VOICE AND NUMBER

You already know that the Latin verb has active and passive forms, and singular and plural number.

PERSON

So far you have met finite verbs only in the third person. There are also first and second person forms. The person endings, active and passive, are as follows:

ACTIVE		PASSIVE	
singular	plural	singular	plural
-m, -ō, *I*	-mus, *we*	-r, -or, *I*	-mur, *we*
-s, *you*	-tis, *you*	-ris, *you*	-minī, *you*
-t, *he, she, it,* etc.	-nt, *they*	-tur, *he, she, it,* etc.	-ntur, *they,* etc.

These endings are the same for all types of finite verbs. They correspond closely to the English system, the two chief differences being these: (1) person in Latin is shown by the ending of the verb, person in English by a pronoun and (2) Latin distinguishes between *you* singular and *you* plural, while English does not.

THE LATIN VERB SYSTEM

INDICATIVE

	Past Time	*Present* Time	*Future* Time
Imperfective Aspect	#1 amābat vidēbat regēbat audiēbat	#2 amat videt regit audit	#3 amābit vidēbit reget audiet
Perfective Aspect	#4 amāverat vīderat rēxerat audīverat	#5[1] amāvit vīdit rēxit audīvit	#6 amāverit vīderit rēxerit audīverit

SUBJUNCTIVE

	Past Time	*Present* Time
Imperfective Aspect	#7 amāret vidēret regeret audīret	#8 amet videat regat audiat
Perfective Aspect	#9 amāvisset vīdisset rēxisset audīvisset	#10 amāverit vīderit rēxerit audīverit

IMPERATIVE

#11

Singular	Plural
amā	amāte
vidē	vidēte
rege	regite
audī	audīte

[1] In literature this tense is usually a past tense; see next lesson.

MOOD

The Latin verb has three *moods*. So far you have met only the *indicative* mood, which makes an assertion (*Rem quaerit amīcus*: A friend wants assistance) or which asks a question requiring an assertion in answer (*Quaeritne rem amīcus?*: Does a friend want assistance?).

The chief use of the *subjunctive* mood is to contrast with assertion (*Rem quaerat amīcus*: A friend ought to seek assistance, or A friend might seek assistance). All subjunctives which are main verbs show contrast with assertion; *request* or *wish* or *possibility*. Subjunctives in subordinate clauses may or may not show contrast with assertion, depending upon the environment.

The *imperative* mood gives a command, as in *Rem quaere* (Look for assistance!) addressed to one person, and in *Rem quaerite!* (Look for assistance!) addressed to more than one person.

TIME AND ASPECT

Finally, the Latin verb has different forms of the indicative and subjunctive to show *when* the action occurs (past, present, or future) and *what kind of action* it is (incomplete or complete). These time-aspect contrasts are called *tenses*, whose names are given in the chart, The Latin Verb System, in this lesson.

The subjunctive has four tenses, time-aspect contrasts. The imperative (#11) contrasts only in the singular and plural.

Now that you have seen the whole picture, the next lessons will present these items one at a time. If you can answer the following questions, you have learned what we hoped you would learn:

1. How many moods are there in Latin?
2. What does each mood mean?
3. How many tenses does the indicative mood have?
4. How many tenses does the subjunctive mood have?
5. How many persons are there in Latin?
6. How is person signaled in Latin?
7. How does English show these ideas of time, kind of action, and mood?

MORPHOLOGY OF THE VERB: THE PRESENT IMPERFECTIVE INDICATIVE ACTIVE

From the following contrasting forms you will see that there are four classes or *conjugations* of regular verbs with a characteristic conjugation marker.[2] For the present imperfective form, the signal is zero, i.e., the absence of any other tense, aspect, or mood sign. Notice that the conjugation marker in the second conjugation is shortened before *-ō*, *-t*, and *-nt*. The other conjugations have somewhat complicated changes.[3] Notice that there is a subclass in the third conjugation.

Here are paradigms of sample verbs for each conjugation:

1	2	3	3 - iō	4
(-ā-)	(-ē-)	(-e,-i,-u)	(-e,-i)	(-ī-)
laudō	videō	dīcō	capiō	audiō
laudās	vidēs	dīcis	capis	audīs
laudat	videt	dīcit	capit	audit
laudāmus	vidēmus	dīcimus	capimus	audīmus
laudātis	vidētis	dīcitis	capitis	audītis
laudant	vident	dīcunt	capiunt	audiunt

Irregular verbs are those whose forms differ in some way from the great bulk of verbs. Irregular verbs are always common words; otherwise speakers of the language would regularize them. Here are the chief irregular verbs:

sum	possum	ferō	volō	nōlō	mālō	eō	fīō
es	potes	fers	vīs	nōn vīs	māvīs	īs	fīs
est	potest	fert	vult	nōn vult	māvult	it	fit
sumus	possumus	ferimus	volumus	nōlumus	mālumus	īmus	----
estis	potestis	fertis	vultis	nōn vultis	māvultis	ītis	----
sunt	possunt	ferunt	volunt	nōlunt	mālunt	eunt	fīunt

PERSONAL PRONOUNS

To do the Pattern Practice for this lesson, it will be necessary to learn the Latin *personal pronouns*. You will notice that although they resemble one another, they do not look like the nouns, pronouns, or adjectives which we have met before. Morphologically they form a separate subclass.

[2] The conjugation marker appears before the *-re* ending of the imperfective active infinitive which is given in the vocabulary as the second principal part of a verb. The root of a verb plus the conjugation marker is called the *imperfective stem*.

[3] Changes in the morphemes due to environment are called morphophonemic changes. Cf. English *knife* and *knives*. In Latin a long vowel is regularly shortened: (1) before another vowel; (2) before final *-m*, *-r*, *-t*, *-nt*; (3) before *-nt-* and *-nd-*.

	1st person (I, me, we, us)		2d person (you)	
	Sg	Pl	Sg	Pl
Nom	ego	nōs	tū	vōs
Acc	mē	nōs	tē	vōs
Abl	mē	nōbīs	tē	vōbīs
Dat	mihi, mī	nōbīs	tibi	vōbīs
Gen	meī	nostrum, nostrī	tuī	vestrum, vestrī

	3d person (he, she, it, they)						3d person reflexive (himself, herself, itself, themselves)
	Sg			Pl			Sg & Pl
	m	f	n	m	f	n	
Nom	is	ea	id	eī	eae	ea	------
Acc	eum	eam	id	eōs	eās	ea	sē, sēsē
Abl	eō	eā	eō	eīs	eīs	eīs	sē, sēsē
Dat	eī	eī	eī	eīs	eīs	eīs	sibi
Gen	ejus	ejus	ejus	eōrum	eārum	eōrum	suī

Ego mē videō.	I see myself.
Tū tē vidēs.	You see yourself.
Nōs nōbīs nocēmus.	We harm ourselves.
Vōs vōbīs nocētis.	You harm yourselves.
Is sibi nocet.	He harms himself.
Eī sibi nocent.	They harm themselves.

Cases of the first and second person pronouns other than the nominative (oblique cases) may be used reflexively, i.e., they may refer back to the subject. For the third person, however, the reflexive pronoun is different from the personal pronoun.

The genitive case forms of the third person pronouns, *is, ea, id,* may express possession, e.g., *Dominus ejus, His master*; *Dominus eōrum, Their master*. Otherwise the following possessive adjectives are used.

POSSESSIVE ADJECTIVES

1st person singular	meus-a-um	my, mine
1st person plural	noster-tra-trum	our, ours
2d person singular	tuus-a-um	your, yours
2d person plural	vester-tra-trum	your, yours
3d person reflexive	suus-a-um	his, her, hers, its, their, theirs

Note: Possessive adjectives answer the question: *Cujus?, Quōrum?*

BASIC SENTENCES

S110 Effugere nōn potes necessitātēs; potes vincere.-SENECA

You cannot run away from what is necessary, but you can conquer it.

Quid tū facere potes?[4]
Quid tū nōn potes?[4]
Quid ego possum?[4]
Quid vōs potestis?[4]
Possuntne necessitātēs vincī?

S111 Nōs . . . beātam vītam in animī sēcūritāte pōnimus.-CICERO

We place a blessed life in peace of mind; i.e. In my opinion, happiness lies in peace of mind.

Quis sēcūritātem vult?
Ubi posita est vēra fēlīcitās?
Quis vītam fēlīcem in sēcūrō animō pōnit?
Ubi ego vītam beātam pōnō?[4]
Quid agēns beātus fīs?

S112 Cōgitō, ergō sum.-DESCARTES (?)

I think; therefore I exist.

Make up similar sentences in different persons.

PATTERN PRACTICE

Purpose: to learn the person endings of the verb.
Directions: repeat the utterance, expanding with the proper subject, either noun or personal pronoun.

Male cōgitās.	Tū male cōgitās.
Male cōgitātis.	Vōs male cogitātis.
Male cōgitat.	Mulier male cōgitat.
Male cōgitāmus.	Nōs male cōgitāmus.
Male cōgitō.	Ego male cōgitō.

[4] When the question is in the first person singular, you answer in the second and *vice versa*: "What do *you* see?" "*I* see such-and-such." "What do *I* see?" "*You* see such-and-such." Only in the third person singular and plural and the first person plural can one answer in the same person as the question.

Spērāre bene solet.	Innocēns spērāre bene solet.
Spērāre bene solēmus.	Nōs spērāre bene solēmus.
Spērāre bene soleō.	Ego spērāre bene soleō.
Spērāre bene solētis.	Vōs spērāre bene solētis.
Spērāre bene solēs.	Tū spērāre bene solēs.
Amplius mihi crēdō.	Ego amplius mihi crēdō.
Amplius sibi crēdunt.	Hominēs amplius sibi crēdunt.
Amplius vōbīs crēditis.	Vōs amplius vōbīs crēditis.
Amplius tibi crēdis.	Tū amplius tibi crēdis.
Amplius nōbīs crēdimus.	Nōs amplius nōbīs crēdimus.
Cōnsilium capiō.	Ego cōnsilium capiō.
Cōnsilium capit.	Gladiātor cōnsilium capit.
Cōnsilium capimus.	Nōs cōnsilium capimus.
Cōnsilium capis.	Tū cōnsilium capis.
Cōnsilium capitis.	Vōs cōnsilium capitis.
Nihil invenīmus.	Nōs nihil invenīmus.
Nihil invenit.	Is nihil invenit.
Nihil invenītis.	Vōs nihil invenītis.
Nihil invenīs.	Tū nihil invenīs.
Nihil inveniō.	Ego nihil inveniō.

Irregulars

Amīcī sumus.	Nos amīcī sumus.
Amīcus est.	Is amīcus est.
Amīcī estis.	Vōs amīcī estis.
Amīcus sum.	Ego amīcus sum.
Amīcus es.	Tū amīcus es.
Fraudem vult.	Vulpēs fraudem vult.
Fraudem vīs.	Tū fraudem vīs.
Fraudem volō.	Ego fraudem volō.
Fraudem volumus.	Nōs fraudem volumus.
Fraudem vultis.	Vōs fraudem vultis.

SELF TEST

A. Expand with the correct form of the verb:

coronāre	Nōs nātōs cum laude__________.
nocēre	Tū omnibus miserīs__________.
regere	Dī omnia in caelō__________.

aspicere	Dī mortālia ________.
capere	Ego in harēnā cōnsilium ________.
vestīre	Vōs pauperem honestē ________.
velle	Nōs laudem ________.
esse	Nōs firmāmentum reī pūblicae ________.
esse	Vōs firmāmentum reī pūblicae ________.

B. Identification of nouns naturally becomes more complicated when they are seen in contrast with verbs. Identify at speed the following, first by part of speech, second by case and number for nouns, or person and number for verbs.

effugis	capiō	integritās	vitiō	aprīs
vertō	canis	vestis	regit	operis
labōrāmus	cōgitās	vīvō	undās	vestīs

C. Write paradigms of the seven verbs used in the Pattern Practice in the order given under Morphology of the Verb in this lesson.

D. Rewrite the following sentences in all persons.

Sēsē accūsat ipse. (R212)
Nōn sibi sed patriae. (R203)

READINGS

R196 Certa mittimus dum incerta petimus.—Plautus

1. Quālēs rēs nōs saepe mittimus?
2. Quid tū saepe mittis?[5]
3. Ā quibus certa saepe mittuntur?
4. Ā quibus incerta saepe petuntur?
5. Quālibus rēbus saepe carēmus quī vāna quaerimus?

R197 Animum dēbēs mūtāre, nōn caelum.—Seneca

1. Quid tū mūtāre dēbēs?[5]
2. Quid ego?[5]
3. Quid mūtārī dēbet?
4. Quid mūtārī nōn dēbet?
5. Quī nihil praeter caelum mūtant? (Cf. Exemplar quīnquāgēsimum octāvum)
6. Mūtātō caelō, quid nōn mūtātur?

[5] See footnote 4, this lesson.

R198 Saepius opīniōne quam rē labōrāmus.—Seneca

1. Quō auxiliō vōs plūs labōrātis?[5]
2. Quō auxiliō tū minus labōrās?[5]
3. Quid nōs saepe aegrē ferimus?[5]

R199 Mālō quam bene olēre nīl olēre.—Martial

1. Quid tū māvīs?[5]
2. Quantum Mārtiālis olēre vult?
3. Vultne male olēre?
4. Quis rēctē olet? (Cf. Lēctiōnem quadrāgēsimam quīntam)

R200 Aliēnum nōbīs, nostrum plūs aliīs placet.—Publilius Syrus

1. Quid vōbīs placet?
2. Quid cuique pulchrum est?
3. Quās rēs plūs amāmus?
4. Quās rēs aliī plūs mīrantur?
5. Quibus tuum plūs placet?
6. Quā rē aliī gaudent?

R201 In idem flūmen bis dēscendimus et nōn dēscendimus. Manet enim idem flūminis nōmen; aqua trānsmissa est.[6]—Seneca

trānsmittō-ere
enim (conjunction introducing an explanation): never first in sentence, *for*

R202 Nec habeō nec careō nec cūrō.—Motto

Quantum tū habēs? Quantum tū vīs? Habēsne satis? Transform to different persons.

R203 Nōn sibi sed patriae.—Motto

1. Cui hic homō servit?
2. Cui nōn servit?
3. Quem cūrat?
4. Quem nōn cūrat?
5. Prō quō agit?
6. Prō quō nōn agit?

[6] The Heraclitean idea of "All is in flux."

R204 Bis vincit quī sē vincit in victōriā.—Publilius Syrus

1. Quotiēns vincit quī hostem vincit?
2. Quotiēns vincit quī in victōriā humilis est?

semel: *once*

R205 Mē lūmen, vōs umbra regit.—Sundial inscription

Note: umbra = umbra mortis

R206 Nōn quia difficilia sunt, nōn audēmus; sed quia nōn audēmus, difficilia sunt.—Seneca

R207 Ex ōre tuō tē jūdicō.—Anon.

1. Quis mē condemnat?
2. Unde tū mē condemnās?

condemnō-āre

R208 Sī Deus prō nōbīs, quis contrā nōs?—Paul's epistle to the Romans

1. Quis nōs adjuvat?
2. Deō adjuvante, quis nōbīs nocēre potest?

R209 Sex hōrīs dormīre sat est juvenīque senīque;
septem vix pigrō, nūllī concēdimus octō.—Anon.

piger-gra-grum: *lazy*

R210 Praeterita mūtāre nōn possumus.—Anon.

Quid mūtārī nōn potest?

R211 Tantō major fāmae sitis est quam virtūtis.—Juvenal

1. Utrum fāma an virtūs plūs valet?
2. Utrum fāmam an virtūtem māvult homō?

R212 Quī sēsē accūsat ipse, ab aliō nōn potest.—Publilius Syrus

1. Quis ab aliō accūsārī nōn potest?
2. Quid nōn patitur quī sē accūsat?

R213 Ego sum rēx Rōmānus et suprā grammaticam.—Reputedly said by Sigismund the First

1. Quōs hic rēx regit?
2. Quō auxiliō nōn regitur?

grammatica-ae, f
suprā (prep): *above*

R214 Caecī . . . ducem quaerunt; nōs sine duce errāmus.—Seneca

1. Quis caecōs dūcit?
2. Quis nōs dūcit?

R215 Vergil on Gossip

Extemplō Libyae magnās it fāma per urbēs,
Fāma, malum quā nōn aliud vēlōcius ūllum:
mōbilitāte viget vīrīsque adquīrit eundō,
parva metū prīmō, mox sēsē attollit in aurās
ingrediturque solō et caput inter nūbila condit.
-Vergil

viget = valet
metus-ūs, m: *fear*
mox: *soon*
attollō-ere: *raise, lift*
aura-ae, f: *air*
---/ingreditur: *advance*
solum-ī, n = terra
condō-ere: *put away*

R216 Duōbus lītigantibus, tertius gaudet.—Binder

Now read Narrative Readings 6-16.

NEW NOUNS	aura-ae, f metus-ūs, m	sēcūritās, sēcūritātis, f
NEW VERBS	attollō-ere condō-ere	effugiō-ere
NEW ADJECTIVES	piger, pigra, pigrum	
NEW INDECLINABLES	enim (postpositive): *for* ergō: *therefore* mox suprā (prep. with acc.): *above*	

It is customary in dictionaries to list verbs by first person singular present imperfective indicative (#2), followed by the infinitive. From now on all verbs will be listed this way.

LESSON TWENTY-THREE: **The Great Narrative Tense**

The present perfective has a different stem from the present imperfective, and it also has a special set of person endings. Here are the special endings, found only in this tense:

-ī	(I)	-imus	(we)
-istī	(you)	-istis	(you)
-it	(he, she, it)	-ērunt (-ēre)	(they)

In general, the perfective stem is formed in one of four ways, as illustrated below:

A	B	C	D
portat/portāvit	regit/rēxit	facit/fēcit	fallit/fefellit
cōgitat/cōgitāvit	dīcit/dīxit	videt/vīdit	dat/dedit
vestit/vestīvit	tegit/tēxit	vincit/vīcit	perdit/perdidit
tenet/tenuit	manet/mānsit	capit/cēpit	stat/stetit
habet/habuit	pingit/pīnxit	movet/mōvit	cadit/cecidit
parat/parāvit	scrībit/scrīpsit	juvat/jūvit	currit/cucurrit

The perfective stem of the verbs in column A is formed by the addition of -*v*- to the imperfective stem (or -*u*- when the conjugation marker is dropped, as in *tenuit* and *habuit*). Almost all -*ā*- type verbs (first conjugation) have the -*v*- perfective stem, and so do almost all -*ī*- type verbs (fourth conjugation).

The perfective stem of the verbs in column B is formed by the addition of -*s*- to the imperfective stem with the loss of the conjugation marker. Most verbs which form the perfective stem in this way are the variable short vowel type (third conjugation).

The perfective stem of the verbs in column C is formed by a change in the vowel in the root of the word: this is like our change from *run* to *ran* or from *fight* to *fought*.

The perfective stem of the verbs in column D is formed by reduplicating the initial consonant (or consonant cluster) of the imperfective verb stem.

Most verbs fit into one of these four types. Sometimes the verb borrows a perfective from an entirely different verb, as do *fert/tulit* and *est/fuit*. In the end, you will have to remember the perfective stem of each verb separately.

If you know the perfective stem and the special endings you can give the paradigm of any present perfective active, e.g.,

vīcī	vīcimus
vīcistī	vīcistis
vīcit	vīcērunt, vīcēre

THE MEANING OF THE PRESENT PERFECTIVE INDICATIVE

Depending upon the context, this tense has two separate and distinct meanings:

1. Completed action in present time as in this quotation from Horace.

   Lūsistī satis, ēdistī satis, atque bibistī; tempus abīre tibi est.

   You have (now, at the present time) played enough, eaten enough, and drunk enough; it is time for you to depart.

2. The second (and more common) meaning is action in past time. It occurs in narratives, as in this quotation from Caesar, B.G. I.53.

   Omnēs hostēs terga vertērunt, neque prius fugere dēstitērunt quam ad flūmen Rhēnum . . . pervenērunt.

   All the enemy turned their backs and did not stop fleeing before they came to the Rhine river.

One more point. The present imperfective so far has two meanings: it either expresses incomplete action in present time, e.g., *Puer ad patrem currit* (*The boy is running to his father*), or it expresses a general truth, e.g., *Rem nōn spem quaerit amīcus*. This tense has a third meaning which is the same as that of the "great narrative tense." The difference between it and *Puer cucurrit* (present perfective) is that the present imperfective is more vivid, describing the action as if it were actually going on in the present.

STEMS AND PRINCIPAL PARTS

You have now met the three stems of a Latin verb:

the imperfective stem
the perfective stem
the participial stem (Lesson Thirteen)

Dictionaries list four forms for most verbs, three for deponents and semi-deponents.[1] For practical purposes you must learn the forms as given in the dictionaries, generally referred to as principal parts.

Here are the principal parts of some common verbs:

First conjugation

amō	amāre	amāvī	amātus
parō	parāre	parāvī	parātus
portō	portāre	portāvī	portātus
imitor	imitārī		imitātus
mīror	mīrārī		mīrātus

Almost all first conjugation verbs have *-ō, -āre, -āvī, -ātus*. *Juvō, dō,* and *stō* are exceptions. Notice that *dō* is irregular, with short *-a-* in almost all of its forms.

juvō	juvāre	jūvī	jūtus
dō	dare	dedī	datus
stō	stāre	stetī	statūrus[2]

Second conjugation

dēbeō	dēbēre	dēbuī	dēbitus
habeō	habēre	habuī	habitus
maneō	manēre	mānsī	mānsūrus[2]
moveō	movēre	mōvī	mōtus
teneō	tenēre	tenuī	tentus
videō	vidēre	vīdī	vīsus
audeō	audēre		ausus[1]
gaudeō	gaudēre		gavīsus[1]
soleō	solēre		solitus
vereor	verērī		veritus

Third conjugation

agō	agere	ēgī	āctus
vincō	vincere	vīcī	victus
capiō	capere	cēpī	captus
faciō	facere	fēcī	factus
cadō	cadere	cecidī	cāsūrus[2]
fallō	fallere	fefellī	falsus

[1] A semi-deponent is deponent in the perfective system only.

[2] The fourth principal part of intransitive verbs is given with the ending *-ūrus*. See Lesson Twenty-eight.

pōnō	pōnere	posuī	positus
quaerō	quaerere	quaesīvī	quaesītus
dīcō	dīcere	dīxī	dictus
regō	regere	rēxī	rēctus
scrībō	scrībere	scrīpsī	scrīptus
ēripiō	ēripere	ēripuī	ēreptus
tollō	tollere	sustulī	sublātus
īrāscor	īrāscī		īrātus
loquor	loquī		locūtus
nāscor	nāscī		nātus
sequor	sequī		secūtus
morior	morī		mortuus
patior	patī		passus

Fourth conjugation

audiō	audīre	audīvī	audītus
vestiō	vestīre	vestīvī	vestītus
veniō	venīre	vēnī	ventūrus[2]
mentior	mentīrī		mentītus
sum	esse	fuī	futūrus[2]
possum	posse	potuī	
ferō	ferre	tulī	lātus
volō	velle	voluī	
nōlō	nōlle	nōluī	
mālō	mālle	māluī	
eō	īre	iī (īvī)	itūrus[2]
fīō	fierī		factus

BASIC SENTENCES

S113 Ubi lībertās cecidit, audet līberē nēmō loquī. -PUBLILIUS SYRUS

When liberty has fallen, no one dares to speak freely.

Quandō nēmō līberē loquitur?

S114 Nīl sine magnō vīta labōre dedit mortālibus. -HORACE

Life has given nothing to mortals without hard work.

Quantum tū ā vītā sine labōre accēpistī?
Unde vōs nihil sine labōre accēpistis?
Quōrum vīta dūra est?

S115 Lūsistī satis, ēdisti satis atque bibistī; tempus abīre tibi est.
-HORACE

You have played enough, eaten and drunk enough; it is time for you to depart (i.e., to die).

Quantum tū lūsistī? Quantum bibistī? Quantum ēdistī? Quid tū jam facere dēbēs?

PATTERN PRACTICE, Part One

Purpose: to learn the person endings of the great narrative tense.
Directions: as in Lesson Twenty-two, expand these utterances with the proper subject.

Omnia rēxistī.	Tū omnia rēxistī.
Omnia rēxit.	Caesar omnia rēxit.
Omnia rēximus.	Nōs omnia rēximus.
Omnia rēxistis.	Vōs omnia rēxistis.
Omnia rēxī.	Ego omnia rēxī.
Īnsidiās indicāvī.	Ego īnsidiās indicāvī.
Īnsidiās indicāvistis.	Vōs īnsidiās indicāvistis.
Īnsidiās indicāvisti.	Tū īnsidiās indicāvistī.
Īnsidiās indicāvēre.	Parātae lacrimae īnsidiās indicāvēre.
Īnsidiās indicāvimus.	Nōs īnsidiās indicāvimus.
Amplius oculīs crēdidēre.	Hominēs amplius oculīs crēdidēre.
Amplius oculīs crēdidistī.	Tū amplius oculīs crēdidistī.
Amplius oculīs crēdidī.	Nōs amplius oculīs crēdidimus.
Amplius oculīs crēdidistis.	Vōs amplius oculīs crēdidistis.
Cōnsilium cēpistis.	Vōs cōnsilium cēpistis.
Cōnsilium cēpī.	Ego cōnsilium cēpī.
Cōnsilium cēpisti.	Tū cōnsilium cēpisti.
Cōnsilium cēpimus.	Nōs cōnsilium cēpimus.
Cōnsilium cēpit.	Gladiātor cōnsilium cēpit.
Aurem facilem habuistī.	Tu aurem facilem habuistī.
Aurem facilem habuimus.	Nōs aurem facilem habuimus.
Aurem facilem habuit.	Fēlīcitās aurem facilem habuit.
Aurem facilem habuistis.	Vōs aurem facilem habuistis.
Aurem facilem habuī.	Ego aurem facilem habuī.

PATTERN PRACTICE, Part Two

Purpose: to learn the variants of the present perfective.
Directions: substitute a common variant for the left-hand column, first the *-ēre* form.

Magna dī cūrāvērunt.	Magna dī cūrāvēre.
Ācta mortālia deōs numquam fefellērunt.	Ācta mortālia deōs numquam fefellēre.
Sapientēs tulērunt fortūnam.	Sapientēs tulēre fortūnam.
Stultī fortūnam timuērunt.	Stultī fortūnam timuēre.
Parva levēs animōs cēpērunt.	Parva levēs animōs cēpēre.
Certā lēge omnia stetērunt.	Certā lēge omnia stetēre.
Astra hominēs rēxērunt.	Astra hominēs rēxēre.
Oculī fuērunt in amōre ducēs.	Oculī fuēre in amōre ducēs.
Caelum, nōn animum, mūtāvērunt.	Caelum, nōn animum, mūtāvēre.
Fāta orbem rēxērunt.	Fāta orbem rēxēre.
Lacrimae īnsidiās indicāvērunt.	Lacrimae īnsidiās indicāvēre.
Hominēs oculīs crēdidērunt.	Hominēs oculīs crēdidēre.

Now the contracted variants:

Vōs īnsidiās indicāvistis.	Vōs īnsidiās indicā'stis.
Tū īnsidiās indicāvistī.	Tū īnsidiās indicā'stī.
Lacrimae īnsidiās indicāvērunt.	Lacrimae īnsidiās indicā'runt.
Tū corporī tuō servīvistī.	Tū corporī tuō servī'stī.
Vōs corporī vestrō servīvistis.	Vōs corporī vestrō servī'stis.
Immodicī corporī suō servīvērunt.	Immodicī corporī suō servi'ērunt.
Canēs statim lātrāvērunt.	Canēs statim lātrā'runt.
Tū statim lātrāvistī.	Tū statim lātrā'stī.
Vōs statim lātrāvistis.	Vōs statim lātrā'stis.

SELF TEST

1. Refer to the list of principal parts under Stems and Principal Parts in this lesson, and write paradigms of *parō, habeō, dīcō, capiō, veniō, sum,* for the present perfective active.

2. Write the three stems of the verbs in Part 1.

3. Transform the following verbs to present perfectives.

   Bēstia quaeque suōs nātōs corōnat.
   Numquam aliud nātūra, aliud sapientia dīcit.
   Impōnit fīnem sapiēns et rēbus honestīs.
   Nēmō regere potest nisī quī et regī.

4. Finally, give variants for the following; refer to the pattern practice if necessary.

Sēcūrus jūdicāvistī. Flōris odōrem nōn pīnxērunt.
Sēcūrī jūdicāvistis. Sapientēs vitia sua ēmendā'runt.

READINGS

R217 Prīmus in orbe deōs fēcit timor.—Statius

1. Quōs timor fēcit?
2. Per quid dī factī sunt?
3. Quō auxiliō dī factī sunt?

R218 Quod nōn dedit Fortūna, nōn ēripit.—Seneca

ēripiō-ere: *take away*

1. Sī nihil habēs, quantum tū perdere potes?
2. Sī multum habeō, quantum perdere possum?

R219 Dīmidium factī quī coepit habet.—Horace

1. Quantum fēcit quī coepit?
2. Tū, sī coepistī, quantum factī habēs?
3. Initiō factō, quantum factum est?

initium, -ī, n

coepī, coeptus: *have begun, I began*

R220 Dīvīna nātūra dedit agrōs; ars hūmāna aedificāvit urbēs.—Varro

1. Cujus dōnum fuērunt agrī?
2. Quī urbēs aedificārunt?
3. Per quid crēscunt urbēs?
4. Per quid crēvērunt agrī?

R221 Aut amat aud ōdit mulier; nīl est tertium.—Publilius Syrus

1. Quī immodicī sunt?
2. Quibus est mulier levior? (Cf. Exemplar septuāgēsimum prīmum)

ōdī: *I hate*

R222 Bonum certāmen certāvī, cursum cōnsummāvī, fidem servāvī.—II Timothy

1. Quō modō Sānctus Paulus pūgnāvit?
2. Cui fidēlis fuit?
3. Quis cursum suum perēgit?
4. Quid ego servāvī?

certāmen, certāminis, n: *a fight*
certō-āre: *to fight*
peragō-ere: *complete*
sānctus-a-um: *blessed, holy*

R223 Nec quae praeteriit hōra redīre potest.—Ovid

1. Quālis hōra nōn redit? (Cf. Exemplar sexāgēsimum secundum)
2. Num unda fluēns redīre potest? praetereō-īre, praeteriī: *to go past*

R224 Plūs tibi virtūs tua dedit quam Fortūna abstulit.—Cicero
auferō-ferre, abstulī, ablātus: *take away*

R225 Deus dedit, Deus abstulit.—Book of Job (?)

1. Quid Deus dedit?
2. Cujus dōna nōn semper manent?
3. Cui Deus dat? Ā quō aufert?
4. Estne īdem deus quī dedit et quī aufert?

R226 Vēnī, vīdī, vīcī.—Suetonius

1. Quid Caesar prīmum fēcit?
2. Quid postrēmum?

R227 Nātūra . . . sēmina nōbīs scientiae dedit; scientiam nōn dedit.—Seneca

Now read Narrative Readings 17-26.

NEW NOUNS	ager, agrī, m certāmen, certāminis, n	cursus-ūs, m lībertās, lībertātis, f
NEW VERBS	abeō-īre-iī-itūrus aedificō-āre-āvī-ātus audeō-ēre, ausus auferō-ferre, abstulī, ablātus cadō-ere, cecidī, cāsūrus certō-āre-āvī-ātus coepī, coepisse, coeptus[3]	ēripiō-ere-uī-reptus edō-ere, ēdī, ēsus lūdō-ere, lūsī, lūsus ōdī, ōdisse, ōsus[3] peragō-ere, perēgī-āctus praetereō-īre-iī-itus servō-āre-āvī-ātus
NEW ADJECTIVES	dīvīnus-a-um	sānctus-a-um

[3]A few *defective* verbs have forms only in the perfective system: *coepī* means *I began, ōdī* means *I hate*.

LESSON TWENTY-FOUR: **The Imperfective System**

MORPHOLOGY: THE FUTURE IMPERFECTIVE

There are two separate signals for the future imperfective in Latin. The first and second conjugations have *-b-* plus a variable short vowel; the third and fourth conjugations have *-ē-* (*-a-* in the first person singular).

Here is a sample paradigm for each conjugation:

1	2	3	3-iō	4
(-ā-)	(-ē-)	(-ø-)	(-i-)	(-ī-)
amābō	vidēbō	dūcam	capiam	audiam
amābis	vidēbis	dūcēs	capiēs	audiēs
amābit	vidēbit	dūcet[1]	capiet[1]	audiet[1]
amābimus	vidēbimus	dūcēmus	capiēmus	audiēmus
amābitis	vidēbitis	dūcētis	capiētis	audiētis
amābunt	vidēbunt	ducent[1]	capient[1]	audient[1]

The irregulars offer little difficulty:

feram	volam	nōlam	mālam	ībō	fīam
ferēs	volēs	nōlēs	mālēs	ībis	fīēs
etc.	etc.	etc.	etc.	etc.	etc.

But the verb *sum* (and its compounds, including *possum*) is unique:

erō	erimus	poterō	poterimus
eris	eritis	poteris	poteritis
erit	erunt	poterit	poterunt

[1]Regular vowel shortening before *-m*, *-t*, and *-nt*.

The meaning of the future imperfective is action in future time. The most common way of showing future time in English is "going to"; thus *Rem quaeret amīcus* in English might be "A friend is going to look for assistance." Two other common ways of representing future time in English are by the present tense, "He speaks next Thursday," and by "shall" and "will," "Will he speak next Thursday?"

MORPHOLOGY: THE PAST IMPERFECTIVE

The past imperfective is an easy tense to recognize or to reproduce because it always has *-bā-*. The only exception is the verb *sum* and its compounds. Here are samples of this tense:

amābam[1]	vidēbam[1]	dīcēbam[1]	capiēbam[1]	audiēbam[1]
amābās	etc.	etc.	etc.	etc.
etc.				

eram[1]	ferēbam[1]	volēbam[1]	nōlēbam[1]	mālēbam[1]	ībam[1]	fīēbam[1]
etc.	etc.	etc.	etc.	etc.	etc.	etc.

The past imperfective tense indicates an action in past time which is not regarded as a single action, either because it was repeated ("I used to go," "I went every day") or continuous ("I kept going again and again") or in process ("I started to go there") or attempted ("I tried to go there, but I couldn't make it and turned back") and so forth.

The important thing to remember is that this is the speaker's view of the world, not the real world itself. For example, the expression "I stayed in Italy ten years" might in Latin be either *In Italiā decem annōs mānsī* or *In Italiā decem annōs manēbam*. In the first case it would mean that the ten years are regarded as one unbroken period; in the second case it would mean that the ten years are considered as a succession of discrete units: days, months, years, etc. In English we do not have to make this choice; we may simply say "I stayed." In Latin you must show the contrast, whether you want to or not.

In the diagram of the indicative mood of the Latin verb, we have now had #1, #2, #3 and #5. Be prepared to give examples from each conjugation for each tense. Be sure you understand what kind of time and aspect they represent.

	Past Time	Present Time	Future Time
Imperfective Aspect	#1	#2	#3
Perfective Aspect	#4	#5	#6

BASIC SENTENCES

S116 Sed quis custōdiet ipsōs custōdēs? -JUVENAL

But who will guard the *guards*?

Answer with *nōs, vōs, tū,* and *dominus*.
Now put your answers in the past imperfective.

S117 In hōc sīgnō vincēs. -MOTTO

In this sign (the cross) you will conquer.

Ubi tibi erit victōria?
Quis in cruce vincet? (answer with *tū, ego, nōs*)
Ubi nōs vincēmus?
Ubi tū victōriam inveniēs?

S118 Trīstis eris sī sōlus eris. -OVID

You will be sad if you are alone.

Placēbitne tibi sōlitūdō?
Erisne tū trīstis sī sōlus?
Quā condiciōne trīstēs erimus?

S119 Nox erat, et caelō fulgēbat lūna serēnō inter minōra sīdera.— -HORACE

It was night and in the peaceful sky the moon shone among the lesser stars.

Quandō lūna fulget?
Quid lūna nocte agit?
Ubi lūna lūmen dabat?
Circum quid sīdera fulgēbant?

circum (preposition with accusative)

PATTERN PRACTICE

Purpose: to learn to identify the tense signs of the past, present, and future of the imperfective system.

Directions: expand each utterance with the appropriate temporal expression: *herī*, "yesterday"; *hodiē*, "today"; and *crās*, "tomorrow." All the verbs have imperfective aspect.

In hōc sīgnō vincam.	Crās in hōc sīgnō vincam.
In hōc sīgnō vincō.	Hodiē in hōc sīgnō vincō.
In hōc sīgnō vincēbam.	Herī in hōc sīgnō vincēbam.
Oculī sunt in amōre ducēs.	Hodiē oculī sunt in amōre ducēs.
Oculī erant in amōre ducēs.	Herī oculī erant in amōre ducēs.
Oculī erunt in amōre ducēs.	Crās oculī erunt in amōre ducēs.
Vēritās numquam perībit.	Crās vēritās numquam perībit.
Vēritās numquam perībat.	Herī vēritās numquam perībat.
Vēritās numquam perit.	Hodiē vēritās numquam perit.
Vulpēs vult fraudem.	Hodiē vulpēs vult fraudem.
Vulpēs volēbat fraudem.	Herī vulpēs volēbat fraudem.
Vulpēs volet fraudem.	Crās vulpēs volet fraudem.
Ā fonte dēfluēbat aqua.	Herī ā fonte dēfluēbat aqua.
Ā fonte dēfluit aqua.	Hodiē ā fonte dēfluit aqua.
Ā fonte dēfluet aqua.	Crās ā fonte dēfluet aqua.
Necessitās nōn habēbat lēgem.	Herī necessitās nōn habēbat lēgem.
Necessitās nōn habēbit lēgem.	Crās necessitās nōn habēbit lēgem.
Necessitās nōn habet lēgem.	Hodiē necessitās nōn habet lēgem.
Gladiātor capit cōnsilium.	Hodiē gladiātor capit cōnsilium.
Gladiātor capiet cōnsilium.	Crās gladiātor capiet cōnsilium.
Gladiātor capiēbat cōnsilium.	Herī gladiātor capiēbat cōnsilium.
Nēmō sine vitiō erit.	Crās nēmō sine vitiō erit.
Nēmō sine vitiō erat.	Herī nēmō sine vitiō erat.
Nēmō sine vitiō est.	Hodiē nēmō sine vitiō est.
Exitus in dubiō est.	Hodiē exitus in dubiō est.
Exitus in dubiō erit.	Crās exitus in dubiō erit.
Exitus in dubiō erat.	Herī exitus in dubiō erat.
Magna dī cūrābant.	Herī magna dī cūrābant.
Magna dī cūrābunt.	Crās magna dī cūrābunt.
Magna dī cūrant.	Hodiē magna dī cūrant.

Effugere nōn poteris.	Crās effugere nōn poteris.
Effugere nōn potes.	Hodiē effugere nōn potes.
Effugere non poterās	Herī effugere nōn poterās.
Hōrās nōn numerābō.	Crās hōrās nōn numerābō.
Hōrās nōn numerābam.	Herī hōrās nōn numerābam.
Hōrās nōn numerō.	Hodiē hōrās nōn numerō.
In sēcūritāte vītam pōnimus.	Hodiē in sēcūritāte vītam pōnimus.
In sēcūritāte vītam pōnēmus.	Crās in sēcūritāte vītam pōnēmus.
In sēcūritāte vītam pōnēbāmus.	Herī in sēcūritāte vītam pōnēbāmus.

SELF TEST

Correct identification becomes more complex with the introduction of the future. Identify the following first by part of speech, then the nouns by case and number; the verbs by person and number (if finite), and tense, aspect, and voice.

terrēs	dolet	neglegēs	pingēmus	coepī
rēs	crucī	regī	vēnī	amāre
resistet	auctōrēs	fulgēmus	flōrēs	fuēre

To do this properly, you must contrast the form given with something else. When did you see a word beginning with *terr-*? In S43 there was the form *terrīs,* ablative plural of *terra.* In S95 there was the form *terret,* present imperfective of *terreō.* Is *terrēs* then a noun or verb? What form is it?

READINGS

R228 Aut inveniam viam aut faciam.—Motto   aut . . . aut: *either . . . or*

R229 In lūmine tuō vidēbimus lūmen.—Motto of Columbia University

R230 Hoc fuit, est, et erit: similis similem sibi quaerit.—Werner

1. Quaesīvitne gaudēns gaudentem?
2. Placēbitne flēns flentī?
3. Amatne sapiēns īnsipientem?

R231 Jamque quiēscēbant vōces hominumque canumque
lūnaque nocturnōs alta regēbat equōs.—Ovid

1. Quid lūna agēbat?
2. Quī tacēbant?
3. Quī per caelum regēbantur?
4. Cujus equī per caelum currēbant?
5. Cui serviunt equī nocturnī?

R232 Orbem jam tōtum victor Rōmānus habēbat.-- Petronius

1. Ā quō tōtus orbis regēbātur?
2. Cui orbis serviēbat?
3. Cujus victōria fuit?
4. Cujus reī imperium tenuit populus Rōmānus?

R233 Jam ego ūnō in saltū lepidē aprōs capiam duōs.— Plautus

1. Quid faciet hic homō?
2. Quid ūnō in saltū capiētur?
3. Quō modō hoc perficiētur?

saltus-ūs, m: *jump*
lepidus-a-um

R234 Plūs apud mē vēra ratiō valēbit quam vulgī opīniō.— Cicero (?)

1. Quid Cicero māvult?
2. Apud quem valēbit sapientia?
3. Cujus opīniō apud Cicerōnem paulum valēbat?

apud (prep.): *with, among*
vulgus-i, n: *crowd*

R235 Mediīs sitiēmus in undīs.— Ovid

1. Ubi vōs sitiētis?
2. Ubi nōs sitim habēbimus?
3. Quid Tantalus agit?

sitiō-īre

R236 Paucīs cārior fidēs quam pecūnia fuit.-- Sallust

1. Quot hominēs fidem māluēre?
2. Quot pecūniam māluēre?
3. Utrum fidēs an pecūnia vīlior fuit?
4. Apud quōs plūs valuit fidēs quam pecūnia?

R237 Vēritās vōs līberābit.— Motto of Johns Hopkins

Per quid līberī fīēmus?

R238 Piscēs magnī parvulōs comedunt.— Anon.

1. Quantī piscēs eduntur?
2. Ā quibus piscēs parvī eduntur?

R239 Bonīs nocet quisquis pepercit malīs.—Anon.

Quōs laedit quī malōs jūvit?

parcō-ere, pepercī (special intransitive with the dative): *spare*

R240 Ōdimus quem laesimus.—Anon.

Quem nōn dīligimus?
Restate, using *noccō.*

R241 Jupiter foretells that Juno will change her mind about the Trojans:

Aspera Jūnō
cōnsilia in melius, referet, mēcumque fovēbit
Rōmānōs, rērum dominōs gentemque togātam.—Vergil Aen I 279-82

asper, aspera, asperum: *harsh*
foveō-ēre
gēns, gentis, f: *race*

R242 On first seeing Italy.

Jamque rubēscēbat stēllīs Aurōra fugātīs
cum procul obscūrōs collīs humilemque vidēmus
Ītaliam, Ītaliam prīmus conclāmat Achātēs,
Ītaliam laetō sociī clāmōre salūtant.—Vergil Aen III 521-24

jam (adv of time): *now, soon, already*
fugō (1)
procul (adv): *at a distance*
collis-is, m: *hill*
laetus-a-um: *cheerful*

R243 The Suebi retreat from the Rhine.—Adapted from Caesar

Hōc proeliō trāns Rhēnum nūntiātō, Suēbī, quī ad rīpās Rhēnī vēnerant, domum revertī coepērunt; quōs[2] Ubiī quī prope Rhēnum incolunt perterritōs īnsecūtī magnum ex eīs numerum occīdērunt. Caesar, ūnā aestāte duōbus maximīs bellīs cōnfectīs, mātūrius paulō quam tempus annī postulābat in hīberna in Sēquanōs exercitum dēdūxit. Hībernīs Labiēnum praeposuit; ipse in citeriōrem Galliam profectus est. —Caesar BG I 54

aestās, aestātis, f: *summer*
mātūrus-a-um: cf. *mature*
postulō (1): *demand*
exercitus-ūs, m: *army*
citerior-ius: *this side*
proficīscor-ī profectus sum: *set out*

Now read Narrative Readings 27-33.

[2]A relative pronoun after a period or semicolon (pause) is a sentence connector and is the equivalent of *et is* (*ea, id*).

NEW NOUNS	aestās, aestātis, f	gēns, gentis, f
	collis, collis, m	saltus-ūs, m
	custōs, custōdis, m	sīgnum-ī, n
	exercitus-ūs, m	vulgus-ī, n

NEW VERBS	custōdiō-īre-īvī-ītus	parcō-ere, pepercī
	fulgeō-ēre, fulsī	postulō (1)
	incolō-ere-uī	proficīscor, proficīscī, profectus

NEW ADJECTIVES
asper, aspera, asperum
laetus-a-um
nocturnus-a-um

NEW INDECLINABLES
apud (prep. with acc.): *with, among*
aut . . . aut (conj.): *either . . . or*
circum (prep.): *around*
crās
herī
hodiē
jam (adv.): *now, already*
procul (adv.): *at a distance, far*

LESSON TWENTY-FIVE: **The Perfective Active System**

MORPHOLOGY

In this lesson we meet the last two tenses of the indicative mood, the past perfective and the future perfective. The word perfective tells you what stem you find in these forms; which one is it? In the perfective system contractions are common.

The past perfective consists of the perfective stem (the third principal part minus the *-ī*) plus *-erā-* plus the active person endings. This gives us *amāveram, amāverās, amāverat,* etc. The information carried by this tense is completed action in past time; it may often be translated by *had*, as "I *had* loved."

The future perfective consists of the perfective stem plus *-er-* plus the variable short vowel plus the endings. This gives *amāverō, amāveris, amāverit,* etc. The information carried by this form is completed action in future time; it is most common in subordinate clauses.

Identify these two new tenses in the following.

BASIC SENTENCES

S120 Āctiō rēcta nōn erit, nisī rēcta fuerit voluntās.-SENECA

It will not be a proper act unless the wish has been (will have been) proper.

S121 Īgnōscent, sī quid peccā'rō stultus, amīcī.-HORACE

My friends will pardon me if I (will have made) make a stupid mistake.

Cui amīcī īgnōscent?
Quā condiciōne Horātiō amīcī īgnōscent?
Quid amīcī agere dēbent sī poēta errat?

S122 Nōn sum ego quod fueram. -OVID

I am not what I had been.

REVIEW OF THE INDICATIVE ACTIVE VERB SYSTEM

Our diagram of the indicative (the chart, the Latin Verb System, in Lesson Twenty-two) is now complete. Note again that the forms which show incomplete action (#1, #2, #3) are formed on the imperfective stem (see Lesson Twenty-four); those which show completed action (#4, #5, #6) are formed on the perfective stem.

The Latin verb has three morphemes to show person, number, voice, time, mood, and aspect. If we analyze *amābam* or *vidēbam*, the *-m* shows person (first), number (singular), and voice (active). The *-bā-* shows time (past), aspect (imperfective), and mood (indicative). The *amā-* or *vidē-* shows aspect (imperfective). In *amāveram* or *vīderam* the *-m* shows the same person, number, and voice as above; the *-erā-* shows past time and perfective aspect, and the *amāv-* or *vīd-* shows perfective aspect. We also note that the *-bā-* is added only to the imperfective stem and the *-erā-* only to the perfective stem, so aspect is signaled twice. *Amā-* and *vidē-* may be further divided into morphemes, the root (*am-* and *vid-*) and the conjugation markers (*-ā-* and *-ē-*); and the same kind of further division may be made for *amāv-* and *vīd-*.

PATTERN PRACTICE

Purpose: to learn to recognize the six indicative tenses in contrast with one another.

Directions: This is the only type of Pattern Practice in which you use English answers. Be able to identify the verb forms by name or number.

Āctiō rēcta nōn erit.
Āctiō rēcta nōn fuerat.
Āctiō rēcta nōn fuerit.
Āctiō rēcta nōn fuit.
Āctiō rēcta nōn erat.
Āctiō rēcta nōn est.

Caelō fulgēbat lūna serēnō.
Caelō fulgēbit lūna serēnō.
Caelō fulsit lūna serēnō.
Caelō fulserat lūna serēnō.
Caelō fulget lūna serēnō.
Caelō fulserit lūna serēnō.

Sapientēs fortūnam ferunt.
Sapientēs fortūnam ferent.
Sapientēs fortūnam tulerant.
Sapientēs fortūnam tulēre.
Sapientēs fortūnam tulerint.
Sapientēs fortūnam ferēbant.

Quis custōdiet ipsōs custōdēs?
Quis custōdiēbat ipsōs custōdēs?
Quis custōdīverat ipsōs custōdēs?
Quis custōdit ipsōs custōdēs?
Quis custōdīverit ipsōs custōdēs?
Quis custōdīvit ipsōs custōdēs?

Oculī sunt indicēs animī.
Oculī fuēre indicēs animī.
Oculī erunt indicēs animī.
Oculī fuerint indicēs animī.
Oculī fuerant indicēs animī.
Oculī erant indicēs animī.

In hōc sīgnō vincēs.
In hōc sīgnō vīcistī.
In hōc sīgnō vincis.
In hōc sīgnō vīcerās.
In hōc sīgnō vincēbās.
In hōc sīgnō vīceris.

Vulpēs vult fraudem.
Vulpēs volēbat fraudem.
Vulpēs volet fraudem.
Vulpēs voluit fraudem.
Vulpēs voluerit fraudem.
Vulpēs voluerat fraudem.

Potestis fortūnam ferre.
Poterātis fortūnam ferre.
Potuerātis fortūnam ferre.
Poteritis fortūnam ferre.
Potueritis fortūnam ferre.
Potuistis fortūnam ferre.

In sēcūritāte vītam pōnimus.
In sēcūritāte vītam pōnēmus.
In sēcūritāte vītam pōnēbāmus.
In sēcūritāte vītam posuerimus.
In sēcūritāte vītam posuerāmus.
In sēcūritāte vītam posuimus.

Locum ōrnō.
Locum ōrnāvī.
Locum ōrnā'rō.
Locum ōrnābō.
Locum ōrnā'rām.
Locum ōrnābam.

SELF TEST

Identify finite verb forms in this order: person and number, tense and aspect, mood, and voice.

jūstitia	vīderō	puerōs	poteris	loquī
poterō	fūgī	religiō	orbis	contrā
operis	odōrum	vīderis	omnia	potueris
fugī	regī	canis	rēgī	beneficium

READINGS

R244 Citō rumpēs arcum, semper sī tēnsum habueris;
at sī laxā'ris, cum volēs, erit ūtilis.—Phaedrus

1. Quid tū citō rumpēs?
2. Quā condiciōne erit arcus ūtilis?
3. Quid patiētur arcus semper tēnsus?

rumpō-ere, rūpī, ruptus: *break*
laxō (1): *relax* (transitive)

R245 Extrā Fortūnam est quidquid dōnātur amīcīs;
quās dederis, sōlās semper habēbis opēs.—Martial

1. Quās opēs nōs semper habēbimus?
2. Quās opēs tū semper habēbis?

dōnō (1): *give*

R246 Quae fuerant vitia, mōrēs sunt.—Seneca

1. Habetne nostra aetās multa vitia?
2. Quid mox appellābuntur haec vitia?

R247 Nōn facit hoc aeger quod sānus suāserat aegrō.—Werner

1. Quālis fuerat is quī nunc aeger est?
2. Quālis est nunc quī ōlim sānus fuerat?

suādeo-ēre, suāsī, suāsūrus: *persuade*
ōlim: *once upon a time, formerly*

R248 Dōnec eris fēlīx, multōs numerābis amīcōs;
tempora sī fuerint nūbila, sōlus eris.—Ovid

1. Quandō numerābitis multōs amīcōs?
2. Quā condiciōne paucōs?

dōnec (conj.): *as long as*

R249 Nēmō nōn nostrum peccat. Hominēs sumus, nōn deī.—Petronius

1. Quis sine crīmine vīvit?
2. Cūr?

peccō (1): *sin*

R250 Quī amat mē, amat et canem meum.—Anon.

1. Quis meus amīcus erit?
2. Cui placet quī canem meum dīligit?

R251 Nātūram quidem mūtāre difficile est.—Seneca

1. Quō modō nātūra mūtātur?
2. Sī quis nunc est stultus, quālis erit tempore fūtūrō?

quidem (intensifier): *indeed*

R252 Esse quam vidērī bonus mālēbat. (Said of Cato the Younger) — Seneca

1. Eratne Catō rē vērā vir bonus?
2. Quid mālēbat?

R253 Hoc sī crīmen erit, crīmen amōris erit.—Propertius

R254 Dido sums up the meaning of her life and her death.

Vīxī, et quem dederat cursum fortūna perēgī,
et nunc magna meī sub terrās ībit īmāgō.—Vergil Aen IV 653-54

vīvō-ere, vīxī, vīctūrus
peragō-ere-ēgī-āctus: *carry through, complete*

Now read Narrative Readings 34-44.

NEW NOUNS	āctiō, āctiōnis, f	fors, fortis, f
	arcus-ūs, m	voluntās, voluntātis, f
	cāsus-ūs, m	

NEW VERBS	dōnō (1)	peragō-ere-ēgī-āctus
	īgnōscō-ere, īgnōvī, īgnōtus	rumpō-ere, rūpī, ruptus
	laxō (1)	suādeō-ēre, suāsī, suāsūrus
	peccō (1)	tendō-ere, tetendī, tēnsus *or* tentus
		vīvō-ere, vīxī, vīctūrus

NEW INDECLINABLES
dōnec (conj.): *until, as long as*
ōlim (adv.): *once upon a time, formerly, in the future.*
quidem (adv.): *indeed, to be sure*

The numeral (1) means that the verbs are regular first conjugation verbs. Give the principal parts of each; you can do this because they are predictable. In subsequent lessons all regular first conjugation verbs are listed this way.

REVIEW LESSON SIX

REVIEW VOCABULARY: Lessons 22-25

NOUNS

I	II	III		IV
aura	ager	āctiō	gēns	cāsus
	arcus	aestās	lībertās	cursus
	sīgnum	certāmen	sēcūritās	exercitus
	vulgus	collis	voluntās	metus
		custōs		saltus

VERBS

I

aedificō-āre-āvī-ātus
certō
dōnō
laxō
peccō
postulō
servō

II

audeō-ēre, ausus sum
fulgeō-ēre, fulsī
suādeō-ēre, suāsī, suāsūrus
voveō-ēre, vōvī, vōtus

III

ēripiō-ere-ripuī-reptus
īgnōscō-ere-nōvī-nōtus
lūdō-ere, lūsī, lūsus
parcō-ere, pepercī, parsūrus
peragō-ere-ēgī-āctus
pōnō-ere, posuī, positus
proficīscor, proficīscī, profectus
rumpō-ere, rūpī, ruptus
tendō-ere, tetendī, tentus *or* tēnsus
vīvō-ere, vīxī, vīctūrus

IV

custōdiō-īre-īvī-ītus

III

attollō-ere
cadō-ere, cecidī, cāsūrus
condō-ere-didī-ditus
edō-ere (ēsse), ēdī, ēsus
effugiō-ere, effūgī

Irregular and Defective

abeō-īre-iī-itūrus
auferō-ferre, abstulī, ablātus
coepī-isse, coeptus
ōdī-isse, ōsūs
praetereō-īre-iī-itūrus

ADJECTIVES

I & II

amārus
asper
dīvīnus
laetus
nocturnus
nūbilus
piger, pigra, pigrum
sānctus
serēnus

III

citerior

INDECLINABLES

aut . . . aut
circum
crās
dōnec
enim
ergō
herī
hodiē
jam
mox
nunc
ōlim
procul
quondam
quidem
suprā

Review the imperfective and perfective verb systems, Lessons Twenty-two to Twenty-five.

Read the Narrative Readings assigned by your teacher and do the following Pattern Practice.

PATTERN PRACTICE, Part One

Purpose: to produce the present imperfective (#2), the future imperfective (#3), and the present perfective (#5).

Directions: transform the verb in each Basic Sentence below to the tense suggested by each of these temporal expressions: *quondam,* on a certain occasion, *hōc tempore,* at this time; and *mox,* soon.[1]

[1]In this exercise the present perfective (#5) is consistently interpreted as the narrative use: *Quondam lībertās cecidit* (On one occasion liberty fell).

Animum dēbēs mūtāre.

Mox . . .	Mox animum dēbēbis mūtāre.
Quondam . . .	Quondam animum dēbuistī mūtāre.
Hōc tempore . . .	Hōc tempore animum dēbēs mūtāre.

Effugere nōn potes necessitātēs.

Hōc tempore . . .	Hōc tempore effugere nōn potes necessitātēs.
Mox . . .	Mox effugere nōn poteris necessitātēs.
Quondam . . .	Quondam effugere nōn potuistī necessitātēs.

In sēcūritāte vītam pōnimus.

Quondam . . .	Quondam in sēcūritāte vītam posuimus.
Hōc tempore . . .	Hōc tempore in sēcūritāte vītam pōnimus.
Mox . . .	Mox in sēcūritāte vītam pōnēmus.

Quis custōdiet ipsōs custōdēs?

Mox . . .	Quis mox custōdiet ipsōs custōdēs?
Quondam . . .	Quis quondam custōdīvit ipsōs custōdēs?
Hōc tempore . . .	Quis hōc tempore custōdit ipsōs custōdēs?

Caelō serēnō lūna fulgēbat.

Mox . . .	Mox caelō serēnō lūna fulgēbit.
Quondam . . .	Quondam caelō serēnō lūna fulsit.
Hōc tempore . . .	Hōc tempore caelō serēnō lūna fulget.

Lībertās cecidit.

Mox . . .	Mox lībertās cadet.
Quondam . . .	Quondam lībertās cecidit.
Hōc tempore . . .	Hōc tempore lībertās cadit.

Lūsistī satis.

Mox . . .	Mox lūdēs satis.
Quondam . . .	Quondam lūsistī satis.
Hōc tempore . . .	Hōc tempore lūdis satis.

Caelum, nōn animum, mūtant.

Mox . . .	Mox caelum, nōn animum, mūtābunt.
Quondam . . .	Quondam caelum, nōn animum, mūtāvēre.
Hōc tempore . . .	Hōc tempore caelum, nōn animum, mūtant.

Ēdistī satis.

Mox . . .	Mox edēs satis.
Quondam . . .	Quondam ēdistī satis.
Hōc tempore . . .	Hōc tempore edis satis.

Satis bibistī.

Hōc tempore . . .	Hōc tempore satis bibis.
Mox . . .	Mox satis bibēs.
Quondam . . .	Quondam satis bibistī.

PATTERN PRACTICE, Part Two

Purpose: to learn to produce all six indicative tenses.
Directions: answer the questions by transforming the verb to agree with the subject.

First, the past imperfective:

Quis lītem generābat?

Vōs . . .	Vōs lītem generābātis.
Ego . . .	Ego lītem generābam.
Tū . . .	Tū lītem generābās.

Quis aurem facilem habēbat?

Ego . . .	Ego aurem facilem habēbam.
Nōs . . .	Nōs aurem facilem habēbāmus.
Tū . . .	Tū aurem facilem habēbās.

Quis levēs animōs capiēbat?

Nōs . . .	Nōs levēs animōs capiēbāmus.
Vōs . . .	Vōs levēs animōs capiēbātis.
Tū . . .	Tū levēs animōs capiēbās.

Quis corporī serviēbat?

Nōs . . .	Nōs corporī serviēbāmus.
Ego . . .	Ego corporī serviēbam.
Vōs . . .	Vōs corporī serviēbātis.

Now, the present imperfective:

Quis in amōre videt?

Ego . . .	Ego in amōre videō.

Tū . . . Tū in amōre vidēs.
Vōs . . . Vōs in amōre vidētis.

Quis cum cūrā vīvit?

Tū . . . Tū cum cūrā vīvis.
Ego . . . Ego cum cūrā vīvō.
Prūdentēs . . . Prūdentēs cum cūrā vīvunt.

Quis custōdēs custōdit?

Dominī . . . Dominī custōdēs custōdiunt.
Tū . . . Tū custōdēs custōdīs.
Nōs . . . Nōs custōdēs custōdīmus.

Quī ducēs in amōre sunt?

Oculī . . . Oculī ducēs in amōre sunt.
Vōs . . . Vōs ducēs in amōre estis.
Nōs . . . Nōs ducēs in amōre sumus.

Quis laudem vult?

Nōs . . . Nōs laudem volumus.
Tū . . . Tū laudem vīs.
Vōs . . . Vōs laudem vultis.

Next, the future imperfective:

Quis audēbit līberē loquī?

Nōs . . . Nōs audēbimus līberē loquī.
Vōs . . . Vōs audēbitis līberē loquī.
Nēmō . . . Nēmō audēbit līberē loquī.

Quis in harēnā capiet cōnsilium?

Tū . . . Tū in harēnā capiēs cōnsilium.
Ego . . . Ego in harēnā capiam cōnsilium.
Vōs . . . Vōs in harēnā capiētis cōnsilium.

Quis sine vitiō erit?

Vōs . . . Vōs sine vitiō eritis.
Tū . . . Tū sine vitiō eris.
Nōs . . . Nōs sine vitiō erimus.

Quis laudem volet?

Nōs . . .	Nōs laudem volēmus.
Ego . . .	Ego laudem volam.
Vōs . . .	Vōs laudem volētis.

Now, the past perfective. Since all conjugations are done alike in this tense, we do not need to practice more than one.

Quis vēnerat?

Ego . . .	Ego vēneram.
Vōs . . .	Vōs vēnerātis.
Tū . . .	Tū vēnerās.

Next, the present perfective; this is the only tense with special person endings:

Quis inopī beneficium dedit?

Nōs . . .	Nōs inopī beneficium dedimus.
Vōs . . .	Vōs inopī beneficium dedistis.
Tū . . .	Tū inopī beneficium dedistī.

Quis inter caecōs rēgnāvit?

Luscī . . .	Luscī inter caecōs rēgnā'runt.
Tū . . .	Tū inter caecōs rēgnā'stī.
Vōs . . .	Vōs inter caecōs rēgnā'stis.

Quis ad agnum mentem vertit?

Ego . . .	Ego ad agnum mentem vertī.
Tū . . .	Tū ad agnum mentem vertistī.
Lupī . . .	Lupī ad agnum mentem vertēre.

SELF TEST

A. Add the verb in the tense suggested by the adverbial expression.

Verba movent.

Mox . . .
Quondam . . .
Hōc tempore . . .

Īgnōscent amīcī.

Quondam . . .
Mox . . .
Hōc tempore . . .

Habēbis opēs.

Hōc tempore . . .
Mox . . .
Quondam . . .

Flōris nōn pingis odōrem.

Quondam . . .
Hōc tempore . . .
Mox . . .

Cursum cōnsummāvī.

Mox . . .
Hōc tempore . . .
Quondam . . .

Impōnō fīnem et rēbus honestīs.

Hōc tempore . . .
Quondam . . .
Mox . . .

B. Answer the questions by transforming the verb to agree with the subject.

Quis equōs regēbat?

Ego . . .
Nōs . . .
Tū . . .

Quis corporī servit?

Nōs . . .
Immodicus . . .
Tū . . .

Quis rumpet arcum?

Tū . . .
Vōs . . .
Ego . . .

Quis aedificā'rat urbēs?

Nōs . . .
Hominēs . . .
Ego . . .

Quis satis lūsit?

Tū . . .
Vōs . . .
Ego . . .

Quis stultus peccāverit?

Nōs . . .
Ego . . .
Vōs . . .

LESSON TWENTY-SIX: **Passive Person Endings; Perfective Passive**

MORPHOLOGY

The following examples will show you the meanings of the tenses of the passive voice.

Past imperfective:	frangēbātur	*he (etc.) was being broken*
Present imperfective:	frangitur	*he (etc.) is being broken*
Future imperfective:	frangētur	*he (etc.) will be broken*
Past perfective:	frāctus-a-um erat	*he (etc.) had been broken*
Present perfective:	frāctus-a-um est	*he (etc.) was broken, he has been broken*
Future perfective:	frāctus-a-um erit	*he (etc.) will have been broken*

Remember that passive forms have an active meaning if the verb is a deponent or semi-deponent. This is very often the case.

Here are paradigms in the imperfective tenses of the passive voice for all conjugations:

	PAST IMPERFECTIVE	PRESENT IMPERFECTIVE	FUTURE IMPERFECTIVE
	amābar	amor	amābor
	amābāris	amāris	amāberis[1]
I	amābātur	amātur	amābitur
	amābāmur	amāmur	amābimur
	amābāminī	amāminī	amābiminī
	amābantur	amantur	amābuntur

[1]Note the spelling *-e-* before *-ris.*

II	vidēbar vidēbāris vidēbātur vidēbāmur vidēbāminī vidēbantur	videor vidēris vidētur vidēmur vidēminī videntur	vidēbor vidēberis[1] vidēbitur vidēbimur vidēbiminī vidēbuntur
III	dūcēbar dūcēbāris dūcēbātur dūcēbāmur dūcēbāminī dūcēbantur	dūcor dūceris[1] dūcitur dūcimur dūciminī dūcuntur	dūcar dūcēris dūcētur dūcēmur dūcēminī dūcentur
III-iō	capiēbar capiēbāris capiēbātur capiēbāmur capiēbāminī capiēbantur	capior caperis[1] capitur capimur capiminī capiuntur	capiar capiēris capiētur capiēmur capiēminī capientur
IV	audiēbar audiēbāris audiēbātur audiēbāmur audiēbāminī audiēbantur	audior audīris audītur audīmur audīminī audiuntur	audiar audiēris audiētur audiēmur audiēminī audientur

Note that the imperfective tenses of the passive voice differ from the same tenses of the active voice only in the endings. These endings are found on forms #1, #2, #3, #7, and #8. Here are the passive person endings.

Singular	Plural
-r, -or (I)	-mur (we)
-ris (you)	-minī (you)
-tur (he, she, it)	-ntur (they)

The perfective tenses have compound forms made up of the perfective passive participle[2] (the fourth principal part, the one in *-tus* or *-sus*) with some form of the verb *esse*.[2]

Here is a paradigm of one verb in the perfective tenses of the passive voice:

[2]See Lesson Thirteen, Morphology.

PAST PERFECTIVE		PRESENT PERFECTIVE		FUTURE PERFECTIVE	
captus-a-um	eram	captus-a-um	sum	captus-a-um	erō
"	erās	"	es	"	eris
"	erat	"	est	"	erit
captī-ae-a	erāmus	captī-ae-a	sumus	captī-ae-a	erimus
"	erātis	"	estis	"	eritis
"	erant	"	sunt	"	erunt

BASIC SENTENCES

S123 Nāscentēs morimur, fīnisque ab orīgine pendet. -MANILIUS

We start to die when we are born, and the end depends upon the beginning.

Cui similis est fīnis?
Quid est orīgō mortis?
Estne poena perīre? (Cf. lēctiōnem centēsimam quīnquāgēsimam nōnam)

Transform *nāscentēs morimur* expanding with *ego, tū, omnēs, homō, vōs.*

S124 Dum loquor, hōra fugit. -OVID

While I talk, the hour flees.

Transform *dum loquor* expanding with *tū, nōs, amīcī.*

S125 Omnia mūtantur, nōs et mūtāmur in illīs. -BORBONIUS (?)

All things change, and we change with them.

S126 Frangar, nōn flectar. -MOTTO

I will be broken, but I will not be bent, i.e., I will break, but I won't bend.

Expand with *fortis, tū, nōs, vōs, ego,* and transform where necessary.

S127 Rōma locūta est; causa fīnīta est. -ANON.

Rome has spoken; the case has been finished.

Quis locūtus est?
Quid fīnītum est?
Cujus verbum multum valet?

PATTERN PRACTICE

Purpose: to learn the passive person endings of the imperfective system.
Directions: answer each question using the subject provided.

First, the past imperfective:

Quis eadem nōn mīrābātur?

Ego . . .	Ego eadem nōn mīrābar.
Tū . . .	Tū eadem nōn mīrābāris.
Vōs . . .	Vōs eadem nōn mīrābāminī.
Omnēs . . .	Omnēs eadem nōn mīrābantur.
Nōs . . .	Nōs eadem nōn mīrābāmur.

Now the present imperfective:

Quis ā cane nōn magnō tenētur?

Tū . . .	Tū ā cane nōn magnō tenēris.
Vōs . . .	Vōs ā cane nōn magnō tenēminī.
Aper . . .	Aper ā cane nōn magnō tenētur.
Nōs . . .	Nōs ā cane nōn magnō tenēmur.
Ego . . .	Ego ā cane nōn magnō teneor.

Quis in rē incertā cernitur?

Tū . . .	Tū in rē incertā cerneris.
Nōs . . .	Nōs in rē incertā cernimur.
Amīcus . . .	Amīcus in rē incertā cernitur.
Vōs . . .	Vōs in rē incertā cerniminī.
Ego . . .	Ego in rē incertā cernor.

Now the future imperfective:

Quis cōnscientiam verēbitur?

Tū . . .	Tū cōnscientiam verēberis.
Nōs . . .	Nōs conscientiam verēbimur.
Vōs . . .	Vōs cōnscientiam verēbiminī.
Paucī . . .	Paucī cōnscientiam verēbuntur.
Ego . . .	Ego cōnscientiam verēbor.

Quis mūneribus nōn capiētur?

Vōs . . .	Vōs mūneribus nōn capiēminī.
Nōs . . .	Nōs mūneribus nōn capiēmur.
Tū . . .	Tū mūneribus nōn capiēris.
Vulpēs . . .	Vulpēs mūneribus nōn capiētur.
Ego . . .	Ego mūneribus nōn capiar.

And now the perfective tenses:

Quis mūtātus est?

Ego . . .	Ego mūtātus sum.
Tū . . .	Tū mūtātus es.
Fīlius et fīlia . . .	Fīlius et fīlia mūtātī sunt.
Vōs . . .	Vōs mūtātī estis.
Is . . .	Is mūtātus est.

Quis locūtus erat?

Nōs . . .	Nōs locūtī erāmus.
Rōma . . .	Rōma locūta erat.
Is . . .	Is locūtus erat.
Tū . . .	Tū locūtus erās.
Nēmō . . .	Nēmō locūtus erat.

Quis frāctus erit?

Ego . . .	Ego frāctus erō.
Nihil . . .	Nihil frāctum erit.
Crūdēlēs . . .	Crūdēlēs frāctī erunt.
Vōs	Vōs frāctī eritis.
Eae . . .	Eae frāctae erunt.

SELF TEST

Answer the questions using the subjects provided.

Quis ā cane nōn magnō tenēbātur?	Quis in rē incertā cernētur?
Aprī . . .	Tū . . .
Vōs . . .	Vōs . . .
Tū . . .	Amīcī . . .
Nōs . . .	Ego . . .

Quis lacrimīs pāscitur?

Tū . . .
Ego . . .
Vōs . . .
Crūdēlēs . . .

Quis saepe mentiētur?

Vultus . . .
Tū . . .
Vōs . . .
Ego . . .

Quis fāmam verētur?

Tū . . .
Nōs . . .
Vōs . . .
Ego . . .

Quis eadem nōn mīrābitur?

Nōs omnēs . . .
Vōs omnēs . . .
Tū . . .
Ego . . .

Quis mūneribus nōn captus est?

Ego . . .
Vulpēs . . .
Nōs . . .
Omnēs . . .

Quis nātus erat?

Illae . . .
Nēmō . . .
Vōs . . .
Tū . . .

READINGS

Identify all verb forms as to person, number, tense and aspect, and voice.

R255 Videō meliōra probōque, dēteriōra sequor.—Ovid

1. Quālibus rēbus tū movēris?
2. Quālibus rēbus tū traheris?

probō (1): *approve*
dēterior, deterius

R256 Nōn sum ūnī angulō nātus; patria mea tōtus hic mundus est.—Seneca

1. Cujus regiōnis est Seneca cīvis?
2. Cui regiōnī vōs nātī estis?

angulus-ī, m
cīvis, cīvis, m & f: *citizen*

R257 Trahimur omnēs studiō laudis.—Cicero

1. Quid nōs trahit?
2. Per quid vōs trahiminī?
3. Quid tū maximē vīs?

R258 Prōgredimur quō dūcit quemque voluntās.—Lucretius

1. Quem ad locum prōgrediminī?
2. Quō auxiliō vōs dūciminī?
3. Quō vōs prōgrediminī?

prōgredior-gredī-gressus

R259 In quō . . . jūdiciō jūdicāveritis, jūdicābiminī.—St. Matthew

1. In quō jūdiciō vōs jūdicābiminī?
2. In quō jūdiciō ego jūdicābor?

jūdicium-ī, n: *judgment*

R260 Sī sequeris, fugiet; sī fūgeris, umbra sequētur;
sīc optāta fugit laus et contempta tenētur.—Werner

1. Cui similis est glōria?
2. Quis vēram glōriam habēbit?
3. Quid patitur glōria sprēta?

optō (1): *wish, desire*
contemnō-ere-tempsī, contemptus

R261 Jūstum ab injūstīs petere īnsipientia est.—Burton

R262 Dum loquimur, fūgerit invida aetās.—Horace

1. Nōbīs loquentibus, quid acciderit?
2. Quandō tempus fūgerit?
3. Cūr aetās *invida* dīcitur?
4. Cujus reī per invidiam nōs omnēs moriēmur?

invidus-a-um: *envious*

R263 Glōriam quī sprēverit, vēram habēbit.—Livy

1. Quem sequētur glōria?
2. Estne glōria similis umbrae?
3. Quid aget glōria contempta?

R264 Effugit mortem, quisquis contempserit; timidissimum quemque cōnsequitur.—Curtius

1. Quis moriētur?
2. Quis salvus erit?
3. Quid cōnsequitur omnēs quī timidī sunt?
4. Quō auxiliō mors effugitur?

R265 Cautus . . . metuit foveam lupus.—Horace

1. Quem experientia docet?
2. Quotiēns stultus in eandem foveam cadit?
3. Cujus reī timōre lupus movētur?

R266 Quī sibi nōn parcit, mihi vel tibi quō modō parcet?—Werner

1. Cui amārus parcit?
2. Sī quis sē non amat, quemamat?
3. Quī sē nōn servat, num mē servābit?
4. Haecne sententia vēra est?

R267 Vēritātem diēs aperit.—Seneca

1. Quid tempore revēlātur?

aperiō-īre, aperuī, apertus: *open, disclose*

Now read Narrative Readings 45-59.

NEW NOUNS	cīvis, cīvis, m & f jūdicium-ī, n	origō, orīginis, f

NEW VERBS	optō (1) probō (1) pendeō-ēre, pependī contemnō-ere-tempsī-temptus flectō-ere, flexī, flexus	frangō-ere, frēgī, frāctus metuō-ere, metuī prōgredior, prōgredī, prōgressus spernō-ere, sprēvī, sprētus aperiō-īre, aperuī, apertus fīniō (4)

NEW ADJECTIVES invidus-a-um

LESSON TWENTY-SEVEN: **Indirect Statement**

Observe the following *direct* statements and their *indirect* counterparts in both English and Latin.

Direct Statement

I used to say, "Clothes make the man."
Dīcēbam, "Vestis virum reddit."

Indirect Statement

I used to say that clothes made the man.
I used to say clothes made the man.
Dīcēbam vestem virum reddere.

Let's take the English first. What is the difference *in writing* between "I used to say, 'Clothes make the man' " and "I used to say clothes made the man"? What is the difference in what you *say*? Do you say them alike? What are the signals that tell you which one you would write with quotation marks? Do the quotation marks correspond to anything in our speech?

EXPLANATION OF STRUCTURE: ACCUSATIVE-AND-INFINITIVE

The difference between a direct statement and an indirect statement in Latin is in the form of the verb and the case of the subject. In a direct statement the verb is in a finite form and the subject is in the nominative case. In an indirect statement the verb is in an infinitive form[1] and the former subject is in the accusative case.[2]

[1]If the infinitive is *esse*, it is often replaced by *zero*.

[2]The subject-accusative is often replaced by *zero* when it would be a pronoun that is predictable.

Notice this point: *Dīcēbam vestem virum facere* is an ambiguous statement. It is obviously an accusative-and-infinitive construction, and *facere* is the infinitive. But which accusative belongs in the accusative-and-infinitive construction and which is the object of *facere*? The answer is that you can't tell. If it were necessary to avoid ambiguity one could use another construction: there is no ambiguity about *Dīcēbam vestem ā virō fierī.*

There was a famous oracle given to Pyrrhus when he was planning to conquer the Romans: *Ajō (dīcō) tē, Aeacidā, Rōmānōs, vincere posse.* (*Aeacidā* is a Greek vocative form meaning "O descendant of Aeacus.") Pyrrhus, descendant of Aeacus, rashly assumed that this was a favorable answer. Was it?

BASIC SENTENCES

Transform each indirect statement in the Basic Sentences to a direct statement.

S128 Ēventus docuit fortēs Fortūnam juvāre.-LIVY

The event has proven that Fortune aids the brave.

Quis fortēs juvat?
Quōs Fortūna juvat?
Quid ēventus docuit?

S129 Īnsānus omnis furere crēdit cēterōs.-ANON.

Every madman believes the others are insane.

Num cēterī īnsānī sunt?
Furuntne cēterī?
Quid crēdit omnis īnsānus?

S130 Vidēmus . . . suam cuique rem esse cārissimam.-PETRONIUS

We see that each one's own is dearest to him.

Cui suum placet?
Quae rēs est cārissima cuique?
Quem vidēmus suam rem mīrārī?

PATTERN PRACTICE

Purpose: to produce the accusative-and-infinitive construction.
Directions: transform the direct statement in the left-hand column to an indirect statement.

“Fortēs Fortūna adjuvat.”
Dīcō fortēs Fortūnam adjuvāre.
“Stultī timent fortūnam.”
Dīcō stultōs timēre fortūnam.
“Malum saepe petitur.”
Dīcō malum saepe petī.
“Āmittitur occāsiō facile.”
Dīcō āmittī occāsiōnem facile.
“Fraudem vult vulpēs.”
Dīcō fraudem velle vulpem.

“Prūdēns cum cūrā vīvit.”
Dīcō prūdentem cum cūrā vīvere.
“Astra regunt hominēs.”
Dīcō astra regere hominēs.
“Regit astra Deus.”
Dīcō regere astra Deum.
“Vīta vīnum est.”
Dīcō vītam vīnum esse.
“Urbs est inimīca poētīs.”
Dīcō urbem esse inimīcam poētīs.

“Sequitur glōria virtūtem.”
Dīcō sequī glōriam virtūtem.
“Ōrātor fit.”
Dīcō ōrātōrem fīerī.
“Superbīs resistit Deus.”
Dīcō superbīs resistere Deum.
“Multī fāmam verentur.”
Dīcō multōs fāmam verērī.
“Vōx audīta perit.”
Dīcō vōcem audītam perīre.

Do the same by expanding with *dīxī, dīcēbam, dīxeram,* etc. Notice that the indirect statement remains the same irrespective of the tense of the main verb:

“Suum cuique placet.”

Suum cuique placēre dīcam.
Suum cuique placēre dīcēbam.
Suum cuique placēre dīxī.
Suum cuique placēre dīxeram.
Suum cuique placēre dīcō.
Suum cuique placēre dīxerō.

SELF TEST

A. Change from direct statement to indirect.

1. “Hominēs amplius oculīs crēdunt.”
2. “Calamitās virtūtis occāsiō est.”
3. “Exemplō melius quidque docētur.”
4. “Rem nōn spem quaerit amīcus.”
5. “Fēmina vult laudem.”
6. “Nāscitur poēta.”
7. “Numquam perīc'lum sine perīc'lo vincitur.”
8. “In vīlī veste nēmō tractātur honestē.
9. “Amīcus certus in rē incertā cernitur.”
10. “Juppiter in caelīs, Caesar regit omnia terrīs.”
11. “Crūdēlitātis māter est avāritia.”
12. “Vestem mīrātur fēmina.”

B. Change the indirect statement after *sīc* in the following reading to a direct statement.

Hī nōn vīdērunt, ut ad cursum equum, ad arandum bovem, ad indāgandum canem, sīc hominem ad duās rēs (ut ait Aristotelēs) ad intellegendum et ad agendum esse nātum.—Cicero

READINGS

R268 Victōrem ā victō superārī saepe vidēmus.—Dionysius Cato

Transform the infinitive from passive to active.
Why do you suppose Dionysius Cato used the passive?

R269 Nēmō doctus umquam . . . mūtātiōnem cōnsiliī incōnstantiam dīxit esse.—Cicero

umquam (adv.): *ever*
mūtātiō, mūtātiōnis, f: *change*

1. Quid nōn est mūtātiō cōnsiliī?
2. Estne sapientis mūtāre cōnsilium?

R270 Catō dīxit litterārum rādīcēs amārās esse, frūctūs jūcundiōrēs.—Diomedes

rādīx, rādīcis, f: *root*

1. Quālēs sunt rādīcēs litterārum?
2. Quālēs frūctūs?
3. Quid Catō dē litterīs dīxit?

R271 Ait omnia pecūniā efficī posse.—Cicero

Quid ait Cicerō ōrātiōne rēctā?

ait = dīcit

R272 Catiline denies the effectiveness of speech making.—Cicero Cat 58

Compertum ego habeō . . . verba virtūtem nōn addere, neque ex īgnāvō strēnuum neque fortem ex timidō exercitum ōrātiōne imperātōris fierī.—Sallust

comperiō-īre, comperī, compertus: *find out*
īgnāvus = timidus

1. Quid Catilīna comperit?
2. Quid Catilīna sē comperisse dīcit?
3. Quālem exercitum ōrātiō strēnuum nōn facit?
4. Quō auxiliō timidus exercitus fortior nōn fit?

R273 Caesar has trouble with his grain supply.

Cottīdiē Caesar Aeduōs frūmentum[3] flagitābat. Nam propter frīgora, quod Gallia sub Septentriōnibus, ut ante dictum est, posita est, nōn modo frūmenta in agrīs mātūra nōn erant sed nē pābulī quidem satis magna cōpia suppetēbat: eō autem frūmentō, quod flūmine Arare nāvibus subvexerat, propterēa ūtī minus poterat quod iter ab Arare Helvētiī āverterant, ā quibus discēdere nōlēbat. Diem ex diē dūcere[4] Aeduī: cōnferrī, comportārī, adesse dīcere.[4] Convocātīs eōrum prīncipibus, quōrum magnam cōpiam in castrīs habēbat, graviter eōs accūsat.—Caesar BG I 16

cottīdiē = omnibus diēbus
frūmentum-ī, n: *grain*
nam (conj.): *for*
flagitābat = rogābat
nōn modo . . . sed: *not only . . . but*
cōpia-ae, f: *supply*
suppetēbat = erat
propterea . . . quod = quod
ūtor, ūtī, ūsus: *use* (with ablative complement)
subvexerat = portāverat
discēdere: *go away*
castra-ōrum, n: *camp*
nē . . . quidem: *not even*

Now read Narrative Readings 60-64.

NEW NOUNS	castra-ōrum, n cōpia-ae, f frūmentum-ī, n	mūtātiō, mūtātiōnis, f rādīx, rādīcis, f
NEW VERBS	comperiō-īre, comperī, compertus discēdō-ere-cessī-cessūrus furō-ere-uī ūtor, ūtī, ūsus	
NEW ADJECTIVES	īnsānus-a-um	
NEW INDECLINABLES	nam (conjunction): *for* nē . . . quidem: *not even* nōn modo . . . sed: *not only . . . but* umquam (adv.): *ever*	

[3]Two accusatives (double accusatives) in the environment of a verb that is not factitive do not have the same referent. This most commonly occurs with verbs meaning: *to ask somebody for something.* In English, constructions such as *I ask you a favor* are similar.

[4]There is also a kernel-variant where the subject is in the nominative case and the verb is in the infinitive form. The infinitive, called historical infinitive, substitutes for a past imperfective finite verb. This kernel-variant occurs in vivid descriptions.

LESSON TWENTY-EIGHT: **Indirect Statements — Past, Present, and Future**

EXPLANATION OF STRUCTURE AND MORPHOLOGY

There is a perfective active infintive in Latin. From the name, can you tell on what stem it is built? To produce this form you need only know the distinctive morpheme *-isse.* Give, then, the perfective infinitive of *laudāre, habēre, vincere, invenīre.*

In contrast with the imperfective infinitive, the perfective infinitive indicates action preceding that of the governing verb and occurs most frequently in indirect statements.

Dīcō vincere vēritātem.
I say that truth conquers.

Dīxī vincere vēritātem.
I said that truth was conquering.

Dīcō vīcisse vēritātem.
I say that truth has conquered.

Dīxī vīcisse vēritātem.
I said that truth had conquered.

Hōram ruentem redīre negō.
I say that the rushing hour does not return.

Hōram ruentem redīre negāvī.
I said that the rushing hour did not return.

Hōram ruentem rediisse negō.
I say that the rushing hour has *never yet* returned.

Hōram ruentem rediisse negāvī.
I said that the rushing hour had *never yet* returned.

There is a compound form for the future infinitive, consisting of a future participle formed by adding *-ūrus-a-um* to the stem of the fourth principal part: thus we get *amātūrus* (about to love). The future active infinitive is the compound *amatūrus-a-um esse.* The verb *sum* has both *fūtūrus-a-um esse* and a variant *fore.*

Dīcō vītam vīnum esse.
I say that wine is life.

Dīxī vītam vīnum esse.
I said that wine was life.

Dīcō vītam vīnum futūrum esse (fore).
I say that wine will be life.

Dīxī vītam vīnum fūtūrum esse (fore).
I said that wine would be life.

MORPHOLOGY OF THE INFINITIVE

	ACTIVE	PASSIVE[1]
IMPERFECTIVE	amāre vidēre regere audīre Eng. *to [ ]*	amārī vidērī regī audīrī Eng. *to be [ ]-ed*
PERFECTIVE	amāvisse vīdisse rēxisse audīvisse Eng. *to have [ ]-ed*	amātus-a-um esse vīsus-a-um esse rēctus-a-um esse audītus-a-um esse Eng. *to have been [ ]-ed*
FUTURE	amātūrus-a-um esse vīsūrus-a-um esse rēctūrus-a-um esse audītūrus-a-um esse Eng. *to be about to [ ]*	

MORPHOLOGY OF THE PARTICIPLE

	ACTIVE	PASSIVE
IMPERFECTIVE	amāns vidēns regēns audiēns Eng. *[ ]-ing*	
PERFECTIVE		amātus-a-um vīsus-a-um rēctus-a-um audītus-a-um Eng. *[ ]-ed, having been [ ]-ed*
FUTURE	amātūrus-a-um vīsūrus-a-um rēctūrus-a-um audītūrus-a-um Eng. *about to [ ]*	amandus-a-um videndus-a-um regendus-a-um audiendus-a-um Eng. *to be [ ]-ed*

[1]Remember that a passive form has an active meaning if the verb is deponent, except for the future passive participle.

If you have understood the perfective system, you should be able to predict the compound form which is used for the passive. It is *amātus-a-um esse*. The passive of *amātūrus esse* is extremely rare and need not be learned at this time.

A few contrast readings at this point should help.

Dīxī vēritātem vincere.
Dīxī vēritātem victūram esse.
Dīxī vēritātem vīcisse.
Dīcis amīcum rem quaesīvisse.
Dīcis amīcum rem quaesītūrum.
Dīcis amīcum rem quaerere.
Dīcimus occāsiōnem facile āmittī.
Dīcimus occāsiōnem facile āmissam.

Dīcitis multōs amīcōs numerārī.
Dīcitis multōs amīcōs numerātōs.
Dīxit longum esse iter.
Dīxit longum fore iter.
Dīxit longum fuisse iter.
Dīcēbant exitum in dubiō fuisse.
Dīcēbant exitum in dubiō futūrum.
Dīcēbant exitum in dubiō esse.

There are two points to notice in these contrast readings. In compound forms the participle agrees in case, number, and gender with the subject, now in the accusative case. Also, *esse* is often omitted.

BASIC SENTENCES

S131 Posse patī voluī nec mē temptā'sse negābō. -OVID

I wished to be able to endure and I will not deny that I tried.

Quid Orpheus voluit?
Quid Orpheus nōn negābit?

Orpheus-ī, m: a poet and musician

S132 Crās tē vīctūrum, crās dīcis, Postume, semper. -MARTIAL

You are always saying, Postumus, that you will live tomorrow, tomorrow.

Quandō Postumus vīvet?
Quid Postumus semper dīcit?

PATTERN PRACTICE, Part One

Purpose: to produce the perfective infinitive.
Directions: change from direct to indirect statement.

"Deōs fēcit timor."	Dīcō deōs fēcisse timōrem.
"Lībertās cecidit."	Dīcō lībertātem cecidisse.
"Nātūra dedit agrōs."	Dīcō nātūram dedisse agrōs.
"Tū lūsisti satis."	Dīcō tē lūsisse satis.
"Ars aedificāvit urbēs."	Dīcō artem aedificā'sse urbēs.

"Fidem servāvī."	Dīcō mē fidem servā'sse.
"Rōma locūta est."	Dīcō Rōmam locūtam esse.
"Quiēscēbant vōcēs hominum."	Dīcō quiēvisse vōcēs hominum.
"Caelō fulgēbat lūna."	Dīcō caelō fulsisse lūnam.
"Orbem victor habēbat."	Dīcō orbem victōrem habuisse.

PATTERN PRACTICE, Part Two

Purpose: to learn the future active participle. Notice that deponents have a future active participle.

Directions: transform the #3 forms (future imperfective) to the future active participle with *est*. The meaning is the same.

Quis custōdiet custōdēs?	Quis custōdītūrus est custōdēs?
In hōc sīgnō vincēs.	In hoc sīgnō victūrus es.
Inveniam viam.	Inventūrus sum viam.
Faciam viam.	Factūrus sum viam.
Trīstis eris.	Trīstis futūrus es.
Ejus victōria erit.	Ejus victōria futūra est.

PATTERN PRACTICE, Part Three

Purpose: to learn to express past, present, and future time in indirect statements.

Directions: change from direct statement to indirect statement. In each set, one item shows present time, one shows past, and one shows future.

Expand with *negō*:[2]

Superstitiō deōs nōn colit.	Superstitiōnem deōs colere negō.
Superstitiō deōs nōn colet.	Superstitiōnem deōs cultūram negō.
Superstitiō deōs nōn coluit.	Superstitiōnem deōs coluisse negō.
Stultī fortūnam nōn ferent.	Stultōs fortūnam lātūrōs negō.
Stultī fortūnam nōn tulēre.	Stultōs fortūnam tulisse negō.
Stultī fortūnam nōn ferunt.	Stultōs fortūnam ferre negō.
Caesar in caelō nōn regēbat.	Caesarem in caelō rēxisse negō.
Caesar in caelō nōn reget.	Caesarem in caelō rēctūrum negō.
Caesar in caelō nōn regit.	Caesarem in caelō regere negō.

[2]A negative direct statement is expanded with *negō* (I say that . . . not . . .) and the negator is deleted or replaced; e.g., '*numquam tē vīdī*' is expanded *Negō mē umquam tē vīdisse.*

Now expand with *dīxī*:

Sapiēns pauca loquitur. — Sapientem pauca loquī dīxī.
Sapiēns pauca loquētur. — Sapientem pauca locūtūrum dīxī.
Sapiēns pauca locūtus est. — Sapientem pauca locūtum dīxī.

Cōgitō, ergō sum. — Mē cōgitāre, ergō mē esse dīxī.
Cōgitābam, ergō eram. — Mē cōgitā'sse, ergō mē fuisse dīxī.
Cōgitābō, ergō erō. — Mē cōgitātūrum, ergō mē fore dīxī.

Vincēs. — Tē victūrum dīxī.
Vīcistī. — Tē vīcisse dīxī.
Vincis. — Tē vincere dīxī.

SELF TEST

A. Write all infinitives, active and passive, of the following verbs: ferō, faciō, vincō, doceō.

B. Change from direct statement to indirect.

"Superstitiō deōs violābit."
"Ā cane nōn magnō saepe tenētur aper."
"Stultī timuēre fortūnam."
"Posse patī voluī."
"Coāctus est ad lacrimās oculus."
"Vōx audīta periit."
"Crās ego vīvam."
"Glōria virtūtem sequitur."
"Gravis īra rēgum erit semper."
"In virtūte posita est vēra fēlīcitās."

READINGS

Which of the infinitives are used in indirect statements?
Which are used as subjects or complements of a verb?

R274 Dīmidium factī est coepisse.—Ausonius

Quid Ausōnius dīcit?

R275 Quae fuit dūrum patī, meminisse dulce est.—Seneca

1. Quālēs rēs cum gaudiō memineris?
2. Quārum rērum est memoria jūcunda?

meminī, meminisse: *remember* (no imperfective system)

R276 Forsan et haec ōlim meminisse juvābit.[3] —Vergil

1. Quid nōs juvābit?
2. Quō tempore haec libenter memineritis?

forsan: *perhaps*
juvat (used impersonally): *is pleasant*

R277 Nō'sse volunt omnēs, mercēdem solvere nēmō.—Juvenal

Quid Juvenālis dīxit?

nōvī-isse, nōtus: *know*
mercēs, mercēdis, f: *price*

R278 Nūllī tacuisse nocet;[3] nocet[3] esse locūtum.—Dionysius Cato

1. Cui verba saepe nocent?
2. Cui silentium nocet?
3. Quid Cātō dīxit?
4. Quid nōbīs nocet? Quid nūllī nocet?

nocet (used impersonally): *is harmful*

R279 Crēdula vītam
Spēs fovet et fore crās semper ait melius.—Tibullus

Cūr est spēs crēdula?
Transform the direct statement to an indirect statement.

R280 Tempus erit, quō vōs speculum vīdisse pigēbit.[3] —Ovid

1. Quid nōs pigēbit?
2. Dīcitne Ovidius faciem puellae per aetātem pulchriōrem fierī?

piget (impersonal verb): *causes sorrow*

R281 Septem hōrās dormī'sse sat est juvenīque senīque.—Medieval

1. Quot hōrās bene dormit juvenis?
2. Estne piger quī decem hōrās dormit?
3. Quālis est quī tantum sex hōrās dormit?
4. Quot hōrās tū dormīs?

juvenis-e: *young*
senex, senis: *old*
(both are often used as nouns)

R282 Rēs docuit id vērum esse: fabrum esse suae quemque fortūnae.—Sallust

1. Quid vērum est?
2. Quid rēs docuit?

faber, fabrī, m

[3]Impersonal verbs are verbs occurring only in the third person singular; they never occur with a personal noun subject: e.g., piget. Some personal verbs may also be used impersonally: e.g., juvat, nocet. The subject is usually an infinitive.

R283 Bellum scrīptūrus sum quod populus Rōmānus cum Jugurthā rēge Numidārum gessit, prīmum quia magnum et ātrōx vāriaque victōria fuit, dehinc quia tunc prīmum superbiae nōbilitātis[4] obviam itum est.[5] —Sallust Jug 5

gerō-ere, gessī, gestus: *carry, carry on*
dehinc = deinde: *next*
tunc = tum: *then*
obviam (adv.): *in the way, against* (patterns with dative)

R284
Intereā magnō miscērī murmure pontum
ēmissamque hiemem sēnsit Neptūnus et īmīs
stagna refūsa vadīs. —Vergil Aen I 124-26

1. Quid miscētur?
2. Quae rēs ēmissa est?
3. Unde stāgna refūsa sunt?
4. Quid Neptūnus sēnsit?

intereā: *meanwhile*
misceō-ēre-uī, mixtus: *mix*
pontus = mare
hiems, hiemis, f: *storm, winter*
refundō-ere-fūdī, refūsus: *pour back*
vadum-ī, n: *shallow water*

R285 Ego multōs hominēs excellentī animō ac virtūte fuisse sine doctrīnā, et nātūrae ipsīus habitū prope dīvīnō per sē ipsōs et moderātōs et gravēs exstitisse fateor. —Cicero, pro Archia 7

habitus-ūs, m: *quality*
exstitisse = factōs esse
prope (adv.): *almost, nearly*
fateor-ērī

1. Quō auxiliō hominēs doctī excellunt?
2. Per quem etiam indoctus moderātus et gravis fierī potest?
3. Quālis est habitus nātūrae quī indoctum excellentem facit?

R286 Carthāginī erat quidem ingēns terror et Scīpiōnem ipsam Carthāginem repente adgressūrum crēdēbant.— —Livy XXX 9

Carthāginī (locative case)[6]: *in Carthage*
ingēns: *enormous*
repente (adv.): *suddenly*
adgredior-gredī-gressus

Now read Narrative Readings 65 and 66.

NEW NOUNS	bellum-ī, n	mercēs, mercēdis, f
	hiems, hiemis, f	habitus-ūs, m

[4] *Superbia nōbilitātis* refers to the supreme power of the Roman nobility, i.e., the Senate.

[5] Intransitive verbs have only one passive form which has the endings of the third person singular. A kernel with this form has no subject; it is called *impersonal passive*, a construction which does not occur in English. A possible translation is "There was opposition to . . . ."

[6] The locative case indicates *place where*, and is very rare.

NEW VERBS	gerō-ere, gessī, gestus	nōvī, nōvisse
	meminī, meminisse	piget, pigēre, piguit
	misceō-ēre-uī, mixtus	refundō-ere-fūdī-fūsus
	negō (1)	temptō (1)

NEW ADJECTIVES	ingēns	senex, senis
	juvenis-e	

NEW INDECLINABLES

crās (adv.): *tomorrow*
dehinc (adv.): *from here, next*
deinde (adv.): *from there, next*
forsan (adv.): *perhaps*
prope (adv.): *nearly, almost*
repente (adv.): *suddenly*
tum (adv.): *then*
tunc (adv.): *then*

LESSON TWENTY-NINE: **Calls and Commands**

MORPHOLOGY: THE IMPERATIVE MOOD (#11)

The imperative mood signals a command. Here are the forms, singular and plural, for the four conjugations:

Sg.	laudā	vidē	vīve	cape	audī
Pl.	laudāte	vidēte	vīvite	capite	audīte

What is the signal for the singular imperative? What is the signal for the plural imperative?

There are four verbs which have a zero vowel in the singular of the imperative: these verbs are *dīcō, dūcō, faciō,* and *ferō.* The following old and tried jingle will perhaps help you remember these special imperative forms:

"*Dīc, dūc, fac,* and *fer*
Might have had an *e,* but it isn't there."

The plurals are *dīcite, dūcite, facite,* and *ferte.*

The imperative of deponents has the morpheme *-re* in the singular and *-minī* in the plural. The plural form is therefore the same as the present imperfective indicative (#2).

mīrāre	verēre	sequere	morere	mentīre
mīrāminī	verēminī	sequiminī	moriminī	mentīminī

The irregular verb *nōlō* has the imperative forms *nōlī* and *nōlīte,* which are used with infinitives to express a negative command; e.g., Nōlī mē tangere! *Do not touch me!*

MORPHOLOGY: THE VOCATIVE CASE

The vocative is the "call" of the noun. Its form is like the nominative except for second declension nouns, explained below. The vocative may be added as an expansion to any utterance to show the person to whom the utterance is addressed: it has only this environment and this meaning. Frequently the particle *Ō* accompanies the vocative, helping to distinguish it from the nominative. Only personal or personified nouns are used in the vocative.

The only special form for the vocative is in the second declension. Nouns with the ending *-us* have the following vocative: *agne, corve, lupe, Mārce, Brūte, Paule,* etc.; the morpheme is zero and the declension marker *-o-* weakens to *-e*. The vocative of nouns like *vir, puer,* and *aper* is the same as the nominative. Nouns with *-i-* before the characteristic vowel *-o-* have the following vocative forms: *fīlī, Tiberī, Jūlī,* etc. Since many men's names end in *-ius,* this form is common. The masculine vocative of the adjective *meus* is *mī,* "My son!" is *Mī fīlī!*

Since the vocative in writing is generally set off by commas and is thus easy to recognize, there will not be any Pattern Practice on it. You will learn the vocative from the examples you see and hear.

BASIC SENTENCES

Transform each of the following Basic Sentences by changing the number of the imperative from singular to plural or *vice versa.* Be sure to make any other changes which such transformation requires.

S133 Īnfirmōs cūrāte, mortuōs suscitāte, leprōsōs mundāte, daemonēs ējicite.-ST. MATTHEW

Heal the sick, cleanse the lepers, raise the dead, cast out devils.

Quī aegrōs cūrāre dēbent?
Quī ējicī dēbent?

S134 Contrā verbōsōs nōlī contendere verbīs.-DIONYSIUS CATO

Against the wordy contend not with words.

Quis vincētur sī ego contrā verbōsōs contendō?

S135 Bene ferre magnam disce fortūnam.-HORACE

Learn to bear good fortune well.

S136 Ūtere quaesītīs opibus; fuge nōmen avārī.-DIONYSIUS CATO

Use the riches you have sought; flee the name of "miser."

Quibus rēbus ūtī dēbēmus?
Quid fugere dēbēmus?

PATTERN PRACTICE, Part One

Purpose: to learn the imperative form of the verb.
Directions: transform the left-hand column from a polite suggestion (future imperfective, #3) to the standard form of command (imperative, #11).

In hōc sīgnō vincēs. In hōc sīgnō vincētis.	In hōc sīgnō vince. In hōc sīgnō vincite.
Prō patriā moriēris. Prō patriā moriēminī.	Prō patriā morere. Prō patriā moriminī.
In harēnā capiēs cōnsilium. In harēnā capiētis cōnsilium.	In harēnā cape cōnsilium. In harēnā capite cōnsilium.
Magnam fortūnam ferēs. Magnam fortūnam ferētis.	Magnam fortūnam fer. Magnam fortūnam ferte.
Cōnscientiam verēberis. Cōnscientiam verēbiminī.	Cōnscientiam verēre. Cōnscientiam verēminī.

PATTERN PRACTICE, Part Two

Purpose: to learn the negative command.
Directions: same as in Part One.

Nōn eadem mīrāberis. Nōn eadem mīrābiminī.	Nōlī eadem mīrārī. Nōlīte eadem mīrārī.
Corporī nōn serviēs. Corporī nōn serviētis.	Corporī nōlī servīre. Corporī nōlīte servīre.
Mentem nōn vertēs. Mentem nōn vertētis.	Mentem nōlī vertere. Mentem nōlīte vertere.
Fortūnam nōn timēbis. Fortūnam nōn timēbitis.	Fortūnam nōlī timēre. Fortūnam nōlīte timēre.

PATTERN PRACTICE, Part Three

Purpose: to practice the imperative.
Directions: transform the left-hand column from *Volō tē aliquid facere* (I want you to do something) to the corresponding imperative form.

Volō tē cum cūrā vīvere. Volō vōs cum cūrā vīvere.	Cum cūrā vīve. Cum cūrā vīvite.

Volō tē fortūnam timēre.	Fortūnam timē.
Volō vōs fortūnam timēre.	Fortūnam timēte.
Volō tē pauca loquī.	Pauca loquere.
Volō vōs pauca loquī.	Pauca loquiminī.
Volō tē gaudentī placēre.	Gaudentī placē.
Volō vōs gaudentī placēre.	Gaudentī placēte.
Volō tē prō innocente dīcere.	Prō innocente dīc.
Volō vōs prō innocente dīcere.	Prō innocente dīcite.
Nōlō tē labōrem fugere.	Nōlī labōrem fugere.
Nōlō vōs labōrem fugere.	Nōlīte labōrem fugere.
Nōlō tē flōris odōrem pingere.	Flōris odōrem nōlī pingere.
Nōlō vōs flōris odōrem pingere.	Flōris odōrem nōlīte pingere.
Volō tē ipsōs custōdēs custōdīre.	Ipsōs custōdēs custōdī.
Volō vōs ipsōs custōdēs custōdīre.	Ipsōs custōdēs custōdīte.
Volō tē malum fortiter patī.	Malum fortiter patere.
Volō vōs malum fortiter patī.	Malum fortiter patiminī.
Nōlō tē dōna minōra spernere.	Dōna minōra nōlī spernere.
Nōlō vōs dōna minōra spernere.	Dōna minōra nōlīte spernere.

SELF TEST

Transform the following expressions to imperatives:

Volō vōs prōgredī quō dūcit voluntās.
Citō rumpēs arcum.
Inveniēs viam.
Volō tē līberē loquī.
Caelum mūtābitis.
In malīs bene spērābis.

Identify the following isolated forms:

vītā	morere	ratiō	vīna	resiste	ducī
vidē	patere	flēre	fīlī	fortūna	fēcī
fidē	dīcere	capiō	cape	laudēs	intereā
audī	ōrātiō	vīvēs	amās	vēritās	fac

READINGS

R287 Audī, vidē, tacē, sī vīs vīvere in pāce.—Medieval

1. Quā condiciōne in pāce aliquis vīvet?
2. Quid ego facere dēbeō sī pācem volō?

R288 "Accipe! Sūme! Cape!" sunt verba placentia cuique.—Werner

1. Cui haec verba placent?
2. Quid omnēs facere volunt?

accipiō-ere-cēpī-ceptus: *accept*
sūmō-ere, sūmpsī, sūmptus: *take*

R289 Medice, cūrā tē ipsum.—St. Luke

1. Quem medicus cūrāre dēbet?
2. Quis mē cūrāre dēbet?

R290 Ō fīlī cāre, nōlī nimis altē volāre.—Werner

Transform to the future indicative.

nimis (adv.): *too, too much*

R291 Vītae sequere nātūram ducem. —Seneca

Quis est natūra?
Transform into the plural.

R292 Disce quasī semper vīctūrus; vīve quasī crās moritūrus.—Anon.

1. Cujus reī sub speciē vīvere dēbēmus?
2. Cujus reī sub speciē labōrāre dēbēmus?

Transform into the plural.

aeternitās, aeternitātis, f
quasī (conj.): *as if*

R293 Omnem crēde diem tibi dīlūxisse suprēmum.—Horace

1. Quid crēdere dēbēs?
2. Quandō mors veniet?

Note: *dīlūxisse* functions here like a linking verb.

R294 Dā glōriam Deō.—Motto

1. Quis glōriam habēre dēbet?
2. Cujus est vēra glōria?

R295 Sī vīs pācem, parā bellum.—Vegetius

Quid agere dēbet quī pācem vult?

R296 Disce aliquid; nam cum subitō Fortūna recessit,
ars remanet vītamque hominis nōn dēserit umquam.
—Dionysius Cato

1. Quandō ars remanet?
2. Quid agēns bene vīvēs?
3. Quibus doctrīna beneficium dat?
4. Sī dīvitiae pereunt, quid doctus in sē semper habet?

ars = doctrīna
nam (conjunction introducing explanation of earlier clause): *for*

R297 Servā mē, servābō tē.—Petronius

1. Quis quem servābit?
2. Ā quō servāberis?
3. Ā quō servābor?
4. Quid polliceor?

polliceor-ērī, pollicitus: *promise*

Now read Narrative Readings 67-82.

NEW NOUNS

daemōn, daemonis, m

NEW VERBS

accipiō-ere, accēpī, acceptus
contendō-ere, contendī, contentus
ējiciō-ere, ējēcī, ējectus
polliceor, pollicērī, pollicitus
suscitō (1)
sūmō-ere, sūmpsī, sūmptus

NEW ADJECTIVES

avārus-a-um
cārus-a-um (cārē)
īnfirmus-a-um (īnfirmē)
verbōsus-a-um (verbōsē)

NEW INDECLINABLES

nimis (adv.): *too much*
quasī (conj.): *as if*

LESSON THIRTY: **Independent Subjunctives**

MORPHOLOGY: THE PRESENT IMPERFECTIVE SUBJUNCTIVE

The signal for the present imperfective subjunctive (#8) is *-ā-* in the second, third, and fourth conjugations; *-ē-* in the first conjugation. Shortening occurs in the usual places.

laudem	videam	dīcam	capiam	audiam
laudēs	videās	dīcās	capiās	audiās
laudet	videat	dīcat	capiat	audiat
laudēmus	videāmus	dīcāmus	capiāmus	audiāmus
laudētis	videātis	dīcātis	capiātis	audiātis
laudent	videant	dīcant	capiant	audiant
lauder	videar	dīcar	capiar	audiar
laudēris	videāris	dīcāris	capiāris	audiāris
laudētur	videātur	dīcātur	capiātur	audiātur
laudēmur	videāmur	dīcāmur	capiāmur	audiāmur
laudēminī	videāminī	dīcāminī	capiāminī	audiāminī
laudentur	videantur	dīcantur	capiantur	audiantur

And of course the inevitable irregulars:

sim	possim	velim	nōlim	mālim	feram	eam
sīs	possīs	velīs	nōlīs	mālīs	ferās	eās
sit	possit	velit	nōlit	mālit	ferat	eat
sīmus	possīmus	velīmus	nōlīmus	mālīmus	ferāmus	eāmus
sītis	possītis	velītis	nōlītis	mālītis	ferātis	eātis
sint	possint	velint	nōlint	mālint	ferant	eant

Notice that in order to interpret the morphology correctly you must know what conjugation a verb belongs to. What forms are *tenet, dīcet,* and *laudet*? What forms are *dūcat* and *corōnat*?

MORPHOLOGY: THE PRESENT PERFECTIVE SUBJUNCTIVE

You already know that these forms will be built on the perfective stem, will have no true passives but a compound substitute, and will have the endings *-m, -s, -t,* etc. The only thing to learn therefore is the morpheme that shows mood, time, and aspect. The morpheme for the present perfective subjunctive is *-erī-* with regular shortening of the *-ī-*, giving the following paradigm:

amāverim	amāverīmus	amātus sim	amātī sīmus
amāverīs	amāverītis	amātus sīs	amātī sītis
amāverit	*amāverint*	amātus sit	amātī sint

What other form of the verb does the active resemble? Although the italicized forms are identical with the other form, the remaining forms are distinctive. What is the distinguishing feature?

In both of these tenses, contractions are common.

EXPLANATION OF STRUCTURE: THE SUBJUNCTIVE MOOD

The indicative mood makes an assertion; the imperative mood gives a command; and the subjunctive mood always in independent clauses and in certain dependent clauses shows nonassertion, such as a command, a wish, doubt, possibility, etc.

In a negative environment the present perfective subjunctive, used independently, signals a negative command.

Independent subjunctives show either possibility (potential) or wish or command. There may be ambiguity: *Vincat vēritās* means either "Truth may conquer" (potential) or "Would that truth would conquer!" or "Let truth conquer." The presence of *utinam* with an independent subjunctive identifies it as a wish. *Utinam vincat vēritās* means unambiguously "Would that truth would conquer!" or "If only truth would conquer." In negative sentences *nōn* signals the potential use of the subjunctive and *nē* signals a wish or a command. *Nōn vincat vēritās* means "It is possible that truth may not conquer." What, then, does *Nē vincat vēritās* mean? Which of the following sentences unambiguously signals the potential use of the subjunctive?

BASIC SENTENCES

S137 Ferās, nōn culpēs, quod mūtārī nōn potest.-PUBLILIUS SYRUS

You can endure, but you cannot blame what cannot be changed.

Sī quid mūtāre nōn possumus, quid agere dēbēmus?
Quid agere nōn dēbēmus?

S138 Sī quid agis, prūdenter agās et respice fīnem.-AESOP (TRANSLATION)

If you do anything, do it prudently and regard the outcome.

Quā cum virtūte agere dēbēmus?
Transform the main verbs expressing the idea of command by using other moods.

S139 Aut bibat aut abeat.-CICERO

Let him either drink or get out.

Sī ego bibere nōlō quid agere dēbeō?
Quid agentēs manēre potestis?

S140 Minōrem nē contempserīs.-DIONYSIUS CATO

Do not despise an inferior.

Transform to two other types of command.

S141 Rapiāmus, amīcī, occāsiōnem dē diē.-HORACE

My friends, let us seize opportunity from the day.

Quibus Horātius haec verba dīcit?
Cūr occāsiōnum rapere dēbēmus?

PATTERN PRACTICE, Part One

Purpose: to recognize the new mood, the subjunctive.
Directions: In the following sets one form is some tense of the *indicative*, the other is present imperfective *subjunctive*. Show that you recognize the difference by expanding the familiar indicative form with *certē* (certainly) and the new subjunctive form with *utinam* (would that).

Rem, nōn spem, quaerat amīcus.
Rem, nōn spem, quaerit amīcus.

Vēritās numquam perit.
Vēritās numquam pereat.

Vulpēs velit fraudem.
Vulpēs vult fraudem.

Vītam regit fortūna.
Vītam regat fortūna.

Suum cuique placeat.
Suum cuique placet.

Brevis ipsa vīta sit.
Brevis ipsa vīta est.

In terrīs ā Caesare regāmur.
In terrīs ā Caesare regimur.

Custōdīmus ipsōs custōdēs.
Custodiāmus ipsōs custōdēs.

Ā cane nōn magnō teneātur aper.
Ā cane nōn magnō tenētur aper.

Magna dī cūrant.
Magna dī cūrent.

Parva dī neglegunt.
Parva dī neglegant.

Astra regunt hominēs.
Astra regant hominēs.

Deō servīre potestis.
Deō servīre possītis.

Animum mūtāre dēbēs.
Animum mūtāre dēbeās.

Necessitātēs vincere possīs.
Necessitātēs vincere potes.

Nīl olēre mālō.
Nīl olēre mālim.

In sēcūritāte vītam pōnimus.
In sēcūritāte vītam pōnāmus.

Prīmus timor deōs faciat.
Prīmus timor deōs fēcit.

Omnēs līberē loquī audent.
Omnēs līberē loquī audeant.

Tū in rē incertā cernāris.
Tū in rē incertā cerneris.

Tū caelum mūtēs.
Tū caelum mūtās.

Ego fortiter patior.
Ego fortiter patiar.

Vōs deōs numquam fallitis.
Vōs deōs numquam fallātis.

Ego virtūtem sequor.
Ego virtūtem sequar.

Vīta nīl mortālibus dat.
Vīta nīl mortālibus det.

In hōc sīgnō vincās.
In hōc sīgnō vincēs.

Orbem terrārum victor habēbat.
Orbem terrārum victor habeat.

Nōs in illīs mūtēmur.
Nōs in illīs mūtāmur.

Āctiō rēcta erit.
Āctiō rēcta sit.

Fīnis ab orīgine pendeat.
Fīnis ab orīgine pendet.

PATTERN PRACTICE, Part Two

Purpose: to produce the present imperfective subjunctive (#8).
Directions: transform each imperative to a present imperfective subjunctive.

Animum, nōn caelum, mūtā.
Animum, nōn caelum, mūtāte.

Animum, nōn caelum, mūtēs.
Animum, nōn caelum, mūtētis.

In hōc sīgnō vince.
In hōc sīgnō vincite.

In hōc sīgnō vincās.
In hōc sīgnō vincātis.

In harēnā cape cōnsilium.
In harēnā capite cōnsilium.

In harēnā capiās cōnsilium.
In harēnā capiātis cōnsilium.

Cōnscientiam verēre. Cōnscientiam verēminī.	Cōnscientiam vereāris. Cōnscientiam vereāminī.
Ōre plēnō nōlī loquī. Ōre plēnō nōlīte loquī.	Ōre plēnō nē loquāris. Ōre plēnō nē loquāminī.
Prō patriā morere. Prō patriā moriminī.	Prō patriā moriāris. Prō patriā moriāminī.
In malīs bene spērā. In malīs bene spērāte.	In malīs bene spērēs. In malīs bene spērētis.
Vidē lūmen. Vidēte lūmen.	Videās lūmen. Videātis lūmen.
Fortūnam fortiter fer. Fortūnam fortiter ferte.	Fortūnam fortiter ferās. Fortūnam fortiter ferātis.
Timidōs fortēs fac. Timidōs fortēs facite.	Timidōs fortēs faciās. Timidōs fortēs faciātis.
Aurem facilem habē. Aurem facilem habēte.	Aurem facilem habeās. Aurem facilem habeātis.

PATTERN PRACTICE, Part Three

Purpose: to learn the forms of the present perfective subjunctive.
Directions: change these standard negative commands to the less formal present perfective subjunctive. Compare Part Two of Pattern Practice for Lesson Twenty-eight.

Nōlī eadem mīrārī. Nōlīte eadem mīrārī.	Nē eadem mīrātus sīs. Nē eadem mīrātī sītis.
Mentem nōlī vertere ad agnum. Mentem nōlīte vertere ad agnum.	Mentem nē verterīs ad agnum. Mentem nē verterītis ad agnum.
Minōrem nōlī contemnere. Minōrem nōlīte contemnere.	Minōrem nē contempserīs. Minōrem nē contempserītis.
Nōlī labōrem fugere. Nōlīte labōrem fugere.	Nē labōrem fūgerīs. Nē labōrem fūgerītis.
Flōris odōrem nōlī pingere. Flōris odōrem nōlīte pingere.	Nē flōris odōrem pīnxerīs. Nē flōris odōrem pīnxerītis.
Dōna minōra nōlī spernere. Dōna minōra nōlīte spernere.	Dōna minōra nē sprēverīs. Dōna minōra nē sprēverītis.

Nōlī contendere verbīs.
Nōlīte contendere verbīs.

Nē contenderīs verbīs.
Nē contenderītis verbīs.

SELF TEST

A. Write paradigms in the present imperfective subjunctive of the following verbs: *mīror, fugiō.*

B. Expand the following with the proper trigger word, *certē* or *utinam*:

Poēta nāscētur, ōrātor fīet.
Jūstitia erit omnium domina virtūtum.
Sōlitūdō placeat Mūsīs.
Deus superbīs resistat.
Nēmō regere possit nisī quī et regī.

Amor gignet amōrem.
Antīquā veste pauper vestiātur honestē.
Līs lītem generāvit.
Fortēs Fortūna adjuvet.
Ācta deōs numquam mortālia fallent.

C. Change these negative commands to the new type of negative command, using the present perfective subjunctive.

Nōlī lupum mordēre.
Nōlīte lupum mordēre.

Nē querāris dē adversīs.
Nē querāminī dē adversīs.

D. Morphological identification is now further complicated by the present imperfective subjunctive. Most of the other forms which remain to be learned are, you will be pleased to know, distinctive and not easily confused. Identify the following:

certē	certēs	aquā	poteris	imāgō	tulerīs
amā	movēs	tuleris	tacē	fēminam	potuerītis
capiam	dūcās	oculī	vultūs	diēī	mūneris
vēritās	vulpī	odōrem	fēminae	lupō	puerīs

READINGS

R298 Dominus vōbīscum et cum spīritū tuō.—Ecclesiastical

Expand with a verb.

R299 Fīat jūstitia, ruat caelum.—Legal

Quā condiciōne et caelum ruere potest?

R300 Amēs parentem, sī aequus est; sī aliter, ferās.—Publilius Syrus

1. Quā condiciōne tū patrem ferre dēbēs?
2. Sī pater acerbus est, quid facere dēbeō?
3. Sī dulcis, quid?

aliter (adv.): *otherwise*

R301 Dum vīvimus, vīvāmus.—Anon.

Vīvuntne omnēs quī vīvunt?

R302 Quī dēsīderat pācem, praeparet bellum.—Vegetius

Quā condiciōne vīvēmus in pāce?

R303 Edāmus, vīvāmus, gaudeāmus; post mortem nūlla voluptās.—Anon.

1. In vītā quid agere dēbēmus?
2. Utrum mortuus an vīvus gaudet?
3. Quandō nōn gaudēbis?

R304 Quod sentīmus, loquāmur; quod loquimur, sentiāmus: concordet sermō cum vītā.—Seneca

concordō (1): *agree*

1. Quid loquī dēbētis?
2. Quid sentīre?
3. Cui reī sermō similis esse dēbet?

R305 Quod tibi fierī nōn vīs, alterī nē fēcerīs.—Lampridius

Transform to three other types of command.

R306 Nihil arbitriō vīrium[1] fēcerīs.—Dionysius Cato

Transform to three other types of command. arbitrium-ī, n

R307 Nihil temere crēdiderīs.—Dionysius Cato

Transform to three other types of command. temere (adv): *rashly*

R308 Faciāmus . . . dē necessitāte virtūtem.—Anon.

1. Quid nōs agere dēbēmus?
2. Quid est causa nostrae virtūtis?
3. Cūr nōs honestē agimus?

R309 Dīvide et imperā.—Anon.

imperō (1): *command*

1. Quā condiciōne imperābis?
2. Quibus imperat victor?

R310 Omnia vincit Amor; et nōs cēdāmus Amorī.—Vergil

cēdō-ere, cessī, cessūrus *yield, go*

1. Cujus servī sumus?
2. Quid nōs agere dēbēmus?
3. Uter fortior est, homō an Amor?
4. Quā rē omnēs īnferiōrēs sunt?
5. Quid Vergilius dē Amōre dīxit?

[1]The plural forms of the noun *vīs* are: *vīrēs, vīrēs, vīribus, vīribus, vīrium.*

R311 Bibāmus et gaudeāmus dum juvenēs sumus.
Nam tarda senectūs venit;
et post eam, mors;
post mortem, nihil!—Medieval

1. Quandō gaudēre dēbēmus?
2. Cūr est senectūs amāra?
3. Quid senectūtī succēdit?
4. Quid mortī succēdit?
5. Quae aetās gaudet?
6. Quae aetās dolet?

tardus-a-um: *slow*, or *causing to be slow*[2]

R312 Disce aut discēde.—Common school motto

Transform to future, then to subjunctive.

discēdō-ere-cessī: *go away*

R313 Populus vult dēcipī; dēcipiātur.—Anon.

R314 Cēdant carminibus rēgēs rēgumque triumphī.—Ovid

triumphus-ī, m

R315 Quī dedit beneficium taceat; nārret quī accēpit.—Seneca

nārrō (1): *tell, relate*

R316 Bella gerant aliī; tū, fēlīx Austria, nūbe!
Nam quae Mārs aliīs, dat tibi rēgna Venus.[3]—Anon.

1. Quid aliī populī agere dēbent?
2. Quid Austria?
3. Quis aliīs imperium suum dat?
4. Quis Austriae imperium dat?
5. Cujus auxiliō aliī crēscunt?
6. Per quid crēscit Austria?
7. Cui Mārs rēgna dat?
8. Cūr Austria fēlīx est?

Austria-ae, f
Mārs, Mārtis, m

Now read Narrative Readings 83-96.

NEW NOUNS arbitrium-ī, n

[2]Some Latin adjectives are used in two senses, either possessing the state or causing it in others. *Caecus vir*, for example, is a man who suffers blindness; *caeca via* is a road which makes those who follow it blind.

[3]The first three words come from a line of Ovid (Her. 13.84): *Bella gerant aliī; Prōtesilāus amet*. The significance of the couplet lies in the fact that Austria grew to power through a series of advantageous marriages.

NEW VERBS	cēdō-ere, cessī, cessūrus	
	concordō (1)	nārrō (1)
	culpō (1)	rapiō-ere, rapuī, raptus
	imperō (1)	respiciō-ere-spexī-spectus

NEW ADJECTIVE tardus-a-um

NEW INDECLINABLES

aliter (adv.): *otherwise*
nē: signals a negative command or wish
temere (adv.): *rashly*
utinam: signals a wish

LESSON THIRTY-ONE: **Dependent Subjunctives in Indirect Questions**

MORPHOLOGY: THE PRESENT IMPERFECTIVE SUBJUNCTIVE

See Lesson Thirty.

MORPHOLOGY: THE PAST IMPERFECTIVE SUBJUNCTIVE (#7)

The form of the past imperfective subjunctive (#7) is one of the easiest in the whole verb system; for regular verbs the morpheme is *-rē-* with regular shortening of the *-ē*.

amārem	vidērem	regerem	caperem	audīrem	essem[1]
amārēs	vidērēs	regerēs	caperēs	audīrēs	essēs
amāret	vidēret	regeret	caperet	audīret	esset
amārēmus	vidērēmus	regerēmus	caperēmus	audīrēmus	essēmus
amārētis	vidērētis	regerētis	caperētis	audīrētis	essētis
amarent	vidērent	regerent	caperent	audīrent	essent
amārer	vidērer	regerer	caperer	audīrer	
amārēris	vidērēris	regerēris	caperēris	audīrēris	
amārētur	vidērētur	regerētur	caperētur	audīrētur	
amārēmur	vidērēmur	regerēmur	caperēmur	audīrēmur	
amārēmini	vidērēminī	regerēminī	caperēminī	audīrēmini	
amārentur	vidērentur	regerentur	caperentur	audīrentur	

As you can see at a glance, this form happens to look like the imperfective active infinitive, with the final *-e* lengthened, plus the person endings. This is true even for the irregular verbs: the past imperfective subjunctive of *volō* is *vellem*. Predict the past imperfective subjunctive (#7) of the following verbs: possum, posse; ferō, ferre; mālō, mālle; nōlō, nōlle; eō, īre.

[1]There is a variant *forem, forēs,* etc.

Examples of deponent verbs in this form are *mīrārer*, *verērer*, *loquerer*, and *mentīrer*.

MORPHOLOGY: THE PAST PERFECTIVE SUBJUNCTIVE (#9)

For the past perfective subjunctive the morpheme is *-issē-* with regular shortening of the *-ē-*, giving the following paradigm:

amāvissem	amāvissēmus	amātus essem	amātī essēmus
amāvissēs	amāvissētis	amātus essēs	amātī essētis
amāvisset	amāvissent	amātus esset	amātī essent

EXPLANATION OF STRUCTURE: Sequences of Tenses in Subordinate Clauses

The selection of the subjunctive is subject to sequence of tense.

Sequence of tense concerns the obligatory selection of one (of two) subjunctives for a subordinate clause. This selection depends on the time expressed by the governing verb:

Past Sequence

With tenses expressing past time[2] the subjunctive is #7 or #9, according to temporal relations.

Nonpast Sequence

With tenses expressing nonpast[3] time, the subjunctive is #8 or #10, according to temporal relations.

Compare English: Who is there?
I *want* to know who *is* there.
I *wanted* to know who *was* there.

EXPLANATION OF STRUCTURE: Indirect Questions

Quis adest? (Who is there?) is a direct question.

Rogō quis adsit. (I ask who is there.) is an indirect question in nonpast sequence.

Rogāvī quis adesset. (I asked who was there.) is an indirect question in past sequence.

[2]Occasionally the present imperfective indicative expresses past time. Then it is called the *historical present*. See Lesson Twenty-three.

[3]The present perfective as the great narrative always requires past sequence.

There are three factors always present in an indirect question in Latin:
a) a verb of asking, saying, telling, knowing, like *rogō, quaerō, dīcō, sciō*, or *in dubiō est*,
b) question word, like *quis, quot, quandō, ut* (how),
c) subjunctive mood.

An indirect question answers the question *Quid quaerit* (*scit*, etc.)?

BASIC SENTENCES

S142 Forsitan et Priamī fuerint quae fāta requīrās.-VERGIL

Perhaps you may also want to know what the fate of Priam has been.

Quid aliquis fortasse requīrat?
Scīsne quae Priamī fāta fuerint?
Quis nārrāvit et Rōmānīs et nōbīs quae fāta Priamī fuissent?

S143 Quaeritis unde mihī totiēns scrībantur amōrēs?-PROPERTIUS

Are you asking from what source (of inspiration) love (poems) are written by me so often?

Quid amīcī Propertium rogant?
Quid amīcī Propertium rogāvērunt?
Quā dē rē scrīpsit Propertius?

S144 Interrogāvī ipsōs an essent Christiānī.-PLINY (IN A LETTER TO THE EMPEROR TRAJAN)

I asked them individually whether they were Christians.

Quōs Plinius interrogāvit?
Quid Plinius interrogāvit?
Scīsne quō tempore Plinius flōruerit et cui scrīpserit haec verba?

S145 Namque canēbat utī magnum per ināne coācta
semina terrārumque animaeque marisque fuissent
et liquidī simul ignis.- VERGIL

For he began to sing how there had been atoms of earth and air and sea and also of streaming fire driven together through the mighty void.

utī = ut

PATTERN PRACTICE, Part One

Purpose: to produce the four tenses of the subjunctive in indirect questions.

Directions: transform the direct questions to indirect ones. First, transform present imperfective indicative (#2) to past imperfective subjunctive (#7) or present imperfective subjunctive (#8).

Rogās, "Ubi piscēs capiuntur?"	Rogās ubi piscēs capiantur.
Rogā'stī, "Ubi piscēs capiuntur?"	Rogā'stī ubi piscēs caperentur.
Rogās, "Quōs Fortūna adjuvat?"	Rogās quōs Fortūna adjuvet.
Rogā'stī, "Quōs Fortūna adjuvat?"	Rogā'stī quōs Fortūna adjuvāret.
Rogās, "Quid sub veste portātur?"	Rogās quid sub veste portētur.
Rogā'stī, "Quid sub veste portātur?"	Rogā'stī quid sub veste portārētur.
Rogās, "Quis sine crīmine vīvit?"	Rogās quis sine crīmine vīvat.
Rogā'stī, "Quis sine crīmine vīvit?"	Rogā'stī quis sine crīmine vīveret.
Rogās, "Ubi semper est victōria?"	Rogās ubi semper sit victōria.
Rogā'stī, "Ubi semper est victōria?"	Rogā'stī ubi semper esset victōria.
Rogās, "Quis inopī beneficium dat?"	Rogās quis inopī beneficium det.
Rogā'stī, "Quis inopī beneficium dat?"	Rogā'stī quis inopī beneficium daret.
Rogās, "Unde aqua pūra dēfluit?"	Rogās unde aqua pūra dēfluat.
Rogā'stī, "Unde aqua pūra dēfluit?"	Rogā'stī unde aqua pūra dēflueret.
Rogās, "Quid tūtius pecūniā est?"	Rogās quid tūtius pecūniā sit.
Rogā'stī, "Quid tūtius pecūniā est?"	Rogā'stī quid tūtius pecūniā esset.
Rogās, "Quis in rē incertā cernitur?" cernitur?"	Rogās quis in rē incertā cernātur.
Rogā'stī, "Quis in rē incertā cernitur?"	Rogā'stī quis in rē incertā cernerētur.

Now transform the past imperfective indicative (#1) or the present perfective indicative (#5) to the past perfective subjunctive (#9) or the present perfective subjunctive (#10).

Quaerō, "Quis in orbe deōs fēcit?"	Quaerō quis in orbe deōs fēcerit.
Quaesīvī, "Quis in orbe deōs fēcit?"	Quaesīvī quis in orbe deōs fēcisset.

Quaerō, "Quid Fortūna nōn dedit?" — Quaerō quid Fortūna nōn dederit.
Quaesīvī, "Quid Fortūna nōn dedit?" — Quaesīvī quid Fortūna nōn dedisset.

Quaerō, "Ubi lībertās cecidit?" — Quaerō ubi lībertās ceciderit.
Quaesīvī, "Ubi lībertās cecidit?" — Quaesīvī ubi lībertās cecidisset.

Quaerō, "Quis caelō fulmen ēripuit?" — Quaerō quis caelō fulmen ēripuerit.
Quaesīvī, "Quis caelō fulmen ēripuit?" — Quaesīvī quis caelō fulmen ēripuisset.

Quaerō, "An tū lūsistī satis?" — Quaerō an tū lūserīs satis.
Quaesīvī, "An tū lūsistī satis?" — Quaesīvī an tū lūsissēs satis.

Quaerō, "An ego fidem servāvī?" — Quaerō an ego fidem servāverim.
Quaesīvī, "An ego fidem servāvī?" — Quaesīvī an ego fidem servā'ssem.

Quaerō, "Quis orbem terrārum habēbat?" — Quaerō quis orbem terrārum habuerit.
Quaesīvī, "Quis orbem terrārum habēbat?" — Quaesīvī quis orbem terrārum habuisset.

Quaerō, "Ubi alta lūna fulgēbat?" — Quaerō ubi alta lūna fulserit.
Quaesīvī, "Ubi alta lūna fulgēbat?" — Quaesīvī ubi alta lūna fulsisset.

Quaerō, "Quōrum vōcēs quiēscēbant?" — Quaerō quōrum vōcēs quiēverint.
Quaesīvī, "Quōrum vōcēs quiēscēbant?" — Quaesīvī quōrum vōcēs quiēvissent.

SELF TEST

A. Write in the second person singular[4] all possible subjunctive forms of the following verbs:

vertō, vertere, vertī, versus
habeō, habēre, habuī, habitus

B. Change these direct questions to indirect.

1. Rogāmus, "An tū bibistī satis?"
2. Rogāvimus, "Quis bonum certāmen certāvit?"
3. Rogāvimus, "Quid ante senectūtem Seneca cūrāvit?"
4. Requīris, "Quae sunt fāta Priamī?"
5. Requīris, "Quae fuērunt fāta Priamī?"

[4] This is called a synopsis.

6. Interrogāvī, "Uter est Christiānus?"
7. Interrogat, "Quis fuit Christiānus?"
8. Rogāmus, "Quid calamitās aperit?"
9. Rogāmus, "Quid faciēbant vōcēs hominum?"
10. Rogāvimus, "Quis est mōbilior ventīs?"
11. Requīsīvistī, "Quae sunt fāta Priamī?"
12. Requīrēbās, "Quae fuērunt fāta Priamī?"
13. Interrogātur, "Uter est Christiānus?"
14. Interrogētur, "Quis fuit Christiānus?"

READINGS

Transform each indirect question into a direct question.

R317 Scīre cupiō quid agās, quid exspectēs.—Cicero (to Catiline)

1. Quid Cicerō scīre dēsīderat?
2. Quid Cicerō scīre dēsīderāvit?

R318 Haud facile discernerēs utrum imperātōrī an exercituī cārior esset.—Livy (on the very young Hannibal)

haud = nōn

R319 Tum genus omne tuum et quae dentur moenia, discēs.—Vergil

1. Quid Aeneās discet?
2. Quid aliud praeter hoc discet?

genus, generis, n: *race, kind*
moenia-ium, n: *walls*

R320 Amīcum an nōmen habeās aperit calamitās.—Publilius Syrus

1. Quid calamitās aperit?
2. Ubi cernitur vērus amīcus?

R321 Quis sim, sciēs ex eō quem ad tē mīsī.—Cicero

R322 An dīves sit, omnēs quaerunt; nēmō an bonus.—Anon.

R323 Paucōrum est intellegere quid dōnet Deus.—Publilius Syrus

1. Quid paucī intellegunt?

R324 "Servus est." Sed fortasse līber animō. "Servus est." Hoc illī nocēbit? Ostende quis nōn sit. Alius libīdinī servit, alius avāritiae, alius ambitiōnī, omnēs timōrī.—Seneca

1. Quā rē servus fortasse līber est?
2. Nocēbitne servō servitūs?
3. Quot hominēs sunt servī?

fortasse (adv.): *perhaps* (forte)
libīdō, libīdinis, f: *lust, drive*
ambitiō, ambitiōnis, f
servitūs, servitūtis, f

R325 Quid Deus intendat, nōlī perquīrere sorte;
quid statuat dē tē, sine tē dēlīberat ille.—Dionysius Cato

1. Quid homō agere nōn dēbet?
2. Quid nōn perquīrere dēbēmus?
3. Quid Deus dē homine dēlīberat?
4. Quō auxiliō futūra quaerere nōn dēbēmus?
5. Quōcum cōgitat Deus?

intendō-ere-tendī-tentus
perquīrō = quaerō
statuō-ere, statuī, statūtus: *decide*
dēlīberō (1)
sors here means "fortune telling"

Now read Narrative Readings 97-103.

NEW NOUNS
genus, generis, n
imperātor, imperātōris, m
libīdō, libīdinis, f
moenia, moenium, n pl.
sēmen, sēminis, n

NEW VERBS
canō-ere, cecinī
cōgō-ere, coēgī, coāctus
requīrō-ere, requīsīvī, requīsītus
statuō-ere-uī-ūtus

NEW INDECLINABLES
forsitan (adv.): *perhaps* = fortasse (adv.): *perhaps*
haud = nōn
utī, ut (introducing an indirect question): *how?*

REVIEW LESSON SEVEN

REVIEW VOCABULARY: Lessons Twenty-six—Thirty-one

NOUNS

I	II	III		IV
cōpia	arbitrium	cīvis	mercēs	habitus
	bellum	daemōn	mūtātiō	
	castra	genus	orīgō	
	frūmentum	hiems	sēmen	
	jūdicium	imperātor		
	moenia	libīdō		

VERBS

I

concordō
culpō
imperō
nārrō
negō
optō
probō
suscitō
temptō

II

misceō-ēre-uī, mixtus
pendeō-ēre, pependī
polliceor, pollicērī,
pollicitus

III

accipiō-ere, accēpī, acceptus
canō-ere, cecinī
cēdō-ere, cessī, cessūrus
cōgō-ere, coēgī, coāctus
contemnō-ere-tempsī-temptus
contendō-ere, contendī, contentus
discēdō-ere-cessī-cessūrus
ējiciō-ere, ējēcī, ējectus
flectō-ere, flexī, flexus
frangō-ere, frēgī, frāctus
furō-ere-uī
gerō-ere, gessī, gestus
metuō-ere, metuī
prōgredior, prōgredī, prōgressus
rapiō-ere, rapuī, raptus
refundō-ere-fūdī-fūsus
requīrō-ere, requīsīvī, requīsītus

Irregular and Defective

meminī, meminisse
nōvī, nōvisse
piget, pigēre, piguit
prōsum, prōdesse, prōfuī

III (cont.)

respiciō-ere-spexī-spectus
statuō-ere-uī-ūtus
sūmō-ere, sūmpsī, sūmptus
ūtor, ūtī, ūsus

IV

aperiō-īre, aperuī, apertus
comperiō-īre, comperī, compertus
fīniō-īre-īvī-ītus

ADJECTIVES

I & II

avārus
cārus
īnfirmus
ingēns
īnsānus
invidus
juvenis
senex
tardus
verbōsus

INDECLINABLES

aliter
crās
dehinc
deinde
forsan
forsitan,
 fortasse
haud
nam
nē
nē . . . quidem
nimis
nōn modo . . . sed
prope
quasī
repente
temere
tum
tunc
umquam
ut, utī

Review the passive verb system.

Review the morphology of the infinitive.

Review the morphology of the imperative.

Review the morphology of the subjunctive.

SELF TEST

A. Write a synopsis of *dūcō, dūcere, dūxī, ductus* in the 1st person plural, indicative and subjunctive, active and passive.

B. Write all infinitives of *dūcō.*

LESSON THIRTY-TWO: **Dependent Subjunctives in Ut-Clauses**

Remember: *ut* with the indicative means *as* or *when.*

R20 Ut vēr dat flōrem, stūdium sīc reddit honōrem.

EXPLANATION OF STRUCTURE: INDIRECT COMMANDS

Venīte (Come!) is a direct command.
Vōbīs imperō <ut>veniātis (I order you to come) is an indirect command in nonpast sequence.
Vōbīs imperāvī <ut> venīrētis (I ordered you to come) is an indirect command in past sequence.

Nōlīte timēre (Be not afraid) is a negative direct command.
Moneō vōs nē timeātis (I warn you not to be afraid) is a negative indirect command in nonpast sequence.
Monuī vōs nē timērētis (I warned you not to be afraid) is a negative indirect command in past sequence.

There are three factors always present in an indirect command in Latin:

1. verb of command like *imperō, rogō, moneō, hortor,* or *persuādeō;*
2. *ut, utī,* or *nē* (*ut* and *utī* may be omitted);
3. subjunctive mood.

An indirect command answers the question *Quid imperat* (*rogat,* etc.)*?*

Note: In the environment of expressions of fear (*timeō, metuō, vereor, perīculum est,* etc.) a clause with *nē/ut* and a subjunctive answers the question *quid timeō?* etc.; e.g.,

Orpheus metuit nē Eurydicē dēficeret.
Orpheus was afraid that Eurydice might depart from him.

Nē indicates a fear that something may happen.
Ut indicates a fear that something may not happen.

EXPLANATION OF STRUCTURE: PURPOSE CLAUSES

Mīlitēs cōgit. Auxilium Caesarī dat.
Somebody collects soldiers. He gives help to Caesar.

Mīlitēs cōgit ut auxilium Caesarī det.
Somebody collects soldiers to help Caesar.

Mīlitēs coēgit ut auxilium Caesarī daret.
Somebody collected soldiers to help Caesar.

Mīlitēs cōgit nec urbem relinquit.
Somebody collects soldiers and does not abandon the town.

Mīlitēs cōgit nē urbem relinquat.
Somebody collects soldiers in order not to abandon the town.

Mīlitēs coēgit nē urbem relinqueret.
Somebody collected soldiers in order not to abandon the town.

There are three factors always present in a purpose clause in Latin:
1. any verb in the governing clause;
2. *ut, utī,* or *nē* (or a form of the relative pronoun; e.g.,
   Mīlitēs cōgit. Auxilium Caesarī dant.
   Somebody collects soldiers. They give help to Caesar.
   Mīlitēs cōgit quī auxilium Caesarī dent.
   Somebody collects soldiers who are to give help to Caesar.
   (See Lesson Thirty-five.);
3. subjunctive mood.

A purpose-clause answers the question *Quō cōnsiliō?*

EXPLANATION OF STRUCTURE: RESULT CLAUSES

Type A.

Accidit aliquid. Lūna est plēna.
Something happens. The moon is full.
Accidit ut lūna sit plēna.
It happens that the moon is full.

Accidit aliquid. Lūna erat plēna.
Something happened. The moon was full.
Accidit ut lūna esset plēna.
It happened that the moon was full.

Type B.

Fortis est. Nēmō eum vincit.
He is strong. Nobody defeats him.
Tam fortis est ut nēmō eum vincat.
He is so strong that nobody defeats him.
Tam fortis erat ut nēmō eum vinceret.
He was so strong that nobody defeated him.

There are two types of result clauses:

Type A answers the question *Quid fit* (*accidit*, etc.) ?.
There are three factors always present:

1. a verb meaning to bring about or happen, like *efficiō, fit*, or *accidit*;
2. *ut, utī*;
3. a verb in the subjunctive.

Type B answers the questions *Quam?* with an adjective or adverb
Quō modō? } with a verb
Quotiēns? }
Quālis? } with a noun
Quantus? }
Quot? }

There are three factors usually present:

1. any verb, usually accompanied by a signpost word with the meaning of *so* or *such*:
   tam with an adjective or adverb
   ita } with a verb
   adeō }
   totiēns }
   tālis } with a noun
   tantus }
   tot }
2. *ut*;
3. a verb in the subjunctive.

Note: See Lesson Thirty-one, S145 for an example of *ut* meaning *how?*.

BASIC SENTENCES

S146 Mediō ut līmite currās, moneō. -OVID

I (Daedalus) warn you to go by a middle path.

Quid Daedalus Īcarum monet?
Quālī viā Īcarus currere dēbet?
Ā quō Īcarus monētur?

S147 Cīvitātī persuāsit ut dē fīnibus suīs exīrent. -CAESAR

He (Orgetorix) persuaded the citizens to emigrate from their territory.

Quid Orgetorix cīvibus persuāsit?
Unde cīvēs exiērunt?
Cui persuāsum est?

S148 Nōn ut edam vīvō, sed ut vīvam edō. -QUINTILLIANUS

I do not live in order to eat, but I eat in order to live.

Quō cōnsiliō nōn vīvimus?
Quō cōnsiliō edimus?
Vīvitne sapiēns ad edendum?

S149 Nōn hūc ut opāca vidērem Tartara dēscendī. -OVID

I (Orpheus) did not come down here to see dark Tartarus.

Quō cōnsiliō Orpheus nōn dēscendit?
Quō consiliō Orpheus dēscendit?
Quālia sunt Tartara?

S150 Nē dēficeret metuēns flexit amāns oculōs. -OVID

Fearing that she (Eurydice) might depart from him, the lover (Orpheus) turned his eyes (to her).

Quid Orpheus metuit?
Quem praeter omnēs Orpheus amābat?
Eripuitne Eurydicēn ē Tartarīs?

S151 Hīs rēbus fiēbat ut minus facile fīnitimīs bellum īnferre possent. -CAESAR

Because of these things it came about that they (the Helvetians) could make war on their neighbors less easily.

Quid accidēbat?
Erantne Helvetiī cupidī bellandī?
Quam ob causam bellō prohibēbantur Helvetiī?

PATTERN PRACTICE, Part One

Purpose: to produce indirect commands.
Directions: expand with *imperō* and transform the direct into an indirect command. (*Ut* is sometimes omitted.)

Mediō līmite curre.	Tibi imperō ut mediō līmite currās.
Mediō līmite currite.	Vōbīs imperō ut mediō līmite currātis.
Īnfirmōs cūrāte.	Vōbīs imperō ut īnfirmōs cūrētis.
Cūrā īnfirmōs.	Tibi imperō ut cūrēs īnfirmōs.
Nōlī contendere verbīs.	Tibi imperō nē verbīs contendās.
Nōlīte contendere verbīs.	Vōbīs imperō nē contendātis verbīs.
Ūtere opibus.	Tibi imperō ut ūtāris opibus.
Opibus ūtiminī.	Vōbīs imperō ut opibus ūtāminī.
Prūdenter agās.	Tibi imperō ut prudenter agās.
Agātis prūdenter.	Vōbīs imperō ut agātis prūdenter.

Now expand with *sapiēns monuit.*

Mediō līmite curre.	Ut mediō līmite currerēs, sapiēns tē monuit.
Mediō līmite currite.	Ut mediō līmite currerētis, sapiēns vōs monuit.
Īnfirmōs cūrāte.	Ut īnfirmōs cūrārētis, sapiēns vōs monuit.
Cūrā īnfirmōs.	Ut cūrārēs īnfirmōs, sapiēns tē monuit.
Nōlī contendere verbīs.	Nē verbīs contenderēs, sapiēns tē monuit.
Nōlīte contendere verbīs.	Nē verbīs contenderētis, sapiēns vōs monuit.
Ūtere opibus.	Ut ūterēris opibus, sapiēns tē monuit.
Opibus ūtiminī.	Ut opibus ūterēminī, sapiēns vōs monuit.
Prūdenter agās.	Ut prūdenter agerēs, sapiēns tē monuit.
Agātis prūdenter.	Ut prūdenter agerētis, sapiēns vōs monuit.

PATTERN PRACTICE, Part Two

Purpose: to produce purpose clauses.
Directions: transform from a gerund expressing purpose to an ut-clause with the subjunctive.

Nōn vīvō edendī causā.	Nōn vīvō ut edam.
Nōn vīvimus edendī causā.	Nōn vīvimus ut edāmus.
Nōn vīvitis edendī causā.	Nōn vīvitis ut edātis.
Nōn edendī causā vīvēbam.	Nōn ut ederem vīvēbam.
Ad vīvendum edō.	Ut vīvam edō.
Ad vīvendum edis.	Ut vīvās edis.
Ad vīvendum edit.	Ut vīvat edit.
Nōn edendī causā vīvēbant.	Nōn ut ederent vīvēbant.
Edēbāmus ad vīvendum.	Edēbāmus ut vīverēmus.
Edēbant ad vīvendum.	Edēbant ut vīverent.

PATTERN PRACTICE, Part Three

Purpose: to produce Type A result clauses.
Directions: expand with *accidit ut* (it happens that) and change the verb to the subjunctive.

Lūna est plēna.	Accidit ut lūna sit plēna.
Vestis virum reddit.	Accidit ut vestis virum reddat.
Rem quaerit amīcus.	Accidit ut rem quaerat amīcus.
Vincit imītātiōnem vēritās.	Accidit ut vincat imītātiōnem vēritās.
Necessitās nōn habet lēgem.	Accidit ut necessitās nōn habeat lēgem.
Exitus in dubiō fuit.	Accidit ut exitus in dubiō fuerit.
Vulpēs nōn captus est mūneribus.	Accidit ut vulpēs nōn captus sit mūneribus.
In vīlī veste nēmō tractātur honestē.	Accidit ut in vīlī veste nēmō tractētur honestē.
Nōn eadem omnēs mīrātī sunt.	Accidit ut nōn eadem omnēs mīrātī sint.

Now do the same with *accidit ut* (it happened that).

Lūna est plēna.	Accidit ut lūna esset plēna.
Vestis virum reddit.	Accidit ut vestis virum redderet.
Rem quaerit amīcus.	Accidit ut rem quaereret amīcus.
Vincit imītātiōnem vēritās.	Accidit ut imītātiōnem vinceret vēritās.
Necessitās nōn habet lēgem.	Accidit ut necessitās nōn habēret lēgem.

SELF TEST

Identify the following verb forms as to person, number, tense, aspect, mood, and voice.

agam	mānsissēs	inventa sunt	patere	custōdiet
ēgī	manēs	inventa erunt	pateris	custōdit
ēgerim	maneās	invenientur	patiēris	custōdiat
ēgerō	mānsistī	inventa sint	passus es	custōdīverat
fēcerīs	amēs	verentur	fuisset	trahimur
faciās	amā	veritī sunt	foret	trahāmur
fēceris	amābis	veritī essent	fuit	trahēmur
faciēs	amā'stī	verēbuntur	erit	tractī sumus
vidērem	vincēs	locūta est	morimur	
videō	vīcistī	loquēbātur	moriāmur	
videam	vincās	locūta esset	moriēmur	
vīdī	vince	loquētur	morerēmur	

READINGS

R326 Ante senectūtem cūrāvī ut bene vīverem; in senectūte ut bene moriar. Bene autem morī est libenter morī.—Seneca

1. Quid Seneca nunc cūrat?
2. Quid ante cūrāvit?
3. Quid est bene morī?

libenter (adv.): *willingly*

R327 Ūnī nāvī nē committās omnia.—Anon.

1. Quid mihi imperātum est?
2. Ubi rēs nostrās pōnere dēbēmus?

Transform the verb to the other two moods expressing a command.

committō-ere-mīsī-missus: *entrust, begin*

R328 Inventa sunt specula ut homō ipse sē nō'sset.—Seneca

1. Quō cōnsiliō hominibus specula data sunt?
2. Quō auxiliō homō sē cognōscere potest?
3. Speculīs inventīs, quid agere possumus?

R329 Lēgum servī sumus ut līberī esse possīmus.—Cicero (?)

1. Quō cōnsiliō tū lēgibus servīs?
2. Quālis est quī lēgibus servit?

R330 Īrātus dē rē incertā contendere nōlī:
impedit īra animum nē possīs cernere vērum.—Dionysius Cato

1. Quā condiciōne nēmō contendere dēbet?
2. Quis vēritātem cernere nōn possit?
3. Quid Catō hortātur?

impediō (4): *hinder*
hortor (1): *urge, encourage*

R331 Edās, bibās ut bene vīvās; nōn vivās ut tantum edās et bibās. —Medieval

1. Quid tibi imperātur?

Transform, using different moods.
Transform, using different persons and numbers.

R332 Dīcere . . . solēbat nūllum esse librum tam malum ut nōn aliquā parte prōdesset.—Pliny the Younger (about his uncle of the same name)

1. Quid Plinius Major dīcēbat?
2. Quot librī huic senī prōfuērunt?
3. Quam malus nūllus est liber?

prōsum, prōdesse, prōfuī: *benefit*

R333 Numquam imperātor ita pācī crēdit ut nōn sē praeparet bellō.—Seneca

1. Quid facit omnis imperātor sapiēns?
2. Crēditne pācī imperātor quī sē bellō praeparat.

R334 Est quidem haec nātūra mortālium ut nihil magis placeat quam quod āmissum est.—Seneca

1. Quid nōbīs maximē placet?
2. Quis gaudia āmissa vult?

R335 Ut nōn multa loquī, plūra autem audīre monēret,
linguam ūnam nātūra, duās dedit omnibus aurēs.—Muret

1. Quid nātūra nōbīs dat ut pauca loquāmur?
2. Quid dat ut multa audiāmus?
3. Quō cōnsiliō tū duās aurēs habēs?
4. Quō cōnsiliō tū tantum ūnam linguam habēs?

R336 Dēcrēvit quondam senātus, ut cōnsul vidēret, nē quid[1] rēs pūblica dētrīmentī caperet.—Cicero Cat 2

Quid senātus dēcernit?

dētrīmentum-ī, n
dēcernō-ere-crēvī-crētus: *decree, vote*

R337 Accidit ut esset lūna plēna.—Caesar BG IV 29

plēnus-a-um: *full*

Now read Narrative Readings 104-24.

[1]After *sī, nisī, nē* and *num*, forms of *quis, quid* mean: *anyone, anything.* See Lesson Nine.

NEW NOUNS	cīvitās, cīvitātis, f līmes, līmitis, m	
NEW VERBS	accidit-ere, accidit committō-ere-mīsī-missus dēcernō-ere-crēvī-crētus dēficiō-ere-fēcī-fectus exeō-īre-iī-itūrus flectō-ere, flexī, flexus	hortor (1) impediō (4) īnferō-ferre-tulī, illātus persuādeō-ēre-suāsī-suāsūrus prōsum, prōdesse, prōfuī
NEW ADJECTIVES	fīnitimus-a-um opācus-a-um	plēnus-a-um

NEW INDECLINABLES

hūc (adv.): *to this place*
ita (adv.): *so, thus*
libenter (adv.): *willingly*
nē (subord. conj.): *that . . . not*
ut (subord. conj. with subjunctive): *that, in order that*

LESSON THIRTY-THREE: **Dependent Subjunctives in Cum- and Dum- Clauses**

EXPLANATION OF STRUCTURE: *CUM*-CLAUSES

The conjunction *cum* (not the preposition *cum*, which patterns with the ablative) shows either time (*when*) or circumstances (*when, since, because, although*). The temporal use (*when*) takes the indicative; the others take the subjunctive.

Note: *cum inversum*. Occasionally the functions of the main clause and the *cum*-clause are reversed. The main clause, then, indicates time. See S157.

EXPLANATION OF STRUCTURE: *DUM*-CLAUSES

The conjunction *dum* with the indicative shows time only (*while, as long as, until*). With the subjunctive, *dum* and *dummodo* show time and nonassertion (*until, provided that*).

The following conjunctions are always followed by the indicative when they indicate time:

ubi, ut:	*when*
postquam:	*after*
simul ac, simul atque:	*as soon as*
quotiēns:	*as often as, whenever*
quoad:	*as long as, until*
antequam:	*before*
priusquam:	*before*

The last three are also found with the subjunctive to indicate an action anticipated or prevented.

BASIC SENTENCES

S152 **Multa quoque et bellō passus, dum conderet urbem.** -VERGIL

And he (Aeneas) also suffered much in war, until he could found his city.

Quem ad fīnem multa bellō passus est?

S153 **Dum haec in eīs locīs geruntur, Cassivellaunus ad Cantium nūntiōs mittit.** -CAESAR

While these things were being done there, Cassivellaunus sent messengers into Kent.

Quō tempore nūntiī ā Cassivellaunō mittuntur?

S154 **Ōderint, dum metuant.** -ACCIUS

Let them hate me, provided that they fear me.

S155 **Facile, cum valēmus, rēcta cōnsilia aegrōtīs damus.** -PLAUTUS

While we are well, it is easy to give good advice to the sick.

Quis facile cōnsilia dat?
Quis nōn facile cōnsilium accipit?

S156 **Haeduī, cum sē suaque ab eīs dēfendere nōn possent, lēgātōs ad Caesarem mittunt.** -CAESAR

The Haeduans, when (since, because) they could not defend themselves and their property from these people, sent envoys to Caesar.

Quōs Haeduī nōn dēfendēbant?
Quid nōn dēfendēbant?

S157 **Et jam fīnis erat, cum Juppiter . . .**
cōnstitit et Libyae dēfīxit lūmina rēgnīs. -VERGIL

And already the end (of the storm) had come, when Jupiter stood still and fastened his eyes on the kingdoms of Libya.

Quandō Juppiter cōnstitit?

Read Readings and Narrative Readings before you do this Pattern Practice.

PATTERN PRACTICE, Part One

Purpose: to produce *cum*-clauses.
Directions: transform the perfective passive ablative absolute into a *cum*-clause in nonpast sequence.

Hīs rēbus cognitīs . . .	Hae rēs cum cognitae sint, . . .
Quō factō . . .	Quod cum factum sit, . . .
Bellō cōnfectō . . .	Cum bellum cōnfectum sit, . . .
Vulnere acceptō . . .	Cum vulnus acceptum sit, . . .
Obsidibus acceptīs . . .	Cum obsidēs acceptī sint, . . .

Now do the same in past sequence:

Hīs rēbus cognitīs . . .	Hae rēs cum cognitae essent, . . .
Quō factō . . .	Quod cum factum esset, . . .
Bellō cōnfectō . . .	Cum bellum cōnfectum esset, . . .
Vulnere acceptō . . .	Cum vulnus acceptum esset, . . .
Obsidibus acceptīs . . .	Cum obsidēs acceptī essent, . . .

PATTERN PRACTICE, Part Two

Purpose: to produce *cum*-clauses.
Directions: transform the perfective passive ablative absolute into a *cum*-clause in the active voice in nonpast sequence.

Hīs rēbus ā Caesare cognitīs . . .	Cum hās rēs cognōverit Caesar, . . .
Quō factō ā Caesare . . .	Quod cum Caesar fēcerit, . . .
Bellō ā Caesare cōnfectō . . .	Cum Caesar bellum cōnfēcerit, . . .
Vulnere ā Caesare acceptō. . .	Cum Caesar vulnus accēperit, . . .
Ā Caesare obsidibus acceptīs . . .	Cum Caesar obsidēs accēperit, . . .

Now do the same in past sequence:

Hīs rēbus ā Caesare cognitīs . . .	Cum hās rēs Caesar cognōvisset, . . .
Quō ā Caesare factō . . .	Cum Caesar hoc fēcisset, . . .
Bellō ā Caesare cōnfectō . . .	Cum bellum Caesar cōnfēcisset, . . .
Vulnere ā Caesare acceptō . . .	Cum Caesar vulnus accēpisset, . . .
Obsidibus ā Caesare acceptīs . . .	Obsidēs cum accēpisset Caesar, . . .

PATTERN PRACTICE, Part Three

Purpose: to produce *dum*-clauses.
Directions: transform the imperfective ablative absolute into a *dum*-clause with the verb in the present imperfective indicative.

Fēminā lacrimante . . .	Dum fēmina lacrimat, . . .
Hoste īnsidiās parante . . .	Dum hostis īnsidiās parat, . . .
Lūscō rēgnante . . .	Dum luscus rēgnat, . . .
Deō premente . . .	Dum deus premit, . . .
Deō volente . . .	Dum deus vult, . . .
Fortēs fortūnā adjuvante . . .	Dum fortēs fortūna adjuvat, . . .
Fēminā laudem quaerente . . .	Dum fēmina laudem quaerit, . . .

SELF TEST

Directions: change from an ablative absolute into a *cum*-clause or *vice versa.*

1. Galliā praesidiīs cōnfirmātā . . .
2. Missīs in Graeciam nāvibus . . .
3. Ancorīs jactīs . . .
4. Adversā nocte . . .
5. Convocātō cōnciliō . . .
6. Cum lēgātōs mīsissent, . . .
7. Cum nāvēs ex castrīs cōnspectae essent . . .
8. Cum nāvēs flūctibus complētae essent . . .
9. Caesarī cum id nūntiātum esset, . . .
10. Haec cum animadvertisset, . . .

READINGS

R338 Rūsticus expectat dum dēfluat amnis.—Horace

1. Quem ad fīnem expectat stultus?
2. Dēfluitne amnis?

rūsticus-a-um

R339 Dummodo sit dīves, barbarus ipse placet.—Ovid

1. Placetne barbarus dīves?
2. Placetne barbarus inops?
3. Quā condiciōne poēta placet?

R340 Antequam vocēris, nē accesserīs.—Dionysius Cato

Transform to three other types of commands.

R341 Ut spatium intercēdere posset dum mīlitēs . . . convenīrent, lēgātīs respondit diem sē ad dēlīberandum sumptūrum.—Caesar BG I 7

1. Quid Caesar respondit?
2. Quibus respondit?
3. Quō cōnsiliō?

lēgātus-ī, m
respondeō-ēre, respondī, respōnsus

R342 Haec cum animadvertisset, convocātō cōnciliō, vehementer eōs incūsāvit. —Caesar BG I 40

1. Quid Caesar prīmum ēgit?
2. Quid deinde ēgit?
3. Quid dēnique ēgit?

animadvertō-ere-ī-versus: *notice*
incūsāvit = accūsāvit

R343 Caesarī cum id nūntiātum esset, mātūrat ab urbe proficīscī. —Caesar BG I 7

1. Unde Caesar profectus est?
2. Quō modō Caesar profectus est?

nūntiō (1): *announce*
mātūrō (1)

Now read Narrative Readings 125-35.

NEW NOUNS
nūntius-ī, m
perīculum-ī, n

NEW VERBS
accēdō-ere-cessī-cessūrus
animadvertō-ere-vertī-versus
cōnsistō-ere, cōnstitī
condō-ere-didī-ditus
dēfendō-ere-fendī-fēnsus
dēfīgō-ere-fixī-fīxus
nūntiō (1)
respondeō-ēre, respondī, respōnsus

NEW INDECLINABLES
dummodo (conj.): *provided that*
quoque (intensifier): *also*

LESSON THIRTY-FOUR: **Dependent Subjunctives in Sī-Clauses**

EXPLANATION OF STRUCTURE: Sī-Clauses

The conjunction *sī* (if), *nisi*, *nī* (if not, unless), *sin* (but if), and *etsī* (even if, although) pattern either with the indicative or the subjunctive. The mood and tense of the verb show what the speaker wishes to *imply* about the probability of the condition. The verb in the main clause (conclusion) usually, but not necessarily, has the same form.

Sī diēs esset, lūcēret.	If it were day, it would be light (now).
Sī diēs fuisset, lūxisset.	If it had been day, it would have been light (then).

If the verb in the sī-clause is past imperfective or past perfective subjunctive, it is implied that the condition is *contrary-to-fact* in present or past time respectively.

Sī diēs sit, lūceat.	Should it be day, it would be light.
Sī diēs fuerit, lūxerit.	Should it have been day, it would have been light. (Rare)

If the verb in the sī-clause is present imperfective or perfective subjunctive, it is implied that the condition is *possible* in present, future, or past time respectively.

Sī diēs est, lūcet.	If it is day, it is light.
Sī diēs fuit, lūxit.	If it was day, it was light.
Sī diēs erit, lūcēbit.	If it will be day, it will be light.

If the verb is in the indicative, nothing is implied.

BASIC SENTENCES

S158 Sī tacuissēs, philosophus mānsissēs.-BOETHIUS (ADAPTED)

If you had kept quiet, you would have remained a philosopher.

Tacuitne hic philosophus?
Quā condiciōne hic mānsisset philosophus?

S159 Sī foret in terrīs, rīdēret Dēmocritus. -HORACE

If Democritus were on earth, he would laugh.

Estne Democritus in terrīs?
Quā condiciōne rīdēret Dēmocritus?
Cūr Dēmocritus nōn rīdet?

S160 Si valēs, bene est. (Often abbreviated: s.v.b.e.) -ROMAN EPISTOLARY FORMULA USED AT THE BEGINNING OF A LETTER

If you are well, it is all right.

Sciōne utrum valeat quī epistulam accipiet?
Quā condiciōne bene est?

S161 Nisī per tē sapiās, frūstrā sapientem audiās. -PUBLILIUS SYRUS

Should you not be wise on your own, you would listen to a wise man in vain.

PATTERN PRACTICE

Purpose: to practice conditional clauses.
Directions: transform from a possible into a contrary-to-fact condition.

Sī taceās, philosophus maneās.	Sī tacērēs, philosophus manērēs.
Sī taceant, philosophī maneant.	Sī tacērent, philosophī manērent.
Sī sit in terrīs, rīdeat.	Sī esset in terrīs, rīdēret.
Sī in terrīs sint, rīdeant.	Sī in terrīs essent, rīdērent.
Sī valeātis, bene sit.	Sī valērētis, bene esset.
Sī prō innocente dīcat, satis sit ēloquēns.	Sī prō innocente dīceret, satis esset ēloquēns.
Mulier, sī sōla cōgitet, male cōgitet.	Mulier, sī sōla cōgitāret, male cōgitāret.
Vir, sī sapiat, pauca loquātur.	Vir, sī saperet, pauca loquerētur.

Now practice the opposite.

Sī tacuisset, philosophus mānsisset.	Sī tacuerit, philosophus mānserit.
Sī tacuissent, philosophī mānsissent.	Sī tacuerint, philosophī mānserint.

Sī fuisset in terrīs, rīsisset.	Sī fuerit in terrīs, rīserit.
Sī fuissētis in terrīs, rīsissētis.	Sī fuerītis in terrīs, rīserītis.
Sī valērētis, bene esset.	Sī valeātis, bene sit.
Sī prō innocente dīceret, satis esset ēloquēns.	Sī prō innocente dīcat, satis sit ēloquēns.
Mulier, sī sōla cōgitāret, male cōgitāret.	Mulier, sī sōla cōgitet, male cōgitet.
Vir, sī saperet, pauca loquerētur.	Vir, sī sapiat, pauca loquātur.

SELF TEST

A. Create a contrary-to-fact conditional sentence out of the following pairs of sentences, e.g.,

Barba philosophum nōn facit.	Nōn omnēs barbātī sapiunt.
A beard does not make a philosopher.	Not all bearded men are wise.

Sī barba philosophum faceret, omnēs barbātī saperent.
If a beard made a philosopher, all bearded men would be wise.

1. Dēmocritus nōn est in terrīs. Dēmocritus nōn rīdet.
2. Litterae pānem nōn dant. Poētae nōn dīvitēs sunt.
3. Īrātus lēgem nōn videt. Īrātus poenam nōn effugit.
4. Nōn in sōlō pāne homō vīvit. Pānis nōn est optimum.
5. Vulpēs mūneribus nōn capitur. Vulpēs nōn stulta est.
6. Lupus mentem ad studium nōn vertit. Lupus discipulus bonus nōn est.
7. Via ad astra mollis nōn est. Hominēs dī nōn sunt.
8. Hōra ruēns nōn redit. Nōs nōn semper juvenēs manēmus.
9. Nōn omnēs eadem mīrantur; magna concordia nōn est.
10. Dē minimīs nōn cūrat lēx; jūstitia inūtilis nōn est.
11. Dī mē dūcere vītam nōn voluērunt. Dī sēdēs meās nōn servāvērunt.
12. Troja fēlīx nōn fuit. Hector nōn est īgnōtus. (See R344.)

B. Translate each contrary-to-fact conditional sentence.

READINGS

R344 Hectora quis nō'sset, sī fēlīx Troja fuisset?—Ovid

1. Estne Hector īgnōtus?
2. Quālis fuisset sī in pāce vīxisset?
3. Quālis fuit quod bellum gessit?

īgnōtus-a-um: *unknown*

R345 Sī fāmam servāre cupis, dum vīvis, honestam,
fac fugiās animō quae sunt mala gaudia vītae.—Dionysius Cato

R346 Sī vītam īnspiciās hominum, sī dēnique mōrēs,
cum culpant aliōs: nēmō sine crīmine vīvit.—Dionysius Cato

1. Quō modō vīvunt eī quī aliōs culpant?
2. Quālēs mōrēs habent omnēs, sī īnspiciās?

īnspiciō-ere-spexī, īnspectus
dēnique (adv): *finally*

R347 Sī Fortūna volet, fīēs dē rhētore cōnsul;
sī volet haec eadem, fīet dē cōnsule rhētor.—Juvenal

By transforming the *mood* of the verbs, make this change of status contrary-to-fact.
By transforming the *tense* and *mood* of the verbs, make this change of status possible.

rhētor, rhētoris, m: *professor*
cōnsul, cōnsulis, m: chief magistrate in Rome, *consul*

R348 Sī, quotiēns hominēs peccant, sua fulmina mittat
Juppiter, exiguō tempore inermis erit.—Ovid

1. Dīcitne Ovidius Jovem inermem esse?
2. Quid accideret, sī contrā nocentēs semper suīs armīs ūterētur?

peccō (1): *sin*
exiguus-a-um: *small*
inermis-e: *unarmed*

R349 Aeneas' father prefers to die rather than leave Troy!

Mē sī caelicolae voluissent dūcere vītam
hās mihi servā'ssent sēdēs.—Vergil Aen II 641-42

caelicola-a-e, m
sēdēs-is, f : *seat, residence*

R350 The deserted Dido laments:

Sī quis mihi parvulus aulā
lūderet Aenēās . . . ,
nōn equidem omnīnō capta ac dēserta vidērer.—Vergil Aen IV 327-30

aula-ae, f
equidem (intensifier)
omnīnō (adv): *altogether*

R351 Aeneas tells his mother that his story is too long to relate:

Ō dea, sī prīmā repetēns ab orīgine pergam,
et vacet annālīs nostrōrum audīre labōrum,
ante diem clausō compōnet Vesper Olympō.—Vergil Aen I 372-74

pergō-ere-rēxī-rēctus: *proceed*
ante = anteā
compōnō-ere-posuī-positus: *put away*
claudō-ere, clausī, clausus: *close*
vacat: *there is time*

Now read Narrative Readings 136-43.

NEW NOUNS
rhētor, rhētoris, m
cōnsul, cōnsulis, m
sēdēs, sēdis, f

NEW VERBS
claudō-ere, clausī, clausus
compōnō-ere-posuī-positus
peccō (1)
pergō-ere-rēxī-rēctus
rīdeō-ēre, rīsī, rīsus
vacat (1)

NEW ADJECTIVES
exiguus-a-um
īgnōtus-a-um
inermis-e

NEW INDECLINABLES
dēnique (adv.): *finally*
frūstrā (adv.): *in vain*
omnīnō (adv.): *altogether*

LESSON THIRTY-FIVE: **Relative Clauses in the Subjunctive**

A relative clause with a verb in the subjunctive mood may signal:

1. The equivalent of a purpose clause. See Lesson Thirty-two for the environment of purpose-clauses.[1]

   Lēgātōs mittit. Societātem petant.
   Somebody sends envoys. Let them ask for an alliance.

   Lēgātōs mittit quī societātem petant.
   Somebody sends envoys who are to ask for an alliance.

   Lēgātōs mīsit quī societātem peterent.
   Somebody sent envoys who were to ask for an alliance.

2. The equivalent of a result clause. See Lesson Thirty-two for the environment of result-clauses.

   Tālis est. Mē accūsat.
   He is that kind of man. He accuses me.

   Tālis est. Mē accūset.
   He is that kind of man. He might accuse me.

   Tālis est quī mē accūset.
   He is the kind of man who will/might accuse me.

   Tālis erat quī mē accūsāret.
   He was the kind of man who would accuse me.

[1]In the environment of an expression of comparison, *quō* is usually a substitution for *ut*, e.g.,

Praesidia dispōnit, quō facilius prōhibēre possit.
Somebody distributes outposts in order to stop somebody else more easily.

3. The equivalent of a clause starting with *cum, quod, quia,* and *quōniam*: *because, since.*

Fortūnātus est Achillēs. Suae virtūtis Homērum praecōnem invēnit.
Achilles is fortunate. He has found Homer as a herald of his courage.

Fortūnātus est Achillēs, quī suae virtūtis Homērum praecōnem invēnerit.
Achilles is fortunate, who (= because he) has found Homer as a herald of his courage.

BASIC SENTENCES

S162 **Sī quis est tālis quī mē accūset, nōn est ista mea culpa.**-CICERO (ABBREVIATED)

If somebody is the kind of a man who will accuse me, then that is not my fault. OR

If anyone is such a person as to accuse me, then that is not my fault.

S163 **Rōmulus lēgātōs circā vīcīnās gentēs mīsit, quī societātem cōnūbiumque novō populō peterent.**-LIVY

Romulus sent envoys around the neighboring tribes who were supposed to ask for an alliance and the right of intermarriage for the new people.

S164 **Illī autem, quī omnia dē rē pūblicā praeclāra sentīrent, negōtium suscēpērunt.**-CICERO (ABBREVIATED)

And those men, since they were of sound political sentiments in all respects, undertook the job.

READINGS

R352 Nihil erat quō fāmem tolerārent.—Caesar BG I 28

R353 Sed quam longē vidētur ā carcere atque ā vinculīs abesse dēbēre, quī sē ipse jam dīgnum custōdiā jūdicā'rit!—Cicero Cat I 8

quam longē: *how far*
carcer, carceris, m.
vinculum-ī, n: *chain*
absum-esse-fuī-futūrus
custōdia-ae, f

R354 Quis potest esse, Quirītēs, tam āversus ā vērō, quī neget haec omnia quae vidēmus deōrum potestāte administrārī? —Cicero Cat III 9 (abbreviated)

āversus-a-um
Quirīs, Quirītis, m

R355 The Helvetians plan to emigrate.

Erant omnīnō itinera duo, quibus itineribus domō exīre possent: ūnum angustum et difficile, vix quā singulī carrī dūcerentur, alterum per prōvinciam nostram multō facilius, propterea quod inter fīnīs Helvētiōrum et Allobrogum Rhodanus fluit, isque nōnnūllīs locīs vadō trānsītur.—Caesar BG I 6

angustus-a-um: *narrow*
carrus-ī, m
nōnnūllī: *some*
propterea quod = quod

R356 Caesar builds a wall to stop the Helvetians.

Intereā eā lēgiōne quam sēcum habēbat mīlitibusque quī ex prōvinciā convēnerant ā lacū Lemannō, quī in flūmen Rhodanum īnfluit, ad montem Jūram, quī fīnēs Sēquanōrum ab Helvētiīs dīvidit, mīlia passuum decem novem mūrum in altitūdinem pedum sēdecim fossamque perdūcit. Eō opere perfectō, praesidia dispōnit, castella commūnit, quō facilius, sī sē invītō trānsīre cōnārentur prohibēre possit. Ubi ea diēs quam cōnstituerat cum lēgātīs vēnit et lēgātī ad eum revertērunt, negat sē mōre et exemplō populī Rōmānī posse iter ūllī per prōvinciam dare et, sī vim facere cōnentur, prōhibitūrum ostendit.—Caesar BG I 8

mīles, mīlitis, m: *soldier*
fossa-ae, f
mīlia passuum, n pl.: *miles*
commūniō = mūniō (4)
invītus-a-um: *unwilling*
cōnor (1) = temptō
cōnstituō-ere-uī-ūtus: *establish, decide*
revertō-ere-vertī-versus: *return*

R357 Cicero speaks against Catiline.

Tum dēnique interficiēre, cum jam nēmō tam improbus, tam perditus, tam tuī similis invenīrī poterit, quī id nōn jūre factum esse fateātur. Quam diū quisquam erit, quī tē dēfendere audeat, vīvēs; et vīvēs ita, ut vīvis, multīs meīs et firmīs praesidiīs oppressus, nē commovēre tē contrā rem pūblicam possīs. Multōrum tē etiam oculī et aurēs nōn sentientem, sīcut adhūc fēcērunt, speculābuntur atque custōdient. Etenim quid est, Catilīna, quod jam amplius exspectēs, sī neque nox tenebrīs obscūrāre coetūs nefāriōs nec prīvāta domus parietibus continēre vōcēs conjūrātiōnis tuae potest, sī illūstrantur, sī ērumpunt omnia.—Cicero Cat I 2

improbus-a-um
perditus-a-um
jūs, jūris, n: *right, law*
adhūc (adv.): *up to this time, still*
speculor (1)
etenim (conj.)
amplius (adv.): *further*
tenebrae-ārum, f: *darkness*
coetus-ūs, m
nefārius-a-um: *nefarious*
pariēs, parietis, f
illūstrō (1): *make clear*
ērumpō-ere, ērūpī, ēruptus: *break forth*

Now read Narrative Readings 144-47.

NEW NOUNS	cōnūbium-ī, n	negōtium-ī, n
	culpa-ae, f	societās, societātis, f
	iter, itineris, n	tenebrae-ārum, f
	jūs, jūris, n	vadum-ī, n
	mīles, mīlitis, m	vinculum-ī, n
	mīlia passuum, n pl.	

NEW VERBS	absum-esse-fuī-futūrus	illustrō (1)
	cōnor (1)	suscipiō-ere-cēpī-ceptus
	ērumpō-ere, ērūpī, ēruptus	revertō-ere-vertī-versūrus

NEW ADJECTIVES	angustus-a-um	nōnnūllī-ae-a
	invītus-a-um	vīcīnus-a-um

NEW INDECLINABLES

adhūc (adv.): *up to this time*
amplius (adv.): *further*
circā (prep. with acc.): *around*
quam longē (adv.): *how far*

LESSON THIRTY-SIX: The Future Passive Participle

MORPHOLOGY

There is a future passive participle, whose morpheme is *-nd-* added to the imperfective stem and whose declension is first-and-second, like *bonus-a-um*.

amandus-a-um   videndus-a-um   dīcendus-a-um
capiendus-a-um   audiendus-a-um

EXPLANATION OF STRUCTURE

Amandus means more than "about to be loved"; it carries also the notion of obligation or necessity, "must be loved." Examination of Readings 358 and 359 in this lesson will illustrate the point: *Nihil faciendum est* (Nothing should be done); *Vitium tollendum aut ferendum* (A fault should be removed or endured). The dative of a personal noun with this construction shows the person by whom the action should be done; *Vitium virō tollendum est* means "The fault should be removed by the husband" or "The husband should remove the fault." The tense of the verb phrase is indicated by the form of *esse*, e.g., *erat, erit, fuit*, etc. This combination of the future passive participle with a form of *esse* is often called *passive periphrastic*.

The Roman grammarians distinguish the passive periphrastic construction from the construction of noun plus future passive participle, as found in S166. *In voluptāte spernendā* means "in pleasure to be denied," i.e., " in denying pleasure." As the Pattern Practice, parts three-five, will make clear, the construction of noun plus future passive participle can (and sometimes must) replace the gerund plus noun object. Because of this relation with the gerund, the future passive participle in this construction is often called gerundive.

BASIC SENTENCES

S165 Sapientia . . . ars vīvendī putanda est.-CICERO

Wisdom should be considered the art of living.

Quid est bene vīvere?
Quō modō vīvit quī bene vīvit?

S166 In voluptāte spernendā et repudiandā virtūs vel[1] maximē cernitur.-CICERO (ADAPTED)

Virtue is certainly most clearly distinguished in casting aside or denying pleasure.

Sī voluptātem spernāmus, quid crēscat?
Quā condiciōne tū melior fīās?

PATTERN PRACTICE, Part One

Purpose: to produce the future passive participle
Directions: transform *dēbet/dēbent* plus the passive infinitive to the future passive participle and a form of *esse*.

Amphora sub veste portārī dēbet.	Amphora sub veste portanda est.
Pauper vestīrī dēbet.	Pauper vestiendus est.
Semper bonum petī dēbet.	Semper bonum petendum est.
Omnia agī dēbent.	Omnia agenda sunt.
Mīlitēs revocārī dēbent.	Mīlitēs revocandī sunt.

PATTERN PRACTICE, Part Two

Purpose: to produce the future passive participle.
Directions: transform *dēbet* with the active infinitive to the future passive participle. Note the other transformations which this involves.

Vir vitium uxōris tollere dēbet.	Virō vitium uxōris tollendum est.
Ego vulnus ferre dēbeō.	Mihi vulnus ferendum est.
Tū animum mūtāre dēbēs.	Tibi animus mūtandus est.
Nōs necessitātēs vincere dēbēmus.	Nōbīs necessitātēs vincendae sunt.
Caesar omnia agere dēbet.	Caesarī omnia agenda sunt.

[1]When *vel* does not connect equal parts of speech it is an intensifying particle.

PATTERN PRACTICE, Part Three

Purpose: to learn the use of the gerundive to express purpose.
Directions: transform each *ut*-clause of purpose to a gerundive with *ad*.

Rēx pūgnāvit ut hostēs vinceret.	Rēx pūgnāvit ad hostēs vincendōs.
Dux tacuit ut vōcēs audīret.	Dux tacuit ad vōcēs audiendās.
Ōrātor labōrāvit ut artēs disceret.	Ōrātor labōrāvit ad artēs discendās.
Hospes mānsit ut cibum ederet.	Hospes mānsit ad cibum edendum.
Canis lātrāvit ut dominum excitāret.	Canis lātrāvit ad dominum excitandum.

PATTERN PRACTICE, Part Four

Purpose: to learn the gerundive in contrast with the gerund.
Directions: transform the gerund plus object to the gerundive construction. Note that in the left-hand column *causā* patterns with the genitive of the gerund. In the right-hand column *causā* patterns with the noun, which in turn is modified by the gerundive.

Puer flet mātrem dēcipiendī causā.	Puer flet mātris dēcipiendae causā.
Dux tacet vōcēs audiendī causā.	Dux tacet vōcum audiendārum causā.
Rēx pūgnat hostēs vincendī causā.	Rēx pūgnat hostium vincendōrum causā.
Lupus venit aquam bibendī causā.	Lupus venit aquae bibendae causā.
Canis latrat dominum excitandī causā.	Canis latrat dominī excitandī causā.

Puella manet carmina scrībendī causā.	Puella manet carminum scrībendōrum causā.
Hospes manet cibum edendī causā.	Hospes manet cibī edendī causā.
Aper currit canēs effugiendī causā.	Aper currit canum effugiendōrum causā.
Ōrātor labōrat artēs discendī causā.	Ōrātor labōrat artium discendārum causā.

PATTERN PRACTICE, Part Five

Purpose: same as in Part Four.
Directions: reverse the procedure in Parts Three and Four.

SELF TEST

Transform the following in the same way you did in the Pattern Practice.

Canis aprum tenēre dēbet.
Nōs fūrem cognōscere dēbēmus.
Amīcī spem quaerere nōn dēbent.
Ego occāsiōnem āmittere nōn dēbeō.
Canis lātrābat ad fūrēs terrendōs.
Cattus arborem ascendit ut canem effugeret.
Mīlitēs aggerem petendī causā processerant.
Germānī ē suīs fīnibus exeunt ad bellandum.

READINGS

R358 Nihil . . . sine ratiōne faciendum est.—Seneca

1. Quō modō agāmus?
2. Quis agit sine ratiōne?
3. Quibus nihil sine ratiōne faciendum est?

R359 Vitium uxōris aut tollendum aut ferendum est.—Varro

1. Quid faciat vir sī vitium uxōris suae tollere nōn potest?
2. Cui vitia uxōris ferenda sunt?

R360 Mīranda canunt sed nōn crēdenda poētae.—Dionysius Cato

1. Decet mīrārī quod poēta canit?
2. Decet crēdere?

decet-ēre, decuit: *it is fitting*

R361 Praetereā cēnseō Carthāginem esse dēlendam.—Marcus Cato

1. Quid Catō volēbat?
2. Ā quibus est Carthāgō dēlēta?
3. Cui urbī nocēre voluit Catō?
4. Quid dīxit Catō ōrātiōne rēctā?
5. Cujus hostis fuit Catō?

praetereā (adv.): *in addition*
cēnseō-ēre-ui, cēnsus: *advise, suggest*
dēleō-ēre-uī, dēlētus: *destroy*
Carthāgō, Carthāginis, f.

R362 Nunc est bibendum.[2]—Horace

1. Cui est bibendum?

[2]A sentence with no subject and a verb in the third person singular passive expresses the same idea as English *"One [ ]s"*; e.g., *Bibitur, One drinks*; *ītur, One goes*; *pūgnātur, One fights*. This is called the impersonal passive. The *-nd-* in a sentence like *Bibendum est, One must drink,* still expresses obligation.

R363 Est tempus quandō nihil, est tempus quandō aliquid, nūllum tamen est tempus in quō dīcenda sunt omnia.—Anon.

1. Quotiēns nōs omnia dīcere dēbēmus?
2. Quotiēns aliquid dīcendum est?

tamen (conj. showing strong adverseness; never comes first in clause): *but, however*

R364 Ratiō docet quid faciendum fugiendumve sit.—Cicero (adapted)

1. Cui nōs dūcendī sumus?
2. Quid ratiō nōbīs ostendit?

-ve (conj.): *or*

R365 Dēlīberandum[2] est saepe, statuendum[2] est semel.—Publilius Syrus

R366 Maximae cuique fortūnae minimē crēdendum[2] est.—Livy

R367 Lēgātōs mittunt subsidium rogātum[3] quō facilius hostium cōpiās sustinēre possint.—Caesar BG VII 5

subsidium-ī, n: *help*

R368 Aeneas takes leave of Helenus and Andromache, Trojan refugees who have already found a new home.

Vīvite fēlīcēs, quibus est fortūna perācta
jam sua; nōs alia ex aliīs in fāta vocāmur.
Vōbīs parta quiēs: nūllum maris aequor arandum,
arva neque Ausoniae semper cēdentia retrō quaerenda.—Vergil Aen III 493-97

pariō-ere, peperī, partus
aequor = mare
Ausonia = Ītalia
arvum-ī, n
retrō (adv.): *backwards*

R369 Caesar has to do everything.

Caesarī omnia ūnō tempore erant agenda: vexillum prōpōnendum, quod erat īnsīgne cum ad arma concurrere oportēret; sīgnum tubā dandum; ab opere revocandī mīlitēs; quī paulō longius aggeris petendī causā prōcesserant arcessendī; aciēs īnstruenda; mīlitēs cohortandī; sīgnum dandum.—Caesar BG II 20

vexillum-ī, n
oportet (with inf.): *to [ ] is necessary*
agger, aggeris, m
arcessō-ere, arcessīvī-ītus
aciēs-ēī, f: *line of battle*

Now read Narrative Readings 148 and 149.

[3]This form is called the *supine*. It expresses purpose after verbs of motion and is very rarely used.

NEW NOUNS	aciēs-ēī, f. subsidium-ī, n.
NEW VERBS	cēnseō-ēre, cēnsuī, cēnsus decet-ēre, decuit dēleō-ēre-uī, dēlētus oportet, oportēre, oportuit putō (1) repudiō (1)
NEW INDECLINABLES	praetereā (adv.): *in addition to this* -ve (conj.): *or* retrō (adv.): *backwards* tamen (conj.): *however*

LESSON THIRTY-SEVEN: **Ōrātiō Oblīqua**

Roman literature abounds in *indirect speech,* that is, speech as reported, not as quoted. It occurs in the environment of verbs meaning *to say, to think, to perceive,* etc.

Statements, questions, and commands appear in the indirect form. See Lessons Twenty-seven, Twenty-eight, Thirty-one, and Thirty-two. The sequence-of-tense rule is usually observed. In indirect speech any other subordinate clause appears in the subjunctive and all verb forms appear in the third person. The personal pronouns of the first person are usually replaced by the reflexive pronoun of the third person or *ipse.* The personal pronouns of the second person are usually replaced by *is* or *ille,* though this is not always strictly observed. *Hic* does not appear as a rule.

Indirect speech is not the same as *indirect statement,* although in indirect statements as well, any subordinate clause may appear in the subjunctive, unless it represents the author's comment.[1]

Compare the *ōrātiō rēcta* with its transformation into *ōrātiō oblīqua*:

1. Considius reports to Caesar.

   Cōnsidius . . . dīcit montem, quem (Caesar) ā Labiēnō occupārī voluerit, ab hostibus tenērī; id sē ā Gallicīs armīs atque īnsignibus cognōvisse.—Caesar, *Dē Bellō Gallicō* I 22

   Cōnsidius dīcit:
   "Mōns, quem ā Labiēnō occupārī voluistī, ab hostibus tenētur; id ā Gallicīs armīs atque īnsīgnibus cognōvī."

2. Helvētiī . . . lēgātōs ad eum mittunt . . . quī dīcerent, sibi esse in animō sine ūllō maleficiō iter per prōvinciam facere, propterea quod aliud iter habērent nūllum; rogāre[2], ut ejus voluntāte id sibi facere liceat.—Caesar, *Dē Bellō Gallicō* I 7

   maleficium-ī, n: *damage*

[1] After *dum,* meaning "while," the present indicative may be retained.
[2] The subject of the infinitive may be *zero.*

Helvētiī lēgātōs ad eum mittunt . . . quī dīcerent:
"Nōbīs est in animō sine ūllō maleficiō iter per prōvinciam facere, propterea quod aliud iter habēmus nūllum; rogāmus, ut tuā voluntāte hoc nōbīs facere liceat."

3. Ad haec Ariōvistus respondit . . . quod sibi Caesar dēnūntiāret sē Aeduōrum injūriās nōn neglēctūrum, nēminem sēcum sine suā perniciē contendisse. Cum vellet, congrederētur; intellēctūrum[2], quid invictī Germānī, exercitātissimī in armīs, quī inter annōs XIIII tēctum nōn subīssent, virtūte possent.—Caesar, *Dē Bellō Gallicō* I 36

dēnūntiō (1): *announce*
perniciēs-eī, f: *destruction*
invictus-a-um
tēctum-ī, n: *roof*
subeō-īre-iī-itūrus: *go under*

Ad haec Ariovistus respondit:
"Quod mihi dēnūntiās tē Aeduōrum injūriās nōn neglēctūrum, nēmō mēcum sine suā perniciē contendit. Cum vīs, congredere; intellegēs, quid invictī Germānī, exercitātissimī in armīs, quī inter annōs XIIII tēctum nōn subiērunt, virtūte possint."

READINGS

R370 A Famous Dream: Rewrite in *ōrātiō rēcta*:

Cum duo quīdam Arcadēs fāmiliārēs iter ūnā facerent, et Megaram vēnissent, alterum ad caupōnem dēvertisse, ad hospitem alterum. Quī ut cēnātī quiēscerent, concubiā[3] nocte vīsum esse in somnīs eī (quī erat in hospitiō), illum alterum ōrāre, ut subvenīret, quod sibi ā caupōne interitus parārētur; eum prīmō perterritum somniō surrēxisse; dein cum sē collēgisset idque vīsum prō nihilō habendum esse[4] dūxisset, recūbuisse; tum eī dormientī eundem illum vīsum esse rogāre, ut, quōniam sibi vīvō nōn subvēnisset, mortem suam nē inultam esse paterētur; sē interfectum in plaustrum ā caupōne esse conjectum, et suprā stercus injectum; petere, ut māne ad portam adesset, priusquam plaustrum ex oppidō exīret. Hōc vērō eum somniō commōtum, māne bubulcō praestō[5] ad portam fuisse; quaesī'sse ex eō quid esset in plaustrō; caupōnem, rē patefactā, poenās dedisse.[6] —Cicero, *DēDīvīnātiōne* I 27

caupō, caupōnis, m: *innkeeper*
dēvertō-ere-vertī-versus

[3] concubiā nocte = prīmā nocte: *early in the night*
[4] prō nihilō habēre: *consider of no importance*
[5] praesto esse with Dative: *to be present for, to meet*
[6] poenās dare: *pay the penalty*

cēnō (1): *dine* (the perfective participle is here active in meaning)
quiēscō-ere, quiēvī, quiētus: *be at rest*
somnium-ī, n: *dream*
subveniō-īre-vēnī-ventūrus: *come to help*
interitus-ūs, m = mors
surgō-ere, surrēxī, surrēctus: *rise*
colligō-ere-lēgī-lēctus: *collect*
recumbō-ere, recubuī
quoniam (conj.) = quod, quia: *because*
inultus-a-um: *unavenged*
plaustrum-ī, n
suprā (adv.): *on top*
stercus, stercoris, n
māne (adv.): *early in the morning*
bubulcus-ī, m
patefaciō-ere-fēcī-factus: *open*

NEW NOUNS	maleficium-ī, n	somnium-ī, n
	perniciēs-ēī, f	tēctum-ī, n

NEW VERBS	cēnō (1)	patefaciō-ere-fēcī-factus
	colligō-ere-lēgī-lēctus	subeō-īre-iī-itūrus
	dēnūntiō (1)	subveniō-īre-vēnī-ventūrus
	dēvertō-ere-vertī-versus	surgō-ere, surrēxī, surrēctus

NEW ADJECTIVE	invictus-a-um
NEW INDECLINABLES	māne (adv.): *early in the morning*
	quōniam (conj.): *because, since*
	suprā (adv.): *on top*

REVIEW LESSON EIGHT

REVIEW VOCABULARY: Lessons Thirty-two—Thirty-seven

I	II	III	V
culpa	cōnūbium	cīvitās	aciēs
tenebrae	maleficium	cōnsul	perniciēs
	negōtium	iter	
	nūntius	jūs	
	perīculum	līmes	
	somnium	mīles	
	tēctum	mīlia passuum	
	vadum	rhētor	
	vinculum	sēdēs	
		societās	

I		II
cēnō	nūntiō	cēnseō-ēre, cēnsuī, cēnsus
cōnor	peccō	decet-ēre, decuit
dēnūntiō	putō	dēleō-ēre-uī, dēlētus
hortor	repudiō	oportet, oportēre, oportuit
illūstrō	vacat	persuādeō-ēre-suāsī-suāsūrus
		respondeō-ēre, respondī, respōnsus
		rīdeō-ēre, rīsī, rīsus

III

accēdō-ere-cessī	dēfendō-ere-fendī-fēnsus
accidit-ere, accidit	dēficiō-ere-fēcī-fectus
animadvertō-ere-vertī-versus	dēvertō-ere-vertī-versus
claudō-ere, clausī, clausus	ērumpō-ere, ērūpī, ēruptus
colligō-ere-lēgī-lēctus	flectō-ere, flexī, flexus
committō-ere-mīsī-missus	patefaciō-ere-fēcī-factus
compōnō-ere-posuī-positus	pergō-ere-rēxī-rēctus
condō-ere-didī-ditus	revertō-ere-vertī-versūrus
cōnsistō-ere, cōnstitī	surgō-ere, surrēxī, surrēctus
dēcernō-ere-crēvī-crētus	suscipiō-ere-cēpī-ceptus

IV

impediō
subveniō-īre-vēnī-ventūrus

Irregular

absum, abesse, āfuī, āfutūrus
exeō-īre-iī-itūrus
īnferō-ferre-tulī-illātus
prōsum, prōdesse, prōfuī
subeō-īre-iī-itūrus

ADJECTIVES

I & II

angustus
exiguus
fīnitimus
īgnōtus
invictus
nōnnūllī
opācus
plēnus
vīcīnus

III

inermis

INDECLINABLES

adhūc
amplius
circā
dēnique
dummodo
frūstrā
hūc
ita
libenter
māne
nē
omnīnō
praetereā
quoniam
quoque
retrō
tamen
ut
-ve

NARRATIVE READINGS FOR LESSONS 18–37

NARRATIVE READINGS
For Lesson 18

We now meet our first long connected reading. It was written as a school exercise by Alcuin, tutor of Pippin, the son of Charlemagne. We have shortened the dialogue somewhat and have inserted one transitional question, clearly marked.

In this dialogue, curiously enough, the student asks the questions and the teacher gives the answers. This situation arose from a misunderstanding of similar Greek dialogues. The Greek word for teacher is *didáskalos* and for pupil, *mathētēs*, abbreviated in the manuscripts to *D* and *M*. Now *D* suggested the Latin word *discipulus* and *M*, *magister*, thus reversing the roles.

Although there are many new words, you are expected to figure out the meaning of most of them without using a dictionary. Take for instance the word *historia*. Who needs to look this up? If we have the adjective *siccus* meaning *dry*; what part of speech is *siccitās -tātis*, f., and what does it mean? Finally, you must train yourself to know what to expect so that you can interpret the meaning of words that have no English or Latin relatives to help you. In a series like *right and wrong, black and white, hot and xyz*, what would the unknown item *xyz* probably be?

Through such practice you will learn to become more and more self-reliant in figuring out the meaning of the new words. To help you do this we will progressively withdraw our help on the meaning of new words until finally we give you the meaning of almost no words at all.

N1 Disputātiō Rēgālis et Nōbilissimī Juvenis Pippinī cum Albīnō[1] Scholasticō

Pippinus: Quid est littera?
Albīnus: Custōs historiae.

[1]*Albīnus* is the Latin name for Alcuin.

P: Quid est verbum?
A: Prōditor animī. — prōditor -tōris, m

P: Quid generat verbum?
A: Lingua.

P: Quid est lingua? — flagellum -i, n
A: Flagellum āeris. — āēr, āeris, m

P: Quid est āēr?
A: Custōdia vītae.

P: Quid est vīta?
A: Beātōrum laetitia, miserōrum maestitia, expectātiō mortis. — laetitia -ae, f: gaudium; maestitia -ae, f: dolor; expectātiō -ōnis, f

P: Quid est mors? — peregrīnātiō -ōnis, f
A: Inēvītābilis ēventus, incerta peregrīnātiō, lacrimae vīventium, latrō hominis. — ēventus -ūs, m.; latrō -ōnis, m: fūr

P: Quid est homō?
A: Mancipium mortis, trānsiēns viātor, locī hospes. — viātor, -tōris, m

P: Quō modō positus est homō?
A: Ut lucerna in ventō.

P: Ubi positus est?
A: Intrā sex parietēs. — pariēs -ietis, m: mūrus

P: Quōs?
A: Suprā, subtus; ante, retrō; dextrā laevāque. — dexter -tra -trum

P: Quot habet sociōs?
A: Quattuor.

P: Quōs?
A: Calōrem, frīgus, siccitātem, hūmōrem. — frīgus -oris, n

P: Quot modīs variābilis est?
A: Sex.

P: Quibus?
A: Ēsuriē et saturitāte; requiē et labōre; vigiliīs et somnō. — ēsuriēs -ēī, f: famēs; vigilia -ae, f; somnus -ī, m.

P: Quid est somnus?
A: Mortis imāgō.

P: Quid est lībertās hominis?
A: Innocentia.

P: Quid est caput?
A: Culmen corporis.

P: Quid est corpus?
A: Domicilium animae.

P: Quid sunt comae?
A: Vestis capitis.

P: Quid est barba?
A: Sexūs discrētiō, honor aetātis. — sexus -ūs, m

P: Quid est cerebrum?
A: Servātor memoriae. — servātor -tōris, m

P: Quid sunt oculī?
A: Ducēs corporis, vāsa lūminis, animī indicēs.

P: Quid sunt nārēs?
A: Adductiō odōrum. — adductiō -ōnis, f

P: Quid sunt aurēs?
A: Collātōrēs sonōrum. — collātor - tōris, m

P: Quid est frōns?
A: Imāgō animī.

P: Quid est ōs?
A: Nūtrītor corporis. — nūtrītor -tōris, m

P: Quid sunt dentēs?
A: Molae morsōrum. — morsus: perfective passive participle of *mordeō*

P: Quid sunt labia? — labium -ī, n
A: Valvae ōris.

P: Quid est gula?
A: Dēvorātor cibī. — dēvorātor -tōris, m

P: Quid sunt manūs?
A: Operāriī corporis. — operārius -ī, m: *workman*

P: Quid sunt digitī?
A: Chordārum plēctra.

P: Quid est pulmō?
A: Servātor āeris.

P: Quid est cor?
A: Receptāculum vītae.

P: Quid est jecur?
A: Custōdia calōris.

P: Quid sunt ossa?
A: Fortitūdō corporis.

P: Quid sunt crūra?
A: Columnae corporis. — crūs, crūris, n

P: Quid sunt pedēs?
A: Mōbile fundāmentum.

P: Quid est sanguis?
A: Hūmor vēnārum, vītae alimentum. — alimentum -ī, n: cibus

P: Quid sunt vēnae?
A: Fontēs carnis. — carō, carnis, f: *flesh*

P: Quid est caelum?
A: Sphaera volūbilis, culmen immēnsum.

P: Quid est lūx? — lūx, lūcis f: lūmen
A: Faciēs omnium rērum.

P: Quid est diēs?
A: Incitāmentum labōris. — incitāmentum -ī, n

P: Quid est sōl?
A: Splendor orbis, caelī pulchritūdō, nātūrae grātia, honor diēī, hōrārum distribūtor. — pulchritūdō -dinis, f; splendor -ōris, m

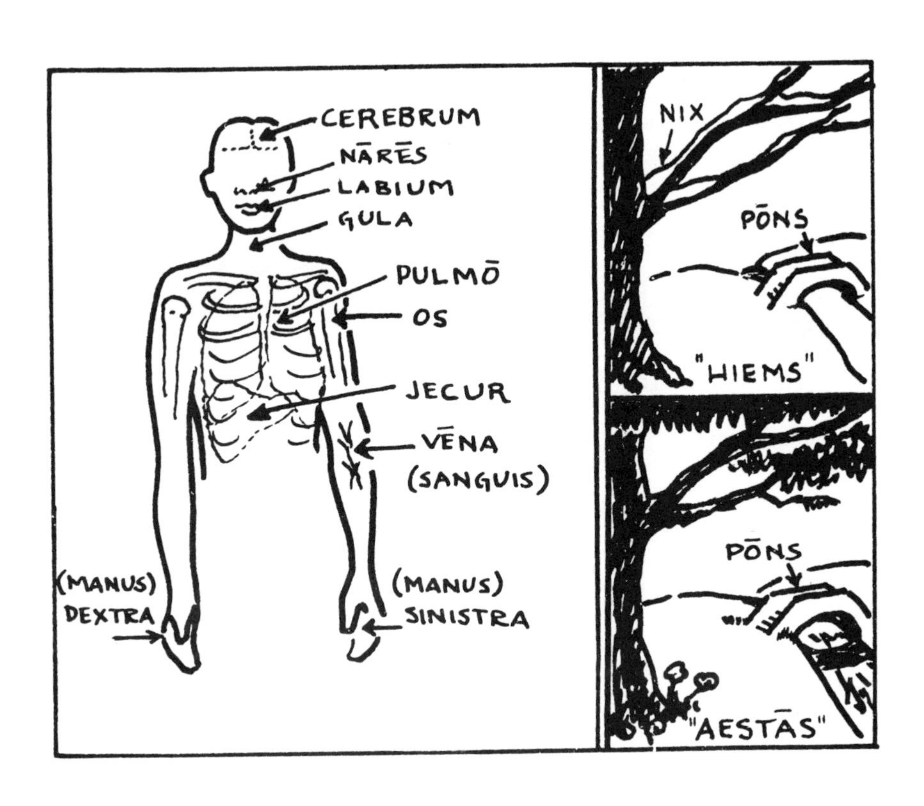

P: Quid est lūna?
A: Oculus noctis, praesāga tempestātum. — praesāga -ae, f: *foreteller*

P: Quid sunt stēllae?
A: Pictūra culminis, nautārum gubernātōrēs, noctis decor. — nauta -ae, m: *sailor*

P: Quid est pluvia?
A: Conceptiō terrae, frūgum generātrīx. — frūx, frūgis, f

P: Quid est nebula?
A: Nox in diē, labor oculōrum.

P: Quid est ventus?
A: Āeris perturbātiō, mōbilitās aquārum, siccitās terrae. — perturbātiō -ōnis, f; mōbilitās -tātis, f.

P: Quid est terra?
A: Māter crēscentium, nūtrīx vīventium, cellārium vītae, dēvorātrīx omnium. — nūtrīx -īcis, f; cellārium -ī, n: *storeroom*

P: Quid est mare?
A: Audāciae via, līmes terrae, dīvīsor regiōnum, hospitium fluviōrum, fōns imbrium. — audācia -ae, f; līmes, līmitis, m; imber, imbris, m

P: Quid est aqua?
A: Subsidium vītae, ablūtiō sordium. — subsidium -ī, n: auxilium; ablūtiō -ōnis, f; sordēs -is, f: *dirt, sin*

P: Quid est gelus?
A: Persecūtiō herbārum, perditor foliōrum, vinculum terrae, pōns aquārum. — vinculum -ī, n: *chain*

P: Quid est nix?
A: Aqua sicca. — siccus -a -um

P: Quid est hiems?
A: Aestātis exul. — aestās -tātis, f; exul -ulis, m&f: *exile*

P: Quid est vēr?
A: Pictor terrae.

P: Quid est aestās?
A: Revestiō terrae, mātūritiō frūgum. — revestiō -ōnis, f; mātūritiō -ōnis, f

P: Quid est autumnus?
A: Horreum annī. — autumnus -ī, m; horreum -ī, n: *barn*

P: Quid est annus?
A: Quadrīga mundī.

P: Quis dūcit eam?
A: Nox et diēs, frīgus et calor.

P: Quis est aurīga quadrīgae?
A: Sōl et lūna.

aurīga -ae, m: *driver*

P: Quot habent palātia?
A: Duodecim.

palātium -i, n

P: Quī sunt praetōrēs palātiōrum?
A: Ariēs, Taurus, Geminī, Cancer, Leō, Virgō, Lībra, Scorpiō, Sagittārius, Capricornus, Aquārius, Piscēs.

praetor -tōris, m: Roman official

P: [Quid est nāvis?[2]]
A: Nāvis est domus errātica, viātor sine vestīgiīs, vīcīna harēnae.

vīcīnus -a -um: *neighboring*

P: Quid est harēna?
A: Mūrus terrae.

P: Quid est herba?
A: Vestis terrae.

P: Quid sunt holera?
A: Amīcī medicōrum, laus coquōrum.

holus -eris, n: *vegetable*

P: Quis est quī amāra dulcia facit?
A: Famēs.

P: Quid est vigilantī somnus?
A: Spēs.

vigilat/----: *be awake*

P: Quid est spēs?
A: Refrīgerium labōris, dubius ēventus.

refrīgerium -ī, n: *cooling off, consolation*

P: Quid est amīcitia?
A: Aequālitās animōrum.

aequālitās -tātis, f

P: Quid est fidēs?
A: Īgnōtae reī et mīrandae certitūdō.

īgnōtus -a -um: *unknown*
mīrandus -a -um: *wonderful*

P: Vīdī (I saw) fēminam volantem, rōstrum habentem ferreum et corpus ligneum et caudam pennātam, mortem portantem.
A: Socia est mīlitum.[3]

rostrum -i, n
ferreus -a -um: *made of iron*
ligneus -a -um
pennātus -a -um: *feathered*

P: Quid est mīles?
A: Mūrus imperiī, timor hostium, glōriōsum servitium.

imperium -ī, n
servitium -ī, n: *slavery*

[2]This question was added to furnish continuity.
[3]The answer is an arrow (*sagitta -ae*, f).

The next few readings will be epigrams. The word *epigram* comes from the Greek and originally meant inscription. *Webster's Collegiate Dictionary* defines it as "a short poem treating concisely, pointedly, often satirically, a single thought or event, and now usually ending with a witticism."

The brevity of the epigram makes it useful for our purposes, since a beginning student often bogs down on longer works. While many of these epigrams are amusing to those who know Latin well, it will be hard at first for you to see their humor. Since it is essential with any joke to be able to see the point at once, a language barrier means you are not always sure when a foreigner is being funny.

One of the greatest epigrammatists was the Roman poet Martial. With unerring hand he sketched for us the glittering frivolity of the Roman Empire. However much we may admire the poet, it is difficult to feel much respect for a man who did not hesitate to shower servile flattery on the infamous emperor Domitian. We might be tempted to believe that Martial's admiration was sincere and that he was guilty only of bad judgment, were it not for the fact that after Domitian's death he alluded to the old emperor in sarcastic tones in order to praise the new emperors Nerva and Trajan.

Although a Roman citizen, Martial was a native of Spain. The dates of his life are conjectural, perhaps 38 AD to 104 AD.

Do you want whiter teeth? Then do what Laecania did.

N2 Thāis habet nigrōs, niveōs Laecānia dentēs.
Quae ratiō est? Ēmptōs haec habet, illa suōs.--Martial 5.43

Paraphrasis: Thāidī sunt dentēs sordidī; Laecāniae autem candidī. Quā dē causā? Laecānia dentēs falsōs habet, Thāis habet suōs.

Utra habet dentēs sordidōs?
Utra habet dentēs candidōs?
Utra habet dentēs suōs?
Utra habet dentēs ēmptōs?
Utrī sunt dentēs niveī?
Utrī sunt dentēs nigrī?
Utrīus dentēs falsī sunt?

niger -gra -grum: *black*
niveus -a -um: *snowy*
emō -ere, ēmī, ēmptus: *buy*
Thāis: Greek name (acc Thāida; dat Thāidī; gen Thāidos)
candidus -a -um: niveus

Love is blind.

N3 Thāida[1] Quīntus amat. Quam Thāida? Thāida luscam.
Ūnum oculum Thāis nōn habet; ille duōs.—Martial 3.8

Paraphrasis: Quīntus Thāida amat. "Quam Thāida?" quaeris? Illam quae lusca est. Thāis lusca caret oculō ūnō; Quīntus, quod puellam tam foedam amāvit, caret duōbus.

Quaeris? (second person): *do you ask?*
foedus-a-um

Quem amat Quīntus?
Quot oculōs habet Thāis?
Cūr Quīntus caecus vidētur?
Estne Thāis pulchra?
Quālis est Quīntus quī puellam tam foedam amat?

[1]This is (we hope) not the Thais of the last poem.

Fortune hunters were common in Rome.

N4 Petit Gemellus nūptiās Marōnillae
et cupit et īnstat et precātur et dōnat.
Adeōne pulchra est? Immō foedius nīl est.
Quid ergō in illā petitur et placet? Tussit.—Martial 1.10

Paraphrasis: Gemellus Marōnillam in mātrimōnium dūcere vult, et urget et rogat et eī mūnera dat. Estne Marōnilla tam pulchra? Ex contrāriō nēmō turpior est. Quid igitur in eā Gemellus amat? Quod tussī labōrat et tantum brevī vīvere potest. Gemellus avārus pecūniam ejus cupit.

Quis quem in mātrimōnium dūcere vult?
Quō morbō Marōnilla labōrat?
Estne Marōnilla pulchra?
Cūr Gemellus uxōrem aegram dūcere vult?
Estne Marōnilla dīves?
Quid ex uxōre dīvite et aegrā is capere vult?
Cui mūnera dat?
Quem urget?
Quō est nēmō foedior?

nūptiae -ārum, f: *marriage*
dōnō -āre
precor -ārī
mātrimōnium -ī, n
adeō (adverbial): *so* (tam)
immō (particle contradicting or qualifying what precedes)
tussiō -īre
turpis -e: foedus -a -um
igitur[1]: ergō

Labienus has no rival.

N5 Sē sōlum Labiēnus amat, mīrātur, adōrat:
nōn modo sē sōlum, sē quoque sōlus amat.—Joannes Audoenus[2]

Quem Labiēnus amat?
Quis alius eum amat?
Quis est sōlus quī Labiēnum amat?
Quis est sōlus quem Labiēnus amat?

modo (intensifier): *only*
sē: acc reflexive pronoun; refers to subject
quoque (intensifier): *also*

[1]*Igitur* usually comes second in the sentence.
[2]A Renaissance writer.

NARRATIVE READINGS FOR LESSON 22

"Yes, I like him, but . . . . ."

N6 Difficilis, facilis, jūcundus, acerbus es īdem.
Nec tēcum possum vīvere nec sine tē.--Martial 12.46

Potestne Mārtiālis cum hōc amīcō vīvere?
Potestne sine amīcō?
Utrum hic amīcus semper īdem manet an semper mūtātur?

acerbus -a -um

Here is an ancient inscription found scratched on a wall in Rome by someone who disliked the city girls.

N7 Omnia formōsīs cupiō dōnāre puellīs
sed mihi dē populō nūlla puella placet.

Quid scrīptor dōnāre vult?
Quibus vult?
Cūr nōn dōnat?
Quem amat scrīptor?

formōsus -a -um: pulcher

You're not a real success, says Martial, until you have made some enemies.

N8 Laudat, amat, cantat nostrōs mea Rōma libellōs,
mēque sinūs omnēs, mē manus omnis habet.
Ecce rubet quīdam, pallet, stupet, ōscitat, ōdit.
Hoc volo. Nunc nōbīs carmina nostra placent.—Martial 6.60

Paraphrasis: Tōta Rōma carmina Mārtiālis celebrat, dīligit, recitat; libellī ejus in omnī gremiō et omnī manū sunt. Nōndum Mārtiālis contentus est. Subitō autem aspicit quendam invidum ejus carmina legentem. Fit faciēs rubida, deinde pallida; stat sine mōtū; ōs aperītur; Mārtiālem perōdit. Hoc est quod Mārtiālis vult: nunc versūs eī jūcundī sunt, quod ille invidiā cruciātur.

Cujus carmina omnī locō laudantur?
Quis invidiā cōnsūmitur?
Ubi sunt Mārtiālis carmina?
Cui invidet is quī rubet et pallet?
Quā rē quīdam Mārtiālem ōdit?
Cūr Mārtiālis jam carmina sua amat?

cantō (1): *sing, recite*
libellus -ī, m: liber parvus
sinus -ūs, m: *curve, pocket*
ecce (interjection): *behold*
rubeō -ēre
palleō -ēre

Quis dīligit Mārtiālis versiculōs?
Quid facit quīdam carmina Mārtiālis legēns?
Quis omnī locō nitet?
Quod membrum invidus aperuit?
Quid patitur quīdam per invidiam suam?

ōscitō (1): *open the mouth*
ōdit: *hates*
invidia -ae, f: *envy*
invideō -ēre -vīdī -vīsus
invidus -a -um
gremium -i, n: *lap, pocket*
deinde (adverbial): *next, then*
aperiō -īre, aperuī, apertus: *open*
cruciō (1)

Like us, the Romans thought more of pigs when they were dead than when they were alive.

N9 Nōn cēnat sine aprō noster, Tite, Caeciliānus.
Bellum convīvam Caeciliānus habet.—Martial 7.59

Paraphrasis: Ō Tite, noster amīcus numquam cēnat nisī cum aprō. Nūllus hospes aptior.

Quōcum cēnat Caeciliānus?
Cui hī versūs scrīptī sunt? In quem? Ā quō?
Quam ob rem aper aptus Caeciliānō convīva?
Cui similis est Caeciliānus?

Tite: vocative case
See Lesson Twenty-nine
bellus -a -um: pulcher
convīva -ae, m & f: *dinner guest* (hospes)

N10 The Mourning of Gellia

Āmissum nōn flet cum sōla est Gellia patrem,
sī quis adest, jussae prōsiliunt lacrimae.
Nōn lūget quisquis laudārī, Gellia, quaerit:
ille dolet vērē quī sine teste dolet.—Martial 1.33

Quandō Gellia patrem mortuum nōn flet?
Quā condiciōne Gellia patrem mortuum flet?
Quis nōn vērē dolet?
Quis vērē dolet?

adsum -esse -fuī
jubeō -ēre, jussī, jussus: *order*
prōsiliō -īre: *jump forth*
lūgeō -ēre: doleō -ēre
testis -is, m: *witness*

N11 Sunt bona; sunt quaedam mediocria; sunt mala plūra
quae legis hīc; aliter nōn fit, Avīte, liber.—Martial 1.16

Paraphrasis: In meīs librīs inveniēs quaedam carmina bona, quaedam modica, multa autem nūllīus pretiī. Aliō modō liber compōnitur nūllus.

Avīte: vocative case
aliter (adv.): *otherwise*
pretium -ī, n: *price, value*

Quid est omnī in librō?
Cui scrīptum est carmen?
Sī liber centum carmina continet, quot carmina mala sunt? Quot bona? Quot modica?

Whereas a modern author's work appears in book form, Roman poetry was often heard in public recitation.

N12 Quem recitās, meus est, Ō Fīdentīne, libellus;
sed male cum recitās, incipit esse tuus.—Martial 1.38

Paraphrasis: Meus libellus est, nōn tuus, quem tū recitās. Sed cum tū male recitās, vidētur esse vērē tuus libellus.

Cui est scrīptum hoc carmen?
Cujus libellus rē vērā est quem Fīdentīnus recitat?
Cujus libellus vidētur cum male recitātur?
Quō modō Fīdentīnus recitat?

incipiō -ere -cēpī -ceptus: *begin*

A valuable piece of real estate.

N13 Septima jam, Philerōs, tibi conditur uxor in agrō.
Plūs nūllī, Philerōs, quam tibi reddit ager.—Martial 10.43

Philerōs: a Greek name in the vocative case.

This is well known in English as "I do not love thee, Doctor Fell, etc."

N14 Nōn amo tē, Sabidī, nec possum dīcere quā rē.
Hoc tantum possum dīcere: "Nōn amo tē."—Martial 1.32

Paraphrasis: Ō Sabidī, tē nōn dīligō, nec ratiōnem odiī hujus reddere possum. Hanc ūnam ratiōnem dare possum: "Nōn tē dīligō."

Cui scrīptum est hoc carmen?
Quem Mārtiālis nōn amat?
Quid est quod Martiālis eum nōn amat?
Cujus odiō Mārtiālis movētur?

Sabidī: vocative case
odium -ī, n

N15 Frūstrā ego tē laudō; frūstrā mē, Zōile, laedis:
nēmo mihī crēdit, Zōile; nēmo tibi.—Buchanan[1]

[1]George Buchanan, 1506-82.

Quō modō noster auctor Zōilum laudat?
Quālis homō est Zōilus sī nēmō nostrō auctōrī crēdit?
Quālis vir est noster auctor, sī nēmō Zōilō crēdit?

frūstrā (adv.): *in vain*

N16 The Wild Oxen of Germany

Tertium est genus eōrum quī ūrī appellantur. Hī sunt magnitūdine paulum īnfrā elephantōs, speciē et colōre et figūrā taurī. Magna vīs eōrum est et
5 magna velōcitās; neque hominī neque ferae quam cōnspiciunt parcunt. Hōs studiōsē fōveīs captōs interficiunt; hōc sē labōre dūrant adulescentēs atque hōc genere vēnātiōnis exercent, et quī plūrimōs ex hīs
10 interfēcērunt, rēlātīs in pūblicum cornibus, quae sint testimōniō, magnam ferunt laudem. Sed assuescere ad hominēs et mānsuēfierī nē parvulī quidem exceptī possunt. Amplitūdō cornuum et figūra et speciēs multum ā nos-
15 trōrum boum cornibus differt. Haec studiōsē conquīsīta ab labrīs argentō circumclūdunt atque in amplissimīs epulīs prō poculīs ūtuntur.—Caesar B.G. VI, 28

ūrus -ī, m: bōs ferus
paulum (adv.): parvum
taurus -ī, m: bōs maris generis
neque. . .neque: nec. . .ne
parcō -ere (special intransitive with dative): *spar*
fōvea -ae, f
interficiō -ere: *kill*
vēnātiō -ōnis, f: *hunting*
interfēcērunt: Past tense, See 1.7 and Lesson Twenty-three.
assuēscō -ere: *to become accustomed*
mānsuēfīō -fierī
labrum -ī, n: pars summa
epulae -ārum, f
poculum -ī, n: *cup*

Notes:

1. 11 sint: subjunctive of *sunt,* see Lesson Thirty.
2. The complement in a linking kernel is in the dative case to express purpose. Question word: Cui bonō? As in 1.11 *testimonio*
3. 13 nē . . . quidem: *not even* (an intensifier)
4. 18 ūtor, ūtī: *to use,* with the ablative case

Answer in Latin:

1. Quō cornua referuntur?
2. Cui bonō sunt cornua?
3. Quae rēs testimōniō laudis sunt?
4. Quae cornua testimōniō laudis sunt?
5. Quid ne ūrī parvī quidem possunt?
6. Quae rēs conquīruntur?
7. Unde cornua argentō circumclūduntur?
8. Utrum tōtum cornū argentō circumclūditur an pars su
9. Prō quibus Germānī cornibus ūtuntur?

NARRATIVE READINGS FOR LESSON 23

Since Latin is a dead language, it seems appropriate to read grave inscriptions. In many cases the poetry of these inscriptions is on an artistic level with our Christmas cards, but they furnish interesting sidelights on Roman life. Since the subjects are limited, you will find that you can soon read them with ease and rapidity. When you learn about Latin meter, you will realize that the meter of many of these epigrams is faulty.

A few words about some of the common expressions. *Dīs Mānibus* (dative) means "This tomb is sacred to the deified spirit of the dead." The dative of a person's name means "Sacred to So-and-so." Be careful of the person endings of the verb: sometimes the person in the tomb is supposed to be talking (first person); sometimes he is talked about (third person); sometimes he is talked to (second person). The second person (person addressed) may sometimes be the parents or children left behind; at other times it is the passer-by.

A common beginning is "Here lies So-and-so." Three common expressions for this are: *hīc jacet*; *hīc situs est*; and *hīc conditus est*.

Since these inscriptions are both pagan and Christian, with the pagan ones in their turn representing several philosophies, you will find many different views on life after death.

Your knowledge of numerals will come in handy here; refer to the Appendix if you need to brush up. You will notice that sometimes instead of using *vīgintī* for "twenty" the writer will say *bis dēnōs vīxit,* " He lived twice ten sets of years," avoiding the common numeral, as in our "Four score and seven years ago . . . . "

N17 Virgō hīc sepulta fīda puella jacet.
Ante quidem tempus fāta rapuērunt mala.
Scrīpsī ego per lacrimās miserābilis morte puellae.
Pater posuit.

Quandō haec virgō puella periit?
Per quās rēs periit?
Cui pater tumulum fēcit?
Quis lacrimātur?

virgō -inis, f
sepeliō -īre -īvī, sepultus: *bury*
jaceō -ēre, jacuī, ---: *lie*
rapiō -ere, rapuī, raptus
tumulus, -ī, m: sepulchrum
quidem (intensifier)

N18 Vīva virō placuī prīma et cārissima conjūnx.
cujus in ōre animam frīgida dēposuī.[1]
Ille mihī lacrimāns morientia lūmina pressit.
Post obitum satis hāc fēmina laude nitet.

Cui haec fēmina vīva placuit?
Quis animam morientis accēpit?
Quis mortuus est, vir an fēmina?
Quis lacrimāvit?
Quandō tālis fēmina laudātur?
Cujus oculōs vir pressit?

conjūnx, conjugis, m & f: vir vel uxor
frīgidus -a -um
lūmen -inis, n: oculus
obitus -ūs, m: mors
niteō -ēre: *shine*

N19 Dīs Mānibus. T. Coccejō Euhemerō.
Bis ternōs annōs vīxit et mēnsibus quīnque:
incrēmenta negant ejus currentia fāta.

Quis hīc jacet?
Quam diū vīxit?
Per quid periit?
Cui hic tumulus sacer est?

T: abbreviation for Titus -ī, m
ternī-ae-a
quīnque
mēnsis -is, m: pars annī
sacer, sacra, sacrum
incrēmentum -ī, n: *increase*
negō -āre: *deny*

This is a common sentiment: the parents buried the child, although in the normal course of events the child should have buried his parents.
N20 Dēbuit hīc ante miserōs sepelīre parentēs.

Quid volunt parentēs?
Quis in tumulō jacet?
Quis quem sepelīre dēbet?
Quis quem in hōc tumulō sepelīvit?

ante (adverbial)

N21 Raedārum custōs, numquam lātrāvit ineptē.
Nunc silet, et cinerēs vindicat umbra suōs.

Quod animal hōc in tumulō jacet?
Quid ante custōdīvit?
Quō modō lātrāvit?
Cūr nunc nōn lātrat?
Cujus umbra cinerēs nunc custōdit?
Cui tumulus sacer est?

raeda -ae, f : *carriage*
custōs -ōdis, m: *guard*
ineptus -a -um: *unskillful, foolish*
cinis -eris, m: *ashes*
vindicō (1): *protect*
nunc: *now*

[1]The nearest member of the family was supposed to catch the dying breath in his mouth and close the eyelids of the deceased.

N22 Hīc miser Anthēros posuit duo corpora frātrum.

Quī in tumulō jacent?
Quid in tumulō jacet?
Quōrum corpora in tumulō sunt?
Ubi jacent haec duo corpora?
Quis miserābilis est?
Quam ob rem Anthēros nunc dolet?

ob (prep. with acc.): *because of*
Anthēros -ī, m (Greek nominative)

In literature we read a lot about unhappy marriages. It is reassuring to read the grave inscriptions.

N23 Jūlius cum Trebiā bene vīxit multōsque per annōs;
conjugiō aeternō hīc quoque nunc remanet.

Quis cum Jūliō fēlīciter vīxit?
Quis cum Trebiā?
Quōcum Jūlius bene vīxit?
Quōcum Trebia?
Quis fīdus Trebiae est?
Cui Jūlius aeternō fīdus manet?
Cujus vir erat Jūlius?
Cujus uxor Trebia?
Quī in eōdem tumulō jacent?

conjugium -ī, n
aeternō (adv)

You may have heard of the tremendous public baths in the Roman world. The following inscription (on a gravestone!) will give you some idea of the importance which the institution of bathing had for the Romans.

N24 Balnea, vīna, Venus corrumpunt corpora nostra.
Sed vītam faciunt balnea, vīna, Venus.
D. M. Tiberiī Claudī Secundī: hīc sēcum habet omnia.

Quō auxiliō corrumpuntur corpora nostra?
Quid facit vītam?
Quid facit Venus?
Cui sacrum est hoc sepulchrum?
Quis in tumulō jacet?
Quid Tiberius habet in tumulō?

balnea -ōrum, n

We all know this type: the girl who is very, very popular and doesn't mind telling us all about it.

N25 Bella es (nōvimus) et puella (vērum est)
et dīves (quis enim potest negāre?).
Sed cum tē nimium, Fabulla, laudās,
nec dīves neque bella nec puella es.—Martial 1.64

Cui scrīptum est hoc carmen?
Quā condiciōne fit Fabulla foeda?
Quantum sē laudat Fabulla?
In quem scrīptī sunt hī versūs?

nōvī, nōvisse: *know*
nimius -a -um: *too much* (*nimium* is adverbial acc.)

N26 Caesar Defeats the Germanic King Ariovistus

Ita proelium restitūtum est atque
omnēs hostēs terga vertērunt, neque
prius fugere dēstitērunt quam ad
flūmen Rhēnum mīlia passuum ex eō
5 locō circiter quīnque pervēnērunt.
Ibi perpaucī aut vīribus confīsī
trānāre contendērunt aut lintribus
inventīs sibi salūtem repperērunt.
In hīs fuit Ariovistus, quī nāviculam
10 dēligātam ad rīpam nactus eā prō-
fūgit: reliquōs omnēs equitātū
cōnsecūtī nostrī interfēcērunt.
Duae fuērunt Ariovistī uxōrēs, ūna
Suēbā nātiōne, quam domō sēcum
15 dūxerat, altera Noricā, rēgis Voc-
ciōnis soror, quam in Galliā dūxerat,
ā frātre missam. Utraeque in eā
fugā periērunt; duae fīliae: hārum
altera occīsa, altera capta est.—
20 Caesar *B. G.* I.53 1-4

proelium -ī, n
prius . . . quam: *before* (in the position of quam)
dēsistō -ere -stitī -stitūrus
circiter: *about*
mīlle passūs
confīdō -fīdere -fīsus sum
contendō -ere -ī -tus: *stretch, hurry, fight*
reperiō -īre -perī -pertus: *find*
nancīscor -ī, nactus: *find*
uxor -ōris, f.: *wife*
reliquus -a -um: *remaining*
equitātus -ūs, m
occīdō -ere -ī -cīsum: interficiō: *to kill*
Note: Line 17, dūxerat: -erā- is the morpheme for the past perfective active tense; English: *had.* See Lesson Twenty-five.

Answer in Latin:

1. Proeliō ā Caesare restitūtō, quid accidit?
2. Quō factō, Germānī fūgērunt?
3. Ubi hostēs cōnstitērunt?
4. Quam longē Rhēnus ex eō locō abest?
5. Quibus rēbus perpaucī confīdunt?
6. Quī lintrēs repperērunt?
7. Quō auxiliō Ariovistus sibi salūtem invēnit?
8. Quid Rōmānī ēgērunt priusquam Germānōs occīdērunt?
9. Unde prīmam uxōrem Ariovistus dūxerat?
10. Quis alteram in Galliam mīserat?
11. Num Rōmānī utrāsque fīliās Ariōvistī cēpērunt?

NARRATIVE READINGS FOR LESSON 24

Grave inscription

N27 Hodiē mihi, crās tibi.

Quis loquitur?
Quid accidit[1] eī quī loquitur?
Quid accidet eī quī legit?
Quis crās perībit?

hodiē (adverbial): *today*
crās (adverbial): *tomorrow*
accidō-ere, accidī: *happen*

Grave inscription

N28 Fīlius hunc titulum dēbēbat pōnere mātrī.

Per quid hic fīlius mātrem fefellit?
Quis hīc jacet?
Quis tumulum posuit?
Quis tumulum pōnere dēbēbat?

titulus -ī, m

Grave inscription

N29 Lūcius haec conjūnx posuī tibi dōna merentī.
Hīc erit et nōbīs ūna aliquando domus.

Quis dōna bene meruit?
Quid erat dōnum quod Lūcius dedit?
Cujus uxor in tumulō jacet?
Cui Lūcius tumulum posuit?
Quis erat Lūcius?
Ubi Lūcius post jacēbit?

Lūcius -ī, m
mereō -ēre, meruī, meritus: *deserve* (A common expression on inscriptions in *Bene Merentī*, often abbreviated to B.M.)

aliquandō: (adv.) *sometime*

Grave inscription

N30 Sum quod eris.

Quis loquitur?
Quis perībit?

[1]See Lesson Thirty-two.

Grave inscription

N31 Sī quid praeteriēns titulō vīs dīcere nostrō,
sī bene sīve male dīcis, habēbis idem.

Sī viātor cinerī bene dīcit,
quālem fortūnam patiētur?
Sī male, quālem fortūnam?

praetereō, -īre
-ve (conj.): vel

A pilgrim proverb of the early Middle Ages; used by Byron in *Childe Harold's Pilgrimage* 4.145.

N32 Quam diū stābit Colysēus, stābit et Rōma;
quandō cadet Colysēus, cadet et Rōma;
quandō cadet Rōma, cadet et mundus.

Sī Colysēus manet, quid quoque manēbit?
Sī Colysēus perībit, quid idem fātum patiētur?
Quōcum perībit Rōma?

quam diū: *as long as*

To those who have shall be given.

N33 Semper pauper eris sī pauper es, Aemiliāne.[2]
Dantur opēs nūllīs nunc nisī dīvitibus.—Martial 5.81

Paraphrasis: Ō Aemiliāne, sī nunc carēs pecūniā, pecūniā semper carēbis. Hodiē nēmō pecūniam recipit nisī quī jam dīves est. Nam dīvitēs testāmentō pauperēs praetereunt. Quam ob rem? Quod pauperēs ipsīs nihil dare possunt.

Quā condiciōne erit Aemiliānus pauper?
Cui nunc pecūnia datur?
Cui dīvitēs rem suam relinquunt?
Quantam pecūniam pauper accipere solet?

testāmentum -ī, n: *will*

[2]See Lesson Twenty-nine for the vocative case.

Grave inscription

N34 Hīc jacet Helvidius fātīs extīnctus inīquīs,
ēgregius juvenis, causārum ōrātor honestus.

extinguō -ere -tīnxī -tinctus
ēgregius: *outstanding*
inīquus -a -um

Quō auxiliō periit Helvidius?
Cui fāta inīqua nocuērunt?
Cujus corpus in tumulō positum est?
Quālem juvenem tumulus continet?
Quō modō Helvidius causās agēbat?
Utrum paucōs an multōs annōs vīxerat?

The next selection will be a fable. Stories in which animals act and talk like human beings are common in many cultures. Most of the fables with which you are familiar have been attributed to Aesop, supposed to have been a Greek slave of the sixth century BC. The Latin versions which you will read were written by Phaedrus, a freedman of the emperor Augustus. These poems are not great literature but they have exercised an enormous effect, both direct and indirect, upon the literature of the Western world.

You will notice that fewer and fewer words are being explained. Eventually *no* words will be given you. It is expected that you can figure them out without turning to the dictionary. If you constantly look up new words you will never gain power in reading.

N35 Dē Vulpe et Ūvā

Famē coācta vulpēs altā in vīneā
ūvam appetēbat, summīs saliēns vīribus;
quam[1] tangere ut nōn potuit, discēdēns ait,
"Nōndum mātūra es; nōlō acerbam sūmere."
Quī facere quae nōn possunt verbīs ēlevant,
adscrībere hoc dēbēbunt exemplum sibi.—Phaedrus 4.3

[1]In narratives *quī, quae, quod* at the beginning of a sentence is often equivalent to *hic, haec, hoc*. This is called the "connecting relative."

Paraphrasis: Vulpēs ēsuriēns in hortō ūvam quaesīvit; omnibus vīribus igitur saliēbat. At frūctum capere nōn potuit. Propter hoc discessit. "Tū nōn es mātūra" inquit "et ego quidem ūvam immātūram edere nōlō." Haec fābula scrīpta est propter eōs quī contemnunt id quod habēre nōn possunt.

Quid vulpem in vīneam coēgit?
Cujus famēs magna fuit?
Ubi pendēbat ūva?
Quō modō vulpēs saliēbat?
Quid tangere volēbat?
Quid agēbat summīs vīribus?
Quid ait discēdēns?
Eratne rē vērā ūva amāra?
Quam ob rem vulpēs ait, "Tū es acerba?"
Quī hoc exemplum sibi attribuere dēbēbunt?

vīnea -ae, f: *vineyard*
ūva -ae, f: *bunch of grapes*
saliō -īre, saluī, saltus: *leap*
discēdō -ere -cessī
sūmō -ere
ēlevō (1): *make light of*
ēsuriō -īre: *be hungry*
ēlevō (1): *make light of*
ēsuriō -īre: *be hungry*

Grave inscription

N36 Eximiā speciē jacet hīc Prīscilla puella,
sex et vīgintī sēcum quae pertulit annōs.
Hanc frātrēs pietāte parī maestīque sorōrem
sēdibus Ēlysiīs[2] condiderunt tumulō.

Quem condidērunt frātrēs?
Quis in tumulō compositus est?
Quālī speciē erat haec puella?
Quot annōs vīxerat Prīscilla?
Cujus frātrēs tumulum fēcērunt?

eximius: praestāns
pār: *equal*
sēdēs -is, f: domus
Ēlysius: pertaining to Elysium, abode of the blessed in the afterworld
condiderunt: condidērunt

Grave inscription

N37 Heu! tumulō, Dōnāta, jacēs. Reddit tibi māter
fīlia quod mātrī reddere dēbuerās.
Vīta tibī brevis est. Annōs trēs nāta decemque
clāra jacēs formā nec minus ingeniō.

Quod sī qua ad Mānēs poterit dēscendere fāma,
magnus honōs campīs tē manet Ēlysiīs.
Tū fēlīx, miserī quī tē genuēre parentēs,
et longum vītae tē sine tempus habent.

[2]Sēdibus Ēlysiīs: *for her Elysian home* (with nonpersonal nouns the dative as an expansion shows purpose).

Cujus tumulus est?
Cui brevis vīta fuit?
Quantō tempore vīxit Dōnāta?
Quī dolent?
Quis est fēlīx?
Quam ob rem est Dōnāta fēlīx?
Quam ob rem sunt parentēs īnfēlīcēs?
Quibus rēbus erat Dōnāta clāra?

ingenium: *intellect*
quod sī: *but if*
qua: (adj.) *any*
honōs (nom. sg.): variant of *honor -ōris*
campus -ī, m: *field*
tē sine: sine tē

Post trēs saepe diēs piscis vīlēscit et hospes.

N38 Hospes erās nostrī semper Matho, Tīburtīnī.[3]
Hocc emis. Imposuī; rūs tibi vendo tuum.—Martial 4.79

Paraphrasis: Tū persaepe, Mathō, erās hospes in vīllā meā. Tū hanc nunc emis, sed ego tē decipiō: vendō tibi quod jam tuum erat per ūsum.

Quis hospes Martiālis fuerat?
Quid Mathō nunc emit?
Quam ob rem Mārtiālis Mathōnem fefellit?
Cui fuerat vīlla? Cui nunc est?

hocc: hoc
vendō -ere, vendidī, venditus: *sell*
rūs, rūris, n

N39 Nūper erat medicus; nunc est vespillo Diaulus:
Quod vespillo facit, fēcerat et medicus.—Martial 1.47

Paraphrasis: Diaulus paucīs ante diēbus fuit medicus; nunc est is quī corpora mortuōrum effert. Quid aliud solēbat agere medicus quam mortuōs in tumulō pōnere?

Quot aegrōs sānāverat Diaulus medicus?
Quot aegrōs sānāverat Diaulus vespillō?
Quālis medicus fuerat Diaulus?
Cui similis fuerat?

nūper (adverbial): *recently*
vespillō -ōnis, m: *undertaker*
efferō, efferre, extulī, ēlātus

The following epigram requires explanation about an aspect of Roman life which has no counterpart in our own, the relationship between *client* and *patron*. The patron protected his client, and in turn the client supported his patron. For the client to have rich and powerful protectors or for a patron to have numerous clients was both a social and a political advantage. When the client paid his ceremonial call in the early

[3]Ancient Tibur, modern Tivoli, was a beautiful spot about fifteen miles from Rome. The neuter adjective *Tīburtīnum* means *vīlla Tīburtīna*.

morning (an important part of the day's activities) he received food in a basket (*sportula*). Later in the Republic, an occasional dinner was substituted for this daily gift. Then the emperor Nero decreed that patrons should fulfill this obligation by a dole of money. Unhappily for people like Martial, the emperor Domitian restored the institution of the dinner, and Martial was obliged to accept an occasional meal in place of the money he would have preferred.

N40 Rōmam petēbat ēsurītor Tuccius
profectus ex Hispāniā.
Occurrit illī sportulārum fābula:
ā ponte rediit Mulviō.—Martial 3.14

Paraphrasis: Tuccius, quī semper ēsuriēbat, ex Hispāniā Rōmam profectus est quod famē in Hispāniā moriēbātur. Ad pontem Mulvium audīvit rumōrem dē sportulīs. Pontem (quī extrā urbem situs est) nōn trānsiit sed statim ad Hispāniam rediit.

Dē quō scrīpsit Mārtiālis?
In quem scrīpsit? An clientēs?
Quis sportulam dat? Quis accipit?
Temporibus Domitiānī erat sportula cēna an pecūnia?
Quid māvult Mārtiālis, nummōs an cibōs?
Quid erat patria Tucciī?
Ubi nātus erat Mārtiālis?
Cui occurrit fābula sportulārum?
Placetne eī haec fābula?

cliēns -ntis, m
patrōnus -ī, m
proficīscor -ī, profectus: *set out*
occurrō -ere, occurrī (with dative): *meet*
cēna -ae, f.
ēsurītor -tōris, m
Mulvius -a -um
situs: positus

However strange self-praise may appear to us, it was common among Roman poets. We assume therefore that it did not strike the Romans as being in poor taste.

N41 Hicc est quem legis, ille quem requīris,
tōtō nōtus in orbe Mārtiālis
argūtīs epigrammatōn libellīs:
cui, lēctor studiōse, quod dedistī
vīventī decus atque sentientī,
rārī post cinerēs habent poētae.—Martial 1.1

Paraphrasis: Poēta cujus librum nunc, lēctor, ēvolvis est ille Mārtiālis per tōtum orbem terrārum nōtus propter epigrammata venusta. Paucī poētae post mortem cōnsequuntur eam fāmam quam ipsī vīvō et audientī concessistī.

Quālis liber est, ut Mārtiālis dīcit?
Quam ob rem est Mārtiālis nōtus? Ubi? Ā quō?
Quot poētae tālem fāmam obtinent?
Quantam fāmam cōnsecūtus est Mārtiālis?

argūtus: *witty*
epigrammatōn is Greek genitive plural
ēvolvō -ere: *unroll*
cōnsequor: *achieve*
venustus -a -um: *charming*

Again the theme of suspicious demise. But a real twist on this one!

N42 Fūnera post septem nūpsit tibi Galla virōrum,
Pīcentīne. Sequī vult, puto, Galla virōs.—Martial 9.78

Paraphrasis: Ō Pīcentīne, Galla, postquam septem marītōs venēnō sustulit, tibi nūpsit. Sed stulta est: nam tē venēnō nōn interficiet ut aliōs, sed ipsa eōdem modō moriētur.

Quot virīs Galla nūpserat?
Cui nunc nūpsit?
Quid Galla vult?
Quandō Pīcentīnus Gallam in mātrimōnium dūxit?

interficiō -ere -fēcī -fectus: necō

Martial gives his opinion of a dinner given by Fabullus.

N43 Unguentum, fateor, bonum dedistī
convīvīs here, sed nihil scīdistī.
Rēs salsa est bene olēre et ēsurīre.
Quī nōn cēnat et unguitur, Fabulle,
hic vērē mihi mortuus vidētur.—Martial 3.12

Paraphrasis: Herī, Fabulle, bonum unguentum hospitibus dedistī, (quis enim potest negāre?) sed carnem nōn distribuēbās. Rēs rīdicula est bene olēre et ēsurīre. Ō Fabulle, quid est cui damus unguentum, nōn cibum? Nōnne corpus dēfūnctum?

Quandō erat cēna Fabullī?
Quid dōnat? Quid nōn dōnat?
Cui similis est quī unguitur atque ēsurit?
Quantum cibī accēpēre convīvae?
Erantne cibō satiātī?

here (variant, *herī*): *yesterday*
scindō -ere, scīdī, scissus: *cut, carve, serve up*
salsus: salis gustum habēns; aut jūcundus.
fateor -ērī, fassus
carō, carnis, f: *meat*
unguō -ere
unguentum -ī, n

N44 Caesar wipes out one of the four Helvetian cantons.

De tertiā vigīliā cum legiōnibus tribus ē castrīs profectus ad eam partem Helvētiōrum pervēnit, quae nōndum flūmen transierat. Eōs impedītōs et inopīnantēs aggressus magnam partem eōrum concīdit: reliquī sēsē fugae mandārunt atque in proximās silvās abdidērunt. Is pagus appellātur Tigurīnus: nam omnis cīvitās Helvētia in quattuor pagōs dīvīsa est. Hic pagus ūnus, patrum nostrōrum

nōndum: *not yet*
impedītus -a -um
aggredior -ī, aggressus: *attack*
concīdit: occīdit
mandō (1)
abdō -ere -idī -itus: *hide*
pagus -ī, m

memoriā, L. Cassium cōnsulem interfēcerat et ejus exercitum sub jugum mīserat. Ita sīve cāsū sīve cōnsiliō deōrum immortālium, quae pars cīvitātis Helvētiae īnsīgnem calāmitātem populō Rōmānō intulerat, ea prīnceps poenās persolvit. Quā in rē Caesar nōn sōlum pūblicās sed etiam prīvātās injūriās ultus est, quod ejus soceri L. Pīsōnis avum, L. Pīsōnem lēgātum, Tigūrīnī eōdem proeliō quō Cassium interfēcerant.—Caesar B.G. I, 12

cōnsul -is, m: *consul, chief magistrate in Rome*
cāsus -ūs, m: fors
sīve...sīve: *whether...or*
cīvitās -ātis, f: *state, country*
īnsīgnis -e: *outstanding*
ulcīscor -ī, ultus: *avenge*

N45 Lupus et Agnus

Ad rīvum eundem lupus et agnus vēnerant
sitī compulsī. Superior stābat lupus,
longēque īnferior agnus. Tunc fauce improbā
latrō incitātus jūrgiī causam intulit.
"Cūr" inquit "turbulentam fēcistī mihi
aquam bibentī?" Lāniger contrā timēns:
"Quī possum, quaesō, facere quod quereris, lupe?
Ā tē dēcurrit ad meōs haustūs liquor."
Repulsus ille vēritātis vīribus:
"Ante hōs sex mēnsēs male," ait, "dīxistī mihi."
Respondit agnus: "Equidem nātus nōn eram."
"Pater herclē tuus" ille inquit "maledīxit mihi."
Atque ita correptum[1] lacerat injūstā nece.
Haec propter illōs scrīpta est hominēs fābula
quī fictīs causīs innocentēs opprimunt.—Phaedrus 1.1

Paraphrasis: Ad idem flūmen vēnerant et lupus et agnus quod aquam bibere cupīvērunt. Suprā stābat lupus, agnus īnfrā. Tum lupus, quod agnum edere volēbat, lītem cum īnfēlīcī generābat et ait, "Quā rē tū aquam meam cōnfūdistī?" Agnus timōre commōtus respondit: "Quō modō facere possum id quod tū expostulās? Flūmen ā tē ad mē dēfluit; ergō ego aquam tibi turbulentam facere nōn possum." Vēritāte ipsā lupus quidem victus aliam causam lītis invēnit: "Ante sex mēnsēs tū mihi maledīxistī." Timidus agnus: "Ego quidem" inquit "ante sex mēnsēs nōn nātus eram." Nōn dēstitit lupus: "Erat certē pater tuus quī mihi maledīxit." Hōc dictō, agnum īnfēlīcem injūstē necāvit. Haec fābula est scrīpta propter illōs quī falsīs causīs innocentēs laedunt.

Quō vēnērunt agnus et lupus?
Quid eōs compulerat?
Quis cum lupō ad flūmen vēnit?
Quis cum agnō ad flūmen vēnit?
Ubi stābāt agnus? Ubi lupus?
Quantō īnferior stābat agnus?
Quō currēbat flūmen?

faux, faucis, f: *jaws; hunger*
jūrgium: līs
inquam (defective verb): *say*
lāniger -era -erum: *woolly*
quī (adverbial): quō modō

[1]A typical Latin use of subordination. Where English would use two parallel verbs, "He seized the lamb and tore him to pieces," Latin says *Correptum lacerat*.

Unde fluēbat?
Quod animal dīcitur *latrō*?
Quod animal dīcitur *lāniger*?
Cujus mēns innocēns erat?
Cujus nocēns?
Nocuitne agnus lupō?
Nocuitne agnō lupus?
Ut lupus dīxit, cui maledīxerat agnus?
Ut lupus dīxit, sī nōn agnus ipse, quis eī maledīxerat?
Quem corripuit lupus?
Quō auxiliō agnus lacerātus est?
Ā quō lacerātus est?
Cūr haec fābula scrīpta erat?

queror, querī, questus: *complain*
haustus -ūs, m: *drinking*
equidem (intensifier)
herclē (mild interjection)
nex, necis, f: *slaughter*
expostulō (1): queror
dēsisto -ere -stitī
fingo -ere, fīnxī, fictus
tunc (adverbial): *then*
opprimō -ere, oppressī, oppressus
ita (adverbial): sīc

The second line of this grave inscription is an adaptation of line 653 of Book Four of the *Aeneid* in which Dido, abandoned by Aeneas and about to kill herself, says "Vīxī, et quem dederat cursum Fortūna perēgī."

N46 Hīc sum positus quī semper sine crīmine vīxī,
et quem mī dederat cursum Fortūna perēgī.
Cujus ossa et cinerēs hic lapis intus habet.

Ubi est positus quī sine crīmine vīxit?
Quid sub lapide jacet?
Quālem vītam vīxerat dēfūnctus?
Cujus ossa in tumulō sunt?

Grave inscription

N47 Hīc Clytius cārus cūnctīs jūstusque piusque
est situs et subitō tempore raptus abit.[2]
Quem flet āmissum aeternō tempore conjūnx.

Quī Clytium dīlēxerant?
Quis Clytium flet?
Quis āmissus est?
Quantō tempore uxor dolet?
Ubi jacet Clytius?
Quis sine dubiō tumulum fēcit?
Quās virtūtēs habēbat dēfūnctus?

cūnctus: omnis
pius: this word has no English equivalent; it is used to describe a person who was the ideal Roman in fulfilling his duty to the gods, to his family, and to his country.
situs: positus

[2]*Abit* is a common variant for the present perfective (#5) *abiit*, "He went away (i.e., died)."

Grave inscription

Notice the changes which occur when *Clōdia* replaces *Clytius* as subject. The inscription has *quem* in the third line where we would expect *quam*; did the stonecutter forget that he was describing a woman?

N48 Hīc Clōdia cāra cūnctīs jūstīsque piīsque
est sita et subitō tempore rapta abiit.
Quem flet āmissam aeternō tempore conjūnx.

Ubi jacet Clōdia?

Grave inscription

N49 Condita sum Nīcē, quae jam dulcissima patrī
dūcēns aetātis tenera quattuor annōs
abrepta ā superīs flentēs jam līquī parentēs.

Quis in tumulō condita est?
Quam diū vīxerat Nīcē?
Ā quibus abrepta Nīcē est?
Ā quō lapis positus est?
Quī Nīcēn abripuērunt?
Quis Nīcēn flet?
Quis loquitur?
Quālī aetāte fuit puella?
Ā quō Nīcē dīlēcta est?

Nīcē, acc Nīcēn: Greek name
tener -era -erum: mollis
linquō -ere, līquī, lictus (more commonly *relinquō*)
condō -ere, condidī, conditus: *put away permanently*, used with many different objects.

Grave inscription

N50 Sī quis forte legit titulum nōmenve requīrit,
Dorchadis inveniet ossa sepulta locō.
Dum vīxī, fuī cāra virō, nunc mortua quaeror;
Sat fēlīx videor, sī modo fāma manet.
Conjūnx Thymelicus conjugī fēcit suae.

Cui Dorchās cāra fuit?
Quem amat Thymelicus?
Quō nunc caret Thymelicus?
Cujus conjūnx erat Thymelicus?
Cujus conjūnx erat Dorchās?
Uter conjūnx uxor fuit? Uter vir?

fors (defective noun, having only nom and the abl. *forte*): sors, fortūna
Dorchās, Dorchadis, f

Grave inscription

N51 Virginis hīc cinerēs sunt prīmā aetāte sepultae
praestantis nātīs omnibus[3] in speciē;
et dolor īnsēdit cūnctīs commūnis amīcīs,
cum lūcem tenebrīs pressit acerba diēs.

[3] "Every living person."

Quis in tumulō jacet?
Quibus haec virgō praestat?
Quī propter virginem āmissam dolent?
Quandō omnēs maestī flēbant?

praestō (1) (with dative): *excel*
īnsedeō -ēre -sēdī -sessus (with dative): *sit upon, settle upon*

Grave inscription

N52 Fabiae Fūscīnillae clārissimae et omnium virtūtum fēcundissimae fēminae Clōdius Celsīnus marītus.

Nōndum complētīs vīgintī annīs
ā nātīs trīnīs et virō ēripior,
nōmine Fūscīnilla, Petēlīnā domō orta,
Celsīnō nūpta ūnivira ūnanimis.

Quem Celsīnus in mātrimōnium dūxerat?
Cui Fūscinilla nūpserat?
Cujus vir erat Clōdius?
Cujus uxor Fabia?
Quō modō cum virō vīvēbat dēfūncta?
Quot nātōs genuit Fabia?
Quot virīs nūpserat?
Eratne haec uxor fidēlis?

ūnivira -ae, f: *woman who has had only one husband*
ūnanimis -e: *harmonious*
marītus -ī, m: vir, conjūnx
orior, orīrī, ortus: *rise, be born*
fēcundus -a -um (with genitive)
compleō -ēre -ēvī -ētus

Grave inscription

N53 Fīliolam āmīsit pater, heu! māterque secūta est ipsa. Hujus nōmen Salviolae[4] fuerat.

Quis āmissa est?
Quis dolet?
Quōcum fīliola obiit?
Quōrum corpora in tumulō jacent?

fīliola: fīlia parva vel cāra
heu (interj.): *alas!*

The activity of reading inscriptions from the original stones is called *epigraphy*. Inscriptions are seldom found in perfect condition. With a thorough knowledge of the language, an epigraphist makes his reconstructions. Further discoveries may sometimes substantiate or contradict these reconstructions. Here is one for you to play with. The

[4]In A = B naming expressions we find not only *Hujus nōmen Salviola est* (*nōmen* and *Salviola* both in the nominative) but also *Hujus nōmen Salviolae fuerat* (*Salviolae* in genitive like *hujus*). The same thing is found in the dative: both *Mihi nōmen est Mārcus* and *Mihi nōmen est Mārcō* mean "My name is Marcus."

dots represent the exact number of missing letters in the inscription. Space between words is not indicated, nor are periods or commas. Can you reconstruct the inscription?

N54 Sī quis forte leget titulum nōme . . . .
Nardinis inveniēs ossa sepulta lo . .
. . . . cāra virō, nunc mortua quaeror.
Sa . . . . manet.

Grave inscription

N55 Implē'stī pia vōta; perāctō tempore vītae
fēlīx Ēlysiīs meritō levis umbra morāris.
Restituent nōmenque tuum fāmamque nepōtēs.

Quis loquitur, quī in tumulō jacet an quī tumulum posuit?
Quis est levis umbra?
Ā quibus nōmen et fāma ejus restituētur?
Quō modō dēfūncta in Ēlysiīs morātur?
Ubi anima ejus nunc habitat?

moror (1): *delay, linger* (maneō)
nepos -ōtis, m: *grandson; descendant*
vōtum -ī, n: *promise, vow*

Getting drunk is all right, says Martial; sobering up causes trouble.

N56 Omnia prōmittis, cum tōtā nocte bibistī.
Māne nihil praestās. Pollio, māne bibe.—Martial 12.12

Paraphrasis: Mihi cūncta pollicēris, Polliō, cum nōs tōtam noctem pōtāvimus. Māne autem mihi nihil dās. Ergō, Polliō, māne pōtā; hōc modō excipiam ex tē quod prōmīsistī.

Quōcum Mārtiālis bibit?
Quam diū bibērunt Mārtiālis et Polliō?
Quid Polliō prōmittit? Cui?
Quantum Polliō dat?
Quid māne dat? Cui?
Quid ergō vult Mārtiālis?

māne (adv.): *in the morning*
praestō (1): *fulfill an obligation*
cūnctus -a -um
Polliō -ōnis, m
bibe: imperative; see Lesson Twenty-nine
pōtō (1); potā: imperative
polliceor -ērī, pollicitus: *promise*

When Martial pays a compliment, there is usually a catch in it.

N57 Nūbere vīs Prīscō. Nōn mīror, Paula; sapī'stī.
Dūcere tē nōn vult Prīscus; et ille sapit.—Martial 9.10

Paraphrasis: Ō Paula, tū Prīscō, juvenī nōbilī et dīvitī, nūbere vīs. Callida es, ō Paula. Iste Prīscus tē in mātrimōnium dūcere nōn vult. Is est nōn minus callidus.

In quem Mārtiālis hoc carmen scrīpsit?
Eratne Paula pulchra?
Quem Prīscus dūcere nōn vult?
Cūr Prīscus sapit? Cūr Paula?

callidus: multā rērum experientiā doctus

Imitators of Martial are common. Here is one.

N58 Ūxōrem nōn vīs Pollam, nec Polla marītum tē vult.
Bunne, sapis, nec minus illa sapit. —John Parkhurst[5]

Quis quem vult?
Quis quem nōn vult?
Quam ob rem Bunnus sapit?
Quam ob rem Paula sapit?

N59 Lōtus nōbīscum est, hilaris cēnāvit, et īdem
inventus māne est mortuus Andragorās.
Tam subitae mortis causam, Faustīne, requīris?
In somnīs medicum vīderat Hermocratēn.—Martial 6.53

Paraphrasis: Infēlīx Andragorās laetus nōbīscum in balneīs fuit et post nōbīscum cēnāvit. Nūllō modō aeger fuit, sed māne repertus est dēfūnctus. Ō Faustīne, rogās causam tam repentīnī interitūs? Illī in somnīs appāruit medicus Hermocratēs.

Quandō obiit Andragorās?
Quandō inventus est?
Periit per morbum? Per vim?
Per venēnum?
Quam ob rem mortuus est?
Quālis medicus erat Hermocratēs?
Ubi lōtus est Andragorās?
Ubi cēnāvit?
Quid quaerit Faustīnus?
Ad quem carmen scrīptum est?
Quālem mortem obiit Andragorās?
Ubi vīderat Andragorās Hermocratēn?

lavō -āre, lāvī, lōtus
cēnō (1): *dine*
Andragōrās -ae, m: Greek name
Hermocratēs -is, m: Greek name (Hermocratēn, acc. sg.)
appāreō -ēre -uī
repentīnus: subitus
interitus -ūs, m: mors, obitus

[5]John Parkhurst, Bishop of Norwich, 1512-75.

NARRATIVE READINGS FOR LESSON 27

Here's vivid imagery!

N60 Dīcis amōre tuī bellās ardēre puellās,
  quī faciem sub aquā, Sexte, natantis habēs. —Martial 2.87

Paraphrasis: Dīcis puellās pulchrās tē ad īnsāniam amāre. Crēdere hoc difficile est: nam tū habēs tālem vultum quālem sub aquā natāns, id est, pallidum et turgidum.

Cui scrīptī sunt hī versūs?
Estne Sextus pulcher an foedus?
Quid dīxit Sextus?
Quid dīcit poēta noster?

ardeō-ēre, arsī
natō (1)

Martial was a master of the sly dig. Here is one on the same line as the old chestnut; "Someone said you weren't fit to eat with a pig. But I stuck up for you; I claimed you were."

N61 Mentītur quī tē vitiōsum, Zōile, dīcit.
  Nōn vitiōsus homō es, Zōile, sed vitium.—Martial 11.92

Paraphrasis: Mendax est, Ō Zōile, quī tē corruptum esse dīcit. Tū nōn es corruptus; tū es corruptiō ipsa!

Quālis homō dīcitur Zōilus?
Quid est Zōilus, sī homō vitiōsus nōn est?
Mārtiālis Zōilum excūsāre vidētur; quid rē vērā dīcit?
Quid dīcit, quī mendāx est?

N62 Scrībere mē quereris, Vēlōx, epigrammata longa.
  Ipse nihil scrībis: tū breviōra facis.—Martial 1.110

Paraphrasis: Ō Vēlōx, expostulās ā mē compōnī epigrammata longa. Tū nihil compōnis: carmina mea igitur tibi longiōra videntur.

Quid queritur Vēlōx?
Cujus epigrammata longa sunt?
Quam ob rem carmina Vēlōcis breviōra sunt?
Quot carmina composuit Vēlōx, ut Mārtiālis dīcit?

I don't care what *he* says.

N63 Versiculōs in mē nārrātur scrībere Cinna.
Nōn scrībit, cujus carmina nēmō legit.—Martial 3.9

Paraphrasis: Cinna dīcitur adversus mē carmina scrībere. At quō modō scrībere dīcitur, sī nēmō legit?

In quem scrībere dīcitur Cinna?
Quid scrībere dīcitur?
Cūr carmina nōn scrībit Cinna?

adversus (prep. with acc.)
at (conj.): *but*

N64 Early history and institutions of Rome. The early excellence and gradual deterioration of the primitive Romans.

Urbem Rōmam, sīcutī ego accēpī, condidēre atque habuēre initiō Troiānī, quī Aenēā duce profugī sēdibus incertīs vagābantur, cumque eīs Aborīginēs, genus hominum agreste, sine lēgibus, sine imperiō, līberum atque solūtum. Hī postquam in ūna moenia convēnēre, disparī genere dissimilī linguā, aliī aliō mōre vīventēs, brevī multitūdō dispersa atque vaga concordiā cīvitās facta erat. Sed postquam rēs eōrum cīvibus, mōribus, agrīs aucta, satis prospera satisque pollēns vidēbātur, invidia ex opulentiā orta est. Igitur rēgēs populīque fīnitimī bellō temptāre, paucī ex amīcīs auxiliō esse: nam cēterī metū perculsī ā perīculīs aberant. At Rōmānī domī mīlitiaeque intentī festināre, parāre, alius alium hortārī, hostibus obviam īre, lībertātem patriam parentīsque armīs tegere. Imperium lēgitimum, nōmen imperī rēgium habēbant. Dēlēctī, quibus corpus annīs īnfirmum, ingenium sapientiā validum erat, reī pūblicae cōnsultābant: eī vel aetāte vel cūrae similitūdine patrēs appellābantur. Post ubi rēgium imperium, in superbiam dominātiōnemque sē convertit, immūtātō mōre annua imperia bīnōsque imperātōrēs sibi fēcēre: eō modō minimē posse putābant per licentiam īnsolēscere animum hūmānum.

Sallust, *Cat.* VI

Notes:		
	line 1	accēpī: audīvī
	line 7	rēs: cīvitās
	line 10	auxiliō: See N16, Note 2, page 332
	line 11	domī mīlitiaeque (locative): in pāce et in bellō

A. Which infinitives are historical infinitives?

B. Latin Questions:

1. Ā quibus urbs Rōma condita est?
2. Quis erat dux Trioānōrum?
3. Quid Sallustius dē Aborīginibus dīcit?
4. Quō modō hī populī conjunctī vīvunt?
5. Quō auxiliō cīvitās facta est?
6. Unde concordia periit?
7. Quid fīnitimī agēbant?
8. Quot Rōmānīs auxilium ferēbant?
9. Ubi Rōmānī intentī erant?
10. Quid agentēs Rōmānī fīnitimōs superābant?
11. Quī initiō imperium habēbant?
12. Quō auxiliō regēbātur?
13. Quī patrēs appellābantur?
14. Cūr senātōrēs patribus similēs sunt?
15. Quandō prīmum cōnsulēs ā Rōmānīs ēlēctī sunt?
16. Quid Rōmānī putābant?

sīcutī: sīc ut
profugus -ī, m: *fugitive*
vagor (1)
agrestis -e
moenia -ium, n pl: urbs
dispār (adj; genitive disparis): *unequal*
dispergō -ere -spersī -spersus
vagus -a -um
augeō -ere, auxī, auctus: *increase*
pollēns: valida, potēns
perculsus -a -um: permōtus
festīnō (1): *hasten, be active*
hortor (1): *urge on, encourage*
obviam (adv)
tegō -ere, tēxī, tectus: *protect*
rēgius -a -um
dēligō -ere -lēgī -lēctus: *choose*
ingenium -ī, n: animus
superbia -ae, f: *pride, arrogance*
immūtō (1): mūtō
bīnī -ae -a: *two at a time*
īnsolēscō -ere: *become insolent*
putō (1): *believe, consider, think*

N65 Numquam sē cēnā'sse domī Philo jūrat, et hocc est:
nōn cēnat, quotiēns nēmo vocāvit eum.—Martial 5.47

Paraphrasis: Philō "Numquam domī cēnō" inquit, et hoc vērum est; nam nōn cēnat sī nōn invītātus est, quod nōn habet domī unde cēnet.

Quid Philō negat?
Quid faciet sī nōn invītātus erit?
Dē quō scrīptum est carmen?
Quantum cibī habet domī Philō?

domī (locative): *at home*
cēnet: present subjunctive; see Lesson Thirty-five; unde cēnet = quō cēnet

N66 Jactat inaequālem Matho mē fēcisse libellum.
Sī vērum est, laudat carmina nostra Mathō.
Aequālēs scrībit librōs Calvīnus et Umber:
aequālis liber est, Crētice, quī malus est.—Martial 7.90

Paraphrasis: Mathō praedicat mē librum inaequālem scrīpsisse. Hoc, sī vērum est, commendātiō carminum meōrum. Calvīnus et Umber scrībunt versūs aequālēs; nam sunt omnēs malī versūs.

Quid dīxit Mathō?
Ut Mathō dīxit, erantne omnia carmina mala?
Quis scrībit librum aequālem?
Cui scrīptum est hoc carmen?
An laudat Mathō carmina Mārtiālis?
Cujus librī rē vērā aequālēs sunt?

jactō (1): saepe jaciō; accūsō
Calvīnus et Umber: poetae quōrum nōmina omnīnō īgnōta sunt. Solet Mārtiālis autem vīventēs persōnās nōn nōmināre nisī cum laude. Ergō suspicāmur multa nōmina, ut Chloēn, esse ficta.

Grave inscription

N67 Vīvite fēlīcēs, quibus est data longior aetās;
nam fātum nōbīs omnibus īnstat idem.

Quibus est longior aetās data?
Quid fēlīcibus datum est?
Cui fātum īnstat?
Quī mox morientur?

Grave inscription

N68 Temperā jam, genitor, lacrimīs, tūque, optima māter,
dēsine jam flēre. Poenam nōn sentio mortis.
Poena fuit vīta; requiēs mihi morte parāta est.

Quis flēre nōn dēbet?
Quid tū nōn sentīs?
Quid mors tibi parāvit?
Quid est perīre nisī est poena?

temperō (1) (with abl.) *refrain from*
dēsinō -ere, dēsiī (with infinitive): *desist from, stop*

Grave inscription

N69 Vīvite fēlīcēs, quibus est fortūna beāta.

Quālibus hominibus dictum est?
Quālēs sunt eī quī vīvunt?
Utrum fēlīx an īnfēlīx est quī loquitur?
Quō modō vīvere dēbēmus?

Grave inscription

N70 Discite: dum vīvō, mors inimīca venit.

Quis loquitur?
Quibus loquitur?
Quī discere dēbent?

Grave inscription
N71 Tū quī lēgistī nōmina nostra, valē.[1]

Quis valēre dēbet?
Quid tū lēgistī?

Grave inscription
N72 Invēnī portum. Spēs et Fortūna, valēte!
Sat mē lūsistis; lūdite nunc aliōs.

Quid defunctus invēnit?
Quibus mortuus loquitur?
Quem Spēs et Fortūna lūsēre?
Quem illae lūdere dēbent?

portus -ūs, m: *harbor*

Grave inscription
N73 Dīs Mānibus Gargiliae Honōrātae Salditānae.
Vīxit ter dēnōs annōs sine crīmine ūllō.
Vīvite mortālēs, moneō: mors omnibus īnstat.
Discite quī legitis.

Quis perierat?
Quam diū vīxit Honōrāta?
Quālem vītam vīxit ea?
Quōs mors sequitur?

Grave inscription
N74 Dīs Mānibus Successī Prīmigenia soror fēcit frātrī bene merentī et piissimō.
Iter septem annīs ego jam fātāle perēgī:
nunc rapior tenebrīs et tegit ossa lapis.
Dēsine, soror, mē jam flēre sepulchrō:
Hocc[2] etiam multīs rēgibus hōra tulit.

Cui soror tumulum posuit?
Cujus mānibus posuit?
Quam diū vīxerat Successus?
Quis loquitur?
Quō auxiliō sunt tēcta ossa Successī?
Quid soror agere dēbet?
Quī aliī obiērunt?
Quis bene meruit?

[1]The imperative of *valeō* is a common expression of farewell.

[2]The neuter *hoc* (and the masculine *hic*) is pronounced with a long *c* when the next word begins with a vowel. We have therefore written it long (i.e., double) although it is not usually so spelled.

Grave inscription

N75 Flōrentēs annōs subitō nox abstulit ātra.
Vīvite fēlīcēs, moneō; mors omnibus īnstat.

Quō auxiliō flōrentēs annī ablātī sunt?
Cujus colōris est nox?
Quid flōrēbat?

āter, ātra, ātrum: *black, gloomy*
auferō, auferre, abstulī, ablātus

Grave inscription

N76 Evāsī, ēffūgī. Spēs et Fortūna, valēte!
Nīl mihi vōbīscum est: lūdificāte aliōs.

Quem Fortūna et Spēs lūdere dēbent?
Quid is, quī in tumulō jacet, ēgit?
Quid eī cum Fortūnā et Spē?

ēvādō -ere, ēvāsī, *escape*
lūdificō (1)

Grave inscription

N77 Aspice, quam subitō marcet quod flōruit ante!
Aspice, quam subitō quod stetit ante cadit!
Nāscentēs morimur fīnisque ab orīgine pendet.

Quid est quod subitō marcet?
Quid est quod subitō cadit?
Quālī tempore marcet quod ante flōruit?
Quālī tempore cadit id quod ante stetit?
Unde pendet fīnis?
Quandō nōs morī incipimus?
Cui similis est homō?

marceō -ēre: *wither*

Grave inscription

N78 Dēsine jam, māter, lacrimīs renovāre querēlās,
namque dolor tālis nōn tibi contigit ūnī.

Dēbetne māter querī?
Eratne māter sōla quae fīlium āmīserat?
Quid saepe rēgēs patiuntur?
Quid rēgibus saepe accidit?
Quis injūstē dolet?
Cui dēfūnctus haec verba dīcit?

querēla: *complaint*
contingō -ere -tigī -tāctus: *touch, seize; happen* (usually of good things, while *accidere* usually of bad things)

Grave inscription

N79 Hīc sita sum, quae frūgiferās cum conjuge terrās
hās coluī semper nostrō dīlēcta marītō.
Myrsina mī nōmen fuerat. Quīnquennia quīnque
vīxī et quem dederat cursum Fortūna perēgī.
Cāre marīte mihi et dulcissima nāta, valēte,
et memorēs nostrīs semper date jūsta sepulchrīs.

Quid agere dēbent vir et fīlia?
Quot nātōs genuit fēmina mortua?
Cui erat vir cārus?
Quot annōs mulier vīxerat?
Quōcum Myrsina agrōs coluerat?
Quibus vir fīliaque Myrsinae jūsta dare dēbent?

frūgiferus -a -um: *fruitful*
quīnquennium: *period of five years*
memor: *mindful*

Martial's lawyer didn't keep to the point as much as Martial might have wished.

N80 Nōn dē vī neque caede nec venēnō,
sed līs est mihi dē tribus capellīs:
vīcīnī queror hās abesse fūrtō.
Hoc jūdex sibi postulat probārī.
Tū Cannās Mithridāticumque bellum
et perjūria Pūnicī furōris
et Sullās Mariōsque Mūciōsque
magnā vōce sonās manūque tōtā.
Jam dīc, Postume, dē tribus capellīs.—Martial 6.19

Paraphrasis: Lītigō cum vīcīnō nōn dē rēbus gravibus sed dē tribus hircīs parvīs quōs dīcō hunc abstulisse. Jūdex probātiōnem hujus fūrtī petit. Tū, Postume, meam causam agis. Magnā vōce et summīs vīribus clāmās rēs gestās Rōmānōrum: bella externa ac cīvīlia, et magnōs virōs Rōmae. Quandō ad fīnem hārum rērum pervēneris, dīc Postume, dē damnō meōrum caprōrum.

Dē quibus erat līs?
Dē quibus dīxit Postumus?
Quō auxiliō Postumus causam ēgit?
Apud quem est causa ācta?
Quis capellās Mārtiālis rapuerat?
Quid Mārtiālis questus est?
Quis Rōmānōs Cannīs vīcit?
Ubi Rōmānī ab Hannibale victī sunt?
Ubi sita est Carthāgō?
Quālem fidem Carthāginiēnsibus esse dīxērunt Rōmānī?

caedēs -is, f: *murder*
capella -ae, f: *goat*
Cannae: vīcus Apūliae ubi caesus est exercitus Rōmānus ab Hannibale
Mithridātēs: rēx Pontī, rēgnī Asiae Minōris, contrā quem bella gessērunt multī imperātōrēs Rōmānī, inter quōs Lucullus, Sulla, et Pompejus
perjūria Pūnicī furōris:

Quem dīxit Mārtiālis suās caprās rapuisse?
Cujus operā in līte Mārtiālis ūsus est?
Quis erat vir clārus quī prō patriā manum suam āmīserat?
Cūr Postumus poētae nostrō nōn placuit?

Rōmānī tria bella contrā Carthāginiēnsēs vel Pūnicōs gessērunt, quī semper malā fidē pūgnābant. Apud Rōmānōs *fidēs Pūnica* in prōverbium vēnit.

Inter Sullam et Marium ortum est bellum cīvīle quod Ītaliam vāstāvit.

Mūcius Scaevola in bellō contrā Porsenam, rēgem Etrūriae, captus est. Quī ut fortitūdinem Rōmānam ostenderet[3] manum suam in ignem mīsit; quō factō glōriam immortālem cōnsecūtus est.

sonō (1)

Grave inscription

N81 Tarquiniae Modestae, quae vīxit annōs quīndecim, mēnsēs sex, diēs sex, Modestus et Lāscīva parentēs et Lūcentius marītus cum quō vīxit mēnsēs sex, diēs septem.

Nam fuit eximiā speciē mīrōque decōre;
mēns inerat vērē corpore dīgna suō.
Vāde, valē, dulcis.

Cujus uxor fuit Modesta?
Cujus vir fuit Modestus?
Cujus fīlia fuit Modesta?
Quam diū vīxerat?
Quam diū vīxerat quandō Lūcentiō nūpsit?
Quāle ingenium possidēbat?
Quālis speciēs eī fuit?

mīrus: mīrandus, mīrābilis
īnsum -esse -fuī
vādō -ere, vāsī: *go*

It might be of interest for you to see how inscriptions look in the source book from which we took them, Buecheler's *Carmina Latina Epigraphica*. Here is a copy of the inscription you have just worked on, plus the explanatory material which accompanies it.

[3]See Lesson Thirty-two on *ut* plus subjunctive.

1303

nam fuit eximia specie | miroque decore,
mens | inerat uere corpo | re digna suo. |
bade, uale dulcis.

CIL.IX 1983 ex Iucundo et antiquis, periit. AL. Burmanni IV 35, Meyeri 1200 Beneuenti. praescriptum *Tarquiniae Modeste q(uae) u(ixit) a.XV m. VI d. VI Modestus et Lasciua paren(tes) et Lucentius mar(itus) c(um) q(uo) u(ixit) m. VI d. VII*

Then follow notes in Latin explaining certain points in the reading, recording the suggestions of other editors, making cross references to other inscriptions, etc.

The following points need comment. Vertical lines show the division into lines in the original inscription. This editor uses capital letters only for proper names; he also uses *i* for *j* (Iucundus for Jucundus) and *u* for *v* (*uixit* for *vixit*). As in the majority of texts intended for advanced students, the length of vowels is not marked. The material in parentheses fills out abbreviations which might not otherwise be easily understood. CIL stands for *Corpus Inscriptionum Latinarum*, the great collection of Latin inscriptions. Burmann and Meyer brought out collections of inscriptions previously. This inscription is now usually referred to either as CIL IX 1983 or as Buecheler 1303. Towns of the first and second declension have a special form to show place where: *Beneventī* means "at Beneventum." Jucundus was the man who first published the inscription; since then the original inscription has disappeared. What tells you this?

(Courtesy of the Francis W. Kelsey Museum of Archaeology, University of Michigan)

Cicero urges Catiline to leave Rome with his followers.

N82 Catilīna, perge, quō coepistī. Ēgredere aliquandō ex urbe: patent portae, proficīscere. Nimium diū tē imperātōrem tua illa Mānliāna castra dēsīderant. Ēduc tēcum etiam omnēs tuōs; sī minus, quam plūrimōs; pūrgā urbem. Magnō mē metū līberābis, dum modo (*if only*) inter mē atque tē mūrus intersit (*is between*, see Lesson 33). Nōbīscum versārī jam diūtius nōn potes; nōn feram, nōn patiar, nōn sinam.—Cicero in Catilīnam

perge: discēde
ēgredior -ī, ēgressus: excēdō
aliquandō (adv): aliquō tempore
diū: *a long time*
versor -ārī -ātus: manēre
diūtius: comparative of diū
sinō -ere, sī(v)ī: permittō

1. Quō Catilīna proficīscī dēbet?
2. Unde proficīscī dēbet?
3. Quem imperātōrem castra Mānliāna cupiunt?
4. Quam diū cupiunt?
5. Quot Catilīna dūcere sēcum dēbet?
6. Sī minus quam omnēs dūcet Catilīna, quot dūcet?
7. Unde Cicerō līberābitur?
8. Quem Catilīna metū līberābit?
9. Inter quōs Cicerō mūrum interesse vult?
10. Quid Catilīna agere nōn potest?
11. Cūr?

imperātor, -ōris, m: holder of executive power, *commander-in-chief*, later *emperor*

NARRATIVE READINGS FOR LESSON 30

Grave inscription

N83 Fīdus vīxistī sine crīmine, Gāvī.
Hoc tibi prō meritīs: sit tibi terra levis.

Quis sine crīmine vīxit?
Cui dīcitur: "Sit tibi terra levis?"
Quam ob rem dīcitur "Sit tibi terra levis?"
Quis bene meruit?

Gāvius -ī, m

Grave inscription

N84 Dīc, rogo, quī trānsīs: "Sit tibi terra levis."

Quis haec verba dīcere dēbet?
Cui terra levis esse dēbet?

rogō (1): *ask*

Grave inscription

N85 "Molliter ossa cubent," dīcat, rogo, quisque viātor:
sīc tibi dēfūnctō dīcere dī jubeant.

Quid viātor quisque dīcere dēbet?
Quid dī jubēre dēbent?
Quandō dī hoc jubēbunt?
Quis hoc rogat?

mollis -e: *soft, gentle, easy*
cubō -āre -uī: *lie*
jubeō -ēre, jussī, jussus: *order*

Grave inscription

N86 Ossa sub hōc tumulō pia sunt sed acerba parentī.
Amphio mī frāter hoc titulum[1] posuit.
Parcite, Fāta, meīs; valeant frātrēsque sorōrēs.
Sit tamen in vestrō pectore cūra meī.

Quis loquitur?
Ā quō titulus positus est?
Quid agere dēbent Fāta?
Quālia ossa in tumulō jacent?
Cui sunt ossa acerba?
Quem frātrēs cūrāre dēbent?

Amphiō -ōnis, m
pectus -toris, n: *chest, heart*

[1]In this passage *titulum*, usually masculine, is neuter. What shows that it is neuter?

Grave inscription

N87 Cerne, viātor, in hōc tumulō jacet optima conjūnx.
Commūne hoc monumentum illius atque virī est.
Quaesō, abī, nē violā.[2] Sīc fīant omnia quae vīs,
et tibi, quīcumque es, molliter ossa cubent.

Quid praeteriēns agere dēbet?
Quid viātōrī continget sī sepulchrō pepercerit?

illius: common variant in poetry for *illīus*

Grave inscription

N88 Praeteriēns dīcās, "Sit tibi terra levis."

Quis quid dīcat?
Quis loquitur?
Cui dēfūnctus haec verba dīcit?
Quid viātor praeterit?

Grave inscription

N89 Dīc, rogo, praeteriēns, "STTL."

Lege hunc versum altā vōce.

Grave inscription

N90 Vīvite fēlīcēs, quibus est data longior hōra.
Vīxī ego dum licuit dulciter ad superōs.
Dīcite sī meruī, "Sit tibi terra levis."

Quibus mortuus haec verba dīcit?
Quō modō vīxit?

licet, licēre, licuit (impersonal verb): *it is permitted*

Grave inscription

N91 PDSTTL.

Quis quid dīcat?
Quis quid dīcit?

An inscription, but not grave.

N92 Quisquis amat, valeat; pereat quī nescit amāre.
Bis tantō pereat quisquis amāre vetat.

[2]The negative imperative *nē violā* is poetical; the standard prose form would be *nōlī violāre*.

Quem scrīptor amat?
Quem nōn amat?
Quem maximē ōdit?
Quotiēns trīstis perīre dēbeat?

nesciō (4): *not know how*
vetō -āre -uī, vetitus: *forbid*

The *Lex Papia Poppaea*, 9 AD, gave certain legal and social privileges to the father of three sons. These same privileges were later given *honoris causa* to those who were unmarried or childless; both Titus and Domitian conferred this honor on Martial.

N93 Rumpitur invidiā quīdam, cārissime Jūlī,
quod mē Rōma legit; rumpitur invidiā.
Rumpitur invidiā quod turbā semper in omnī
mōnstrāmur digitō; rumpitur invidiā.
Rumpitur invidiā tribuit quod Caesar uterque
jūs mihi nātōrum; rumpitur invidiā.
Rumpitur invidiā quod rūs mihi dulce sub urbe est
parvaque in urbe domus; rumpitur invidiā.
Rumpitur invidiā quod sum jūcundus amīcīs,
quod convīva frequēns; rumpitur invidiā.
Rumpitur invidiā quod amāmur quodque probāmur.
Rumpātur quisquis rumpitur invidiā.--Martial 9.97

Paraphrasis: Ō mī amīce, quīdam cruciātur quod Rōma meōs versiculōs legit. Cruciātur quod ubicumque sum, ab omnibus cognitus sum. Cruciātur quod duo Caesarēs mihi honōrem sub lēge Papiā Poppaeā concessērunt. Cruciātur quod habeō pulchram vīllam suburbānam et in urbe parvās aedēs. Cruciātur quod amīcī mē amant et ad cēnam saepe invitant. Cruciātur quod dīligor et laudor. Sī cruciārī vult, cruciētur!

Cui poēta scrībit? In quem?
Cui quīdam invidet?
Ubi Mārtiālis digitō indicātur?
Quot nātōs habet Mārtiālis?
Quantum domicilium Rōmae possidet?
Quibus placet Mārtiālis?
Quālis vīlla Mārtiālī est?

turba -ae, f: *crowd*
uterque: *each of two*
rūs, rūris, n: *country, country estate*
ubicumque (conjunction): *wherever*
aedēs -is, f: *temple*; in plural, *house*

Here is a famous student song of the seventeenth century.

N94 Gaudeāmus igitur,
juvenēs dum sumus;
post jūcundam juventūtem,
post molestam senectūtem,
nōs habēbit humus.

Vīta nostra brevis est.
brevī fīniētur;
venit mors vēlōciter,
rapit nōs atrōciter:
nēminī parcētur.[3]

[3]Some intransitive verbs have a passive in the third singular called the impersonal use; there is never any subject.

Ubi sunt quī ante nōs
in mundō fuēre?
Vādite ad superōs,
trānsite ad īnferōs,
ubi jam fuēre.

Vīvat acadēmia;
vīvant professōrēs;
vīvat membrum quodlibet;
vīvant membra quaelibet;
semper sint in flōre.

Vīvat et rēs pūblica
et quī illam regit:
vīvat nostra cīvitās;
vīvat haec sodālitās
quae nōs hūc collēgit.

Paraphrasis: Ergō nōs omnēs laetī esse dēbēmus, dum tenerā aetāte sumus. Post laetōs annōs juventūtis, post miserōs annōs senectūtis veniet mors crūdēlis. Ubi sunt eī quī anteā vīxērunt? Omnēs nunc mortuī sunt; sī bonī fuērunt, nunc in caelō sunt; sī malī, in regiōnibus īnfernīs. Nōs breve tempus vīvimus; mox mortuī erimus. Veniet interdum mors crūdēlis quae nōbīs nōn parcet. Amāmus nostrum lūdum et magistrōs nostrōs et sodālēs omnēs; volumus eōs semper validōs esse. Amāmus quoque patriam et rēgem et urbem et hanc sodālitātem ubi nōs tam fēlīciter vīvimus.

Quandō vōs gaudeātis?
Quandō vōs habēbit terra?
Quālis aetās est juventūs? Senectūs?
Quis in terrā jacēbit?
Cujus vīta brevis est?
Quandō vīta nostra fīniētur?
Cui mors parcet?
Quis nēminī parcet?
Cui parcētur? Ā quō?
Quō modō venit mors?

quīlibet, quaelibet, quodlibet: *whosoever*
sodālitās -tātis, f: *organization, club*
lūdus -ī, m: *school*
humus -ī, f: terra
sodālis -is, m
hūc (adverbial): ad hunc locum
molestus -a -um: *troublesome*

Grave inscription

N95 Fortūnāta fuī, et vīxī tē dīgna marītō,
sed nimium subitō fātālis mē abstulit hōra.
Hīc ego sēcūrē jaceō cōnsūmpta per ignēs.
Et tū mortālem tē sīc nātum esse mementō,[4]
nam nūllī fās est vōtīs excēdere fāta.
Nec mea plūs jūstō sit mors tibi causa dolōris.

[4]*Mementō* is the second imperative, a form found in solemn documents like laws and prayers or in informal documents like letters. *Meminī*, however, lacks the regular imperative.

Quō homine fuit Fortūnāta dīgna?
Ā quō Fortūnāta rapta est?
Quō modō nunc jacet Fortūnāta?
Cui fās est fāta vōtīs excēdere?
Cujus mors nōn dēbet nimiī causa dolōris esse?
Quid Fortūnātam abstulit?
Quālī hōrā fēmina ablāta est?
Quid corpus ejus cōnsūmpsit?

fās (indecl.) est: *it is right*

cōnsūmō -ere -sūmpsī sūmptum: *use up, eat away*

N96 Dīc, hospes, Spartae nōs tē hīc vīdisse jacentēs
dum sānctīs patriae lēgibus obsequimur.—Cicero[5]

Quid hospes Spartae dīcere dēbet?

Spartae: locative case, *in Sparta*
obsequor (with dative): obtemperō, pāreō, oboediō

[5]Translation of an epitaph by Simonides in memory of the Spartans who died at Thermopylae.

NARRATIVE READINGS FOR LESSON 31

N97 Rāna Rupta et Bōs

Inops, potentem dum vult imitārī, perit.
In prātō quondam rāna conspexit bovem,
et tacta invidiā tantae magnitūdinis
rūgōsam īnflāvit pellem. Tum nātōs suōs
interrogāvit an bove esset lātior.
Illī negā'runt. Rursus intendit cutem
majōre nīsū, et similī quaesīvit modō
quis major esset. Illī dīxērunt bovem.
Novissimē indīgnāta, dum vult validius
īnflāre sēsē, ruptō jacuit corpore.—Phaedrus 1.24

Paraphrasis: Pauper, sī vult dīvitem imitārī, semper obit. Ōlim in agrō rāna bovem pāscentem aspexit, et magnitūdinī ejus invidēns suum corpus parvulum īnflāvit. Hōc factō, ē fīliīs suīs quaesīvit, "Nōnne ego grandior bove sum?" Illī "Nōn tam grandis es" respondērunt. Iterum conātū majōre corpus īnflāvit et iterum quaesīvit, "Quis major est, utrum bōs an māter vestra?" Nātī ejus "Bōs major est" respondēre. Tandem īrāta fortius sē īnflāre volēbat et hōc modō sē rūpit.

Quem imitārī volēbat rāna?
Estne rānā bōs major?
Estne rāna bove major?
Quid rāna nātōs rogāvit?
Propter quōs hominēs est scrīpta haec fābella?
Rūpitne sē rāna?
Tū es nātus rānae; nārrā hanc fābulam.

prātum: *meadow*
bōs, bovis, m
rūgōsus: *wrinkled*
pellis -is, f: *skin*
rursus: rursum
cutis -is, f: pellis
nīsus -ūs, m: *effort*
novissimē: *finally*
ōlim (adverbial)

Martial seems to think that an empty eye socket is amusing; the word *luscus* occurs eleven times in his poems.

N98 Oculō Philaenis semper alterō plōrat.
Quō fīat istud quaeritis modō? Lusca est.—Martial 4.65

Paraphrasis: Philaenis, sī lacrimat, nōn duōbus oculīs ūtitur sed ūnō tantum. Quaeris, "Quō modō fit quod nārrās?" Habet tantum ūnum oculum.

Quō membrō caret Philaenis?
Eratne Philaenis caeca?
Quid quaerunt lēctōrēs?
Quotiēns alterō oculō lacrimat Philaenis?
Quot oculīs plōrat sāna?

plōrō (1): lacrimō

If you don't invite Martial he will take a fiendish revenge.

N99 Quod convīvāris sine mē tam saepe, Luperce,
invēnī noceam quā ratiōne tibī.
Īrāscor. Licet ūsque vocēs mittāsque rogēsque—
"Quid faciēs?" inquis? Quid faciam? Veniam.—Martial 6.51

Paraphrasis: Ō Luperce, excōgitāvī quō modō tē laedam, quod sine mē tam crēbrō cēnās. Īrā commoveor. Quamvīs semper mē invītēs et mittās atque ōrēs—Scīsne quid agam sī ad tuam cēnam invītābor? Quid agam? Ad cēnam tuam veniam.

Cui Mārtiālis nocēre vult?
Cūr poēta īrāscitur?
Ad quem scrībit carmen?
Quid Mārtiālis invēnit?
Recūsābitne Mārtiālis sī invītātus erit?

convīvor (1): cēnō
licet plus the subjunctive often equal *quamvīs* or *cum*: *although*
crēber -bra -brum: dēnsus, frequēns, multus
ūsque (intensifier)

Throughout these poems you will be struck by the eternal similarities of the human spirit—whether good or bad—and by the infinite number of differences in the cultures within which these human beings must find their earthly happiness. We all know greedy people; Rome had them too. It was common for ambitious Romans to cultivate friendship with the rich and decrepit in the hope of being included in their wills. Martial makes no bones about *his* intentions:

N100 Nīl mihi dās vīvus; dīcis post fāta datūrum.
Sī nōn es stultus, scīs, Maro, quid cupiam.—Martial 11.67

Paraphrasis: Tū dum vīvis mihi nihil dōnās, Marō; sed semper dīcis mē hērēdem pecūniam post mortem tuam acceptūrum esse. Sī nōn es dēmēns, tenēs quid expetam: cupiō tuam mortem ac pecūniam quam tū vīvus mihi prōmittis.

Quid pollicētur Marō?
Cui pecūniam prōmittit? Quando?
Quid dīcit Marō?
Quid vult Mārtiālis?
Cujus mortem cupit Mārtiālis?
Quid Marō scīre potest?

Marō -ōnis, m

hērēs, hērēdis, m & f: *heir*

Faustus enjoys a large correspondence—all one way.

N101 Nescio tam multīs quid scrības, Fauste, puellīs.
Hoc scio: quod scrībit nūlla puella tibī.—Martial 11.64

Cui scrībit Faustus?
Quis Faustō scrībit?
Quid Mārtiālis scit? Quid nescit?
Quis Faustum amat?
Quem Faustus amat?

In the month of December, during the feast of the Saturnalia, the Romans exchanged gifts.

N102 Trīstis Athēnagorās nōn mīsit mūnera nōbīs
quae mediō brūmae mittere mēnse solet.
An sit Athēnagorās trīstis, Faustīne, vidēbō;
mē certē trīstem fēcit Athēnagorās.—Martial 8.41

Paraphrasis: Maetus mihi vidētur Athēnagorās, Ō Faustīne, quod nihil ad mē Sāturnālium tempore mīsit. Ego nesciō an rē vērā doleat Athēnagorās sed hoc sciō: quod nihil accēperim ego quidem doleō.

Quandō Athēnagorās Mārtiālem dōnāre solet?
Quid inveniet Mārtiālis?
Quis est rē vērā trīstis?
Cui scrīptum est? In quem? Ā quō?

trīstis: *in mourning*

brūma -ae, f

Bohemians like Martial depended heavily on invitations to dinner to keep body and soul together. They resented anyone else who solicited invitations to dinner just because he was stingy.

N103 Quod fronte Selium nūbilā vidēs, Rūfe,
quod ambulātor porticum terit sēram,
lūgubre quiddam quod tacet piger vultus,
quod paene terram nāsus indecēns tangit,
quod dextra pectus pulsat et comam vellit—
Nōn ille amīcī fāta lūget aut frātris;
uterque nātus vīvit et, precor, vīvat;
salva est et uxor sarcinaeque servīque;
nihil colōnus vīlicusque dēcoxit.
Maerōris igitur causa quae? Domī cēnat.—Martial 2.11

Paraphrasis: Mīrāris, Rūfe, quid agat Selius? Ecce, faciem maestam gerit; vespere hūc illūc per porticum ambulat; in pectore tacitō cēlat miseriam suam; tam curvus est ut nāsus dēformis paene ad terram dēmittātur;[1] manus pectus percutit; capillōs rapit. Quaeris, Rūfe, causa quae sit? Nec amīcus periit nec frāter; uterque fīlius vītā fruitur et optō ut fruātur.[1] Incolumis est uxor et pecūnia et familia. Neque servus rūsticus neque custōs agrī eum fefellit. Ergō dolōris causa est quod ad cēnam nōn vocātus est.

[1]For *ut* plus subjunctive, see Lesson Thirty-two.

Cui poēta carmen scrībit?
Dē quō est scrīptum poēma?
Quid frātrī Seliī nōn accidit?
Cūr Selius maestus est?
Quot fīliōs habet Selius?
Quālem vultum gerit Selius?
  Quālem nāsum?
Ambulatne Selius ērēctus?
Ubi ambulat? Quō tempore?
  Quālī vultū?
Quō membrō pectus pulsat?
Suntne servī ejus fidēlēs?

porticus -ūs, f: locus amplus ac longus, columnīs mūnītus, cētera apertus; dēambulātiōnis, umbraeque et imbrium vitandōrum causā
tero -ere: *wear out*
vellō -ere: *tear out*
sarcina -ae, f: *bundle, money bags*
dēcoquō -ere -coxī -coctus: cibum parō ignī adhibendō: deinde trānslātē, rem dīminuō vel meam vel aliēnam
paene (adverbial): *almost*
maeror, maerōris: dolor

Caesar finds it difficult to gather information about Britain.

Neque enim temere praeter mercātōrēs illō adit quisquam,neque eīs ipsīs quicquam praeter ōram maritimam atque regiōnēs eās quae sunt contrā Galliās nōtum est. Itaque vocātīs ad sē undique mercātōribus, neque quanta esset īnsulae magnitūdō, neque quae aut quantae nātiōnēs incolerent, neque quem ūsum bellī habērent aut quibus īnstitūtīs ūterentur, neque quī essent ad majōrum nāvium multitūdinem idōneī portūs reperīre poterat.—Caesar BG IV 20

illō: ad illum locum
quisquam, quicquam: *anybody, anything*
ūsus bellī: modus pugnandī
idōneus -a -um: *suitable*
reperīre: discere
ōra -ae, f: *shore*

Cicero tells Catiline that his conspiracy is common knowledge among the senators.

Patēre tua cōnsilia nōn sentīs? Cōnstrictam jam omnium hōrum scientiā tenērī conjūrātiōnem tuam nōn vidēs? Quid proximā, quid superiōre nocte ēgerīs, ubi fuerīs, quōs convocāverīs, quid cōnsilī cēperīs, quem nostrum ignōrāre arbitrāris?—Cicero Cat I 1

NARRATIVE READINGS FOR LESSON 32

Remember that the English meaning of most words will not be given, either in the margins or in the back of the book. Some words will be explained in Latin. If you have learned the technique of figuring out the unknown words you should have little trouble.

Even the best student, however, will occasionally be unable to figure out a word. In this case, make a note of it and, after you have done the reading, look it up in a dictionary. If there is no dictionary available, ask the teacher at the beginning of class.

Grave inscription

N104 Hīc jacet Optātus pietātis nōbilis īnfāns,
cui precor ut cinerēs sint ia sintque rosae,
terraque quae māter nunc est, sibi sit levis ōrō.
Namque gravis nūllī vīta fuit puerī.
Ergō quod miserī possunt praestāre parentēs,
hunc titulum nātō cōnstituēre suō.

ia: flōrēs generis nōtī
ōrō (1): rogō, precor

Quālis īnfāns erat Optātus?
Quem laeserat puerulus dum vīvit?
Quis nunc est māter ejus?
Quid precābantur parentēs?

Grave inscription

N105 Fēcī quod voluī vīvus monumentum mihi
ubi ossa et cinerēs aeternum requiēscerent.[1]

Cui dēfūnctus monumentum posuit?
Quāle monumentum posuit?
Quō cōnsiliō hoc monumentum fēcit?
Quam diū cinerēs hōc in tumulō jacēbunt?

Grave inscription

N106 Quisquis in hās partēs, quisquis percurris in illās,
tē precor ut dīcās: "STTL."

[1]*Requiēscerent* is past imperfective subjunctive (form #7); it was not a place where bones *did* rest but a place for them *to* rest (when he died).

Quid dēfūnctus precātur?
Quid dīcī dēbet?
Quis rogātur ut dīcat "Sit tibi terra levis"?

Grave inscription

N107 Opto meae castē contingat vīvere nātae
ut nostrō exemplō discat amāre virum.

Quālem vītam ēgerat sepulta?
Quō modō vīvat fīlia?
Cujus exempla sequātur fīlia?
Cui fīlia similis esse dēbet?

optō (1) (with the subj., with or without *ut*): *wish*

Grave inscription

N108 Tē rogo, praeteriēns, quisquis legis haec, mihi dīcās:
"Āvōnī Jūste, sit tibi terra levis."

Cui Āvōnius Jūstus dīcit?
Quid Āvōnius viātōrem rogāvit?

An inscription placed in the wall of a temple which was erected at the request of the deceased by his heir.

N109 Hīc ego quī sine vōce loquor dē marmore caesō,
nātus in ēgregiīs Trallibus[2] ex Asiā,
omnia Bajārum[3] lūstrāvī moenia saepe
propter aquās calidās dēliciāsque maris.
Cujus honōrificae vītae nōn immemor hērēs
quīnquāginta meīs mīlibus,[4] ut voluī
hanc aedem posuit strūxitque novissima templa
mānibus et cinerī posteriīsque meīs.
Sed tē, quī legis haec, tantum precor ut mihi dīcās,
"Sit tibi terra levis, Sōcrates Astomachī."

Quis hunc titulum posuit?
Quantō pretiō erat aedēs strūcta?
Quō consiliō Sōcratēs Bajās vēnit?
Ubi nātus est?
Quā in regiōne sitae sunt Trallēs?

caedō -ere, cecīdī, caesus: *cut*
lūstrō (1): pererrō, spectō
calidus: calōrem habēns

[2]Tralles was a city on the southwestern coast of Asia Minor.

[3]Bajae was a fashionable seashore resort near Naples, known for its sulphur-springs and social life.

[4]The cost of the temple was "Fifty thousand (*sestertiī*)" or about $2,500. Remember, however, that these money equivalents have little meaning; a better way to look at it would be that 50,000 HS (abbreviation for *sestertiī*) is the sum required to build a temple.

Quō modō loquitur Sōcratēs?
Unde loquitur?
Cūr sine vōce loquitur?
Quālem vītam vīxit dēfūnctus?
Quās urbēs dīlēxit?

dēliciae: gaudia
immemor (with genitive): nōn memor
Sōcratēs -is, m: (vocative Sōcrates)
moenia -ium, n: mūrus
struō -ere, strūxī, strūctus: aedificō

Here is an invitation to dinner with a humorous twist.

N110 Cēnābis bene, mī Fabulle, apud mē
paucīs, sī tibi dī favent, diēbus,
sī tēcum attuleris bonam atque magnam
cēnam, nōn sine candidā puellā
et vīnō et sale[5] et omnibus cachinnīs.
Haec sī, inquam, attuleris, venuste noster,
cēnābis bene: nam tuī Catullī
plēnus sacculus est arāneārum.
Sed contrā accipiēs merōs amōrēs
seu quid suāvius ēlegantiusve est:
nam unguentum[6] dabo, quod meae puellae
dōnā'runt Venerēs Cupīdinēsque,
quod tū cum olfaciēs, deōs rogābis,
tōtum ut tē faciant, Fabulle, nāsum.--Catullus 13

Paraphrasis: Mī Fabulle, intrā aliquot diēs, sī dī tē amant, bene cēnābis domī meae. Bene cēnābis, inquam, sī tēcum apportāveris cibōs bonōs et multōs, cum merō et puellā pulchrā et rīsū et omnibus facētiīs. Sī ista tēcum apportāveris, mī jūcunde amīce, bene cēnābis mēcum. Nisī attuleris, nihil edēs, nam tuus Catullus pecūniam nōn habet. Tū autem vicissim ā mē referēs sincēram amīcitiam; et sī quid melius vel jūcundius amīcitiā est, hoc quoque accipiēs. Tibi enim cōnferam unguentum quod meae puellae ā Grātiīs atque Amōribus datum est. Quandō tū illud odōrāberis, deōs precāberis, Fabulle, ut tū fīās tōtus nāsus quō melius tālem odōrem sentiās.

Quandō Fabullus Catullum vidēbit? Ubi?
Quō cōnsiliō Fabullus domum Catullī veniet?
Quid sēcum portāre dēbet?
Quid Catullus dōnābit? Quid Fabullus?
Quod unguentum aderit?
Quāle unguentum est? Unde receptum?
Quid in sacculō Catullī est?
Quid Fabullus deōs rogābit?

candidus: formōsus
sacculus: *pocketbook* (sinus)
arānea: *spider web*
merus: pūrus; *merum* (neutrī generis) sīgnificat *merum vīnum*
seu (conj.): sīve, vel
unguentum -ī, n
olfaciō: odōrem percipiō

[5] *Sāl* means both "salt" and "wit." Which does it mean in this poem?
[6] The Romans made great use of ointments.

Quō cōnsiliō volet Fabullus tōtus nāsus fīerī?
Quid est suāvius amōre?
Quis cum Fabullō ad cēnam īre dēbet?
Quis rē vērā cēnam dabit, utrum Fabullus an Catullus?

apud (prep. with acc.): *near, at the home of*
cachinnus -ī, m: *laughter*
aliquot (adjectival)
vicissim: *in turn*
rīsus -ūs, m
domī meae: *at my home*

This poem Martial addresses to a close friend by the same name. The philosophy set forth by the poet is the prevailing attitude of many educated men of the time: keep out of trouble. Such emperors as Caligula and Nero had convinced many Romans that it was foolish to become involved in public affairs. Another prevailing attitude reflected in Martial's poem is that inherited money is preferable to earned money.

N111 Vītam quae faciant beātiōrem,
jūcundissime Mārtiālis, haec sunt:
rēs nōn parta labōre sed relicta;
nōn ingrātus ager; focus perennis;
līs numquam; toga rāra; mēns quiēta;
vīrēs ingenuae; salūbre corpus;
prūdēns simplicitās; parēs amīcī;
convīctus facilis; sine arte mēnsa;
nox nōn ēbria sed solūta cūrīs;
nōn trīstis torus et tamen pudīcus;
somnus quī faciat brevēs tenebrās.
Quod sīs esse velīs nihilque mālīs;
summum nec metuās diem nec optēs.—Martial 10.47

Paraphrasis: Ō cārissime Mārtiālis, haec sunt quae efficiant[7] vītam fēlīciōrem: rēs quam nōn labōre tuō acquīsīvistī sed testāmentō alterīus accēpistī; ager frūctuōsus; focus quī semper igne calēscit; numquam līs; rāra officia pūblica; tranquillus animus; vīrēs quae hominem līberālem decent; corpus sānum; prūdēns simplicitās; amīcī quī neque majōrēs neque minōrēs sunt; hospitēs benīgnī; cibus simplex; vīnum satis at nōn nimium; uxor jūcunda, at tamen casta; somnus tam profundus ut omnēs noctēs brevēs videantur. Sīs contentus tuā sorte; nōlī nimis altē volāre. Dēnique sīc vīve ut neque timeās mortem neque optēs.

Cui Mārtiālis scrīpsit?
Quibus rēbus parcere dēbēmus?
Quās rēs spērāre dēbēmus?
Quālēs amīcōs vult Mārtiālis?
Quālem agrum?
Quotiēns ad Forum īre vult Mārtiālis?
Quālī mēnsā ūtī vult Mārtiālis?

torus: *bed*, used here as symbol of marriage
trīstis: *prudish*
forum
focus -ī, m: *hearth*
ingenuus: *becoming a free man*

[7] For the use of a subjunctive verb in a relative clause, see Lesson Thirty-five.

Quantum vīnum bibere vult Mārtiālis?
Quālem vītam vīvēs sī haec omnia habēbis?

convīctus -ūs, m: cibus
pudīcus: castus
officium

Martial didn't mind accepting gifts but he did object to being reminded of it.

N112 Quae mihi praestiterīs meminī semperque tenēbō.
Cūr igitur taceō? Postume, tū loqueris.
Incipiō quotiēns alicui tua dōna referre,
prōtinus exclāmat: "Dīxerat ipse mihī."
Nōn bellē quaedam faciunt duo: sufficit ūnus
huic operī. Sī vīs ut loquar, ipse tacē.
Crēde mihī, quamvīs ingentia, Postume, dōna
auctōris pereunt garrulitāte suī.—Martial 5.52

Paraphrasis: Ō Postume, tū mihi multa dōnā'stī, quae in memoriā teneō et in aeternum tenēbō. Rogās, "Cūr, Mārtiālis, haec dōna tacēs?" Haec est causa: cum[8] tū semper dē hīs dōnīs loquāris, nōn necesse est mē ipsum loquī. Quotiēns ego alicui tua mūnera nārrāre exōrdior, statim exclāmat, "Postumus ipse mihi haec omnia nārrāverat!" Quaedam nōn fīunt decenter ā duōbus; ūnus hoc officium cōnficere potest sōlus. Sī placet ut nārrem, nē locūtus sīs. Ō Postume, crēde mihī, dōna, etiam sī magna sunt, intereunt per loquācitātem ejus quī dōnāvit.

In quem scrīpsit Mārtiālis?
Cūr Mārtiālis tacet dōna?
Cujus dōna Mārtiālis tacet?
Oblīvīscitur dōnōrum poēta?
Cui Postumus crēdere dēbet?
Sī Mārtiālis dōna referre cōnātur, quid dictum est?
Quanta dōna Postumus praestitit?
Quō modō duo eadem dōna laudant?
Quid Postumus agere dēbet?
Cujus loquācitāte pereunt dōna?

prōtinus (adverbial): statim
quamvīs (subordinating conjunction introducing the subjunctive): *although*
oblivīscor -ī, oblītus (with genitive): *forget*
cōnor (1): temptō
exōrdior -īrī -ōrsus: incipiō

The verb *agō* is used with many different objects. Martial exploits this for humorous effect.

N113 Semper agis causās, et rēs agis, Attale, semper;
est, nōn est quod agās, Attale, semper agis.
Sī rēs et causae dēsunt, agis, Attale, mūlās.
Attale, nē quod agās dēsit, agās animam.—Martial 1.79

[8] For the meaning of *cum* and a subjunctive verb, see Lesson Thirty-three.

Paraphrasis: Attale, dīcis causās atque assiduē tractās negōtia. Continuō agis, sīve sit sīve nōn sit quod agās. Sī negōtia et lītēs tibi dēficiunt, dūcis mūlās. Attale, nē dēficiat quod gerās, ēmittās spīritum.

Quid Attalus agit?
Sī cētera dēsunt, quid agit?
Quid rogat Mārtiālis?
In quem est scrīptum carmen?

mūla -ae, f
negōtium
continuō: statim

This poem has the same point as the one addressed to Pontilianus which follows.

N114 Nōn dōnem tibi cūr meōs libellōs
ōrantī totiēns et exigentī
mīrāris, Theodōre? Magna causa est:
dōnēs tū mihi nē tuōs libellōs. Martial 5.73

Paraphrasis: Ō Theodōre, mīrārisne cūr ego tibi nōn mīserim meōs versūs? Saepe, fateor, eōs rogā'stī atque expostulā'stī. Nōn stultus sum: nōlō tē mihi tuōs libellōs mittere.

Quis libellōs Mārtiālis cupit?
Quid Theodōrus mīrātur?
Quō cōnsiliō Mārtiālis carmina nōn mittit?
Quālēs versūs scrībit Theodōrus?

exigō -ere, exēgī, exāctus: rogō, precor, ōrō

Then as now poets exchanged their work.

N115 Cūr nōn mitto meōs tibi, Pontiliāne, libellōs?
Nē mihi tū mittās, Pontiliāne, tuōs.—Martial 7.3

Paraphrasis: Tū quereris, Pontiliāne, quod ad tē versūs meōs nōn mittam.[9] Quaeris causam? Eō cōnsiliō, nē ego tua carmina vicissim accipiam.

Quālēs versūs Pontiliānus scrībere vidētur?
Quid quaesīvit Pontiliānus?
Quō cōnsiliō Mārtiālis nūgās nōn mīsit?
Mittitne Mārtiālis?
Cui scrīptum est poēma?

nūgae -ārum, f: *trifles* (a favorite term for a poet to apply to his own works)

[9] *Quod . . . mittam*: this subjunctive signals that the reason is that of Pompilianus, not necessarily that of the author.

N116

Dē Simōnide

Homō doctus in sē semper dīvitiās habet.
Simōnidēs, quī scrīpsit ēgregium melos,
quō paupertātem sustinēret facilius,
circum īre coepit urbēs Asiae nōbilēs,
mercēde acceptā, laudem victōrum canēns.
Hōc genere quaestūs postquam locuplēs factus est,
redīre in patriam voluit cursū pelagiō;
erat autem, ut ajunt, nātus in Ciā īnsulā.
Ascendit nāvem, quam tempestās horrida
simul et vetustās mediō dissolvit marī.
Hī zōnās, illī rēs pretiōsās colligunt,
subsidium vītae. Quīdam cūriōsior:
"Simōnidē, tū ex opibus nīl sūmis tuīs?"
"Mēcum" inquit "mea sunt cūncta." Tunc paucī ēnatant,
quia plūrēs onere dēgravātī perierant.
Praedōnēs adsunt, rapiunt quod quisque extulit,
nūdōs relinquunt. Forte Clazomenae prope
antīqua fuit urbs, quam peti'ērunt naufragī.
Hīc litterārum quīdam studiō dēditus,
Simōnidis quī saepe versūs lēgerat
eratque absentis admīrātor maximus;
sermōne ab ipsō cognitum cupidissimē
ad sē recēpit; veste, nummīs, familiā
hominem exōrnāvit. Cēterī tabulam[10] suam
portant rogantēs vīctum. Quōs cāsū obviōs
Simōnidēs ut vīdit, "Dīxī" inquit "mea
mēcum esse cūncta; vōs quod rapuistis, perit."—Phaedrus 4.22

Paraphrasis: Sapiēns numquam pauper est. Simōnidēs, quī carmina nota scrībēbat ut pecūniam obtinēret, circum clārās Asiae urbēs iit. Carminibus eōs quī in lūdīs Olympicīs vīcerant laudāvit; hōc modō vīctum obtinuit. Postquam sīc dīves factus est, ad patriam suam redīre voluit trāns mare, quod in īnsulā Ciā nātus erat, ut fāma est. Nāvem igitur cōnscendit. Vēnit tempestās terribilis, quae nāvem antīquam mediō in marī submersit. Aliī saccōs suōs, in quibus pecūnia jacuit, aliī rēs pretiōsās corripiēbant, quō vītam sustinērent. Quīdam cūriōsior ait, "Simōnidē, cūr tū nihil ex tuīs bonīs capis?" Ille "Habeō omnia mea mēcum" inquit. Tum paucī effūgēre; cēterī autem periēre quod onus eōs submerserat. Eōs quī ad lītus vēnerant praedōnēs crūdēlēs aggressī sunt, id quod quisque servāverat rapuēre, et ipsōs nūdōs in lītore relīquēre. Forte aderat urbs antīqua, Clazomenae nōmine, quō

[10] Cf. Juvenal 14.301-2: . . . mersā rate naufragus assem
dum rogat et pictā sē tempestāte tuētur. . . .
Cf. also Persius 1.89-90: Cantās, cum frāctā tē in trabe pictum
ex humerō portēs.

miserī sē contulēre. In hāc urbe habitābat quīdam quī litterīs studēbat et maximē carmina Simōnidis dīligēbat; poētam ipsum autem nōn cognōverat. Illum agnōvit et domum suam recēpit; vestem, pecūniam, servōs eī dedit. Aliī naufragī quasī mendīcī cibum rogābant. Simonidēs cum forte eīs occurrit ait, "Ecce, omnia mea (id est, meam artem) mēcum ex nāvī portāvī. Quod vōs servā'stis nunc āmīsistis."

Quid Simōnidēs scrīpsit?
Quid erat patria Simōnidis?
Quō cōnsiliō scrīpsit carmina?
Quem carminibus laudāvit?
Cujus laudem cecinit?
Quid voluit poēta postquam dīves factus est?
Quid nāvem frēgit?
Ubi nāvis submersa est?
Quae ā naufragīs collēcta sunt?
Quibus nocuēre praedōnēs?
Ubi habitābant praedōnēs?
Ubi erant opēs Simōnidis?
Quibus rēbus egēbant naufragī?
Quid ā pīrātīs raptum est?
Cui pīrātae pepercērunt?
Cujus carmina lēgerat vir studiō dēditus?
Ubi habitāvit? Quem maximē admīrātus est?
Cui Simōnidēs placēbat?
Quō auxiliō ille Simōnidem jūvit?
Quem obvium vīdit Simōnidēs?
Quid dīxit Simōnidēs ut naufragōs vīdit?
Quid erant opēs Simōnidis?
Quid erant opēs aliōrum naufragōrum?
Quis sapientior fuit?

melos: verbum Graecum cāsūs nōminātīvī vel accūsātīvī, sīgnificāns *carmen lyricum*
quaestus -ūs, m: āctus quō pecūnia obtinētur
pelagius: marīnus
vetustās: antīquitās
zōna: saccus ubi nummī dēpōnuntur
Simōnidē: est cāsūs vocātīvī
praedō -ōnis, m: latrō marīnus
naufragus: naufragus est quī naufragium passus est. Naufragium autem est submersiō nāvis.
familia: servī
vīctus -ūs, m: cibus
obvius: quī alicui occurrit est eī obvius. Sī ego tibi occūrro, tibi obvius sum.
lītus -oris, n: margō maris ubi undae franguntur
pīrāta -ae, m
cupidus: *eager*
mendīcus: *beggar*

Surviving shipwrecked sailors placed votive offerings on an olive tree sacred to the Laurentian god Faunus.

N117

Forte sacer Faunō foliīs oleaster amārīs
hīc steterat, nautīs ōlim venerābile lignum,
servātī ex undīs ubi fīgere dōna solēbant
Laurentī dīvō et vōtās suspendere vestēs.
—Vergil, *Aen.* XII 766.

fors, fortis, f: *chance*
sacer, sacra, sacrum
amārus -a -um: *bitter*
fīgō -ere, fīgī, fixus
dīvus: deus
voveō -ēre, vōvī, vōtus: *to vow*

Martial knew how to handle a free-loader.

N118 Exigis ut dōnem nostrōs tibi, Quīnte, libellōs.
Nōn habeō, sed habet bybliopōla Tryphōn.
"Aes dabo prō nūgīs et emam tua carmina sānus?
Nōn" inquis "faciam tam fatuē." Nec ego.—Martial 4.72

Paraphrasis: Ō Quīnte, rogās ut tibi meōs librōs dem. Apud mē hī librī nōn sunt sed apud Tryphōnem, quī librōs vendit. Vidēris mihi sīc loquī: "Nōn tam stultus sum quī carmina tua emam." Nec ego tam stultus, Quīnte, quī tibi grātīs mea carmina dōnem.

Quid petīvit Quīntus?
Quem dīxit Mārtiālis carmina habēre?
Quid recūsāvit Quīntus?
Quid Mārtiālis?

aes, aeris, n: quaedam speciēs metallī; pōnitur saepe prō pecūniā

Prayer of Mary, Queen of Scots.

N119 Ō Domine Deus, spērāvī in tē.
Ō cāre mī Jēsū, nunc līberā mē.
In dūrā catēnā, in miserā poenā
dēsīderō tē.
Languendō, gemendō, et genūflectendō
adōrō, implōrō ut līberēs mē.

Quid rogat Māria Rēgīna?
Quō auxiliō rogat?

catēna: vinculum

There is little mention of pets in Latin literature. Publius however seems to have been fond of his puppy Issa.

N120 Issa est passere nēquior Catullī,
Issa est pūrior ōsculō columbae,
Issa est blandior omnibus puellīs,
Issa est cārior Indicīs lapillīs,
Issa est dēliciae catella Pūblī.
Hanc tū, sī queritur, loquī putābis;
sentit trīstitiamque gaudiumque.
Collō nīxa cubat capitque somnōs,
ut suspīria nūlla sentiantur;
et dēsīderiō coācta ventris
guttā pallia nōn fefellit ūllā,
sed blandō pede suscitat torōque
dēpōnī monet et rogat levārī.
Castae tantus inest pudor catellae,
īgnōrat Venerem; nec invenīmus
dignum tam tenerā virum puellā.
Hanc nē lūx rapiat suprēma tōtam,

pictā Pūblius exprimit tabellā
in quā tam similem vidēbis Issam
ut sit tam similis sibī nec ipsa.
Issam dēnique pōne cum tabellā:
aut utramque putābis esse vēram
aut utramque putābis esse pictam.—Martial 1.109

Paraphrasis: Pūblius habet canem, cui nōmen est Issae. Haec catella est lascīvior passere Catullī. Issa est pūrior suāviō columbae, suāvior omnibus puellīs, pretiōsior gemmīs Indiae. Catella Issa ā Pūbliō maximē amāta est. Crēdēs Issam loquī, sī querēlam tollit; habet sēnsum et dolōris et trīstitiae. Collō dominī sīc innīxa recumbit et dormit ut suspīria sua nōn sentiās. Sī ūrīnam facere vult, vestem torī nōn polluit, sed tenerō pede dominum suum excitat atque rogat ut ē lectō dēpōnātur. Tam pudīca est haec catella ut numquam amōrem nōverit; conjugem hāc catellā dīgnum reperīre nōn possumus. Nē mors eam auferat tōtam, Pūblius hanc tabellā pictā effingit, in quā imitātiō vēritātem vincit. Nam Issa picta est tam similis Issae vīventī quam Issa ipsa. Immō vērō, sī cōnferās[11] Issam ipsam cum tabellā, nūllum discrīmen inveniās:[11] aut utraque vīvit aut utraque picta est.

Quō est Issa lascīvior?
Quō pūrior? Quō suāvior?
Quō pretiōsior?
Cujus bāsiō pūrior?
Quem superat Issa pūritāte?
Quem cāritāte?
Cujus catella est Issa?
Quid putēs sī querēlam tollat?
Ubi recumbit? Quid facit in collō Pūblī?
Quō auxiliō Pūblium excitat?
Quid rogat Issa?
Cui Issa nūpserat?
Quī marītus erat dīgnus Issā?
Quō cōnsiliō Pūblius pictūram pīnxit?
Quam similis Issae ipsī est pictūra?

columba: avis domestica nōta
suspīrium: spīritus
gutta: minima pars aquae vel alterīus māteriae liquidae
suāvium: ōsculum, bāsium
immō (connective showing a contradiction): *on the contrary, further than that*
nēquam (adjectival): *naughty*
pudor: *modesty*

N121 Here follow short bits of advice from "Dionysius Cato," the supposed author of a work dating probably from the third century AD, which enjoyed a great popularity in the Middle Ages and Renaissance. Schoolboys frequently learned it by heart. If you find your character suddenly improved, this will be one of the customary by-products of learning Latin. Some of these commands contain the second imperative, easily identified by the *-tō* morpheme.

[11]For the meaning of this form of the subjunctive in a conditional sentence, see Lesson Thirty-four.

Parentēs amā.
Cum bonīs ambulā.
Salūtā libenter.
Rem tuam custōdī.
Dīligentiam adhibē.
Cui dēs vidētō.
Quod satis est dormī.
Vīnō temperā.
Nihil temere crēdiderīs.
Librōs lege.
Līberōs ērudī.

Nēminem rīserīs.
Litterās disce.
Exīstimātiōnem retinē.
Nihil mentīre.
Parentem patientiā vince.
Miserum nōlī inrīdēre.
Fōrō parce.
Majōrī concēde.
Magistrātum metue.
Familiam cūrā.
Convīvāre rārō.

Conjugem amā.
Pūgnā prō patriā.
Meretrīcem fuge.
Quae lēgeris, mementō.
Blandus estō.
Virtūte ūtere.
Bonō benefacitō.
Aequum jūdicā.
Īracundiam rege.
Pauca in convīviō loquere.
Minimē jūdicā.

Transform each command into one of the following structures:

Positive	Negative
1. Īnfirmōs cūrāte.	1. Nōlī nimis altē volāre.
2. Īnfirmōs cūrābitis.	2. Nē nimis altē volēs.
3. Īnfirmōs cūrētis.	3. Nē nimis altē volāverīs.
4. Volō vōs īnfirmōs cūrāre.	4. Nōlō tē nimis altē volāre.
5. Īnfirmī vōbīs cūrandī sunt.	5. Tibi nimis nōn volandum est.[12]

Ancient literature is full of references to poison. It seems possible that death by poisoning was more common in those early days before chemistry discovered techniques for detecting poison in the body. But if it was hard to prove the charge of poisoning, it was also hard to disprove it. In the event of sudden death without other apparent cause, those who stood to profit by this death fell under immediate suspicion. In the grave inscriptions you will recall that it was common to give the name of the person who erected the monument. We find such inscriptions as this: Nūmeniō Zōē fēcit amāns tumulum. The expression *fēcit* was so common that it was often abbreviated to *F.* Bearing in mind these two facts (prevalence of poisoning; use of *fēcit* on tombs), read the following.

N122 Īnscrīpsit tumulīs septem scelerāta virōrum
sē fēcisse Chloē. Quid pote simplicius?—Martial 9.15

Paraphrasis: Improba Chloē sepulchrō septem marītōrum dīxit sē fēcisse. Sed quid fēcit? Utrum tumulum fēcit an fēcit ut conjugēs venēnō tollerentur? Quid potest apertius?

Ubi scrīptum est, "Chloē fēcit?"
Quid Chloē fēcit?

Zōē -ēs, f: Greek name
Chloē -ēs, f: Greek name

[12]See Lesson Thirty-six.

Quot virī Chloēn in mātrimōnium dūxerant?
Quotiēns Chloē nūpserat?
Quālis fēmina erat Chloē?

scelerātus: improbus, nēfārius, scelere adstrictus, contaminātus
pote: potest

Books in Roman times were copied by hand and were expensive.

N123 Exigis ut nostrōs dōnem tibi, Tucca, libellōs.
Nōn faciam. Nam vīs vendere, nōn legere.—Martial 7.77

Paraphrasis: Ō Tucca, mē rogās ut tibi meōs librōs dem. Nōn eōs dabō; nam sciō tē eōs venditūrum.

Quid postulat Tucca?
Quid Tucca vult sibi darī?
Quid Tucca acceptūrus est?
Dabitne Mārtiālis?
Quid Tucca rē vērā vult?

N124 A Battle Description

Caesar singulīs lēgiōnibus singulōs lēgātōs et quaestōrem praefēcit, utī eōs testēs suae quisque virtūtis habēret; ipse ā dextrō cornū, quod eam partem minimē firmam hostium esse animadverterat, proelium commīsit. Ita nostrī ācriter in hostēs signō datō impetum fēcērunt, itaque hostēs repente celeriterque prōcurrērunt, ut spatium pīla in hostēs conjiciendī nōn darētur. Relictīs pīlīs, gladiīs pugnātum est.
—Caesar I 52

lēgātus -ī, m
pīlum -ī, n: *javelin*
animadvertō -ere -ī, -versus: *notice, pay attention to*
ācriter (adv.): from ācer, ācris, ācre: *sharp, keen, fierce*
quaestor -ōris, m
spatium -ī, n: *room, space*
testis -is, m: *witness*
conjiciō -ere, -jēcī -jectus: *hurl, throw*

1. Quī testēs virtūtis erant?
2. Quae pars hostium minimē valēbat?
3. Unde Caesar proelium commīsit?
4. Quō factō, Rōmānī impetum fēcērunt?
5. Quam celeriter hostēs prōcurrērunt?
6. Quō factō, gladiīs pugnātum est?

NARRATIVE READINGS FOR LESSON 33

N125 Rapta sinū mātris jacet hīc miserābilis īnfāns
ante novem plēnōs lūnae quam vīveret orbēs.
Hanc pater et māter maestī flēvēre jacentem,
parvaque marmoreō clausērunt membra sepulchrō.

Unde ablāta fuit īnfāns?
Cujus sinū ea ablāta fuit?
Quālī in tumulō nunc jacet?
Eratne īnfāns puer an puella?
Vīxitne īnfāns novem orbēs lūnae?
Cūr nōn vīxit novem orbēs lunae?
Quid īnfāns nōn complēvit?
Quam diū vīxit īnfāns?

antequam (conj.): *before*
marmor: lapis cujusdam generis, ex quō fīunt aedificia pretiōsa, statuae, et cētera.
claudō -ere, clausī, clausus

N126 Rānae Rēgem Peti'ērunt
Rānae vagantēs līberīs palūdibus
clāmōre magnō rēgem peti'ēre ā Jove,
quī dissolūtōs mōrēs vī compesceret.
Pater deōrum rīsit atque illīs dedit
parvum tigillum, missum quod subitō vadī
mōtū sonōque terruit pavidum genus.
Hoc mersum līmō cum jacēret diūtius,
forte ūna tacitē prōfert ē stāgnō caput
et, explōrātō rēge, cūnctās ēvocat.
Illae, timōre positō, certātim adnatant,
lignumque suprā turba petulāns īnsilit.
Quod cum inquinā'ssent omnī contumēliā,
alium rogantēs rēgem mīsēre ad Jovem,
inūtilis quoniam esset quī fuerat datus.
Tum mīsit illīs hydrum, quī dente asperō
corripere coepit singulās. Frūstrā necem
fugitant inertēs; vōcem praeclūdit metus.
Fūrtim igitur dant Mercuriō mandāta ad Jovem,
afflictīs ut succurrat. Tunc contrā deus
"Quia nōluistis vestrum ferre" inquit "bonum,
malum perferte!— Phaedrus 1.2

Paraphrasis: Rānae in palūdibus suīs sine lēgibus certīs laetae nōn erant, quod rēgem cupiēbant. Ergō magnō clāmōre rēgem ā Jove petīvērunt quī vītam prāvam regeret. Juppiter rīsit atque ad eōs mīsit parvum lignum, cujus sonus et mōtus aquārum rānās perterruit. Quod diū in aquā jacēbat; tandem quaedam ex rānīs caput suprā aquam prōtulit et rēgem novum explōrāvit. Hōc factō, aliae ēvocantur, quae timōrem posuēre et celeriter ad rēgem adnatābant. Suprā rēgem multīs cum querēlīs sedēbant. Posteā iterum ad Jovem mīsērunt, eō cōnsiliō ut alterum rēgem obtinērent. "Rēx" inquit "quem nōbīs dedistī inūtilis est." Īrātus Juppiter ad eās mīsit serpentem terribilem, quī dentibus crūdēlibus eās singulātim necābat. Nec mortem effugere nec vocāre poterant. Ergō sēcrētō nūntium Mercurium ad Jovem mīsēre: "Nōs quī perīmus servā!" Juppiter contrā ait, "Rēgem bonum (id est, tigillum) vōbīs datum nōn accēpistis; serpentem, igitur, sustinēte!"

Ubi habitābant rānae?
Erantne līberae vel sub rēgnō crūdēlī?
Quō cōnsiliō rēgem rogāvēre?
Quibus erant mōrēs dissolūtī?
Quō auxiliō rēx mōrēs corrigere dēbuit?
Quis est pater deōrum?
Quōrum est Juppiter pater?
Quibus est datum tigillum?
Quis lignum dedit?
Quid erat prīmus rēx rānārum?
Quōrum rēx erat tigillum?
Quibus tigillum nōn placuit?
Quid ex aquā prōlātum est?
Unde rāna quaedam caput prōtulit?
Quō modō caput prōtulit?
Quis caput prōtulit?
Quōs ēvocāvit rāna fortis?
Quī ā rānā ēvocātī sunt?
Quandō aliae rānae ad lignum adnatāvēre?
Quō modō adnatāvēre?
Quō adnatāvēre?
Quō nūntium mīsēre?
Cūr alium rēgem rogāvēre?
Quid ā Jove missum est?
Quid ēgit hydrus?
Quō auxiliō rānās capiēbat?
Quō modō rānae fugitābant mortem?
Quō auxiliō vōx praeclūsa est?
Quid Jovem rogant rānae?
Quid respondit tandem Juppiter?
Tū es rāna; nārrā hanc fābulam.

vagor (1): errō
palūs -ūdis, f: aqua stāgnāns, quae interdum aestāte siccātur, in quō differt ā lacū, quī perpetuam habet aquam
compescō -ere -uī: contineō, opprimō
tigillum: lignum
pavidus: timidus
līmus: terra cum aquā mixta
stāgnum: aqua quiēta ac placida; lacus vel vadum
lignum suprā: prō *supra lignum*
petulāns: improbus
inquinō (1): *befoul*
īnsiliō -ere -uī: in aliquid mē prōjiciō
contumēlia: injūria cum contemptū
hydrus: serpēns quī in aquā habitat
iners: dēbilis, sine vī, sine spē
fugitō (1): fugere soleō
metus -ūs, m: timor
fūrtim (adv.): mōre fūris
Mercurius: nūntius deōrum
praeclūdō -ere -clūsī -clūsus
afflīgō -ere, afflīxī, afflictus

N127 Canis Per Fluvium Carnem Ferēns

Āmittit meritō proprium quī aliēnum appetit.
Canis per flūmen carnem cum ferret natāns,
lymphārum in speculō vīdit simulācrum suum,
aliamque praedam ab alterō ferrī putāns,
ēripere voluit. Vērum dēcepta aviditās,
et quem tenēbat ōre dīmīsit cibum,
nec quem petēbat potuit adeō attingere.– Phaedrus 1.4

Paraphrasis: Jūstē āmittit suum quī aliēnum cupit, ut haec fābula bene ostendit. Ōlim canis quī per amnem cibum portābat in aquā suam cōnspexit imāginem. "Ecce!" inquit "Alter canis cibum portat!" et hunc ēripere cōnātus est. At avārus aviditāte suā dēcipitur: cibus enim quem in ōre tenēbat in rīvum cecidit. Suum meritō āmīsit et quem alius portābat capere nōn potuit.

An injūstē āmittit suum quī aliēnum cupit?
Quid ferēbat canis? Ubi? Quō auxiliō?
Quid in aquā aspexit? Quō auxiliō? Ubi?
Cui cibus cārus fuit?
Quō cōnsiliō carnem suum dēmīsit?
Quid, alterō cane vīsō, putābat canis?
Quis dēceptus est? Quid dēceptum est?
Quō auxiliō canis dēceptus est? Ā quō?
Unde cibus cecidit? Quō cecidit?
Potuitne alterum cibum capere?
Tū es canis: nārrā fābulam.

lympha: aqua (nōmen poēticum)
speculum: īnstrūmentum ex vitrō, argentō, et similibus, in quō imāginem nostram vidēmus
praeda: id quod ab aliīs rapimus, ut cibum, pecūniam, bovēs, et cētera
simulācrum: imāgō
adeō: etiam

N128 Panthēra[1] et Pāstōrēs

Solet ā dēspectīs pār referrī grātia.
Panthēra imprūdēns ōlim in foveam dēcidit.
Vīdēre agrestēs. Aliī fūstēs congerunt,
aliī onerant saxīs. Quīdam contrā miseritī
peritūrae quippe, cum laesisset nēminem,
mīsēre pānem ut sustinēret spīritum.
Nox īnsecūta est. Abeunt sēcūrī domum,
quasī inventūrī mortuam postrīdiē.

[1]Although we consider the panther a ferocious beast, the ancients had other ideas, as this poem shows. Here is what Isidore of Seville, an immensely learned Spaniard (AD 560–636), had to say regarding the origin of the name: "Panthēr dictus, sīve quod omnium animālium sit amīcus, exceptō dracōne, sīve quia et suī generis societāte gaudet. Πᾶν enim Graecē *omne* dīcitur."

At illa, vīrēs ut refēcit languidās,
vēlōcī saltū foveā sēsē līberat
et in cubīle concitō properat gradū.
Paucīs diēbus interpositīs, prōvolat.
Pecus trucīdat, ipsōs pāstōrēs necat,
et cūncta vāstāns saevit īrātō impetū.
Tum sibi timentēs, quī ferae pepercerant,
damnum haud recūsant, tantum prō vītā rogant.
At illa: "Meminī quis mē saxō peti'crit,
quis pānem dederit. Vōs timēre absistite;
illīs revertor hostis quī mē laesērunt."—Phaedrus 3.2

Paraphrasis: Saepe ā minōribus accipimus idem beneficium quod ipsī eīs dedimus. Quod fābula haec ostendit. Panthēra īnscia in foveam cecidit. Agricolae cum vīdissent ligna in eam injēcērunt, saxa dēmīsērunt. Aliī autem bēstiae innocentis quae mox peritūra fuit miseritī sunt. Mīsērunt igitur cibum quō vītam sustinēret. Vēnit nox; sine cūrā omnēs domum abiērunt. Putābat quisque sēsē bēstiam mortuam māne inventūrum esse. At illa, vīribus receptīs, summīs saliēns vīribus, ē foveā effūgit et magnā celeritāte domum suam sē recēpit. Post paucōs diēs, ad eundem locum reversa est. Animālia interfēcit ūnā cum pāstōribus ipsīs, et tōtum agrum terruit. Tandem eī quī bēstiae miseritī erant nōn rēs suās sed vītam ipsam rogābant. Illa "Nōlīte timēre" inquit. "Habeō in memōriā quis mē saxō vulnerāre temptā'rit, quis mihi cibum dederit. Eīs quī mē laesērunt inimīca sum, nōn vōbīs."

Quō dēcidit panthēra?
Ā quibus vīsa est?
Quō auxiliō vulnerāta est?
Cujus miseritī sunt quīdam?
Quid in foveam mīsērunt agricolae benīgnī?
Quō cōnsiliō pānis missus est?
Quō abiērunt agricolae?
Quid putābant ubi domum discessērunt?
Quandō panthēra effūgit?
Quō auxiliō effūgit? Unde? Quō?
Quandō reversa est ad agricolās crūdēlēs?
Quōs petēbat?
Cui timēbant agricolae benīgnī? Quem timēbant?
Quid rogābant? Quid nōn rogābant?
Quibus panthēra inimīca fuit? Quibus amīca?
Quem laeserant agricolae crūdēlēs?
Quibus panthēra pepercit? Quibus nocuit?

dēspectus: contemptus
agrestis: quī agrōs colit; agricola
fūstēs congerunt: ligna mittunt
quippe: certē
misereor -ērī, miseritus (with genitive): *pity*
postrīdiē (adverbial): proximō diē
cubīle -is, n: locus ubi aliquis dormīre solet
concitus: maximē citus, celer
prōvolō (1): exeō magna vī
pecus, pecoris, n: grex, animālia collēcta
trucīdō (1): crūdēliter interficiō, necō
saeviō (4): īrāscor
damnum: damnum est id quod āmittitur

Quandō bēstia ad foveam reversa est?
Quōs fugāvit panthēra?
Quī panthēram lapidāvērunt?
Cujus fātum dolēbant agricolae benīgnī?
Propter quōs est haec fābella scrīpta?
Tū es panthēra haec; nārrā fābellam.

haud (strong negator)
saxum: lapis
absistō -ere -stiti: dēsinō
gradus -ūs, m: *step*

N129 Vacca, Capella, Ovis, et Leō

Numquam est fidēlis cum potente societās:
testātur haec fābella prōpositum meum.
Vacca et capella et patiēns ovis injūriae[2]
sociī fuēre cum leōne in saltibus.
Hī cum cēpissent cervum vastī corporis,
sīc est locūtus, partibus factīs, leō;
"Egō prīmam tollō, nōminor quoniam leō:
Secundam, quia sum fortis, tribuētis mihī.
Tum quia plūs valeō, mē sequētur tertia.
Malō afficiētur, sī quis quārtam tetigerit."
Sīc tōtam praedam sōla improbitās[3] abstulit.—Phaedrus 1.5

Paraphrasis: Nē potentī crēdiderīs: hoc monet mea fābula. Tria animālia–bōs, ovis, capra—societātem cum leōne fēcērunt ut cibum suum in silvā peterent. Captus est autem cervus grandis, quem in partēs quattuor dīvīsēre sociī. Deinde leō "Ego" inquit "prīmam partem capiō quod mihi nōmen Leōnī est." Hōc dictō, ūnam partem abstulit. "Nōn dubium est quīn mihi, quod fortis sum, secundam partem dētis." Et secundam partem ad sē rapuit. "Tertiam quoque partem capiam quod vōbīs validior sum." Prōtinus ēvānuit tertia pars. "Ā parte quārtā abstinēte, moneō, nisī mortem obīre velītis." Et hōc modō tōtum corpus leō improbus sibi sōlus cēpit.

Cujus sociī erant vacca, capella, ovis?
Quis erat fortissimus?
Quid erat captum?
Utrum cervus ā leōne sōlō an ab omnibus captus erat?

saltus -ūs, m: silva
nōn dubium est quīn (with subj.): *there is no doubt that*
vacca: bōs fēmina

[2]A limited number of adjectives pattern with the genitive; *patiēns* is one: "patient about injuries."

[3]This is a common stylistic feature of Phaedrus. Instead of saying *leō improbus* ("the wicked lion") he says *improbitās* ("the wickedness"). Watch for other examples of this.

Quis sōlus praedam obtinuit?
Quis secundam partem cēpit?
Cūr leō prīmam partem cēpit? Cūr secundam? Tertiam? Quārtam?
Cujus improbitās magna erat?
Quī timēbant? Quem? Cui?
Cui datum est corpus cervī tōtum?
Quot in partēs praeda dīvīsa erat?
Quot animālia fuērunt?
Quot partēs bēstia quaeque obtinēre dēbuit?
Quot partēs accēpit capella?
Quis improbus fuit? Quis timidus?
Quōrum erat leō dominus?
Cujus corpus praeda factum est?
Propter quōs hominēs scrīpsit Phaedrus hanc fābellam?

capella: *female goat*
cervus: fera mīrae celeritātis, habēns cornua grandia
praeda: *booty*
obeō: pereō
pavor: timor

N130 Vulpēs et Caper

Homō in perīc'lum simul ac vēnit callidus
reperīre effugium quaerit alterius malō.
Cum dēcidisset vulpēs in puteum īnscia
et altiōre clauderētur margine,
dēvēnit hircus sitiēns in eundem locum.
Simul rogāvit esset an dulcis liquor
et cōpiōsus. Illa fraudem mōliēns:
"Dēscende, amīce. Tanta bonitās est aquae
voluptās ut satiārī nōn possit mea."
Immīsit sē barbātus. Tum vulpēcula
ēvāsit puteō, nīxa celsīs cornibus,
hircumque clausō līquit haerentem vadō.—Phaedrus 4.9

Paraphrasis: Homō doctus, sapiēns, subdolus, sī in perīculum vēnit, citō salūtem petit suam ex malō aliēnō: sīc ostendit haec fābula. Vulpēs ōlim propter īnscientiam in puteum dēcidit. Puteus hic tam altus erat ut vulpēs effugere nōn posset. Ad eundem puteum vēnit caper ut aquam biberet. Cum vulpem vīdisset, rogāvit "Estne aqua bona? Quanta est?" Quae, ut hircum falleret, ait, "Ad mē dēscendās, mī amīce. Tālis est aqua ut ego quidem numquam satis bibere possim." Caper stultus dēscendit. Suprā illum saluit vulpēs callida et hōc modō effūgit. Capellus autem in puteō sine spē mānsit.

Quid agit homō callidus?
Propter quem est scrīpta haec fābula?
Cujus malō quaerit callidus salūtem?
Quis erat intus puteum? Quis extrā?
Quis inde ēvāsit? Quis relictus est?
Quam altus erat puteus?

simul ac (conj.): *as soon as*
reperiō (4): inveniō
puteus: puteus est locus quī perpetuās habet aquās ex terrae vēnīs fluentēs.

Quō auxiliō claudēbātur vulpēcula?
Quem vulpēs in puteō relīquit?
Cujus stultitia mōnstrāta est?
Cujus calliditās?
Cui vulpēs nocuit?
Cujus margō altus erat?
Quid quaesīvit stultus?
Quid respondit callida?
Quanta bonitās aquae fuit, ut vulpēs dīxit?
Quis sē ēmīsit?
Quis sē immīsit?
Cujus cornua alta erant?
Cui vulpēs nōn amīca fuit?
Bibitne hircus aquam?

Differt ergō ā cisternā, quae aquam pluviam collēctam servat.
mōlior (4): vīribus agō
vulpēcula: vulpēs parva
nīxus: incumbēns, ūtēns
haereō -ēre, haesī, haesus: quī haeret in eōdem locō manet contrā voluntātem, ut in līmō
vadum: locus in marī aut flūmine ubi aqua brevis est; ibi prō aquā
caper -prī, m: hircus, capellus
celsus: altus

A perfect match.

N131 Cum sītis similēs parēsque vītā,
uxor pessima, pessimus marītus,
mīror nōn bene convenīre vōbīs.—Martial 8.35

Paraphrasis: Scīmus similēs similibus placēre. Cum sītis conjūgēs parēs improbitāte, mīrum mihi vidētur vōs nōn concordāre.

Quālis uxor est?
Quālis vir?
Quid Mārtiālis mīrātur?
Cui mīrum est discordia conjugum hōrum?

Slow on the track, but . . .

N132 Stāre putēs stadiō Eutychidēs cum curreret, at cum
currere ad cēnam, nempe volāre putēs.—St. Thomas More

Paraphrasis: Eutychidēs, cum stadium currere temptet, tam lentē prōgreditur ut stāre videātur. At currendō ad cēnam omnēs superat.

Quō modō currit Eutychidēs cum stadium currit?
Quō modō currit ad cēnam?

stadium: spatium passuum centum et vīgintī quīnque
nempe (intensifier): certē

In the following poem we may take it that the gifted Atticus was fond of using the word *bellus* to describe anything which met with his approval. The last word in the poem is a rare one, meaning "busybody." Since this is the climax of the poem, we suspect that the word itself was humorous to a Roman.

N133 Dēclāmās bellē; causās agis, Attice, bellē;
historiās bellās, carmina bella facis;
compōnis bellē mīmōs, epigrammata bellē;
bellus grammaticus; bellus es astrologus;
et bellē cantās et saltās, Attice, bellē;
bellus es arte lyrae; bellus es arte pilae.
Nīl bene cum faciās, faciās tamen omnia bellē.
Vīs dīcam quid sīs? Magnus es ardaliō.—Martial 2.7

Paraphrasis: Ō Attice, bene recitās; bene dīcis causās. Ēgregiās scrībis historiās et versūs ēlegantēs. Bene facis mīmōs et epigrammata. Es bonus grammaticus, bonus astrologus. Bene cantās et bene, ō Attice, membra movēs in choreīs. Perītus es arte lyrae et arte sphaerae jaciendae. Cum nihil agās optimē, concēdendum est ut tū omnia bene faciās. Placet tibi ut prōferam quid sīs? Magnus es ardaliō.

Quid Mārtiālis dīxit Atticum facere posse?
Eratne Atticus perītus arte cantandī?
Quibus aliīs artibus erat perītus? (Ūtere gerundiō.)
Admīrātur Mārtiālis Atticum?
Quem hominem dīxit Mārtiālis esse Atticum?

dēclāmātiō: domestica exercitātiō, quō in genere puerī apud magistrōs exercentur
mīmus: poēma rīdiculum in quō rīsus sōlus quaerēbātur
perītus: *experienced*

Cicero, in recommending Pompey for the command in the war against Mithridates, praises him as a great general.

N134 Inde cum sē in Ītaliam recēpisset, duābus Hispāniīs et Galliā Trānsalpīnā praesidiīs ac nāvibus cōnfirmātā, missīs etiam in ōram Illyricī maris et in Achaiam omnemque Graeciam nāvibus, Ītaliae duo maria maximīs classibus firmissimīsque praesidiīs adornāvit, ipse autem, ut Brundisiō[4] profectus est, ūndēquīnquāgēsimō (XLIX) diē tōtam ad imperium populī Rōmānī Ciliciam adjūnxit; omnēs, quī ubīque praedōnēs fuērunt, partim captī interfectīque sunt, partim ūnīus huius sē imperiō ac potestātī dēdidērunt. Īdem Crētēnsibus, cum ad eum in Pamphȳliam lēgātōs

inde (adv.): *from there, therefore*
mē recipiō: *take oneself back, retreat*
praesidium -ī, n: *garrison*
imperium -ī, n: *sovereign power*
adjungō -ere -xī -nctus: *attach*
ubīque (adv.): *everywhere*
praedō -ōnis, m: *pirate*
partim (adv.): *partly*
potestās -ātis, f: *power*
dēdō -ere, dēdidī, dēditus: *give over*

[4]Brundisium: the port in the southeastern part of Italy from which the Romans set sail for Greece or places farther east.

dēprecātōrēsque mīsissent, spem dēditiōnis nōn adēmit obsidēsque imperāvit.
—Cicero Prō Imperiō Gnaeī Pompeī, 12

dēprecator -ōris, m
dēditiō -ōnis, f
adimō -ere -ēmi -ēmptus: *take away*
obses -idis, m: *hostage*

Transform each participial phrase and subordinate clause into main clause kernels.

Part of Caesar's fleet is forced back from Britain.

N135 Quae (nāvēs) cum appropinquārent Britanniae et ex castrīs vidērentur, tanta tempestās subitō coorta est, ut nūlla eārum cursum tenēre posset, sed aliae eōdem, unde erant profectae, referrentur, aliae ad inferiōrem partem īnsulae, quae est propius sōlis occāsum, magnō suī cum perīculō dējicerentur; quae tamen, ancorīs jactīs, cum flūctibus complērentur, necessariō adversā nocte in altum prōvectae, continentem petiērunt.—Caesar BG IV 28

appropinquō (1): *approach*
tempestās -ātis, f: *storm*
coorior, coorīrī, coortus: *rise*
occāsus -ūs, m
eōdem (adv.): *to the same place*
īnsula -ae, f: *island*
tamen (conj.): *however*
fluctus -ūs, m
jaciō -ere, jēcī, jactus: *throw*
compleō -ēre -plēvī -plētus
necessariō (adv.): *of necessity*
advertō -ere -vertī -versus
prōvehō, -ere -vexī -vectus
continēns -entis, m.

Rewrite this paragraph by changing subordinate clauses and participles to independent sentences.

N136

Vulpēs et Corvus

Quī sē laudārī gaudet verbīs subdolīs,
sērā dat poenās turpēs paenitentiā.
Cum dē fenestrā corvus raptum cāseum
comēsse[1] vellet, celsā residēns arbore,
vulpēs hunc vīdit; deinde sīc coepit loquī:
"Ō quī tuārum, corve, pennārum est nitor!
Quantum decoris corpore et vultū geris!
Sī vōcem habērēs, nūlla prior āles foret!"
At ille stultus, dum vult vōcem ostendere,
ēmīsit ōre cāseum, quem celeriter
dolōsa vulpēs avidīs rapuit dentibus.
Tum dēmum ingemuit corvī dēceptus stupor.—Phaedrus 1.13

Paraphrasis: Sunt multī quī volunt laudārī; eī propter hoc vitium jūstē pūniuntur. Corvus ōlim cāseum dē fenestrā raptum ad arborem portāvit. Quem vulpēs ēsuriēns cōnspexit et "Ō corve" inquit "quam splendent tuae pennae! Et quam pulchrum est tuum corpus, quam pulcher tuus vultus! Vōcem pulchram tantum nōn habēs; sī habērēs, pulcherrima avium essēs!" Hōc audītō, stultus corvus cantāre coepit ita ut cāseum ex ōre ēmitteret. Quem vulpēs mendāx rapuit, et corvus īnsipiēns lacrimābātur.

Quem haec fābula monet?
Unde corvus cāseum rapuit?
Quā ex māteriā fit cāseus?
Quid ēsse vult corvus?
Ubi resēdit corvus?
Quālī in arbore resēdit corvus?
Quis ā vulpe cōnspectus est?
Ut vulpēs dīxit, cujus nitor erat pulcher?
Ut vulpēs dīxit, quid splenduit?
Quāle corpus, ut vulpēs dīxit, gerēbat corvus?
Cujus corpus, ut vulpēs dīxit, pulchrum erat?
Cujus verba subdola erant?
Quid nitēbat, ut vulpēs dīxit?

subdolus: fraudulentus, fallāx
dat poenās: is quī furtum facit, sī captus est, poenās dare solet; pūnītur
turpis: inhonestus. Poenae hīc sunt appellātae *inhonestae* vel *turpēs* quod crīmen ipsum turpe fuit.
fenestra: ea pars aedificiī quā lūx admittitur
cāseus: cibus ē lacte factus
penna: id quō avēs vestiuntur

[1]The verb *edō*, in addition to regular forms like *edō, edis, edit*, has some irregular forms: *ēs, ēst, ēstis* (all #2), the infinitive *ēsse*, and a few others.

Eratne corvus rē vērā pulcher?
Quid corvus ostendere cupīvit?
Quālis bēstia erat vulpēs?
Quis cāseum ēmīsit?
Quis cāseum ēmissum rapuit?

nitor -ōris, m: clāritās, splendor
quantum decoris: quod decus
āles: avis
dolōsus: subdolus, fallāx

A soft answer.

N137 "Trīgintā tōtō mala sunt epigrammata librō."
Sī totidem bona sunt, Lause, bonus liber est.—Martial 7.81

Paraphrasis: Jūdicā'stī, Lause, in meō libellō esse trīgintā mala carmina. Hoc mihi placet; contentus essem sī trīgintā bona carmina ibi inessent.

Quot mala poēmata in Mārtiālis librō sunt, ut Lausus dīxit?
Quālis liber sit sī trīgintā bona carmina contineat?
Cui est carmen scrīptum?

N138 Nē valeam sī nōn tōtīs, Deciāne, diēbus
et tēcum tōtīs noctibus esse velim.
Sed duo sunt quae nōs disjungunt mīlia passum:
quattuor haec fīunt, cum reditūrus eam.
Saepe domī nōn es; cum sīs quoque, saepe negāris:
vel tantum causīs vel tibi saepe vacās.
Tē tamen ut videam, duo mīlia nōn piget īre;
ut tē nōn videam, quattuor īre piget.—Martial 2.5

Paraphrasis: Dispeream, ō Deciāne, nisī tē ideō amō ut tēcum tōtōs diēs tōtāsque noctēs manēre velim, sed intrā tēcta nostra est spatium duōrum mīlium passuum. Tōtum iter igitur quattuor mīlia continet, cum ego domum meam redeam. Saepe tū nōn es domī; etiam cum sīs, servus solet dīcere tē abesse. Aut causīs tuīs operam dās aut frequenter tibi. Nōn mihi molestum est duo mīlia passum īre sī tē videam; at est molestum īre quattuor nisī tē videam.

Amatne Mārtiālis Deciānum?
Quantum iter est sī Mārtiālis ad Deciānī aedēs it?
Quantum sī it et revertitur?
Cui saepe accidit ut amīcum saepe nōn videat?
Velitne Mārtiālis duo mīlia passuum īre sī amīcum videat?
Quid nōn vult Mārtiālis?

disjungō: *separate*
passus -ūs, m: gressus, gradus in prōgrediendō; sūmitur etiam prō mēnsūrā; cōnstat ex quīnque pedibus vel ex duōbus gressibus. Mīlle passūs cōnstant igitur ex quīnque mīlia pedum,

Ubi rē vērā est Deciānus quandō
servus dīcit eum abesse?
Quid Deciānus cūrat? Quem cūrat?

id est Anglicē, *mile*.
passum: cāsus genitīvus,
prō *passuum*

Fortune hunters were common in Martial's day; there are many references to young men who pursue old women. But *he* is not going to marry this rich old woman. Why not?

N139 Nūbere Paula cupit nōbīs; ego dūcere Paulam
nōlō: anus est. Vellem, sī magis esset anus.—Martial 10.8

Paraphrasis: Paula optat mihi nūbere; ego illam in mātrimōnium dūcere nōn cupiō, quod senex est. Sī multō senior esset, vellem. Citō enim morerētur et mē hērēdem relinqueret.

Quid vult Paula? Quid Mārtiālis?
Quā condiciōne dūceret Mārtiālis?

anus -ūs, f: senex fēmina

This is perhaps the tenderest poem Martial ever wrote. It is about a little slave girl who died just before her sixth birthday.

N140 Hanc tibi, Fronto pater, genetrīx Flaccilla, puellam
ōscula commendō dēliciāsque meās,
parvola nē nigrās horrēscat Erōtion umbrās
ōraque Tartareī prōdigiōsa canis.
Implētūra fuit sextae modo frīgora brūmae,
vīxisset totidem nī minus illa diēs.
Inter tam veterēs lūdat lascīva patrōnōs
et nōmen blaesō garriat ōre meum.
Mollia nōn rigidus caespes tegat ossa, nec illī,
Terra, gravis fuerīs: nōn fuit illa tibī.—Martial 5.34

Paraphrasis: Ō Frontō mī genitor et Flaccilla māter, vōbīs commendō hanc puellam vernulam, quam ego tamquam fīliolam amāvī. Eam tibi commendō nē ātrās tenebrās īnferōrum timeat et tria ōra Cerberī, canis īnfernī. Fuisset nāta sex annōs sī vīxisset sex diēs plūs. Apud parentēs meōs, patrōnōs seniōrēs prō puellā tam tenerā, cum gaudiō lūdat et meum nōmen loquātur modō īnfantium. Sit illī terra levis nēve gravis sit: illa terrae nōn gravis semper fuit.

Quis in tumulō condita est?
Cujus vernula fuit Erōtion?
Cujus pater erat Frontō?
Quō cōnsiliō Mārtiālis vernulam
parentibus commendat?
Quid precātur Mārtiālis?
Hōc tempore erant parentēs Mārtialis
vīvī an dēfūnctī?

ōsculum: *kiss*; *darling*
brūma: tempus hiemis
lascīvus: laetus
Tartareus canis: Cerberus,
canis quī portās Orcī
custōdiēbat et capita tria
habēbat
blaesus: quī linguam

Vīxitne Erōtion sex annōs?
Vīxissetne sex annōs sī sex plūrēs diēs eī fuissent?
Dolēretne Mārtiālis sī vernula vīxisset?
Utrum levis an gravis fuit Erōtion?
Utrum levis an gravis sit terra?
Quid timeat Erōtion nisī bene custōdiātur ā patrōnīs?

impedītam habet, sic ut litteram *R* male prōnūntiet
garriō (4): ineptē loquor, plūra verba faciō
caespes -itis, m: terra caesa cum herbā
vernula -ae, f: parva serva domī nostrae vel etiam in terrā nostrā nāta

Some of the poems of Martial are serious; this is one of them. It is for a young slave (of Martial's?) who was his master's barber. There is a nice variation of the idea *Sit tibi terra levis.*

N141 Hōc jacet in tumulō raptus puerīlibus annīs
Pantagathus, dominī cūra dolorque suī,
vix tangente vagōs ferrō resecāre capillōs
doctus et hirsūtās excoluisse genās.
Sīs licet, ut dēbēs, Tellūs, plācāta levisque,
artificis levior nōn potes esse manū.—Martial 6.52

Paraphrasis: Hōc in tumulō situs est juvenis Pantagathus, quem dominus ōlim amābat et nunc dolet. Erat tōnsor, quī tam bene capillōs secābat ut forfex comam tangere vix vidērētur. Sciēbat quoque barbam recīdere. Ō Terra, quamvīs tū levis sīs, nōn potes levior esse manū Pantagathī. Quae propria tōnsōris laus est.

Quis Pantagathum lūget?
Quō īnstrūmentō Pantagathus vīvus ūtēbātur?
Quid poēta Terram rogat?
Quis erat levior Terrā?
Quid erat levius Terrā?
Quō Terra nōn levior esse potest?
Quem dominus ante cūrāvit?
Quem dominus nunc dolet?

secō (1): caedō, scindō
hirsūtus: barbātus
tellūs -ūris, f: terra
licet: cf. nārrātiōnem nōnāgēsimam nōnam
genae -ārum: *cheeks*
forfex -icis, f: īnstrūmentum quō capillī secantur

N142 Saepe mihī dīcis, Lūcī cārissime Jūlī,
"Scrībe aliquid magnum: dēsidiōsus homō es."
Ōtia dā nōbīs sed quālia fēcerat ōlim
Maecēnās Flaccō Vergiliōque suō:
condere vīctūrās temptem per saecula cūrās
et nōmen flammīs ēripuisse meum.
In sterilēs nōlunt campōs juga ferre juvencī;
pingue solum lassat, sed juvat ipse labor.—Martial 1.107

Paraphrasis: Ō cārissime Lūcī Jūlī, saepe mihi "Scrībe" inquis "aliquid magnum; es homō piger." Mihi fac, quaesō, tranquillitātem vītae quālem Maecēnās ōlim dederat Hōrātiō et Vergiliō suīs. Sī hoc ōtium cōnsequar, cōner compōnere versūs quī per saecula vīvant et nōmen meum ā morte servent. Nam bovēs juga in agrōs ingrātōs ferre nōlunt; ager fertilis autem dēfatīgat sed labor ipse placet.

Quid Lūcius Jūlius rogat?
Quid Mārtiālis?
Cujus patrōnus erat Maecēnās?
Cui Lūcius Jūlius cārus est?
Quālem hominem dīxit Lūcius Mārtiālem esse?
Quid Mārtiālis temptāre velit, sī ōtiōsus sit?
Quālēs agrōs amant juvencī?
Quālēs nōn amant?
Gaudeantne bovēs sī ager frūctuōsus sit?
Quō īnstrūmentō bovēs in agrō labōrant?
Labōretne Mārtiālis sī ōtiōsus sit?

dēsidiōsus: piger
ōtium: vacuum tempus, cessātio ab opere, remissiō labōris; cui contrārium est *negotium*
jugum: ligneum īnstrūmentum recurvum, quod duōrum boum collō trānsversum impositum eōs simul jungit ac colligat
juvencus: bōs juvenis
pinguis: fēcundus, frūctū dīves
solum -ī, n: terra, humus
lassō (1): fatīgō (1)

Cicero's opinion of the value of literary studies.
N143 Ego multōs hominēs excellentī animō ac virtūte fuisse sine doctrīnā, et nātūrae ipsīus habitū prope dīvīnō per sē ipsōs moderātōs et gravēs exstitisse fateor; etiam illud adjungō, saepius ad laudem atque virtūtem nātūram sine doctrīnā quam sine nātūrā valuisse doctrīnam.

Atque īdem ego contendō, cum ad nātūram eximiam atque illūstrem accesserit ratiō quaedam cōnfōrmātiōque doctrīnae, tum illud nescio quid praeclārum ac singulāre solēre exsistere. Ex hōc esse hunc numerō, quem patrēs nostrī vīdērunt, dīvīnum hominem, Āfricānum, ex hōc C. Laelium, L. Furium, moderātissimōs hominēs et continentissimōs, ex hōc fortissimum virum et illīs temporibus doctissimum, M. Catōnem, illum senem; quī profectō, sī nihil ad percipiendam colendamque virtūtem litterīs adjuvārentur, numquam sē ad eārum studium contulissent.

Quod sī nōn hic tantus frūctus ostenderētur, et sī ex hīs studiīs dēlectātiō sōla peterētur, tamen, ut opīnor, hanc animī remissiōnem hūmānissimam ac līberālissimam jūdicārētis. Nam cēterae neque temporum sunt neque aetātum omnium neque locōrum; at haec studia adulēscentiam alunt, senectūtem oblectant, secundās rēs ōrnant, adversīs perfugium ac sōlācium praebent, dēlectant domī, nōn impediunt forīs, pernoctant nōbiscum, peregrīnantur, rūsticantur.—Cicero pro Archia 7

adjungō -ere -jūnxi -jūnctus: *add*
eximius -a -um: *remarkable*
fructus -ūs, m: *frūit*
ostendō -ere -i -tentus: *show*

illūstris -e: *illustrious*
accēdō -ere -cessī -cessūrus: *go toward, be added*
praeclārus -a -um: *outstanding*
singulāris -e: *unique*
profectō (adv.)
percipiō -ere -cēpī -ceptus: *perceive*
conferō -ferre -tulī -lātus
nescioquis, nescioquid: *someone, something*
quod sī: *but if*
praebeō -ēre -uī, praebitus: *offer*
domī: antonym of *forīs*
forīs, (adv.): *out of doors, away from home*
peregrīnor (1)
rūsticor (1)

Safe at last!

N144 Sī meminī, fuerant tibi quattuor, Aelia, dentēs;
expulit ūna duōs tussis et ūna duōs.
Jam sēcūra potes tōtīs tussīre diēbus:
nīl istīc quod agat tertia tussis habet.—Martial 1.19

Paraphrasis: Nisī fallor, ōlim habuerās, Aelia, dentēs quattuor. Prīmus et secundus dentēs ūnā tussī expulsī sunt, tertius et quārtus alterā tussī. Nōlī timēre, Aelia. Tussī quantum vīs: dēns nūllus est quem tussis tertia expellat.

Quot dentēs Aeliae fuerant?
Quot dentēs Aelia hōc tempore habet?
Quid tertia tussis expellere potest?
Quam diū potest Aelia jam tussīre?

istīc: ex istō locō
expellō -ere, expulī, expulsus

Grave inscription

N145 Hīc jam nunc situs est quondam praestantius ille
omnibus in terrīs fāmā vītāque probātus.
Hic fuit ad superōs fēlīx, quō nōn fēlīcior alter
aut fuit aut vīxit, simplex, bonus atque beātus.
Numquam trīstis erat, laetus gaudēbat ubīque,
nec senibus similis mortem cupiēbat obīre,
sed timuit mortem nec sē morī posse putābat.
Hunc conjūnx posuit terrae et sua trīstia flēvit
vulnera, quae sīc sit cārō viduāta marītō.

Cui hic senex nōn similis fuit?
Cupiēbatne obīre?
Quid nōn putābat?
Quibus rēbus erat probātus?
Quālem vītam ēgit?
Ubi laetus erat?
Ā quō tumulus positus est?
Cui positus est?
Cujus vīta erat beāta?

ubīque (adverbial): omnī locō
mortem obeō: pereō, morior
viduātus: egēns, carēns
terrae (locative case)

An inscription found on a wall.

N146 Admīror, pariēs, tē nōn cecidisse ruīnā,
quī tot scrīptōrum taedia sustineās.

parēs -etis, m

Ubi scrīptae sunt multae nūgae?
Cecideratne mūrus?
Quid auctor admīrātus est?
Quid sustinēbat multa taedia scrīptōrum?

taedium -ī, n: cōpia nimia aliquārum rērum

The parvenu.

N147 Sum, fateor, semperque fuī, Callistrate, pauper
sed nōn obscūrus nec male nōtus eques,
sed tōtō legor orbe frequēns et dīcitur, "Hicc est,"
quodque cinis paucīs hoc mihi vīta dedit.
At tua centēnīs incumbunt tēcta columnīs
et lībertīnās arca flagellat opēs,
magnaque Nīliacae servit tibi glaeba Syēnēs
tondet et innumerōs Gallica Parma gregēs.
Hocc ego tūque sumus: sed quod sum nōn potes esse:
tū quod es ē populō quīlibet esse potest.--Martial 5.13

Paraphrasis: Ō Callistrate, cōnfiteor mē inopem esse et semper fuisse; at sum eques nōn īgnōbilis nec īgnōtus. Tōtō orbe multī meōs librōs legunt et ajunt, "Hic est ille Mārtiālis clārissimus." Tālem fāmam assecūtus sum quālem paucī post mortem. Sed tū habitās aedēs centum columnīs īnstrūctās; et opēs tuae vix arcā vel sarcinīs tuīs continērī possunt. Habēs fundōs amplōs in Aegyptō patentēs; in Galliā pāstōrēs ovēs tuās tondent quō tū dīvitior fīās. Ego quidem inops sum; tū vērō dīves. Tū ingeniō tuō numquam clārus sīs, sed quīlibet ex plēbe rem facere potest, ut tū fēcistī.

Estne Mārtiālis dīvitior Callistratō?
Quālī in tēctō habitat Callistratus?
Cujus mūnere factus est Mārtiālis eques?
Quis Mārtiālem legit?
Unde Callistratus locuplēs fit?
Quā in regiōne sunt agrī Callistratī?
Ubi poēta cūncta sua habet?
Possitne Callistratus pār Mārtiālī esse?
Essetne Callistratus pār Mārtiālī sī dīvitior esset?
Quālis ōrdinis fuit Mārtiālis?
Quālis ōrdinis fuit Callistratus?
Quis pār Callistratō esse possit?
Quis pār Mārtiālī esse possit?
Quae animālia possidet Callistratus?
Ubi Callistratus nummōs servat?
Quālis ōrdinis fuerat Callistratus?
Quae animālia lānigera sunt?
Invidetne Mārtiālis opibus lībertīnīs?

eques, equitis, m: Mārtiālis, cum equestrem cēnsum quādringentā sestertium mīlia nōn possidēret, jūs sedendī tamen inter equitēs accēpit mūnere Caesaris Domitiānī.

lībertīnus: quālem possēdērunt lībertī locuplētissimī Narcissus et Pallās, Claudiō rēgnante. Lībertīnus autem est quī ē servitūte in lībertātem sē vindicāvit.

Syēnē, Syēnēs, f: urbs Aegyptī quondam nōbilissima

Quō auxiliō Mārtiālis nōtus est?
Quō auxiliō Callistratus?

Gallica Parma: Urbs Galliae Cisalpīnae ad Padum, flūmen nōtum, unde lāna optima
flagellō: coerceō, cōgō
glaeba: terra caesa sine herbā, hīc sūmitur prō agrō pinguī
tondeō -ēre, totondī, tōnsus: capillōs vel lānam caedō
fundus: ager grandis

NARRATIVE READINGS FOR LESSON 36

A lovely poem (perhaps a trifle ironic) from the "tenderest of Roman poets nineteen hundred years ago."[1]

N148 Lūgēte, ō Venerēs Cupīdinēsque,
et quantum est hominum venustiōrum.
Passer mortuus est meae puellae,
passer, dēliciae meae puellae.
Quem plūs illa oculīs suīs amābat:
nam mellītus erat suamque nō'rat
ipsam tam bene quam puella mātrem.
Nec sēsē ā gremiō illius movēbat,
sed circumsiliēns modo hūc modo illūc
ad sōlam dominam ūsque pīpilābat.
Quī nunc it per iter tenebricōsum
illūc, unde negant redīre quemquam.
At vōbīs male sit, malae tenebrae
Orcī, quae omnia bella dēvorātis:
tam bellum mihi passerem abstulistis.
Vae factum male! Vae miselle passer!
Tuā nunc operā meae puellae
flendō turgidulī rubent ocellī.—Catullus 3

Paraphrasis: Plōrāte, ō Venerēs et Cupīdinēs et quīcumque hominēs ēlegantēs sunt. Passer meae puellae mortuus est, passer quī erat ōscula et dēliciae amīcae meae, quem ipsa ocellīs suīs cāriōrem habēbat; erat enim dulcis et aequē agnōscēbat dominam suam quam puella mātrem; neque recēdēbat ab ejus sinū, sed circumvolitāns, nunc eō, modo illō, ad ūnam heram semper pīpiēbat. Quī jam fertur per viam obscūram eō unde dīcunt nēminem revertī. Ī in malam rem, ō improba nox īnferōrum, quae omnēs rēs venustās raptās! Ēripuistī mihi passerem adeō ēlegantem! Ō cāsum gravem! Ō passerem īnfēlīcem! Jam tuī causā oculī meae puellae lacrimandō fīunt tumidī et rubrī.

Quem interisse dīcit Catullus?
Cujus passer fuit?
Cui mors accidit?
Cūr puella dolet?
Cūr Catullus dolet?

passer -eris: avis, parva cujusdam generis
mellītus: melle conditus; ergō, suāvis, jūcundus, dulcis

[1]From a poem by Tennyson about Catullus and his country home on Lake Garda, Italy. First printed in 1883, the poem was entitled "Frater Ave Atque Vale."

Quālēs oculōs ob passeris mortem puella gerit?
Quantum amābat puella passerem?
Quam bene agnōscit puellam passer?
Ubi manēbat passer?
Quō it pīpiēns?
Quō passer nunc prōgressus est?
Quis ab Orcō redit?
Quō auxiliō rubēscunt oculī puellae?
Flēvissetne puella sī passer salvus fuisset?

ūsque (intensifier): *as far as, up to*
pīpilō (1): verbum exprimēns vōcem avium parvārum
Orcus: deus Inferōrum, īdem ac Plūtō
hera: domina
vae: heu
illūc: ad illum locum

Not all the poems of Martial are funny. Here is a thought common among Roman poets: live today, for tomorrow may be too late.

N149 Crās tē vīctūrum, crās dīcis, Postume, semper.
Dīc mihi, *crās* istud, Postume, quando venit?
Quam longē *crās* istud; ubi est? Aut unde petendum?
Numquid apud Parthōs Armeniōsque latet?
Jam *crās* istud habet Priamī vel Nestoris annōs.
Crās istud quantī, dīc mihi, posset emī?[2]
Crās vīvēs? Hodiē jam vīvere, Postume, sērum est:
ille sapit quisquis, Postume, vīxit herī.—Martial 5.58

Paraphrasis: Ō Postume, perpetuō praedicās tē crās vītā fruitūrum esse. Ō Postume, quandō venit id *crās* quod tū dīcis? Quam procul ā nōbīs est istud *crās*, ubi situm est, aut unde id petere possumus? Nōn crēdō id in Parthiā vel Armeniā latēre. Istud *crās* est tam senex quam Priamus Trojānus vel Graecus Nestor. Sī istud *crās* emere vellēs, quō pretiō id comparāre possēs? Cūr tū "Crās vīvam" inquis? Tardus sīs, sī hodiē vīvere incipiās. Sapiēns quī herī vīxit: nam sī hodiē moriātur, laetam vītam ēgerit.

Quandō dīcit Postumus sē vīctūrum esse?
Quid dīcit Postumus?
Cūr stultum est quod Postumus prōpōnit?
Quid fēcit sapiēns?
Eratne Priamus juvenis an senex? Nestor?
Saperetne Postumus sī vīxisset?
Sapitne quī crās vīvere vult?
Quid monet Mārtiālis?

numquid (interrogative adverbial expecting a negative answer)
Priamus -ī, m: maximus nātū apud Trojānōs
Nestor -oris, m: maximus nātū apud Graecōs
fruor, fruī, frūctus (fruitus) (with ablative): frūctum percipiō
procul (adverbial): longē

[2]With verbs of buying like *emō*, the genitive shows the price.

APPENDIX

I. Summary of Morphology

A. NOUNS

First Declension (-*a* stems)

Nom	hōra	hōrae	unda	undae	umbra	umbrae
Acc	hōram	hōrās	undam	undās	umbram	umbrās
Abl	hōrā	hōrīs	undā	undīs	umbrā	umbrīs
Dat	hōrae	hōrīs	undae	undīs	umbrae	umbrīs
Gen	hōrae	hōrārum	undae	undārum	umbrae	umbrārum

Second Declension (-*o* stems)

vir	virī	puer	puerī	servus	servī
virum	virōs	puerum	puerōs	servum	servōs
virō	virīs	puerō	puerīs	servō	servīs
virō	virīs	puerō	puerīs	servō	servīs
virī	virōrum	puerī	puerōrum	servī	servōrum

dominus	dominī	exemplum	exempla	vīnum	vīna
dominum	dominōs	exemplum	exempla	vīnum	vīna
dominō	dominīs	exemplō	exemplīs	vīnō	vīnīs
dominō	dominīs	exemplō	exemplīs	vīnō	vīnīs
dominī	dominōrum	exemplī	exemplōrum	vīnī	vīnōrum

Third Declension (-ϕ, *-e*, *-i* stems)

fōns	fontēs	dux	ducēs	homō	hominēs
fontem	fontēs (-īs)	ducem	ducēs	hominem	hominēs
fonte	fontibus	duce	ducibus	homine	hominibus
fontī	fontibus	ducī	ducibus	hominī	hominibus
fontis	fontium	ducis	ducum	hominis	hominum

nāvis	nāvēs	occāsiō	occāsiōnēs	frāter	frātrēs
nāvem	nāvēs (-īs)	occāsiōnem	occāsiōnēs	frātrem	frātrēs
nāve	nāvibus	occāsiōne	occāsiōnibus	frātre	frātribus
nāvī	nāvibus	occāsiōnī	occāsiōnibus	frātrī	frātribus
nāvis	nāvium	occāsiōnis	occāsiōnum	frātris	frātrum
		aetās	aetātēs		
		aetātem	aetātēs		
		aetāte	aetātibus		
		aetātī	aetātibus		
		aetātis	aetātum		

corpus	corpora	crīmen	crīmina	animal	animālia
corpus	corpora	crīmen	crīmina	animal	animālia
corpore	corporibus	crīmine	crīminibus	animālī	animālibus
corporī	corporibus	crīminī	crīminibus	animālī	animālibus
corporis	corporum	crīminis	crīminum	animālis	animālium

Fourth Declension (-*u* stems)

manus	manūs	lacus	lacūs	vultus	vultūs
manum	manūs	lacum	lacūs	vultum	vultūs
manū	manibus	lacū	lacibus	vultū	vultibus
manuī	manibus	lacuī	lacibus	vultuī	vultibus
manūs	manuum	lacūs	lacuum	vultūs	vultuum

Fifth Declension (-*ē* stems)

diēs	diēs	rēs	fidēs (no plural)	spēs (no plural)
diem	diēs	rem	fidem (no plural)	spem (no plural)
diē	diēbus	rē	fidē (no plural)	spē (no plural)
diēī	diēbus	reī	fideī (no plural)	speī (no plural)
diēī	diērum	reī	fideī (no plural)	speī (no plural)

The only fifth declension nouns with common plural forms are *diēs* and *rēs*.

B. ADJECTIVES

First-Second Declension

	M	F	N	M	F	N
Nom	quantus	quanta	quantum	quantī	quantae	quanta
Acc	quantum	quantam	quantum	quantōs	quantās	quanta
Abl	quantō	quantā	quantō	quantīs	quantīs	quantīs
Dat	quantō	quantae	quantō	quantīs	quantīs	quantīs
Gen	quantī	quantae	quantī	quantōrum	quantārum	quantōrum

Third Declension

	M&F	N	M&F	N
Nom	quālis	quāle	quālēs	quālia
Acc	quālem	quāle	quālēs (quālīs)	quālia
Abl	quālī	quālī	quālibus	quālibus
Dat	quālī	quālī	quālibus	quālibus
Gen	quālis	quālis	quālium	quālium

	M	F	N	M	F	N
Nom	ācer	ācris	ācre	ācrēs	ācrēs	ācria
Acc	ācrem	ācrem	ācre	ācrēs (-īs)	ācrēs (-īs)	ācria
Abl	ācrī	ācrī	ācrī	ācribus	ācribus	ācribus
Dat	ācrī	ācrī	ācrī	ācribus	ācribus	ācribus
Gen	ācris	ācris	ācris	ācrium	ācrium	ācrium

One-ending third declension adjectives (including imperfective participle):

	M&F	N	M&F	N
Nom	tacēns	tacēns	tacentēs	tacentia
Acc	tacentem	tacēns	tacentēs (-īs)	tacentia
Abl	tacentī (-e)	tacentī (-e)	tacentibus	tacentibus
Dat	tacentī	tacentī	tacentibus	tacentibus
Gen	tacentis	tacentis	tacentium -um	tacentium -um

Comparison of Adjectives

1. Regular

Positive	Comparative	Superlative
pūrus-a-um	pūrior-ior-ius	pūrissimus-a-um
fortis-is-e	fortior-ior-ius	fortissimus-a-um
pulcher-pulchra-pulchrum	pulchrior-ior-ius	pulcherrimus-a-um
celer-celeris-celere	celerior-ior-ius	celerrimus-a-um

Six adjectives in *-lis* (facilis, difficilis, similis, dissimilis, gracilis, humilis) are compared *facilis, facilior, facillimus*. All the other adjectives in *-lis*, e.g., *crūdēlis, nōbilis*, etc., have the *-issimus* superlative.

2. Irregular

Positive	Comparative	Superlative
magnus, magna, magnum	major, majus	maximus-a-um
malus, mala, malum	pejor, pejus	pessimus-a-um
bonus, bona, bonum	melior, melius	optimus-a-um
multus, multa, multum	plūs;[1] plūrēs, plūra	plūrimus-a-um
parvus, parva, parvum	minor, minus	minimus-a-um
īnferus, īnfera, īnferum	īnferior, īnferius	īnfimus-a-um
superus, supera, superum	superior, superius	suprēmus or summus
--- (prae, prō-prep.)	prior, prius	prīmus-a-um
--- (ultrā-prep.)	ulterior, ulterius	ultimus-a-um
--- (prope-prep.)	propior, propius	proximus-a-um

Declension of the Comparative

	Singular		Plural	
	M&F	N	M&F	N
Nom	pūrior	pūrius	pūriōrēs	pūriōra
Acc	pūriōrem	pūrius	pūriōrēs	pūriōra
Abl	pūriōre	pūriōre	pūriōribus	pūriōribus
Dat	pūriōrī	pūriōrī	pūriōribus	pūriōribus
Gen	pūriōris	pūriōris	pūriōrum	pūriōrum

Formation of Adverbs from Adjectives

Adverbs are regularly formed from adjectives by the morphemes *-ē* or *-ter*.

-ē is used if the adjective is first and second declension: *honestē*. *-ter* is used if the adjective is third declension: *fortiter*.

The comparative adverb is the accusative singular neuter of the comparative adjective: *honestius*.

[1]*Plūs* is a neuter singular noun, not an adjective.

C. PRONOUNS AND SPECIAL ADJECTIVES

Pronouns

1. Personal and reflexive pronouns

	1st person (I, me, we, us)		2d person (you)		3d person (reflexive only) (himself, herself, itself, themselves)	
	Sg	Pl	Sg	Pl	Sg	Pl
Nom	ego	nōs	tū	vōs	---	---
Acc	mē	nōs	tē	vōs	sē, sēsē	sē, sēsē
Abl	mē	nōbīs	tē	vōbīs	sē, sēsē	sē, sēsē
Dat	mihi, mī	nōbīs	tibi	vōbīs	sibi	sibi
Gen	meī	nostrum, nostrī	tuī	vestrum, vestrī	suī	suī

Note: *is, hic, ille, ipse,* and *īdem,* when used without a noun, function as personal pronouns, third person.

2. Relative pronoun

Nom	quī	quae	quod	quī	quae	quae
Acc	quem	quam	quod	quōs	quās	quae
Abl	quō	quā	quō	quibus	quibus	quibus
Dat	cui	cui	cui	quibus	quibus	quibus
Gen	cujus	cujus	cujus	quōrum	quārum	quōrum

3. Interrogative pronoun

	M&F	N
Nom	quis	quid
Acc	quem	quid
Abl	quō	quō
Dat	cui	cui
Gen	cujus	cujus

The plural is like that of the relative pronoun.

4. Special adjectives (pronouns)

	Singular			Plural		
Nom	hic	haec	hoc	hī	hae	haec
Acc	hunc	hanc	hoc	hōs	hās	haec
Abl	hōc	hāc	hōc	hīs	hīs	hīs
Dat	huic	huic	huic	hīs	hīs	hīs
Gen	hujus	hujus	hujus	hōrum	hārum	hōrum

Nom	ille	illa	illud	
Acc	illum	illam	illud	
Abl	illō	illā	illō	The plural is regular.
Dat	illī	illī	illī	
Gen	illīus	illīus	illīus	

Nom	iste	ista	istud	
Acc	istum	istam	istud	
Abl	istō	istā	istō	The plural is regular.
Dat	istī	istī	istī	
Gen	istīus	istīus	istīus	

Nom	ipse	ipsa	ipsum	
Acc	ipsum	ipsam	ipsum	
Abl	ipsō	ipsā	ipsō	The plural is regular.
Dat	ipsī	ipsī	ipsī	
Gen	ipsīus	ipsīus	ipsīus	

Nom	is	ea	id	eī (ī)	eae	ea
Acc	eum	eam	id	eōs	eās	ea
Abl	eō	eā	eō	eīs (īs)	eīs (īs)	eīs (īs)
Dat	eī	eī	eī	eīs (īs)	eīs (īs)	eīs (īs)
Gen	ejus	ejus	ejus	eōrum	eārum	eōrum

Nom	īdem	eadem	idem	eīdem[2]	eaedem	eadem
Acc	eundem	eandem	idem	eōsdem	eāsdem	eadem
Abl	eōdem	eādem	eōdem	eīsdem[2]	eīsdem[2]	eīsdem[2]
Dat	eīdem	eīdem	eīdem	eīsdem[2]	eīsdem[2]	eīsdem[2]
Gen	ejusdem	ejusdem	ejusdem	eōrundem	eārundem	eōrundem

Note: the interrogative adjective has the same forms as the relative pronoun.

Nom	quī	quae	quod	quī	quae	quae
Acc	quem	quam	quod	quōs	quās	quae
Abl	quō	quā	quō	quibus	quibus	quibus
Dat	cui	cui	cui	quibus	quibus	quibus
Gen	cujus	cujus	cujus	quōrum	quārum	quōrum

ūnus, tōtus, sōlus, ūllus	Dative singular in *-ī*
uter, alter, neuter, nūllus	Genitive singular in *-īus*
uterque and alius (n. aliud)	Otherwise like *bonus-a-um*

[2]Same variants as *is*.

Declension of ūnus, duo, trēs, and mīlia

M	F	N	M	F	N	M&F	N
ūnus	ūna	ūnum	duo	duae	duo	trēs	tria
ūnum	ūnam	ūnum	duōs	duās	duo	trēs	tria
ūnō	ūnā	ūnō	duōbus	duābus	duōbus	tribus	tribus
ūnī	ūnī	ūnī	duōbus	duābus	duōbus	tribus	tribus
ūnīus	ūnīus	ūnīus	duōrum	duārum	duōrum	trium	trium

N pl
mīlia
mīlia
mīlibus
mīlibus
mīlium

D. NUMERALS

Latin numerals belong to one of five sets:

1. Cardinals answer the question *quot?* How many?
2. Ordinals answer the question *quotus-a-um?* Which in order?
3. Distributives (often used in place of cardinals) answer the question *quotēnī-ae-a?* How many apiece? How many at a time?
4. Numeral adverbs answer the question *quotiēns?* How often?

In the following list of numerals the indeclinables are indented:

	Cardinal	Ordinal	Distributive
I	ūnus-a-um	prīmus-a-um	singulī-ae-a
II	duo, duae, duo	secundus-a-um	bīni-ae-a
III	trēs, tria	tertius-a-um	ternī-ae-a
IV	quattour	quārtus-a-um	quaternī-ae-a
V	quīnque	quīntus-a-um	quīnī-ae-a
VI	sex	sextus-a-um	sēnī-ae-a
VII	septem	septimus-a-um	septēnī-ae-a
VIII	octō	octāvus-a-um	octōnī-ae-a
IX	novem	nōnus-a-um	novēnī-ae-a
X	decem	decimus-a-um	dēnī-ae-a
XI	ūndecim	ūndecimus-a-um	etc.
XII	duodecim	duodecimus-a-um	
XIII	tredecim	tertius-a-um decimus-a-um	
XIV	quattuordecim	quārtus-a-um decimus-a-um	
XV	quīndecim	quīntus-a-um decimus-a-um	
XVI	sēdecim	sextus-a-um decimus-a-um	
XVII	septendecim	septimus-a-um decimus-a-um	
XVIII	duodēvīgintī	duodēvīcēsimus-a-um	

	Cardinal	Ordinal
XIX	ūndēvīgintī	ūndēvīcēnsimus-a-um
XX	vīgintī	vīcēnsimus-a-um
XXI	vīgintī ūnus	etc.
XXX	trīgintā	
XL	quadrāgintā	
L	quīnquāgintā	
LX	sexāgintā	
LXX	septuāgintā	
LXXX	octōgintā	
XC	nōnāgintā	
C	centum	
CC	ducentī-ae-a	
CCC	trecentī-ae-a	
CCCC	quadrigentī-ae-a	
D	quīngentī-ae-a	
M	mille	
MM	duo mīlia (neuter noun)	

Numeral Adverbs

semel	*once*
bis	*twice*
ter	*three times*
quater	*four times*
quīnquiēns	*five times*
centiēns	*one hundred times*
miliēns	*one thousand times*

E. VERBS

1. PERSON ENDINGS

Present Perfective Active

Singular		Plural	
-ī	(I)	-imus	(we)
-istī	(you)	-istis	(you)
-it	(he, she, it)	-ērunt (ēre)	(they)

Imperfective Passive

-r, -or	(I)	-mur	(we)
-ris, -re	(you)	-minī	(you)
-tur	(he, she, it)	-ntur	(they)

All Others

-m, -ō	(I)	-mus	(we)
-s	(you)	-tis	(you)
-t	(he, she, it)	-nt	(they)

2. THE FINITE VERB: TENSE ASPECT MOOD

a. Active

INDICATIVE

	Past Time	*Present* Time	*Future* Time
Imperfective Aspect	#1 amābat vidēbat regēbat audiēbat	#2 amat videt regit audit	#3 amābit vidēbit reget audiet
Perfective Aspect	#4 amāverat vīderat rēxerat audīverat	#5 amāvit[3] vīdit rēxit audīvit	#6 amāverit vīderit rēxerit audīverit

SUBJUNCTIVE

	Past Time	*Present* Time
Imperfective Aspect	#7 amāret vidēret regeret audīret	#8 amet videat regat audiat
Perfective Aspect	#9 amāvisset vīdisset rēxisset audīvisset	#10 amāverit vīderit rēxerit audīverit

IMPERATIVE

Singular	Plural
#11	
amā	amāte
vidē	vidēte
rege	regite
audī	audīte

[3]In literature this tense is usually a past tense.

b. Passive and Deponent

INDICATIVE

	Past Time	*Present* Time	*Future* Time
	#1	#2	#3
Imperfective Aspect	morābāris (-re) verēbāris ūtēbāris moriēbāris mentiēbāris	morāris (-re) verēris ūteris moreris mentīris	morāberis (-re) verēberis ūtēris moriēris mentiēris
	#4	#5	#6
Perfective Aspect	morātus erās veritus erās ūsus erās mortuus erās mentītus erās	morātus es veritus es ūsus es mortuus es mentītus es	morātus eris veritus eris ūsus eris mortuus eris mentītus eris

SUBJUNCTIVE

	Past Time	*Present* Time
	#7	#8
Imperfective Aspect	morārēris (-re) verērēris ūterēris morerēris mentīrēris	morēris (-re) vereāris ūtāris moriāris mentiāris
	#9	#10
Perfective Aspect	morātus essēs veritus essēs ūsus essēs mortuus essēs mentītus essēs	morātus sīs veritus sīs ūsus sīs mortuus sīs mentītus sīs

IMPERATIVE

Singular	Plural
#11	
morāre	morāminī
verēre	verēminī
ūtere	ūtiminī
morere	moriminī
mentīre	mentīminī

3. THE INFINITIVE

	Active	Passive
Imperfective	amāre vidēre regere audīre Eng.: to _____	amārī vidērī regī audīrī Eng.: to be _____-ed
Perfective	amāvisse vīdisse rēxisse audīvisse Eng.: to have _____-ed	amātus-a-um esse vīsus-a-um esse rēctus-a-um esse audītus-a-um esse Eng.: to have been _____-ed
Future	amātūrus-a-um esse vīsūrus-a-um esse rēctūrus-a-um esse audītūrus-a-um esse Eng.: to be about to _____	

4. THE PARTICIPLE

	Active	Passive
Imperfective	amāns vidēns regēns audiēns Eng.: _____-ing	
Perfective		amātus-a-um vīsus-a-um rēctus-a-um audītus-a-um Eng.: _____-ed, having been _____-ed
Future	amātūrus-a-um vīsūrus-a-um rēctūrus-a-um audītūrus-a-um Eng.: about to _____	amandus-a-um videndus-a-um regendus-a-um audiendus-a-um Eng.: to be _____-ed

IRREGULAR VERBS

Present Imperfective Indicative

sum	possum	ferō	volō	nōlō	mālō	eō	fīō
es	potes	fers	vīs	nōn vīs	māvīs	īs	fīs
est	potest	fert	vult	nōn vult	māvult	it	fit
sumus	possumus	ferimus	volumus	nōlumus	mālumus	īmus	fīmus
estis	potestis	fertis	vultis	nōn vultis	māvultis	ītis	fītis
sunt	possunt	ferunt	volunt	nōlunt	mālunt	eunt	fīunt

Past Imperfective Indicative

eram	poteram	ferēbam	volēbam	nōlēbam	mālēbam	ībam	fīēbam
erās	poterās	ferēbās	volēbās	nōlēbās	mālēbās	ībās	fīēbās
etc.	etc.	etc.	etc.	etc.	etc.	etc.	etc.

Future Imperfective Indicative

erō	poterō	feram	volam	nōlam	mālam	ībō	fīam
eris	poteris	ferēs	volēs	nōlēs	mālēs	ībis	fīēs
erit	poterit	feret	volet	nōlet	mālet	ībit	fīet
erimus	poterimus	ferēmus	volēmus	nōlēmus	mālēmus	ībimus	fīēmus
eritis	poteritis	ferētis	volētis	nōlētis	mālētis	ībitis	fīētis
erunt	poterunt	ferent	volent	nōlent	mālent	ībunt	fīent

Present Imperfective Subjunctive
(Second person singular only)

sīs	possīs	ferās	velīs	nōlīs	mālīs	eās	fīās

Past Imperfective Subjunctive
(Second person singular only)

essēs	possēs	ferrēs	vellēs	nōllēs	māllēs	īrēs	fierēs

Principal Parts

sum, esse, fuī
possum, posse, potuī
ferō, ferre, tulī, lātus
volō, velle, voluī
nōlō, nōlle, nōluī
mālō, mālle, māluī
eō, īre, īvī or iī, itūrus
fīō, fīerī, factus

APPENDIX

II. Summary of the Latin Syntax

A. PARTS OF THE SENTENCE

Within the sentence there are three levels of expectation: kernel, connection, and modification.

1. The finite kernel of the Latin sentence appears in the following forms (each part of which raises the expectation of the whole):

Transitive active	verb	subject	complement accusative
Transitive passive transformation	verb	subject	--------------------
Intransitive active	verb	subject	--------------------
Intransitive passive transformation	verb	------	--------------------
Linking	verb	subject	complement nom., gen., dat., abl. (acc. if nonfinite verb)
Special active	verb	subject	complement dat., abl., gen.
Special passive transformation	verb	------	complement dat.

Note: a. Each part of the kernel may be ϕ.
b. Verbs are finite or nonfinite.
c. Finite verbs may be indicative, imperative, or subjunctive.
d. Most, but not all, Latin verbs are fixed as to syntax, i.e., they are transitive only, or intransitive only.

Problems of linguistic description always allow more than one solution. The given arrangement seems practical, but not necessarily final.

2. The expectation raised by a coordinating connector is fulfilled by two structural sames. In English a connector comes between the sames; in Latin, anywhere after the first same.

Note: Subordinate clause starters connect clauses. The order of clauses is free. (They function as a noun, or as an adjectival or adverbial modifier.)

3. Modifiers may modify any part of the kernel or each other. Whatever is modified is the head of the modification construction. Modification constructions are of two kinds:
   a. adjectival: the head of the construction is a noun.
   b. adverbial: the head of the construction is a verb, adjective, or adverb.

   A modifier raises the expectation of a head. This is not true in reverse.

   Note:
   a. A kernel may be *transformed* into a sentence-part.
   b. Verbs are finite or nonfinite. If the verb is nonfinite:
      (1) the subject of an *infinitive kernel transformation* is in the accusative case.
      (2) the subject of a *participial kernel transformation* may be in any case as required by the environment.

B. PARTS OF SPEECH

Latin nouns inflect for *number* and *case*.
Latin adjectives inflect for *case*, *number*, *gender*, and *degree*.
Latin finite verbs inflect for *person*, *number*, *tense*, *aspect*, *mood*, and *voice*.

Syntax is the arrangement of *parts of speech* into larger units, such as phrases, clauses, and sentences.

A slot filled by a noun may be filled also by:
- a pronoun
- an adjective or participle
- an infinitive (verbal noun) or infinitive phrase
- a subordinate clause

A slot filled by an adjective may be filled also by:
- a special adjective
- a participle (verbal adjective)
- a noun in a particular case
- a subordinate clause

A slot filled by an adverb may be filled also by:
- an adverbial
- a noun in any case except nominative or vocative, with or without a preposition
- a subordinate clause

C. GRAMMATICAL DEVICES

The major grammatical device in Latin is *inflection*. Word order and function-words play minor roles.

1. Inflection

a. Uses of cases (Government)

(1.1) The *nominative* signals the *subject* of a *finite* verb.
(1.2) The *nominative* signals the *complement* of a *linking* verb.

(2.1) The *accusative* may signal the *direct object* in the environment of a *transitive* verb.
(2.2) The *accusative with a preposition* usually signals an *adverbial modifier*. The *accusative without a preposition* may also be an *adverbial modifier*.
(2.3) In the environment of an *infinitive* the *accusative* may signal the *subject* of the *infinitive*.
(2.4) In the environment of a *factitive* verb a *second accusative* may signal the *object* complement.

(3.1) The *ablative with or without a preposition* usually signals an *adverbial modifier*.
(3.2) In the environment of a few special verbs: *careō, egeō, ūtor, fungor*, etc., the *ablative* signals the *complement*.
(3.3) An *ablative* modified by an adjective in the environment of a noun may be an *adjectival modifier*.

(4.1) The *dative* in any environment signals an expansion of an utterance.
(4.2) In the environment of a few special verbs: *placeō, noceō, faveō, serviō*, etc., the *dative* signals the *complement*.
(4.3) The *dative* also appears in the environment of a few adjectives: *amīcus, cārus, grātus, proximus, similis*, etc.

(5.1) In the environment of a noun the *genitive* signals an *adjectival modifier*.
(5.2) The *genitive* also appears in the environment of a few adjectives: *cupidus, memor, plēnus*, etc.
(5.3) In the environment of a few verbs: *meminī* and *oblīvīscor*, the *genitive* signals the *complement*.

b. Agreement

(1) A verb agrees with its subject in person and number.
(2) An adjective agrees with its noun in gender, number, and case.
(3) A noun in apposition with another noun agrees with it in case.
(4) A pronoun agrees with its antecedent in gender and number.
(5) In most subordinate clauses the choice between a past or a nonpast subjunctive is determined by agreement. Nonpast subjunctives (present imperfective, present perfective)

agree with nonpast tenses; past subjunctive (past imperfective, past perfective) agree with past tenses.

2. Word order, the major syntactical device of English syntax, plays a small part in Latin, but:
   a. *Enclitic* words (-ne, -que) never appear in the first position in the sentence.
   b. *Connectors* appear after the first same.
   c. A *clause-starter* is not separated from its verb by another clause-starter, only by a complete clause.
   d. *Prepositions* usually precede the noun to which they belong.
   e. *Adverbs* usually precede the word to which they belong.

3. Function words, another frequent syntactical device in English, occur as follows:
   a. *Prepositions* signal the *function* of a noun.
   b. *Conjunctions* are of two kinds:
      (1) *Coordinating conjunctions* connect any sames.
      (2) *Subordinating conjunctions* (*clause-starters*) subordinate one clause to another.

APPENDIX

III. Summary of Question Words

(Question words may appear in both singular and plural number.)

A. KERNEL STRUCTURES

1. To the following QU-words, when they appear with a verb, the answer is a { noun / equivalent: pronoun; adjective without a noun; infinitive; subordinate clause }

	Singular		
Nominative	QUIS	WHO	?
	QUID, QUAE RĒS	WHAT	?
Accusative	QUEM	WHOM	?
	QUID, QUAM REM	WHAT	?
Genitive	CUJUS/CUJUS REĪ	WHOM/WHAT	?
Dative	CUI/CUI REĪ	WHOM/WHAT	?
Ablative	QUŌ/QUĀ RĒ	WHOM/WHAT	?

2. To the following questions the answer is a verb plus any other necessary word(s):

   QUID AGIT + Nominative Subject ?
   QUID PATITUR + Nominative Subject ?
   Verb + -NE: NŌNNE/NUM + Verb ?

B. MODIFICATION STRUCTURES

1. To the following QU-words, when they appear with a noun, the answer is an { adjective; noun in the genitive; equivalent: ablative noun modified by an adjective; subordinate relative clause }

QUĪ, QUAE, QUOD, etc.	WHICH, WHAT [ ]	?
QUANTUS-A-UM	HOW GREAT A [ ]	?
	HOW MUCH [ ]	?
QUĀLIS-E	WHAT KIND OF [ ]	?
UTER, UTRA, UTRUM	WHICH OF TWO [ ]-s	?
QUOT	HOW MANY [ ]-s	?
CUJUS, CUJUS REĪ	WHOSE, OF WHOM, OF WHAT	?

2. The most frequent question words or phrases to be answered by an adverb or equivalent are the following:

(Rules are given only for the most frequent answers.)

a. Place	UBI, QUŌ (IN) LOCŌ *In* + abl. noun with general meaning "place"	WHERE?
	UNDE, QUŌ AB (DĒ, EX) LOCŌ *Ab* (*dē*, *ex*) + abl. noun with general meaning "place"	WHERE FROM?
	QUŌ; QUEM AD (IN) LOCUM *Ad* (*in*) + acc. noun with general meaning "place"	WHERE TO?
b. Time	QUANDŌ; QUŌ TEMPORE Abl. noun; adv.; prepositional phrase; subordinate clause; abl. absolute	WHEN?
	QUAM DIŪ Acc. noun; adv.	HOW LONG?
c. Person	Ā QUŌ *Ā* (*ab*) + abl. of personal noun	BY WHOM?
	QUŌCUM *Cum* + abl. of personal noun	WITH WHOM?
d. Means	QUŌ AUXILIŌ Abl. of nonpersonal noun	BY WHAT MEANS?

e. Manner	QUŌ MODŌ Adv.; *cum* + abl. of abstract noun	IN WHAT MANNER?
f. Reason	CŪR; QUĀ RĒ; QUAM OB REM *Quia* (*quod, quoniam, cum*) starting a subordinate clause; abl. noun; *propter* (*ob*) + acc. noun	WHY; FOR WHAT REASON?
g. Purpose	QUŌ CŌNSILIŌ *Ut* (*nē*) + a subjunctive verb; *ad* + acc. gerund or gerundive phrase; gerund or gerundive phrase + *causā*	FOR WHAT PURPOSE?
h. Frequency	QUOTIĒNS Adv.	HOW OFTEN?
i. Degree	QUAM + adj. or adv. *Tam* + adj. or adv.; a comparative or superlative adj. or adv.	HOW?
j. Circumstance	QUŌ FACTŌ Abl. Absolute	UNDER WHAT CIRCUMSTANCE?
k. Condition	QUĀ CONDICIŌNE *Sī* (*nisī*) starting a subordinate clause; abl. absolute	UNDER WHAT CONDITION?
l. Comparison	QUŌ (with a comparative expression) Abl. noun	THAN WHO/ WHAT?
m. Extent	QUANTUM Adverbial acc.	TO WHAT EXTENT?

Note: Any preposition with a QU-word probably elicits an adverb or equivalent.

APPENDIX

IV. Summary of Metaphrasing

Metaphrasing is the technique of showing both structural and lexical meaning of each Latin item as it occurs.

A. LEXICAL MEANING

The lexical meaning of an item may be left blank, unless it is
1. known to you
2. guessed by you from the structure, the similarity to English, etc.
3. looked up in the dictionary.

B. STRUCTURAL MEANING

You must remember that
1. In a normal English statement-sentence (kernel) the subject precedes the predicate.
2. The object follows the verb.

rem	[ ] [ ]s a thing
rem, nōn spem	[ ] [ ]s a thing, not hope
rem, nōn spem quaerit	[ ] seeks a thing, not hope
rem, nōn spem quaerit amīcus	a friend seeks a thing, not hope

3. An adjective precedes the noun which it modifies.

nōbilitat	[ ] ennobles ∓ [ ]
stultum	[ ] ennobles a stupid [ ]
vestis	dress ennobles a stupid [ ]
honesta	honorable dress ennobles a stupid [ ]
virum	honorable dress ennobles a stupid man

4. An English adjective cannot generally fill the function of a noun. In the absence of a noun in Latin, you must supply one.

prūdēns	a prudent [ ] [ ]s ∓ [ ]
cum	a prudent [ ] [ ]s ∓ [ ] with [ ]
cūrā	a prudent [ ] [ ]s ∓ [ ] with care
vīvit,	a prudent [ ] lives with care,
stultus	a stupid [ ] [ ]s ∓ [ ]
sine	a stupid [ ] [ ]s ∓ [ ] without [ ]
cūrā	a stupid [ ] [ ]s ∓ [ ] without care
	a prudent *man* lives with care, a stupid *man* without care

5. An adverbial modifier generally follows the predicate.

sub	[ ] [ ]s ∓ [ ] under [ ]
omnī	[ ] [ ]s ∓ [ ] under every [ ]
lapide	[ ] [ ]s ∓ [ ] under every stone
scorpiō	a scorpion [ ]s ∓ [ ] under every stone
dormit	a scorpion sleeps under every stone

6. Some adverbial modifiers precede the predicate or the whole sentence.

vēritās	truth [ ]s ∓ [ ]
numquam	truth never [ ]s ∓ [ ]
perit	truth never perishes

7. A coordinating conjunction (connector) appears between the items it connects (sames).

mēns	the mind [ ]s ∓ [ ]
discendō	the mind [ ]s ∓ by learning
alitur	the mind is nourished by learning
et	same and same
cōgitandō	the mind is nourished by learning and thinking

8. The subject-complement follows the linking verb.

vīta	life [ ]s ∓ [ ]
vīnum	life [ ]s wine
est	life is wine / wine is life

9. The object-complement follows the object.

necessitūdō	necessity [ ]s ∓ [ ]
etiam	necessity [ ]s even ∓ [ ]
timidōs	necessity [ ]s even timid [ ]s
fortēs	necessity [ ]s even timid, brave [ ]s
facit	necessity makes even timid *men* brave

10. A subordinating conjunction (clause starter) or a relative pronoun stand at the beginning of a clause.

11. A long modifier (adjective, clause, participle, etc.) appears as near as possible after the item it modifies (head). In Latin, the direction of modification is not always overtly signaled.

hominēs,	men [ ] ∓ [ ]
dum	men, while [ ] [ ]s ∓ [ ], [ ] ∓ [ ]
or	men [ ] ∓ [ ], while [ ] [ ]s ∓ [ ]
docent,	men, while they teach, [ ] ∓ [ ]
discunt	men, while they teach, learn
or	men learn while they teach

Nīl (acc.)	[ ] [ ]s nothing
agit	[ ] does nothing
exemplum,	an example does nothing
lītem	. . . [ ] [ ]s an obscure point
quod	an example, which [ ]s an obscure point
līte	an example, which [ ]s an obscure point by another . . .
resolvit	an example, which resolves an obscure point by another, does nothing

12. The metaphrase for a general relative pronoun (*no* antecedent) is: wh. . .soever. It is usually singular.

caelum, nōn animum	[ ] [ ]s the sky not the heart
mutant	[ ]s change the sky not the heart
quī	wh. . . [ ]s ∓ [ ]
trāns mare	wh. . . [ ]s ∓ [ ] across the sea
currunt,	whoever runs across the sea, changes the sky, not his attitude

13. The metaphrase for a Latin ablative absolute is: with a subject verbing/going to verb/having been verbed. A Latin ablative absolute is clearly signaled only when the subject is a personal noun.

saepe	often [ ] [ ]s ∓ [ ]
premente	often, with [ ] bearing down, [ ] [ ]s ∓ [ ]
deō	often, with god bearing down, [ ] [ ]s ∓ [ ]
fert	often, with god bearing down, [ ] brings [ ]
deus alter	often, with (one) god bearing down, another god brings [ ]
opem	often, with (one) god bearing down, another god brings [ ]

BASIC SENTENCES

S1 Vestis virum reddit.
S2 Fūrem fūr cognōscit et lupum lupus.
S3 Rem, nōn spem, . . . quaerit amīcus.
S4 Fortiter, fidēliter, fēlīciter.
S5 Prūdēns cum cūrā vīvit, stultus sine cūrā.
S6 Vēritās numquam perit.
S7 Vulpēs vult fraudem, lupus agnum, fēmina laudem.
S8 Manus manum lavat.
S9 Vītam regit fortūna, nōn sapientia.
S10 In pulchrā veste sapiēns nōn vīvit honestē.
S11 Ā cane nōn magnō saepe tenētur aper.
S12 Amphora sub veste numquam portātur honestē.
S13 Antīquā veste pauper vestītur honestē.
S14 Amor gignit amōrem.
S15 Occāsiō aegrē offertur, facile āmittitur.
S16 Ā fonte pūrō pūra dēfluit aqua.
S17 Lēx videt īrātum, īrātus lēgem nōn videt.
S18 In omnī rē vincit imitātiōnem vēritās.
S19 Necessitās nōn habet lēgem.
S20 Numquam ex malō patre bonus fīlius.
S21 Saepe malum petitur, saepe bonum fugitur.
S22 Mēns sāna in corpore sānō.
S23 In vīnō, in īrā, in puerō semper est vēritās.

S24 Fīnis corōnat opus.

S25 Gladiātor in harēnā capit cōnsilium.

S26 Nēmō sine vitiō est.

S27 Nōbilitat stultum vestis honesta virum.

S28 Habet suum venēnum blanda ōrātiō.

S29 Nōn semper aurem facilem habet fēlīcitās.

S30 Exitus in dubiō est.

S31 In vīlī veste nēmō tractātur honestē.

S32 Magna dī cūrant, parva neglegunt.

S33 Religiō deōs colit, superstitiō violat.

S34 Verba movent, exempla trahunt.

S35 Sub omnī lapide scorpiō dormit.

S36 Crūdēlis lacrimīs pāscitur, nōn frangitur.

S37 Vulpēs nōn capitur mūneribus.

S38 Stultī timent fortūnam, sapientēs ferunt.

S39 Nēmō sine crīmine vīvit.

S40 Amīcus certus in rē incertā cernitur.

S41 In marī magnō piscēs capiuntur.

S42 Parva levēs capiunt animōs.

S43 Juppiter in caelīs, Caesar regit omnia terrīs.

S44 Fāta regunt orbem; certā stant omnia lēge.

S45 Homō locum ōrnat, nōn hominem locus.

S46 Astra regunt hominēs, sed regit astra Deus.

S47 Vīta vīnum est.

S48 Necessitūdō . . . etiam timidōs fortēs facit.

S49 Mulier, cum sōla cōgitat, male cōgitat.

S50 Hominēs, dum docent, discunt.

S51 Nōbilitāte caret sī quis virtūte caret.

S52 Nāvis, quae in flūmine magna est, in marī parvula est.

S53 Nīl agit exemplum, lītem quod līte resolvit.

S54 Semper inops quīcumque cupit.

S55 Citō fit quod dī volunt.

S56 Nōn lupus ad studium sed mentem vertit ad agnum.

S57 Cōgitur ad lacrimās oculus, dum cor dolet intus.

S58 Caelum, nōn animum, mūtant quī trāns mare currunt.

S59 Inter caecōs rēgnat luscus.

S60 Deō volente.

S61 Lātrante ūnō, lātrat statim et alter canis.

S62 Nōn redit unda fluēns; nōn redit hōra ruēns.

S63 Saepe, premente deō, fert deus alter opem.

S64 Jūcundī āctī labōrēs.

S65 Parātae lacrimae īnsidiās, nōn flētum, indicant.

S66 Vōx audīta perit, littera scrīpta manet.

S67 Nihil est . . . simul et inventum et perfectum.

S68 Absentem laedit, cum ēbriō quī lītigat.

S69 Melior est canis vīvus leōne mortuō.

S70 Perdit majōra quī spernit dōna minōra.

S71 Mōbilior ventīs . . . fēmina.

S72 Intolerābilius nihil est quam fēmina dīves.

S73 Dē minimīs nōn cūrat lēx.

S74 Inopī beneficium bis dat quī dat celeriter.

S75 Nēmō līber est quī corporī servit.

S76 Suum cuique placet.

S77 Gaudēns gaudentī, flēns flentī, pauper egentī,
prūdēns prūdentī, stultus placet īnsipientī.

S78 Quis . . . amīcior quam frāter frātrī?

S79 Deus superbīs resistit; humilibus autem dat grātiam.

S80 Mulier quae multīs nūbit multīs nōn placet.

S81 Sōlitūdō placet Mūsīs, urbs est inimīca poētīs.

S82 Impōnit fīnem sapiēns et rēbus honestīs.

S83 Hominēs amplius oculīs quam auribus crēdunt.

S84 Timor Dominī fōns vītae.

S85 Quī pingit flōrem, flōris nōn pingit odōrem.

S86 Calamitās virtūtis occāsiō est.

S87 Imāgō animī vultus; indicēs oculī.

S88 Crūdēlitātis māter est avāritia.

S89 Jūstitia omnium est domina et rēgīna virtūtum.

S90 Bona opīniō hominum tūtior pecūniā est.

S91 Vīta . . . mortuōrum in memoriā vīvōrum est posita.

S92 Gravis īra rēgum est semper.

S93 Jūcunda memoria est praeterItōrum malōrum.

S94 Dīs proximus ille est quem ratiō, nōn īra, movet.

S95 Quī terret, plūs ipse timet.

S96 Vērus amīcus . . . est . . . is quī est tamquam alter īdem.

S97 Hominēs, quō plūra habent, eō ampliōra cupiunt.

S98 Cui dēest pecūnia, huic dēsunt omnia.

S99 Nōn omnēs eadem mīrantur amantque.

S100 Vir sapit quī pauca loquitur.

S101 Homō totiēns moritur quotiēns āmittit suōs.

S102 Multī fāmam, cōnscientiam paucī verentur.

S103 Poēta nāscitur, ōrātor fit.

S104 Nēmō . . . regere potest nisī quī et regī.

S105 Et monēre et monērī proprium est vērae amīcitiae.

S106 Et facere et patī fortia Rōmānum est.

S107 Sōlem . . . ē mundō tollere videntur quī amīcitiam ē vītā tollunt.

S108 Trīste est nōmen ipsum carendī.

S109 Hominis . . . mēns discendō alitur et cōgitandō.

S110 Effugere nōn potes necessitātēs; potes vincere.

S111 Nōs . . . beātam vītam in animī sēcūritāte pōnimus.

S112 Cōgitō, ergō sum.

S113 Ubi lībertās cecidit, audet līberē nēmō loquī.

S114 Nīl sine magnō vīta labōre dedit mortālibus.

S115 Lūsistī satis, ēdistī satis atque bibistī; tempus abīre tibi est.

S116 Sed quis custōdiet ipsōs custōdes?

S117 In hōc sīgnō vincēs.

S118 Trīstis eris sī sōlus eris.

S119 Nox erat, et caelō fulgēbat lūna serēnō
inter minōra sīdera.

S120 Āctiō rēcta nōn erit, nisī rēcta fuerit voluntās.

S121 Īgnōscent, sī quid peccā'rō stultus, amīcī.

S122 Nōn sum ego quod fueram.

S123 Nāscentēs morimur, fīnisque ab orīgine pendet.

S124 Dum loquor, hōra fugit.

S125 Omnia mūtantur, nōs et mūtāmur in illīs.

S126 Frangar, nōn flectar.

S127 Rōma locūta est; causa fīnīta est.

S128 Ēventus docuit fortēs Fortūnam juvāre.

S129 Īnsānus omnis furere crēdit cēterōs.

S130 Vidēmus . . . suam cuique rem esse cārissimam.

S131 Posse patī voluī nec mē temptā'sse negābō.

S132 Crās tē vīctūrum, crās dīcis, Postume, semper.

S133 Īnfirmōs cūrāte, mortuōs suscitāte, leprōsōs mundāte,
daemonēs ējicite.

S134 Contrā verbōsōs nōlī contendere verbīs.

S135 Bene ferre magnam disce fortūnam.

S136 Ūtere quaesītīs opibus; fuge nōmen avārī.

S137 Ferās, nōn culpēs, quod mūtārī nōn potest.

S138 Sī quid agis, prūdenter agās et respice fīnem.

S139 Aut bibat aut abeat.

S140 Minōrem nē contempserīs.

S141 Rapiāmus, amīcī, occāsiōnem dē diē.

S142 Forsitan et Priamī fuerint quae fāta requīrās.

S143 Quaeritis unde mihī totiēns scrībantur amōrēs.

S144 Interrogāvī ipsōs an essent Christiānī.

S145 Namque canēbat utī magnum per ināne coācta
sēmina terrārumque animaeque marisque fuissent
et liquidī simul ignis.

S146 Mediō ut līmite currās, moneō.

S147 Cīvitātī persuāsit ut dē fīnibus suīs . . . exīrent.

S148 Nōn ut edam vīvō, sed ut vīvam edō.

S149 Nōn hūc ut opāca vidērem Tartara dēscendī.

S150 Nē dēficeret metuēns flexit amāns oculōs.

S151 Hīs rēbus fīēbat ut minus facile fīnitimīs bellum īnferre possent.

S152 Multa quoque et bellō passus, dum conderet urbem.

S153 Dum haec in eīs locīs geruntur, Cassivellaunus ad Cantium nūntiōs mittit.

S154 Ōderint, dum metuant.

S155 Facile, cum valēmus, rēcta cōnsilia aegrōtīs damus.

S156 Haeduī, cum sē suaque ab eīs dēfendere nōn possent, lēgātōs ad Caesarem mittunt.

S157 Et jam fīnis erat, cum Juppiter . . .
cōnstitit et Libyae dēfīxit lūmina rēgnīs.

S158 Sī tacuissēs, philosophus mānsissēs.

S159 Sī foret in terrīs, rīdēret Democritus.

S160 Sī valēs, bene est.

S161 Nisī per tē sapiās, frūstrā sapientem audiās.

S162 Sī quis est tālis quī mē accūset, nōn est ista mea culpa.

S163 Rōmulus lēgātōs circā vīcīnās gentēs mīsit, quī societātem cōnūbiumque novō populō peterent.

S164 Illī autem, quī omnia dē rē pūblicā praeclāra sentīrent, negōtium suscēpērunt.

S165 Sapientia . . . ars vīvendī putanda est.

S166 In voluptāte spernendā et repudiandā virtūs vel maximē cernitur.

SELECTED VOCABULARY ARRANGED ALPHABETICALLY

ā (ab)
abeō
absum
abūtor
ac
accēdō
accidō
accipiō
accūsō
aciēs
actiō
actum
ad
addō
adhūc
adimō
adjungō
adjuvō
aedificō
aeger
aequus
aestās
aetās
ager
aggredior
agnus
ājō
aliēnus
aliquī
aliquis
alius
alō
alter
altus
amārus
amīcitia
amīcus
āmittō
amnis
amō
amor
amphora
amplius
amplus
an
angulus
animadvertō
animal
animus
annus
ante
antequam
antīquus
aper
aperiō
apparō
appellō
appropinquō
apud
aqua
ā quō
arbitror
arcus
ars
aspiciō
astrum
atque (ac)
attollō
audeō
audiō
auferō
aura
auris
aurum
aut
aut . . . aut
autem
auxilium
avāritia
avārus
barba
barbarus
barbātus
bellum
beneficium
bēstia
bibō
bis
blandus
bonus
brevis
cadō
caecus
caedō
caelum
calamitās
canis
canō
capillus
capiō
captīvus
caput

careō
carmen
cārus
castra
cāsus
Catō
cavō
cautus
cēdō
cēlō
celer
cēnō
cēnseō
cernō
certāmen
certō
certus
cēterī
circā
circiter
circum
circus
citerior
citus
cīvis
cīvitās
claudō
clārus
classis
coepī
cōgō
cōgitō
cognōscō
colligō
colō
committō
compōnō
concordia
concrēscō
condō
cōnferō
conlegō
cōnor
cōnsilium
cōnsistō
cōnstantia
cōnstō
cōnsul
cōnsulō
cōnsummō
contemnō
contendō
contrā
conūbium
coorior
cōpia
coquus
cor
corōnō
corpus
corrumpō
crās
creō
crēscō
crīmen
crūdēlis
crūdēlitās
crux
cui
cui reī
cujus
cujus reī
culpa
culpō
cum
cum
cunctor
cupiō
cūr
cūra
cūrō
currō
cursus
custōdiō
custōs
dē
dēcernō
decet
decōrus
dēdō
dēferō
dēficiō
dēfīgō
dēfluō
dehinc
deinde
dēlectō
dēleō
dēlīberō
dēnique
dēnūntiō
dēscendō
dēsīderō
dēsistō
dēsum
dēterior
deus
dēvertō
dīcō
diēs
diffundō
dignus
dīlūceō
dīmidium
discēdō
disciplīna
discō
discordia
diū
dīves
dīvīnus
doceō
doleō
dolor
domina
dominus
domus
dōnec
dōnō
dōnum
dormiō
dubius
dūcō
dulcis
dum
dummodo
dūrus
dux
ēbrietās
ēbrius
edō
efficāx
effugiō
egeō

ējiciō
ēloquēns
enim
eō
eōdem
equus
ergō
ēripiō
ērumpō
et
et . . . et
etiam
ex, ē
exemplum
exeō
exercitus
exiguus
eximius
exitus
extrā
facilis
faciō
fallō
fāma
famēs
fateor
fātum
faveō
fēlīcitās
fēlīx
fēmina
ferō
ferus
fidēlis
fidēs
fīdus
fīlia
fīlius
fīniō
fīnis
fīnitimus
fīō
firmāmentum
flectō
fleō
flētus
flōs
flūmen
fōns
forma
fors
forsan
forsitan
fortasse
fortis
fortitūdō
fortūna
foveō
frangō
frāter
fraus
frōns
frūctus
frūmentum
frūstrā
fugiō
fulgeō
fundō
fūr
furō
furor
gaudeō
gaudium
generō
gēns
gerō
gignō
gladiātor
glōria
grandis
grātia
grātus
gravis
habeō
habitus
harēna
Hector
heu
hiems
hircus
homō
honestus
honor
hōra
hortor
hospes
hostis
hūc
humilis
ibi
idōneus
ignis
īgnōscō
illustris
illustrō
imāgō
imitātiō
imitor
impediō
imperātor
imperium
imperō
impetus
impōnō
in
inānis
incertus
incipiō
inde
index
indicō
industria
inermis
īnferō
īnfirmus
ingēns
ingrātus
injūria
innocēns
inops
īnsānia
īnsānus
īnsidiae
īnsignis
īnsipiēns
īnstō
īnsula
integritās
inter
interficiō
intolerābilis
intrā
intus
inultus

inveniō
invictus
invidus
īra
īrāscor
īrātus
ita
iter
jaceō
jaciō
jam
jūcundus
jūdicō
jūdicium
Juppiter
jūs
jūstitia
jūstus
juvenis
labor
lacrima
lacrimō
lacus
laedō
laetus
lapis
lateō
latrō
lātus
laus
lavō
laxō
lēgātus
legō
leō
lētum
levis
lēx
libenter
liber
līber
lībertās
libet
libīdō
licet
lignum
līs
lītigō
littera
locus
longus
loquor
lūceō
lūdō
lūmen
lūna
lupus
luscus
lūx
magnus
maleficium
mālō
malus
māne
maneō
manus
mare
marīnus
māter
medicāmen
meminī
memoria
mēns
mentior
mercēs
metuō
metus
meus
mīles
mīlia passuum
minuō
mīror
misceō
miser
mōbilis
modus
moenia
mollis
moneō
mōns
mordeō
morior
moror
mors
mortālis
mōs
moveō
mox
mulier
multus
mundus
mūnus
mūrus
Mūsa
mūtātiō
mūtō
nam
nancīscor
nārrō
nāscor
nātūra
nātus
nāvis
-ne
-ne . . . an
nē
nec, neque
necessārius
necessitās
necessitūdō
nefās
neglegō
negō
negōtium
nēmō
neque . . . neque
nescioquis
nesciō
nihil, nīl
nimis
nisī, nī
nōbilitās
nōbilitō
noceō
nocturnus
nōn
nōndum
nōn modo . . . sed
nōscō
noster
nōtus
nōvī
nox
nūbilus

nūbō
nūllus
num
nūmen
numerō
numquam
nūntiō
nūntius
obses
occāsiō
occīdō
oculus
ōdī
odor
offerō
oleō
ōlim
omnīnō
omnis
opera
opīniō
oportet
oppidum
ops
optō
opus
ōra
ōrātiō
ōrātor
orbis
ōrdō
orīgō
ōrnō
ōrō
ostendō
pallium
pānis
pār
parcō
parō
partim
parvulus
parvus
pāscō
patefaciō
pateō
pater
patior
patria
paucī
pauper
peccō
pectus
pecūnia
pendeō
per
percipiō
perdō
pereō
perficiō
pergō
perīculum
perniciēs
perpetuus
persaepe
persuādeō
pēs
petō
philosophus
piger
piget
pīlum
pingō
piscis
placet
plēnus
plērīque
poena
poēta
polliceor
pōnō
populus
portō
poscō
post
postquam
postulō
possum
potestās
praebeō
praeceptum
praeclārus
praedō
praeparō
praesidium
praeter
praetereā
praetereō
prīnceps
prius . . . quam
prō
probō
procul
prōcurrō
proficīscor
prōgredior
prope
proprius
propter
prosperus
prōsum
proximus
prūdēns
puer
pulcher
pūrus
putō
quaerō
quālis
quandō
quantus
quasī
-que
queror
quī, quae, quod
quia
quīcumque
quīdam
quidem
quis, quid
quisquam
quisque
quoniam
quot
quotiēns
rādīx
rapiō
ratiō
recipiō
reddō
redeō
refundō
rēgīna
rēgnō

rēgnum
regō
religiō
relinquō
reliquus
repente
reperiō
repudiō
requīrō
rēs
resistō
respiciō
restituō
revertō
rēx
rhētor
rīdeō
rīpa
Rōma
Rōmānus
ruō
rumpō
rūsticus
saepe
salūs
saltus
sānctus
sanguis
sānus
sapiēns
sapientia
sapiō
satis, sat
scēptrum
sciō
scorpiō
sēcūritās
sēcūrus
sed
sēdēs
semel
sēmen
semper
senectūs
senex
sentiō
sequor
serēnus
sermō
serviō
servō
servus
sī
sīc
sīdus
sīgnum
silva
simul
sine
singulāris
sī quis
sitis
societās
socius
sōl
soleō
sōlitūdō
solum
sōlus
solvō
somnium
somnus
spatium
spernō
spēs
stō
statim
statuō
stēlla
strēnuus
stringō
studium
stultus
suādeō
sub
subeō
subsidium
subveniō
sūmō
super
superō
superbus
superstitiō
supersum
superus
suprā
surgō
suscipiō
suscitō
suus
taceō
tālis
tam
tamen
tamquam
tantus
tardō
tardus
tēctum
tegō
tēlum
temerē
tempestās
templum
temptō
tempus
tendō
tenebrae
teneō
terra
terreō
testis
thēsaurus
timidus
timeō
timor
tollō
totiēns
tractō
trahō
trāns
trānseō
trēs
trīstis
tueor
tum
tunc
turpis
tūtus
tuus
tyrannus
ubi
ubīque
ulcīscor

umbra
unda
unde
undique
ūnus
urbs
ūsus
ut, utī
uter
uterque
ūtor
uxor
vacō
vadum
valeō
validus
-ve
vehemēns
vel
venēnum
veniō
ventus
Venus
vēr
verbōsus
verbum
verēcundus
vereor
vēritās
vertō
vērus
vestis
vestiō
via
vīcīnus
victōria
videō
vigilō
vīgintī
vīlēscō
vīlis
vincō
vinculum
vīnum
violō
vir
virtūs
vīs
vīta
vitium
vīvō
vīvus
volō
voluntārius
voluntās
voluptās
volvō
voveō
vōx
vulgus
vulnus
vulpēs
vultus

SELECTED VOCABULARY ARRANGED BY PARTS OF SPEECH

VERBS

First Conjugation

accūsō-āre-āvī-ātus	accuse, challenge
adjuvō-āre-jūvī-jūtus	help, aid
aedificō	build, construct
amō	love
appellō	address, call, name
appropinquō-āre-āvī-ātūrus	approach
cēnō	dine
certō	vie with, contend
cōgitō	consider, think
cōnor-ārī-ātus sum	try, attempt
corōnō	wreathe, crown
culpō	blame
cūnctor	delay action
cūrō	take care of
dēlectō	please, delight
dēnūntiō	announce, declare
dēsīderō	long for, want
dō, dare, dedī, datus	give
dōnō	give, present, bestow
hortor	encourage
illustrō	light up, make light
imitor	imitate
imperō	command
indicō	point out, inform
interrogō	ask
jūdicō	pass judgment
juvō, juvāre, jūvī, jūtus	help, aid
lacrimō	weep
lātrō	bark
lavō-āre, lāvī, lōtus	wash

laxō	untie
lītigō	quarrel
mīror	wonder at
moror	delay, linger
mundō	clean
mūtō	change
nārrō	tell, narrate
negō	say no, deny
nōbilitō	ennoble
nūntiō	announce
optō	wish, desire
ōrnō	decorate
ōrō	speak, beg
parō	prepare
peccō	miss, commit a fault
portō	carry
postulō	demand
probō	test, approve
putō	think
rēgnō	hold power, rule
repudiō	divorce, refuse
servō	preserve, save
stō-āre, stetī, stātūrus	stand
superō	surpass
suscitō	arouse
temptō	try
tractō	handle, treat
vacō	be at leisure
violō	violate

Second Conjugation

audeō-ēre, ausus sum	dare
careō-ēre, caruī, caritūrus	lack, need
cēnseō-ēre, cēnsuī, census	think, judge
dēleō-ēre, dēlēvī, dēlētus	wipe out, destroy
doceō-ēre, docuī, doctus	teach, inform
doleō-ēre, doluī, dolitūrus	suffer, grieve
egeō-ēre, eguī	lack, need
fateor, fatērī, fassus sum	confess
faveō-ēre, fāvī, fautūrus	favor
fleō-ēre, flēvī, flētus	weep
fulgeō-ēre, fulsī	shine
gaudeō-ēre, gāvīsus sum	rejoice
habeō-ēre, habuī, habitus	have, consider
lateō-ēre, latuī	lie hidden, be concealed
licet, licēre, licuit	it is permitted

maneō-ēre, mānsī, mansūrus	remain, wait
misceō-ēre, miscuī, mixtus	mix, mingle
moneō-ēre, monuī, monitus	give advice, warn
moveō-ēre, mōvī, mōtus	move
noceō-ēre, nocuī, nocitūrus	harm
oportet, oportēre, oportuit	it is necessary, ought, must
pateō-ēre, patuī	lie open
pendeō-ēre, pependī	hang, hang down
persuādeō-ēre, suāsī-suāsūrus	persuade
piget-ēre, piguit	cause sorrow
placeō-ēre, placuī, placitūrus	please
polliceor-ērī, pollicitus sum	promise
praebeō-ēre, praebuī, praebitus	offer, present
rīdeō-ēre, rīsī, rīsus	laugh, laugh at
soleō-ēre, solitus sum	be accustomed
suādeō-ēre, suāsī, suāsūrus	be silent
taceō-ēre, tacuī, taciturus	be silent
teneō-ēre, tenuī, tentus	hold
terreō-ēre, terruī, territus	frighten
timeō-ēre, timuī	fear
vereor-ērī, veritus sum	fear, respect
videō-ēre, vīdī, vīsus	see
valeō-ēre, valuī, valitūrus	be strong
voveō-ēre, vōvī, vōtus	vow, dedicate

Third Conjugation

abūtor-ūtī-ūsus sum	abuse, misuse
accedō-ere-cessī-cessūrus	go toward
accidō-ere-cidī	to fall upon or down, happen
accipiō-ere-cēpī-ceptus	take, receive
addō-ere, addidī, additus	add
adimō-ere, adēmī, adēmptus	take away
adjungō-ere-jūnxī-jūnctus	join to, attach
aggredior-gredī-gressus sum	approach
agō-ere, ēgī, āctus	do, drive, act
alō-ere, aluī, altus	nourish, increase
āmittō-ere-mīsī-missus	send away
animadvertō-ere-vertī-versus	notice, observe
attollō-ere (no perf. or pass.)	lift, raise
bibō-ere, bibī	drink
cadō-ere, cecidī, cāsūrus	fall, be slain
caedō-ere, cecīdī, caesus	fell, cut
canō-ere, cecinī	sing, play
capiō-ere, cēpī, captus	take, seize
cēdō-ere, cessī, cessūrus	move back, yield, go
cernō-ere, crēvī, crētus	separate, see
cōgō-ere, coēgī, coāctus	drive together, force

cognōscō-ere, cognōvī, cognitus	learn, become acquainted with
colō-ere, coluī, cultus	cultivate, inhabit, worship
committō-ere-mīsī-missus	unite, bring together
compōnō-ere-posuī-positus	put together, arrange
condō-ere, condidī, conditus	found, put away, build
cōnsistō-ere-stitī	stand, stop
contemnō-ere, tempsī-temptus	disdain, despise
contendō-ere,-tendī-tentus	strive, struggle
crēdō-ere, crēdidī, crēditus	believe
crēscō-ere, crēvī, crētus	grow, arise
cupiō-ere, cupīvī, cupītus	desire
currō-ere, cucurrī, cursūrus	run
dēcernō-ere-crēvī-crētus	decide, resolve
dēdō-ere, dēdidī, dēditus	give up, surrender
dēficiō-ere, dēfēcī, dēfectus	fail, be lacking
dēfluō-ere-flūxī	flow down or out of
dēscendō-ere-scendī-scēnsūrus	climb down, descend
dēsistō-ere-stitī-stitūrus	leave off, cease
dīcō-ere, dīxī, dictus	say, speak, tell
diffundō-ere-fūdī-fūsus	pour out, spread out
discēdō-ere-cessī-cessūrus	go away, depart
discō-ere, didicī	learn, learn how
dūcō-ere, dūxī, ductus	lead, guide
edō-ere (ēsse), ēdī, ēsus	eat
effugiō-ere-fūgī-fugitūrus	flee
ējiciō-ere-jēcī-jectus	throw out
ēripiō-ere-ripuī-reptus	snatch away, rescue
ērumpō-ere-rūpī-ruptus	break out, burst forth
fallō-ere, fefellī, falsus	deceive, fool
flectō-ere, flexī, flexus	bend
fluō-ere, flūxī	flow
frangō-ere, frēgī, frāctus	break
fugiō-ere, fūgī, fugitūrus	run away, flee
fundō-ere, fūdī, fūsus	pour, scatter
furō-ere	be insane
gerō-ere, gessī, gestus	bear, carry, wear, do
gignō-ere, genuī, genitus	bring into being, create
īgnōscō-ere, īgnōvī, īgnōtus	overlook, excuse, pardon
impōnō-ere-posuī-positus	place . . . on
interficiō-ere-fēcī-fectus	kill
īrāscor, īrāscī, īrātus sum	become angry
jaciō-ere, jēcī, jactus	throw
laedō-ere, laesī, laesus	harm
legō-ere, lēgī, lēctus	read
loquor, loquī, locūtus sum	talk
lūdō-ere, lūsī, lūsūrus	play, fool, ridicule
metuō-ere, metuī	fear, dread

mittō-ere, mīsī, missus	send, let go
morior, morī, mortuus sum	die
nancīscor, nancīscī, nanctus sum	obtain, get
nāscor, nāscī, nātus sum	be born
neglegō-ere, neglēxī, neglēctus	overlook, neglect
nūbō-ere, nūpsī, nūptus	be married, marry
occīdō-ere, occīdī, occīsus	kill, slay
ostendō-ere, ostendī, ostēnsus	show, point out
parco-ere, pepercī, parsūrus	spare
pāscō-ere, pāvī, pāstus	feed
patefaciō-ere-fēcī-factus	open, disclose
patior, patī, passus sum	permit, allow, suffer
perdō-ere, perdidī, perditus	destroy
perficiō-ere-fēcī-fectus	complete
pergō-ere, perrēxī, perrēctus	go on, proceed
petō-ere, petīvī, petītus	seek, beg
pingō-ere, pīnxī, pīctus	paint
pōnō-ere, posuī, positus	put, place
poscō-ere, poposcī	ask, demand
premō-ere, pressī, pressus	oppress
prōcurrō-ere-currī-cursūrus	advance, run forward
proficīscor, proficīscī, profectus sum	set out, depart
prōgredior-gredī-gressus	go forward, advance
quaerō-ere, quaesīvī, quaesītus	seek, desire
queror, querī, questus sum	complain
rapiō-ere, rapuī, raptus	seize, snatch
recipiō-ere-cēpī-ceptus	receive
reddō-ere, reddidī, redditus	give back
refundō-ere-fūdī-fūsus	pour back
regō-ere, rēxī, rēctus	rule
requīrō-ere, requīsīvī,requīsītus	ask
resistō-ere, restitī	stand against
resolvō-ere-solvī-solūtus	release
respiciō-ere-spexī-spectus	look back, look at
restituō-ere-stituī-stitūtus	set up again
revertō-ere-vertī-versus	return, come back
ruō-ere, ruī, ruitūrus	tumble down, fall
rumpō-ere, rūpī, ruptus	break
sapiō-ere, sapīvī	be wise
scrībō-ere, scrīpsī, scrīptus	write
sequor, sequī, secūtus sum	follow
spernō-ere, sprēvī, sprētus	despise
statuō-ere, statuī, statūtus	place, station
sūmō-ere, sūmpsī, sūmptus	take, take up
surgō-ere, surrēxī, surrēctus	rise, lift up
suscipiō-ere-cēpī-ceptus	undertake
tendō-ere, tetendī, tentus	stretch

tollō-ere, sustulī, sublātus	take away, lift
trahō-ere, trāxī, trāctus	draw, drag
ulcīscor, ulcīscī, ultus sum	avenge oneself for, punish
ūtor, ūtī, ūsus sum	use
vertō-ere, vertī, versus	turn
vincō-ere, vīcī, victus	conquer
vīvō-ere, vīxī, vīctūrus	live
volvō-ere, volvī, volūtus	turn, roll

Fourth Conjugation

aperiō-īre, aperuī, apertus	uncover, open
audiō-īre, audīvī, audītus	hear, listen to
custōdiō-īre, custodīvī, custodītus	watch, guard
dormiō-īre, dormīvī, dormītūrus	sleep
fīniō-īre, fīnīvī, fīnītus	limit, end
impediō-īre, impedīvī, impedītus	hinder
inveniō-īre, invēnī, inventus	find
mentior-īrī, mentītus sum	lie, cheat
nesciō-īre, nescīvī, nescītus	not know, be ignorant
orior-īrī, ortus sum	arise, appear
reperiō-īre, repperī, repertus	find out, discover
sciō-īre, scīvī, scītus	know, understand
sentiō-īre, sēnsī, sēnsus	feel
serviō-īre, servīvī, servītūrus	serve
subveniō-īre-vēnī-ventūrus	assist, relieve
veniō-īre-vēnī-ventūrus	come
vestiō-īre, vestīvī, vestītus	clothe

Irregular and Defective

coepī, coepisse, coeptus	begin, commence
eō, īre, iī, itūrus	go
abeō-īre-iī-itūrus	go away
exeō-īre-iī-itūrus	go out
pereō-īre-iī-itūrus	die, perish
praetereō-īre-iī-itus	pass by
redeō-īre-iī-itūrus	go back
subeō-īre-iī-itus	go under
trānseō-īre-iī-itus	pass through
ferō, ferre, tulī, lātus	carry, endure
auferō-ferre, abstulī, ablātus	carry off
cōnferō-ferre-tulī, collātus	bring together
dēferō-ferre-tulī-lātus	carry down, deliver
īnferō-ferre-tulī, illātus	bring against
offerō-ferre, obtulī, oblātus	offer
fīō, fierī, factus sum	come into being, become

meminī, meminisse	remember
nōvī, nōvisse	know
ōdī, ōdisse, ōsūrus	hate
sum, esse, fuī, futūrus	be
absum-esse, āfuī, āfutūrus	be absent
dēsum-esse-fuī-futūrus	be away, be lacking, fail
possum, posse, potuī, ---	can, be able
prōsum, prōdesse, prōfuī, ---	be of advantage
supersum-esse-fuī	remain, still exist
volō, velle, voluī, ---	wish, desire
mālō, mālle, māluī	prefer
nōlō, nōlle, nōluī	not wish, be unwilling

NOUNS

First Declension, Feminine (unless otherwise stated)

amīcitia-ae	friendship
amphora-ae	vase, jug
aqua-ae	water
aura-ae	breeze, wind
cōnstantia	steadfastness
cōpia-ae	abundance, means
culpa-ae	blame, fault
cūra-ae	care, thought, worry
disciplīna-ae	instruction, doctrine
discordia-ae	discord
domina-ae	mistress
fāma-ae	fame, rumor
fēmina-ae	woman
fera-ae	wild beast
fortūna-ae	fortune
grātia-ae	grace, favor
harēna-ae	sand arena
hōra-ae	hour
īnsidiae-ae	ambush
īnsula-ae	island
īra-ae	anger
jūstitia-ae	justice
lacrima-ae	tear
lūna-ae	moon
Mamōna-ae	god of riches
memoria-ae	memory
Mūsa-ae	Muse
ōra-ae	sea coast
patria-ae	native land

pecūnia-ae	money
poēta (masc.)-ae	poet
rēgīna-ae	queen
rīpa-ae	bank of a stream
Rōma-ae	Rome
sapientia-ae	wisdom
silva-ae	woods
tenebrae-ārum	shadows
terra-ae	land, earth
unda-ae	wave
vīta-ae	life

Second Declension, Masculine

ager, agrī	farm, field
agnus-ī	male lamb
amīcus-ī	friend
animus-ī	mind, spirit
annus-ī	year
aper, aprī	wild boar
deus-ī	god
dominus-ī	master
equus-ī	horse
fīlius-ī	son
liber, librī	book
lēgatus-ī	ambassador, legate
locus-ī	place
lupus-ī	male wolf
modus-ī	way, method
mundus-ī	world, universe
mūrus-ī	wall
nuntius-ī	messenger
oculus-ī	eye
populus-ī	people
puer, puerī	boy
servus-ī	slave
socius-ī	comrade
somnus-ī	sleep
thēsaurus-ī	treasure
ventus-ī	wind
vir, virī	man

Second Declension, Neuter

āctum-ī	act
astrum-ī	star
aurum-ī	gold
auxilium-ī	aid, help
bellum-ī	war
beneficium-ī	act of kindness
caelum-ī	heaven, sky
castra-ōrum (pl.)	camp
cōnsilium-ī	advice, plan
cōnūbium-ī	marriage
dīmidium-ī	half
dōnum-ī	gift
exemplum-ī	example
fātum-ī	fate, fortune
frūmentum-ī	grain
imperium-ī	authority, empire
jūdicium-ī	judgment
lētum-ī	death, destruction
maleficium-ī	an evil deed
moenia-ium	walls, fortifications
negōtium-ī	business
oppidum-ī	town
perīculum-ī	trial, danger
pīlum-ī	a heavy javelin
praesidium-ī	aid, assistance
rēgnum-ī	rule, kingdom
sīgnum-ī	sign
solum-ī	soil
somnium-ī	dream
spatium-ī	room, space
studium-ī	enthusiasm, study
subsidium-ī	aid, assistance
tēctum-ī	roof
tēlum-ī	spear, javelin
templum-ī	temple
vadum-ī	shoal, ford
venēnum-ī	poison
verbum-ī	word
vinculum-ī	chain
vīnum-ī	wine
vitium-ī	blemish, crime
vulgus-ī	crowd

Third Declension, Masculine

amnis, amnis-ium	stream
amor, amōris	love
Caesar, Caesaris	Caesar
canis, canis (m&f)	dog
Catō, Catōnis	Cato
caupō, caupōnis	innkeeper
cīvis, cīvis-ium (m&f)	citizen
cōnsul, cōnsulis	consul
custōs, custōdis	guard
daemōn, daemonis	devil
dolor, dolōris	pain, grief
dux, ducis	leader, guide
fīnis, fīnis-ium	end, limit
flōs, flōris	flower
fōns, fontis-ium	spring, fountain
frāter, frātris	brother
fūr, fūris	thief
gladiātor, gladiātōris	gladiator
homō, hominis	man
hospes, hospitis (m&f)	guest, host
hostis, hostis-ium (m&f)	enemy
imperātor, imperātōris	general, emperor
index, indicis (m&f)	one who points out, informer
Juppiter, Jovis	Jupiter
lapis, lapidis	stone
leō, leōnis	lion
mīles, mīlitis	soldier
mōns, montis-ium	mountain
mōs, mōris	custom, habit
mūnus, mūneris	gift
obses, obsidis (m&f)	hostage
odor, odōris	smell, fragrance
ōrātor, ōrātōris	one who excels at public speaking
orbis, orbis-ium	circle, world
ōrdō, ōrdinis	rank, order
pater, patris	father
pēs, pedis	foot
piscis, piscis-ium	fish
praedō, praedōnis	robber
rēx, rēgis	king
rhētor, rhetoris	professor
scorpiō, scorpiōnis	scorpion
senex, senis (adj.)	old man, old
sermō, sermōnis	speech
sōl, sōlis	sun
timor, timōris	fear

Third Declension, Feminine

āctiō, āctiōnis	deed
aestās, aestātis	summer
aetās, aetātis	period of life, age
auris, auris-ium	ear
calamitās, calamitātis	disaster
cīvitās, cīvitātis	the state
classis, classis-ium	fleet
crūdēlitās, crūdēlitātis	cruelty
crux, crucis	cross
ēbrietās, ēbrietātis	drunkenness
famēs, famis	hunger
fēlīcitās, fēlīcitātis	happiness, prosperity
fors (defective, abl. forte)	chance
fraus, fraudis	trickery, deceit
frōns, frontis	forehead
gēns, gentis-ium	clan, nation
imāgō, imāginis	reflection
imitātiō, imitātiōnis	imitation, copy
laus, laudis	praise
lēx, lēgis	law
lībertās, lībertātis	liberty
libīdō, libīdinis	lust, desire
māter, mātris	mother
mēns, mentis-ium	mind, judgment, attention
mercēs, mercēdis	price
mors, mortis-ium	death
mulier, mulieris	woman, wife
mūtātiō, mūtātiōnis	change
nāvis, nāvis-ium	ship
necessitās, necessitātis	need
nox, noctis-ium	night
occāsiō, occāsiōnis	opportunity
opīniō, opīniōnis	reputation
ops, opis	power, wealth
ōrātiō, ōrātiōnis	speech
orīgō, orīginis	beginning
potestās, potestātis	power
rādīx, rādīcis	root
ratiō, ratiōnis	reason, logical thinking
religiō, religiōnis	religion
salūs, salūtis	health, safety
sēcūritās, sēcūritātis	freedom from care
sēdēs, sēdis	residence
sitis, sitis-ium	thirst
societās, societātis	society
sōlitūdō, sōlitūdinis	solitude
superstitiō, superstitiōnis	superstition
tempestās, tempestātis	weather, bad weather

urbs, urbis-ium	city
uxor, uxōris	wife
vēritās, vēritātis	truth
vestis, vestis-ium	clothing
virtūs, virtūtis	bravery, virtue
vīs (irreg.); vīrēs-ium (pl)	force, violence, strength (pl.)
voluptās, voluptātis	pleasure
voluntās, voluntātis	wish
vulpēs, vulpis	fox
vōx, vōcis	voice

Third Declension, Neuter

animal, animālis-ium	animal
caput, capitis	head
carmen, carminis	poem, song
certāmen, certāminis	contest
cor, cordis	heart
corpus, corporis	body
crīmen, crīminis	crime, fault
flūmen, flūminis	river
genus, generis	kind, type
iter, itineris	journey
jūs, jūris	law
mare, maris-ium	sea
nūmen, nūminis	divine will, power
opus, operis	work, labor
pectus, pectoris	chest, heart
sēmen, sēminis	seed
sīdus, sīderis	star, constellation
tempus, temporis	time

Fourth Declension, Masculine
(unless otherwise noted)

arcus-ūs	bow
cāsus-ūs	accident
cursus-ūs	journey, course
domus-ūs (-ī) (fem.)	home
exercitus-ūs	army
flētus-ūs	act of weeping
exitus-ūs	exit, outcome
frūctus-ūs	profit, increase
habitus-ūs	nature, character

impetus-ūs	attack, assault
lacus-ūs	lake
manus-ūs (fem.)	hand, handful
metus-ūs	fear
saltus-ūs	jump
ūsus-ūs	use
vultus-ūs	face expression

Fifth Declension, Feminine

aciēs-ēī	battle line, edge
diēs, dieī (m&f)	day, time
perniciēs-ēī	destruction, misfortune
rēs, reī	thing, object, deed, affair
spēs, speī	hope

Indeclinable and Irregular

nefās	a sin, that which is contrary to divine law; wrong
nēmō	no one, nobody
nihil or nīl	nothing
satis or sat	enough

ADJECTIVES

First and Second Declensions

aeger, aegra, aegrum	sick
altus-a-um	high, deep
amārus-a-um	bitter
amplus-a-um	large, generous
antīquus-a-um	ancient
avārus-a-um	greedy, avaricious
blandus-a-um	smooth, pleasant
bonus-a-um	good, honest
caecus-a-um	blind
captīvus-a-um	captured
cārus-a-um	dear
certus-a-um	sure, fixed, certain
cēterī-ae-a (pl.)	the rest of; the others
citus-a-um	swift
clārus-a-um	clear, bright
decōrus-a-um	becoming, proper
dignus-a-um	worthy
dīvīnus-a-um	divine

dubius-a-um	doubtful
dūrus-a-um	hard, rough, stern
ēbrius-a-um	intoxicated
exiguus-a-um	small, trifling
eximius-a-um	outstanding
ferus-a-um	wild
fīnitimus-a-um	neighboring
honestus-a-um	honorable, distinguished
idōneus-a-um	suitable, favorable
incertus-a-um	uncertain, dangerous
īnfirmus-a-um	weak
īnsānus-a-um	insane
inultus-a-um	unavenged, safe
invictus-a-um	unconquered
invidus-a-um	envious
īrātus-a-um	angry
jūcundus-a-um	pleasant
laetus-a-um	glad
lātus-a-um	wide
līber, lībera, līberum	free
luscus-a-um	one-eyed
magnus-a-um	large, important
malus-a-um	wicked, bad
meus-a-um	my, mine
mortuus-a-um	dead
multus-a-um	much, many
nātus-a-um	born
nocturnus-a-um	belonging to night
nōtus-a-um	known
nūbilus-a-um	cloudy
parvulus-a-um	little, tiny
parvus-a-um	small
paucī-ae-a	few
piger-gra-grum	lazy
plēnus-a-um	full
plērīque-aeque-aque (pl.)	most, very many
praeclārus-a-um	very bright, very clear
proprius-a-um	one's own
proximus-a-um	near
pulcher-chra-chrum	pretty
pūrus-a-um	clean, pure
quantus-a-um	how great
rēctus-a-um	correct, right
reliquus-a-um	remaining
Rōmānus-a-um	Roman
sānus-a-um	sound healthy
sānctus-a-um	sacred
sēcūrus-a-um	free from care

serēnus-a-um	bright, fair
sōlus-a-um	alone
strēnuus-a-um	vigorous
stultus-a-um	stupid
superbus-a-um	haughty, proud
suus-a-um	one's own
tardus-a-um	slow
timidus-a-um	fearful, timid
tūtus-a-um	safe
tuus-a-um	your, yours
validus-a-um	strong
verbōsus-a-um	wordy
vērus-a-um	true
vīcīnus-a-um	neighboring
vīvus-a-um	alive

Third Declension

brevis-is-e	short, little
celer-eris-ere	swift
dīves (gen. divitis) -es-es	rich
dulcis-is-e	sweet, pleasant
ēloquēns-ēns-ēns	eloquent
facilis-is-e	easy, accessible
fēlīx-īx-īx	happy, fortunate
fidēlis-is-e	faithful
fortis-is-e	brave, strong
gravis-is-e	heavy, serious
humilis-is-e	low
illustris-is-e	clear, distinct
inānis-is-e	empty
inermis-is-e	unarmed
ingēns-ēns-ēns	huge, vast
innocēns-ēns-ēns	innocent
inops, inops, inops	poor, helpless
īnsignis-is-e	distinguished
īnsipiēns-ēns-ēns	stupid, foolish
juvenis-is-is	young
levis-is-e	light, frivolous
mōbilis-is-e	movable, changeable
mortālis-is-e	human, mortal
omnis-is-e	each, every, all
pauper-er-er	poor
prūdēns-ēns-ēns	knowing, prudent
quālis-is-e	what kind
sapiēns-ēns-ēns	wise
singulāris-is-e	single, alone

trīstis-is-e	sad
vīlis-is-e	cheap, worthless

SPECIAL ADJECTIVES

(Genitive in -īus, Dative in -ī)

alius-ia-iud	other, another
alter, altera, alterum	the other (of two)
neuter, neutra, neutrum	neither
nūllus-a-um	no, none
sōlus-a-um	only, alone
tōtus-a-um	whole
ūllus-a-um	any
ūnus-a-um	one
uter, utra, utrum	which (of two)
uterque, utraque, utrumque	each (of two), both

PREPOSITIONS

With the Accusative

ad	to, toward
ante	before
apud	near, at the home of
circā	about, around
circum	around
contrā	against
inter	among, between
post	behind, after
praeter	except, beyond
prope	near
propter	because of
suprā	above
trāns	across

With the Ablative

ā, ab	away from, from, by
cum	with
dē	down from, concerning
ex, ē	out of, from
prō	in front of, in behalf of
sine	without

With Accusative or Ablative

in	(acc.) into, against (abl.) in, on
sub	(acc.) under, to the foot of (abl.) under, at the foot of

CONJUNCTIONS

Coordinating

ac	and
at	but
atque	and
aut	or
aut . . . aut	either . . . or
autem (postpositive)	moreover, however
enim (postpositive)	for
ergō	therefore
et	and
et . . . et	both . . . and
etiam	also
nam	for
ne . . . an	whether . . . or
nec (neque)	and not
neque . . . neque	neither . . . nor
quam	than
-que (enclitic)	and
-que . . . -que	both . . . and
sed	but
tamen	nevertheless
-ve (enclitic)	or
vel	or

Subordinating

antequam	before
cum	when, since, although
dōnec	as long as
dum	while
dummodō	if only
nē	that . . . not
postquam	after
prius . . . quam	before
quandō	when
quasī	as if, like
quia	because
quod	because

quoniam	because, since
sī	if
etsī	although
nisī (nī)	unless, if . . . not, except
sīve . . . sīve (seu)	either . . . or
ubi	when, where
ut, utī	with indicative verb: as, when
	with subjunctive verb: that, in order that

INTENSIFIERS

et	even
etiam	even
nē . . . quidem	not . . . even
quidem	indeed, at least
quoque	also

ADVERBS

adhūc	up till now
aliter	otherwise
amplius	more, longer
bene	well
bis	twice
circiter	around
cotīdiē	daily
crās	tomorrow
cūr (interrogative)	why
dehinc	from here, hence
deinde	next, then
dēnique	finally
diū	for a long time
eō	to this place
eōdem	to the same place
forsan, forsitan, fortasse	perhaps
frūstrā	in vain
haud	not
herī	yesterday
hodiē	today
hūc	to this place
ibi	there, then
inde	from that place, from that time
interdum	sometimes
intus	within
ita	so, thus

jam	now, already, soon
libenter	willingly
magis	more
magnopere	greatly
male	badly
māne	in the morning
mox	soon
necessāriō	unavoidably
nimis	too much
nōn	not
nōndum	not yet
num	interrogative: expects negative answer
numquam	never
nunc	now
ōlim	at that time, formerly
omnīnō	altogether
paene	almost
partim	partly
paulō	somewhat, a little
praetereā	beyond, besides
procul	far, at a distance
quō (interrogative)	to what place
quondam	once upon a time
quotiēns	how often
repente	suddenly, unexpectedly
rūrsus	again
saepe	often
sat, satis	enough
semel	once, a single time
semper	always
sīc	thus, so
simul	at the same time
statim	at once, immediately
subitō	suddenly
tam	so far, so
tamen	nevertheless
tamquam	as much as, just as if
tandem	finally
tantum	so much, as much
temerē	rashly
totiēns	so many times, as often as
tum	then
tunc	then
ubi	where
ubīque	wherever
umquam	ever
unde	from what place

undique	everywhere
vix	hardly

QU-

aliquis, aliquis, aliquid	someone, something, some, any
quī, quae, quod	who, which, that
quīcumque, quaecumque, quodcumque	whoever, whatever
quīdam, quaedam, quiddam	a certain (one)
quis, quis, quid	who, what; anyone, anything
quisquam, quisquam, quicquam	anyone, anything, any
quisque, quisque, quidque	each one, each thing
quisquis, quaeque, quidquid	whosoever, whatsoever
nescioquis, nescioquis, nescioquid	I know not what person, I know not what thing

See Summary of Morphology for pronouns,
numbers,
question words.

GENERAL VOCABULARY

Roman numerals refer to Lesson numbers; RL refers to Review Lesson; N refers to Narrative Reading.

ā/ab (prep with abl): with personal nouns & passive verbs, *by the agency of, by* IV 19; with verbs of separation, *away from, from* V 25
abdō-ere-didī-ditus: *hide* N 44, 343
abeō-īre-iī-itūrus: *go away* XXIII 213
abripiō-ere-ripuī-reptus: *carry off* N 49, 347
absēns (one ending adj) RL II 71
absistō-ere-stitī: *cease* N 128, 386
absolvō-ere-solvī-solūtus: *free someone from something* XX 180
absum-esse, āfuī, āfutūrus: *be away* XXXV 303
abūtor-ūtī-ūsus: *abuse*
ac: variant of *atque* X 88
accēdō-ere-cessī-cessurus: *come toward* XXXIII 295
accidō-ere, accidī: *fall, happen* XXXII 284
accipiō-ere-cēpī-ceptus: *receive* XXIX 263
accūsō (1): *accuse* XXII 208
ācer, ācris, ācre: *sharp, keen, fierce* N 124, 382
acerbus-a-um: *bitter, harsh* N 86, 362
Achaia-ae, f: West Greece N 134, 390
Achātēs-ae, m: companion of Aeneas XXIV 224
aciēs-ēī, f: *line of battle* XXXVI 310
acquīrō-ere: *get in addition* XXII 209
actiō-ōnis, f: *deed* XXV 226
āctum-i, n: *act* VII 57
ad (prep with acc): *to, toward* XI 94
adductiō-ōnis, f: N 1
adeō (adverbial): *even* N 4, 328
adferō-ferre, attulī, allātus: *bring, carry to* N 110, 373
adgredior-ī, adgressus: XXVIII 257
adhūc (adverbial): *up to this time* XXXV 304-5
adimō-ere-ēmī-ēmptus: *take away* N 134, 391
adjungō-ere-junxī-junctus: *attach, add* N 134, 390
adjuvō (1): *help* VIII 65
administrō (1) *manage* XXXV 304
adnatō (1): *swim toward* N 126, 383
adōrnō (1): *get ready* N 134, 390
adōrō (1): *adore* N 5, 328
adscrībō-ere-scrīpsī-scrīptus: *assign* N 35, 340
adstō-stare-stitī: *stand by* XIII 116
adsum-esse-fuī: *be present* N 10, 330
adulēscēns (one ending adj): describing man or woman between ages of 15-17 and 30-40; roughly our *young person* N 16, 332
adversus-a-um: *unfavorable* XXXV 304
adversus (prep with acc): *against* N 63, 352
advertō-ere-vertī-versus: *turn, direct toward* N 135, 391
aedēs-is, f: *temple,* in plural *house* N 93, 364
aedificō (1): *build, construct* XXIII 216
Aeduī-ōrum, m: a tribe of central Gaul XXVII 250
aeger-gra-grum: *ill, sick, weak* IV 20
aegrōtus-a-um: *sick* XXXIII 293
aequālis-e: *equal* N 66, 354
aequō (1): *make equal* RL IV 128
aequor, aequoris, n: *a level surface, the sea* XXXVI 310
aequus-a-um: *even, equal, fair, just* XIII 117
aer, aeris, m: *air* N 1
aes, aeris, n: *bronze; money* XIII 117

aestās-tātis, f: *summer* XXIV 224
aetās-tātis, f: *period of life, youth; old age* XV 141
aeternus-a-um: *everlasting* RL V 195
afflīgō-ere-flīxī-flictus: *injure* N 126, 383-84
ager, agrī, m: *country district; farm; field* XIV 125
agger-eris, m: *mound, embankment* XXXVI 310
agmen, agminis, n: *line of march* XIII 116
agna-ae, f: *female lamb* VI 36
agnus-ī, m: *male lamb* I 1
agō-ere, ēgī, āctus (verb with wide area of meaning): as colorless substitute for many verbs, *do*; with specific objects, *set something in motion, drive* horses, *do* business, *give* thanks, etc. III 14
agrestis-e: *rustic, boorish* N 128, 386
agricola-ae, m: *farmer* N 128, 386
ajō (defective verb): *say* XXVII 249
āles (one ending adj, gen. alitis): *winged* N 136, 392-93
aliēnus-a-um: *belonging to another* XXII 207
aliquandō (adverbial): *sometime* N 29, 337
aliquī, aliquae, aliquod (adj): *some, any*; aliquis-quid: (pron) *anyone, someone, anything* IX 78
aliquot (adjectival): *a few* N 110, 373-74
aliter: *otherwise* XXX 270
alius (special dat & gen): *other* RL II 72
alloquium-ī, n: *address, speech* RL IV 129
alloquor-loquī-locūtus: *address* XX 176
alō-ere, aluī, alitus (altus): *feed, nourish* VIII 65
alter (special dat & gen): *other of two* XII 107
altus-a-um: *high, deep* XII 111
amārus-a-um: *bitter* XVI 148
ambitiō-ōnis, f: *ambition* XXXI 279
ambulātor-tōris: *one who walks about* N 103, 369
amīcitia-ae, f: *friendship* XVI 148
amīcus-a-um: *friendly* I 1
āmittō-ere, amīsī, āmissus: *let go from oneself, lose* IV 20
amnis-is, m: *stream* XIV 124
amō (1): *love* X 89
amor-ōris, m: *love* II 6
amphora-ae, f: *vase, jug, pitcher, bottle*, with two handles II 4
amplitūdō-dinis, f: *size* N 16, 332
amplius (adv): *further* XXXV 304-5
amplus-a-um: *large, generous; ready* XVI 145
an (subord conj): *or* VIII 60
ancora-ae, f: *anchor* N 135, 391
angulus-ī, m: *corner* XXVI 243
angustus-a-um: *narrow* XXXV 304
anima-ae, f: *soul, breath* N 18, 334
animadvertō-ere: *notice, pay attention to* XXXIII 296
animal-ālis, n: *animal* VIII 65
animus-ī, m: *mind, spirit, attention, enthusiasm* RL II 67
annālis-e: *of a year* XXXIV 300
annus-i, m: *year* XV 141
ante (prep with acc): before XI 94; also used as adverbial XXXIV 300-301
antequam (subord conj) *before* XXXIII 295
antīquus-a-um: *ancient* IV 20
anus-ūs, f: *old woman* N 139, 394
aper, aprī, m: *wild boar* IV 20
aperiō-īre, aperuī, apertus: *open* XXVI 245
appāreō-ēre-uī: *appear* N 59, 350
appellō (1): *name* IX 75
appetō-ere: *try to get at* N 35, 339
appropinquō (1): *approach* N 135, 391
aptus-a-um: *attached; suitable, fitting* XIII 117
apud (prep with acc) *among, near* XXIV 223
aqua-ae, f: *water* V 25
Arar-is, m: *river Saone* XXVII 250
arbitrium-ī, n: *decision; authority* XXX 271
arbitror-ārī, arbitrātus: *think, judge* 370
arca-ae, f: *chest, money chest* N 147, 399
Arcades-um, m: *Arcadians* XXXVII 313
arcessō-ere-cessīvī-cessītus: *fetch, summon* XXXVI 310
arcus-ūs, m: *bow* XXV 228
ardalio: *busybody* N 133, 390
ārdeō-ēre, ārsī: *be on fire* XIII 117
argentum -ī, n: *silver* N 16, 332
argūtus-a-um: *witty* N 41, 342
Ariovistus-ī, m: *king of a German tribe* N 26, 336
arma-ōrum (n pl): *arms, implements of war*

arō (1): *plow* XXI 190
arrigō-ere-rēxī-rēctum: *raise* XIII 116
ars, artis, f: *art, skill; education* VIII 65
arvum-ī, n: *field, land* XXXVI 310
ascēnsus-ūs, m: *ascent* RL IV 129
asper-era-erum: *harsh, cruel* XXIV 224
aspiciō-ere, aspexī, aspectus: *see, behold* IX 82
assuēsco-ere: *to be accustomed to* N 16, 332
astō (1): *stand near* XIII 116
astrum-ī, n: *star* RL II 68
at (conj): *but* N 63, 352
ater-tra-trum: *black* N 75, 357
Atlās, Atlantis, m: *Atlas* XIII 117
atque (conj): *and* X 90
atrōx (one ending adj): *ferocious* XXVIII 257
attollō-ere: *exalt, extol* XXII 209
auctor-tōris, m: *author* VIII 65
audācia-ae, f: *daring, boldness* N 1
audāx (one ending adj): *bold, daring* XIX 173
audeō-ēre, ausus: (deponent in perfective system) *dare* XII 110
audiō (4): *hear* XIII 112
auferō-ferre, abstulī, ablātus: *carry away* XXIII 217
augeō-ere, auxī, auctus: *make grow, increase* N 64, 352
aula-ae, f: *courtyard* XXXIV 300
aura-ae, f: *air* XXII 209
aurīga-ae, f: *charioteer* N 1
auris-is, f: *ear* XIV 124
Aurōra-ae, f: *dawn* XXIV 224
aurum-i, n: *gold* XX 180
Ausonia-ae, f: *Italy* XXXVI 310
Austria-ae, f: XXX 272
aut (coord conj): *or* XXI 191
aut...aut (coord conj): *either...or* XXIV 222
autem (conj): *however* XVI 144
auxilium-ī, n: *aid, instrument* IV 21
avāritia-ae, f: *greed, avarice* XVII 151
avārus-a-um: *greedy, avaricious* XXIX 260
avertō-ere-vertī-versus: *turn aside* XXVII 250
aviditās-tātis, f: *eagerness* N 127, 385
avus-ī, m: *grandfather* N 44, 344
axis, axis, m: *axis, pole, sky* XIII 117

baculus-ī, m: *stick, staff* XV 140
balnea-ōrum, n: *bath* N 24, 335
barba-ae, f: *beard,* often symbol of wisdom
barbarus-a-um: describing any person *not Greek or Roman* XXXIII 295
barbātus-a-um: *bearded* N 130, 388
beātus-a-um: *happy, well off* N 111, 374
Belgae-ārum, m: *people of N. Gaul* XIV 125
bellō (1): *carry on war* XXXII 286
bellum-ī, n: *war* XXX 271
bellus-a-um: *pretty, neat* N 9, 330
bene (irregular adverb of *bonus*) V 26
beneficium-ī, n: *act of kindness* XI 34
bēstia-ae, f: *wild animal* VII 56
bibliothēca-ae, f: *library* RL V 195
bibō, bibere, bibī: *drink* VIII 65
bīnī-ae-a: *two at a time* N 64, 352
bis (adverbial): *twice* XV 135
blaesus-a-um: *lisping* N 140, 394
blandus-a-um: *smooth, pleasant; flattering* RL I 43
bonus-a-um: high on Roman scale of values, *good, honest,* etc. V 25
bos, bovis, m&f: *ox, cow* N 97, 367
brevis-e: *short, brief* IX 81
brūma-ae, f: *shortest day of year; winter* N 102, 369
Brundisium-ī, n: *port in S.E. Italy* N 134, 390
bubulcus-ī, m: *ploughman* XXXVII 313-14
bybliopōla-ae, m: *bookseller* N 118, 379

cachinnus-ī, m: *laughter* N 110, 373-74
cadō-ere, cecidī, cāsūrus: *fall down* XII 110
caecus-a-um: *blind* XI 96
caedes, caedis, f: *murder* N 80, 358
caedō-ere, cecīdī, caesus: *cut* N 109, 372
caelicola-ae, m: *god* XXXIV 300
caelifer-ī (adj): *supporting the sky* XIII 117
caelum-ī, n: *heaven, sky; climate* RL II 67
Caesar-aris, m: common name of Roman emperors RL II 67
caespes-itis, m: *sod, turf* N 140, 394-95
calamitās-tātis, f: *disaster* XVII 151
calidus-a-um: *hot* N 109, 372

callidus-a-um: *shrewd* N 57, 349-50
campus-ī, m: *field* N 37, 340-41
candidus-a-um: *white, gleaming, pretty* N 2, 326
canis-is, m&f: *dog* IV 20
canō-ere, cecinī, cantus: *sing* XXXI 276
Cantium-i, n: *Kent* XXXIII 293
cantō (1): *sing* N 8, 329
capella-ae, f: *goat* N 80, 358
caper-prī, m: *male goat* N 130, 388-89
capillus-ī, m: *individual* VII 56
capiō-ere, cēpī, captus: *seize something* physically or mentally VI 33
captīvus-a-um: *captured* X 89
caput, capitis, n: *head* XVII 154
carcer-is, m: *prison* XXXV 303
careō-ēre-uī: with abl, *lack, need* IX 78
carmen-minis, n: *song, poem* XVII 155
carō, carnis, f: *flesh* N 43, 343
carrus-ī, m: *wagon* XXXV 304
Carthāgō-inis, f: *Carthage* XXXVI 309
cārus-a-um: *dear* XV 135
caseus-ī, m: *cheese* N 136, 392
castellum-ī, n: *fortress* XXXV 304
castra-ōrum, n pl: *camp* XXVII 250
castus-a-um: *pure, chaste* RL IV 128
casus-ūs, m: *accident* XXV 230
catella-ae, f: *puppy* N 120, 379
catēna-ae, f: *chain* N 119, 379
Catō-ōnis, m: XXVII 249
caupō-ōnis, m: *innkeeper* XXXVII 313
causa-ae, f: *reason, cause* XVIII 158
cautus-a-um: *cautious* XXVI 244
cēdō-ere, cessī, cessūrus: *go, walk, yield* XXX 271
celebrō (1): *make famous* N 8, 329
celer, celeris, celere: *swift* XV 135
cēlō (1): *hide something* XIII 115
celsus-a-um: *high* N 130, 388-89
Celtae-ārum, m: *Celts* IX 82
cēna-ae, f: *dinner* N 40, 342
cēnō (1): *dine* XXXVII 313-14
cēnseō-ēre, cēnsuī, cēnsus: *advise, suggest* XXXVI 309
cēnsus-ūs, m: *rating of citizens and property*
centum: *a hundred*
cernō-ere, crēvī, crētus: *discover* VIII 60
certāmen-minis, n: *contest* XXIII 216
certō (1): *fight* XXIII 216
certus-a-um: *sure, fixed, certain* RL I 47
cervus-ī, m: *deer* N 129, 387
cēterī-ae-a: *all the other* VIII 65
cibus-ī, m: *food* N 1
Cilicia-ae, f: country in S. Asia Minor N 134, 390
cinis, cineris, m: *ashes* N 21, 334
circā (prep with acc): *around* XXXV 303
circiter (adv): *about* N 26, 336
circum (prep with acc): *around* XXIV 220
circumclūdō-ere-clūsī-clūsus: *shut in, surround* N 16, 332
circumeō-īre-iī: *go around* N 116, 377
citerior-ius: *on this side* XXIV 224
citus-a-um: *swift* RL II 71
cīvis, cīvis, m&f: *citizen* XXVI 243
cīvitās-tātis, f: *citizenship, state, city* N 44, 343-44; XXXII 286
clāmor-ōris, m: *shout* XXIV 224
clārus-a-um: *clear, bright* XVI 148
classis-is, f: *fleet* N 134, 390
claudō-ere, clausī, clausus: *shut up* XXXIV 300-301
claudus-a-um: *lame* XV 140
coepi, coepisse (perfective system only): *have begun* XXIII 216
coetus-ūs, m: *meeting* XXXV 304-5
cōgitō (1): *think* RL II 72
cognōscō-ere, cognōvī, cognitus: *learn, recognize* I 1
cōgō-ere, coēgī, coāctus: *compel, collect* XI 102
cohortor (1): *urge, encourage* XXXVI 310
colligō-ere-lēgī-lēctus: *gather* N 94, 365
collis-is, m: *hill* XXIV 224
colloquium-ī, n: *conversation* RL II 72
collum-ī, n: *neck* N 120, 379
colō-ere, coluī, cultus: *take care of, worship gods; cultivate fields* VII 52
colōnus-ī, m: *tenant farmer* N 103, 369
color-ōris, m: X 89
columba-ae, f: *dove* N 120, 379-80
coma-ae, f: *head of hair* N 1
comedō-ēsse: *eat up, devour* XXIV 223
committō-ere-mīsī-missus: *entrust, begin* XXXII 289
commūniō (4): *fortify* XXXV 304
commūnis-e: *common* XVIII 165
comparō (1): *compare* RL II 68

compellō-ere-pulī-pulsus; *drive, compel* N 45, 345
comperiō-īre, comperī, compertus: *find out* XXVII 249
compēscō-ere: *hold in check* N 126, 383-84
compleō-ēre-plēvī-plētus: *fill up* N 52, 348
compōnō-ere-posuī-positus: *put down* N 11, 330-31
comportō (1): *collect, bring in* N 64, 352
cōnātus-ūs, m: *attempt* N 97, 367
concēdō-ere-cessī-cessūrus: *yield, grant* RL V 194; XXII 208
concīdō-ere-cīdī-cīsus: *cut to pieces, kill* N 44, 343
conclāmō (1): *shout* XXIV 224
concordia-ae, f: *harmony* VI 34
concordō (1): *be in agreement* XXX 271
concrēscō-ere-crēvī-crētus: *grow together, grow strong* XIV 124
concubius-a-um; -iā nocte, *early in the night* XXXVII 313
condemnō (1): *condemn* XXII 208
condiciō-ōnis, f: *condition* IX 77
condō-ere-didī-ditus: *build, put away for keeping, conceal* XXII 209; XXXIII 293
cōnferō-ferre, contulī, collātus: *bring together, compare*; with personal pronoun, se confert: *he goes* XXVII 250
conficiō-ere-fēcī-fectus: *make, complete* XXIV 224
cōnfīdō-ere-fīsus sum (deponent in perfective system): *trust, rely* N 26, 336
confirmō (1): *strengthen* N 134, 390
confundō-ere-fūdī-fūsus: *mix up* N 45, 345
conjiciō-ere-jēcī-jectus: *hurl, fling* N 124, 382
conjugium-ī, n: *marriage* N 23, 335
conjunx, conjugis, m&f: *husband or wife* N 18, 334
conjūrātiō-ōnis, f: *conspiracy, plot* XXXV 304
cōnor (1): *try* XXXV 304
conquīrō-ere-quīsivī-quīsītus: *search for, collect* N 16, 332
cōnscientia-ae, f: *conscience* XX 178
cōnsequor-ī-secūtus: *follow* N 26, 336
cōnsilium-ī, n: *advice, plan* VI 32
cōnsistō-ere-stitī: *stand, rest* XXXIII 293
cōnspiciō-ere-spexī-spectus: *catch sight of* N 16, 332
cōnstantia-ae, f: *steadfastness* VI 34
constituō-ere-uī-ūtus: *establish, decide* XXXV 304
cōnstringō-ere-strinxī-strictus: *bind, restrain* 370
cōnsul-is, m: *consul* N 44, 343-44
cōnsulō-ere-uī: *take thought* XXI 190
cōnsummō (1): *finish* XXIII 216
cōnsūmō-ere-sūmpsī-sūmptus: *use up, eat away* N 95, 365-66
contemnō-ere-tempsī-temptus: *despise* XIV 121
contendō-ere-tendī: *strive, compete* XXIX 260
contentus-a-um: *content* RL V 195
contineō-ere-uī, contentus: *hold in* XIV 125
contingō-ere-tigī-tactus: *happen* N 78, 357
continuō (adv): *immediately* N 113, 376
contrā (prep with acc): *against* XI 94
contrārius-a-um: *opposite* N 4, 328
contumēlia-ae, f: *abuse* N 128, 383-84
cōnūbium-ī, n: *marriage* XXXV 303
convalēscō-ere-valuī: *get well* X 88
conveniō-īre-vēnī-ventūrus: *come together* XXXIII 295
convictus-ūs, m: *food* N 111, 374-75
convīva-ae, m&f: *guest* N 9, 330
convīvor (1): *dine* N 99, 368
coorior-īrī-ortus: *rise, appear* N 135, 390
cōpia-ae, f: *supply* XXVII 250
coquus-ī, m: *cook* X 125
cor, cordis, n: *heart* XI 96
cornū-ūs, n: *horn, antler* N 16, 332
corōnō (1): *crown* VI 33
corpus, corporis, n: *body* VI 32
corripiō-ere-uī-reptum: *seize* N 45, 345
corrumpō-ere-rūpī-ruptus: *destroy, corrupt* RL II 72
corruptiō-ōnis, f: N 61, 351
corvus-ī, m: *crow* N 136, 392
cotīdiē: *daily* XXVII 250
crās (adverbial): *tomorrow* XXIV 221; XXVIII 258
crātēra-ae, f: *bowl*, esp. for mixing wine and water RL IV 129
crēber-bra-brum: *dense, thick; frequent* N 99, 368

crēdō-ere, credidī, crēditus: *believe* XXI 187
crēdulus-a-um: *trusting* XXVIII 256
creō (1): *create* XX 178
crēscō-ere, crēvī, crētus: *grow, arise* RL II 72
Crētēnsis-e: *of Crete* N 134, 390
crīmen, crīminis, n: *accusation of crime; crime, fault, offense* VIII 60
cruciō (1): *torture* N 8, 329-30
crūdēlis-e: *cruel* VII 52
crūdēlitās-tātis, f: *cruelty* XXVII 151
crūs, crūris, n: *leg* N 1
crux, crucis, f: *cross,* to Romans, symbol of disgraceful death; to Christians, symbol of glory
cubile-is, n: *bed* N 128, 386
cubō (1): *lie* N 85, 362
culmen-inis, n: *peak* N 1
culpa-ae, f: *fault, blame* XXXV 303
culpō (1): *blame* XXX 266
cultus-ūs, m: *cultivation, decoration* XIV 125
cum (prep with abl): *with,* in sense of accompaniment I 1
cum (subord conj): with indic IX 77; with subj XXXIII 292
cūnctor (1): *delay* XXI 190
cūnctus-a-um: *all* N 56, 349
cupidus-a-um: *eager* N 116, 377-78
cupiō-ere-īvī-ītus: *desire* X 86
cūr (interrogative adverbial): *why* X 87
cūra-ae, f: *care, thought, worry* I 1
cūriōsus-a-um: *curious* N 116, 377
curō (1): *take care of* VII 52
currō-ere, cucurrī, cursūrus: *run* XI 96
cursus-ūs, m: *journey, course* XXIII 216
custōdia-ae, f: *watch, guard* XXXV 303
custōdiō (4): *guard* XVI 148
custōs-ōdis, m&f: *guard* XXIV 220
cutis-is, f: *skin* N 97, 367

daemon-onis, m: *devil* XXIX 260
damnō (1): *condemn* XX 180
damnum-ī, n: *loss* N 80, 358; N 128, 386
dē (prep with abl): of position, *down from*; in other situations *about* V 28
dea-ae, f: *goddess* VI 36
dēbeō-ēre-uī-itus: *owe something; ought to do something* XX 188
decem: *ten* App.
dēcernō-ere-crēvī-cretus: *decree, vote* XXXII 290
decet-ēre-uit (impersonal verb, usually only 3d singular: *be fitting* XXXVI 309
dēcidō-ere, dēcidī: *fall down* N 130, 388
decimus-a-um: *tenth* App.
dēcipiō-ere-cēpī-ceptus: *deceive* XXI 188
decorus-a-um: *becoming, proper* XXI 188
dēcurrō-ere: *run down* N 45, 345
decus-oris, n: *glory* N 41, 342
dēdō-ere, dēdidī, dēditus: *give up, yield* N 134, 390
dēfendō-ere, dēfendī, dēfēnsus: *defend* X 88; XXXIII 293
deferō-ferre-tulī-lātus: *carry, report* App. 443
dēficiō-ere-fēcī-fectus: *be lacking, fail* XXXII 286
dēfīgō-ere-fīxī-fīxus: *fix firmly* XXXIII 296
dēfluō-ere-flūxī: *flow down* or *out* of V 25
dēfunctus-a-um: *dead* XIX 174
dēgravō (1): *weigh down* N 116, 377
dehinc (adv): *from here, next* XXVIII 257-58
dējiciō-ere-jēcī-jectus: *throw down, overthrow* N 135, 391
deinde (adverbial): *from there* XXVIII 257-58
dēlectātiō-ōnis, f: *delight* N 143, 396
dēlectō (1): *charm, delight* XV 141
dēleō-ēre, dēlēvī, dēlētus: *destroy* XXXVI 309
dēlīberō (1): *consider, determine* XXXI 280
dēliciae-ārum, f: *delight, sweetheart* N 109, 372-73
dēligō (1): *tie up, make fast* N 26, 336
deligō-ere-lēgī-lectus: *choose* N 64, 352
Democritus-ī, m: Greek philosopher XXXIV 298
dēnī-ae-a: *ten each* N 73, 356
dēnique (adverbial): *finally* XXXIV 300
dēns, dentis, m: *tooth* N 1
dēnūntiō (1): *announce* XXXVII 313
dēpōno-ere-posuī-positus: *put aside* XXI 189

dēprecātor-ōris, m: *intercessor* N 134, 390-91
dēscendō-ere-scendī-scēnsūrus: *descend* XXII 207
dēscēnsus-ūs, m: *descent* RL IV 129
dēserō-ere-uī-sertus: *abandon* XXIX 263
dēsiderō (1): *desire* N 82, 361
dēsinō-ere: *leave off, stop, desist* N 68, 355
dēsistō-ere-stitī: *give up* N 26, 336
dēspiciō-ere-spexī-spectus: *hate* N 128, 385-86
dēsum, dēesse, dēfuī, -futūrus: *be lacking* IX 78
dēterior, deterius (comparative): *worse* XXVI 243
dētrīmentum-ī, n: *loss, harm* XXXII 290
deus-ī, m: *god* VII 52
dēvertō-ere-vertī-versus: *turn aside* XXXVII 313
dexter-tra-trum: *right* (opp. of left) N 1
Diāna-ae, f: *Moon goddess* XII 110
dīcō-ere, dīxī, dictus: *say, tell* XIII 112
Dīdō-ōnis, f: queen of Carthage XIII 117
diēs, diēī, m&f: *time*; specific periods of time, *day* (vs. night) *day* of 24 hours, final *day* of one's life, etc. RL I 42
differō-ferre, distulī, dīlātus: *differ* N 16, 332
difficilis-e: *difficult* XI 95
digitus-ī, m: *finger, toe* XVII 152
dignus-a-um: *worthy* RL IV 128
dīligō-ere, dīlēxī, dīlēctus: *esteem, love* XX 180
dīlūceō-ēre: *give light* XXIX 263
dīmidium-ī, n: *half* XVIII 165
discēdō-ere-cessī-cessūrus: *go away* N 35, 339-40
discernō-ere-crēvī-crētus: *distinguish* XXXI 279
discō-ere, didicī: *learn* IX 78
discordia-ae, f: *discord* XVIII 165
dispār: *unequal* N 64, 352
dispergō-ere-spersī-spersus N 64, 352
dissimilis-e: *unlike* XV 135
distribuō-ere, distribuī, distribūtus: *distribute* N 43, 343
diū (adverbial): *a long time* N 82, 361 (comparative *diūtius*)
dīves (one ending adj, gen *divitis*): *rich* X 86
dīvidō-ere-vīsī-vīsus: *divide, separate* XI 100
dīvīnus-a-um: *divine* XXIII 216
dīvitiae-ārum; f: *riches* N 116, 377
dīvus-ī, m: *god* N 117, 378
dō, dare, dedī, datus (irregular, having short -a- in most forms): *give* IX 82; XIV 125
doceō-ēre-uī, doctus (with two acc): *teach* someone something IX 78
doctor-ōris, m: *teacher* X 89
doctrīna-ae, f: XXI 187
doleō-ēre-uī: *grieve* XI 96
dolor-ōris, m: distress of body or mind: *pain, grief* XI 96
dolōsus-a-um: *crafty* N 136, 393
domina-ae, f: *mistress* XVII 154
dominus-ī, m: *master* X 88
domus-ūs (-ī), f: *house, home* RL IV 129
donec (subord conj): *until* XXV 229
dōnō (1): *give* N 4, 328
dōnum-ī, n: *gift* XIV 121
dormiō (4): *sleep* VII 52
dubius-a-um: *doubtful* RL I 43
dūcō-ere, dūxī, ductus: *lead* IX 82
dulcis-e: *sweet* XVII 154
dum (subord conj): *while, as long as,* with ind IX 77; with subj XXXIII 292
dummodo (subord conj): *provided that* XXXIII 295
duo, duae, duo: *two* RL IV 129
duodecimus-a-um: *twelfth* App.
duodēvīcēsimus-a-um: *eighteenth* App.
dūrō (1): *harden, make hardy* N 16, 332
dūrus-a-um: *hard, rough, stern, difficult* RL IV 129
dux, ducis, m: *leader, guide* IX 82

ē: variant of *ex* RL I 48
ēbrius-a-um: *intoxicated* XIII 114
ecce (interj): *behold* N 8, 329
edō, edere (esse), ēdī, ēsus: *eat* XXIII 213, 217
ēdūcō-ere-duxī-ductus: *lead out* N 82, 361
efferō-ferre, extulī, ēlatus: *carry out* N 39, 341
efficāx (one ending adj): *effective* XVIII 165

efficiō-ere-fēcī-fectus: *make* XIX 173
effugiō-ere-fūgī: *escape* XXI 188
egeō-ēre-uī: with abl, *lack, need* XV 140
ego (pronoun): *I* XXII 203
ēgredior-gredī-gressus: *go out* N 82, 361
ēgregius-a-um: *outstanding* N 34, 339
ējiciō-ere, ējēcī, ējectus: *throw out* XXIX 260
elephantus-ī, m N 16, 332
ēlevō (1): *make light of* N 35, 339-40
ēloquēns (one ending adj): *eloquent* X 89
Ēlysius-a-um: pertaining to Elysium N 36, 340
ēmendō (1): *correct* RL IV 127
ēmittō-ere, ēmīsī, ēmissus: *let go* RL IV 128
emō-ere, ēmī, ēmptus: *buy* N 2, 326
ēnatō (1): *swim ashore* N 116, 377
enim (coord conj introducing an explanation): *for* XXII 207
eō, īre, iī, itūrus: *go* XXIII 213
eōdem (adv): *to the same place* N 135, 391
epulae-ārum, f: *feast, banquet* N 16, 332
eques-itis, m: *horseman*; member of a Roman social order above the commoners and below patricians, "*knight*" N 147, 399
equidem (intensifier): XXXIV 300
equitātus-ūs, m: *cavalry* N 26, 336
equus-ī, m: *horse* XXI 190
ergō (coord conj): *therefore* XXII 204
ēripiō-ere-ripuī-reptus: *snatch away* XXIII 213, 216
errō (1): *wander* XXV 226
error-ōris, m: mistake, deception IX 82
ērumpō-ere-rupī-ruptus: *break open* XXXV 304-5
ēsuriō-īre: *be hungry* N 35, 339-40
ēsuritor-tōris, m: *one who is always hungry, starveling* N 40, 342
et (coord conj): *and* II 7; (intensifier): *even, also* N 41, 342
et...et (coord conj): *both...and* XVI 147
etenim (conj): *and as a matter of fact, in fact* XXXV 304-5
etiam (intensifier): *even* VII 57
ēvādō-ere: *escape* N 76, 357
ēvānēscō-ere-uī: *vanish* N 129, 387
ēventus-ūs, m: *outcome* XXVII 247
ēvolvō-ere, ēvolvī, ēvolūtus: *unroll* N 41, 342
ex (prep with abl): *out of, from* V 25
excellēns (adj of one ending): *outstanding* XXVIII 257
excipiō-ere-cēpī-ceptus: *get* N 16, 332
excitō (1): *rouse, wake up* N 120, 380
exemplar-āris, n: *example*; *Basic Sentence*
exemplum-ī, n: *example* VI 34
exeō-īre, exiī-itūrus: *go out* XXXII 286
exerceō-ēre-uī, exercitus: *keep busy, exercise* N 16, 332
exercitus-ūs, m: *army* XXIV 224
exigō-ere-ēgī-āctus: *demand* N 114, 376
exiguus-a-um: *small, trifling* XXXIV 300
eximius-a-um: *outstanding* N 36, 340
exitus-ūs, m: *exit of a place; outcome of an event* RL I 43
exordior-īrī-orsus: *begin* N 112, 375
expellō-ere-pulī-pulsus: *drive out* N 144, 398
expostulō (1): *complain* N 45, 345-46
exsistō-ere-stitī: *emerge, appear* XXVIII 257; N 143, 396
exspectō (1): *expect* XXXI 279
extemplō (adv): *immediately* XXII 209
exterior, exterius (comparative adj): RL IV 128
exterreō-ēre-uī-territus: *frighten* XIII 117
extinguō-ere-stīnxī-stinctus: *extinguish* N 34, 339
extrā (prep with acc): *outside* XI 94

fābella-ae, f: diminutive of *fabula* N 97, 367
faber-brī, m: *craftsman, artisan* XXVIII 256
fābula-ae, f: *story, play, fable* N 35, 339-40
facētiae-ārum, f: *jokes* N 110, 373
faciēs-ēī, f: *face* XVII 152
facilis-e: easy, *accessible* RL I 43
faciō-ere, fēcī, factus: *create* something, *make*; also used as colorless substitute for many verbs, *do*; with two acc. *make* one thing into another IX 75, 82
facultās-tātis, f: *ability* XXI 187
fallō-ere, fefellī, falsus: *deceive, fool* VII 57

fāma-ae, f: *fame, rumor* VI 34
famēs, famis, f (irregular abl, fame): *hunger* XIV 125
familiāris-e: *intimate, friendly* XXXVII 313
famulus-ī, m: *servant* RL IV 128
fās (indecl): *right* N 95, 365-66
fateor-ērī, fassus: *admit* N 43, 343; XXVIII 257
fātum-ī, n: *fate, fortune* RL II 68
fatuus-a-um: *stupid* N 118, 379
Faunus-ī, n: god of forests and herdsmen N 117, 378
faux, faucis, f: *jaws, hunger* N 45, 345
faveō-ēre, fāvī, fautūrus (with dat): *favor* XV 135
fēcundus-a-um: *fertile* N 52, 348
fēlīcitās-tātis, f: *happiness, prosperity* RL I 43
fēlīx (one ending adj): *fortunate, happy* II 6
fēmina-ae, f: *woman* I 1
fenestra-ae, f: *window* N 136, 392
fera-ae, f: *wild beast* RL IV 128
ferō, ferre, tulī, lātus: *carry; endure* VIII 60, XXII 202
festīnō (1): *hasten* N 64, 352
fidēlis-e: *faithful* XIV 124
fidēs-eī, f: *fidelity* RL I 42
fīdus-a-um: *faithful* N 17, 333
fīgō-ere, fīxī, fīxus: *fix, fasten* N 117, 378
figūra-ae, f: *shape, form* N 16, 332
fīlia-ae, f: *daughter* VI 36
fīliola-ae, f: *little daughter* N 53, 348
fīlius-ī, m: *son* V 25
fingō-ere, fīnxī, fictus: *invent* N 45, 345-46
fīniō (4): *finish* XXVI 240
fīnis-is, m: *end, limit* VI 33
fīnitimus-a-um: *neighboring, adjoining* XXXII 286
fīō, fierī: *come into being* IX 82; XXII 202
firmāmentum-ī, n: *strengthening, support* XVII 154
firmus-a-um: *strong, stable* XXXV 304
flāgitō (1): *demand* XXVII 250
flamma-ae, f: *flame* XIV 124
flecto-ere, flexī, flectus: *bend* something XXVI 240
fleō-ēre-ēvī-ētus: *weep* XV 136
flētus-ūs, m: act of *weeping* XIII 114
flōreō-ēre-uī: *be in flower* XV 141
flōs, flōris, m: *flower* IX 82
flūctus-ūs, m: *wave* N 135, 391
flūmen, flūminis, n: *river* VI 34
focus-ī, m: *hearth* N 111, 374
foedus-a-um: *disgusting* N 3, 327
folium-ī, n: *leaf* N 117, 378
fōns, fontis, m: natural *spring*, artificial *fountain* V 25
fore: future infinitive of *esse* XXVIII 256
foris, foris, f: *door*; forīs (adv): *out of doors* N 143, 396-97
forma-ae, f: *appearance, shape; beauty* IX 82
formōsus-a-um: *beautiful* N 7, 329
fors (defective noun, abl forte): *chance* XXV 230
forsan (adverbial): *perhaps* XXVIII 256
forsitan (adverbial): *perhaps* XXXI 276
fortasse (adverbial): *perhaps* XXXI 279
fortis-e: *brave; strong* VIII 65
fortūna-ae, f: *fortune*, often personified I 1
forum-ī, n: *public place, Roman forum* N 111, 374
fossa-ae, f: *ditch* XXXV 304
fovea-ae, f: *pit* N 16, 332
foveō-ēre, fōvī, fōtus: *keep warm, cherish, love* XXIV 224
frangō-ere, frēgī, frāctus: *break* something VII 52
frāter, frātris, m: *brother* XV 135
fraus, fraudis, f: *trickery, deceit* I 1
frigidus-a-um: *cold* N 18, 334
frīgus, frīgoris, n: *cold* N 1
frōns, frontis, f: *forehead* XVII 180
frūctus-ūs, m: *profit, increase* XXVII 249
frūgiferus-a-um: *fruitful* N 79, 358
frūmentum-ī, n: *grain* XXVII 250
frūstrā (adverbial): *in vain* N 15, 331-32; XXXV 298
frūx, frūgis, f: *crop, fruit* N 1
fugāx (one ending adj): *fleeing, fleeting* IX 82
fugiō-ere, fūgī: intransitive, *flee*; transitive, *flee from* VI 33
fugitō (1): *flee* N 126, 383-84
fulgeō-ēre-fulsī: *shine* XXIV 220
fulmen-minis, n: *lightning* RL IV 129
fundō-ere, fūdī, fūsus: *pour* XI 101
fūnus, funeris, n: *funeral; death* VI 34
fūr-is, m: *thief* I 1

furō-ere-uī: *be insane* XXVII 247
furor-ōris, m: *madness* N 80, 358
fūrtim (adverb): *by stealth* N 126, 383-84
fustis-is, m: *club, stick* N 128, 385-86

Gallī-ōrum, m: *Gauls* IX 82
Gallia-ae, f: *Gaul* XIII 116
garriō-īre: *chatter* N 140, 394-95
garrulitās-tātis, f: *excessive talking* N 112, 375
gaudeō-ēre, gavīsus: *rejoice* XI 114
gaudium-ī, n: *joy* RL V 195
gelus-ūs, m: *frost* N 1
gemō-ere: *moan, bewail* N 119, 379
genae-ārum, f: *cheeks* N 141, 395
generō (1): *create* V 30
gēns, gentis, f: *clan, race, tribe* XXIV 224
genus-eris, n: *kind, type* N 16, 332
Germānī-ōrum, m: *Germans* XIV 125
gerō-ere, gessī, gestus: *always have about one* XXVIII 257
gignō-ere, genuī, genitus: *bring into being, create, give birth to, beget* IV 20
gladiātor-ōris, m: VI 33
gladius-ī, m: *sword* N 124, 382
gradus-ūs, m: *step* N 128, 385-87
Graecus-a-um: *Greek* XIII 116
grammatica-ae, f: *grammar* XXII 208
grātia-ae, f: *grace, favor, thanks* XVI 144
grātus-a-um: often with dat, *pleasing* XV 135
gravis-e: *heavy* in weight; *important* RL IV 129
gremium-ī, n: *lap, pocket* N 8, 329-30
gubernātor-ōris, m: *helmsman* N 1
gutta-ae, f: *drop* of a liquid N 120, 379-80

habeō-ēre-uī-itus: *have* something physically; have something in one's mind, *consider* V 25
habitus-ūs, m: *condition, quality* XXVIII 257
haereō-ēre, haesī: *be stuck* IX 82
harēna-ae, f: *sand; arena* (so-called from sand floors) VI 33
haud (negator): *not at all* XXXI 279
haustus-ūs, m: *drinking* N 45, 345-46
Helvetiī-ōrum, m: people of E. Gaul, modern Switzerland XI 100

hercle: a mild oath used by men N 45, 345-46
here (adverbial): cf. *heri* N 43, 343
heres, heredis, m&f: *one who inherits, heir, heiress* N 100, 370
herī: variant of *here, yesterday* XXIV 221
heu (interj): *alas* N 37, 340
hībernus-a-um: *winter* XXIV 224
hīc (adverbial): *here* N 17, 333
hic, haec, hoc: *this* XIX 168
hiems, hiemis, f: *winter* XXVIII 257
hilaris-e: *cheerful* N 59, 350
hilaritās-tātis, f: *merriment* RL IV 129
hircus-ī, m: *male goat* N 130, 388
Hispānia-ae, f: *Spain* N 134, 390
hodiē (adverbial): *today* XXIV 221
homō, hominis, m&f: *man, mankind* IV 23
honestus-a-um: *respectable, virtuous* II 6
honor-ōris, m: V 30
honōrificus-a-um: *honorable* N 109, 372
hōra-ae, f: *hour; fatal hour* XII 106
Horātius,-i, m: *Horace*, Roman poet XX 177
horrēscō-ere: *dread* N 140, 394
hortor (1): *urge, encourage* N 64, 352; XXXII 290
hortus-ī, m: *garden* VI 34
hospes, hospitis, m&f: one who participates in a guest-host relationship, *guest, host* XI 101
hospitium-ī, n: *hospitality; inn* XXXVII 313
hostis-is, m&f: *enemy* X 89
hūc (adverbial): *to this place* XXXII 286
hūmānitās-tātis, f: *humanity, refinement* XIV 125
hūmānus-a-um: *human* RL IV 128
hūmilis-e: *low* in space or social rank XVI 144
hūmor-ōris, m: *wetness, liquid* N 1
humus-ī, f: *earth, soil* N 94, 364-65
hydrus-ī, m: *serpent* N 126, 383-84

ibi (adverbial): *there, then* IX 83, 86
īdem, eadem, idem: *the same* XIX 169
idōneus-a-um: *suitable* 370
igitur (conj): *therefore* N 4, 328
ignāvus-a-um: *idle, cowardly* XXVII 249

ignis-is, m: *fire* XV 137
īgnōrantia-ae, f: XXI 190
īgnōrō (1): *not know* N 120, 379
īgnōscō-ere-nōvī: with dat, *overlook, excuse* XXV 226
īgnōtus-a-um: *unknown* XXXIV 300
ille, illa, illud: *that* XIX 168
illō (adverbial): *to that place, there* 370
illūstris-e: *illustrious* N 143, 397
illūstrō (1): *make clear* XXXV 304
Illyricus-a-um: *Illyrian* N 134, 390
imāgō-inis, f: *reflection* X 89
imitātiō-ōnis, f: V 25
imitor (1): *imitate* XX 177
immātūrus-a-um: *untimely, unripe* N 35, 339-40
immemor (one ending adj): *forgetful* N 109, 372-73
immō (particle): showing contradiction of what precedes, *on the contrary*; showing qualification of what precedes, *further than that* N 4, 328
immodicus-a-um: *uncontrolled* RL IV 128
immortālis-e: *immortal* XVIII 164
immūtō (1): *change* N 64, 352
impediō (4): *hinder* N 44, 343; XXXII 290
imperātor-ōris, m: *general* XXXI 279
imperium-ī, n: *authority; empire* XIII 117
imperō (1): with dat & acc, *command* something of someone XXX 271
impetus-ūs, m: *attack, onset* N 124, 382
impleō-ēre-plēvī-plētus: *fulfill* N 55, 349
impōnō-ere-posuī-positus: *place* something on something (acc & dat) XV 134
improbitās-tātis, f: *badness* N 129, 387
improbus-a-um: *wicked* N 45, 345; XXXV 304
impūrus-a-um: *unclean, vile* VI 39
īmus-a-um: *lowest* XXVIII 257
in: as prep with abl shows place where, *in*; as prep with acc and verbs of motion shows place *into* which, *in, into*; with personal nouns shows hostile action, *against* I 1; XX 180
inaequālis-e: *uneven* N 66, 354
inānis-e: *empty* XX 180
incertus-a-um: *uncertain, dangerous* RL I 47
incipiō-ere-cēpī-ceptus: *begin* N 12, 331
incitō (1): *drive on* N 45, 345
incolō-ere-uī: *inhabit* XXIV 224
incommodus-a-um: *inconvenient, troublesome* RL IV 128
inconstantia-ae, f: *fickleness* XXVII 249
incrementum-ī, n: *increase, yield* N 19, 334
incūsō (1): *accuse* XXXIII 296
indāgō (1): *track down* XXI 190
inde (adverbial): *from there* N 134, 390
indecēns (one ending adj): *improper* N 103, 369
index-dicis, m&f: *one who points out, informer* XVII 151
indicō (1): *point out* XIII 112
indignor (1): *be displeased with* N 97, 367
ineptus-a-um: *unskillful* N 21, 334
inermis-e: *unarmed* XXXIV 300
iners (one ending adj): *without strength* N 126, 383-84
īnfāns (one ending adj): *not speaking*; as noun, *baby, child* N 104, 371; N 125, 383
īnfēlīx (one ending adj): *unhappy* XIII 117
īnfernus-a-um, lower: belonging to the Lower Regions, *infernal* RL IV 129
īnferō-ferre-tulī, illātus: *bring against* N 45, 345
īnfirmus-a-um: *weak* XXIX 260
īnflō (1): *inflate* N 97, 367
īnfluō-ere: *flow in* XI 100
īnfrā (adverbial): *below, underneath* N 16, 332
ingenium-ī, n: *intellect* N 37, 340; N 64, 352
ingēns (one ending adj): *huge, great* XXVIII 257
ingenuus-a-um: *becoming a free man* N 111, 374
ingrātus-a-um: *ungrateful* XVI 147
ingredior-ī-gressus: *advance* XXII 209
inimīcus-a-um: often with dat, *unfriendly* XV 135
inīquus-a-um: *unfair, unjust* N 34, 339

initium-ī, n: *beginning* XXIII 216
injiciō-ere-jēcī-jectus: *throw into* or *on* XXXVII 313
injūria-ae, f: *injury* V 30
injūstus-a-um: *unjust* XIII 117
innocēns (one ending adj): *innocent* X 89
inopināns (one ending adj): *unaware* N 44, 343
inops (one ending adj): *poor, helpless* X 86
inquīnō (1): *defile* N 126, 383-84
īnsānia-ae, f: *madness* VI 34
īnsānus-a-um: *mad, furious* VI 39
īnscius-a-um: *unaware* N 128, 385-86
inscrībō-ere-scrīpsī-scrīptus: *write upon* N 122, 381
īnsedeō-ēre: *sit upon* N 51, 347-48
īnsequor-sequī-secūtus: *follow* XXIV 202
īnsidiae-ārum, f: *ambush* XIII 114
īnsigne-is, n: *sign*
īnsignis-e: *outstanding* N 44, 343-44
insiliō-īre: *jump on* N 126, 383-84
īnsipiēns (one ending adj): *stupid, foolish* XV 136
īnsipientia-ae, f: *stupidity* XXVI 244
īnsolēscō-ere: *become insolent* N 64, 352
īnspiciō-ere-spexī-spectus: *look into* XXXIV 300
īnstō-āre, īnstitī: with dat, *stand over, threaten* XVI 143
īnsula-ae, f: *island* N 135, 391
intellegō-ere, intellēxī, intellēctus: *know* XXI 190
intemperāns (one ending adj): *immoderate, unable to discipline oneself* XVI 147
intendō-ere-tendī-tentus: *intend* XXXI 280
intentus-a-um: *intent* N 64, 352
inter (prep with acc): *between, among* XI 94
intercēdō-ere-cessī-cessūrus: *come between* XXXIII 295
interdum (adverbial): *sometimes* XIX 173
intereō-īre-iī-itūrus: *perish* N 112, 375
interficiō-ere-fēcī-fectus: *kill* XXXV 304
interior, interius (comparative adj): RL IV 128
interitus-ūs, m: *death* XXXVII 313-14
interrogō (1): *ask, cross-examine* XXXI 276
intersum-esse-fuī: *be between* N 82, 361
intolerābilis-e: *unbearable* XIV 121
intrā (prep with acc): *within* App.; N 122, 381
intrō (1): *enter* RL II 71
intus (adverbial): *inside* XI 96
inultus-a-um: *unavenged* XXXVII 313
invādō-ere-vāsī-vāsus: *invade* XIII 116
inveniō-īre-vēnī-ventus: *find* X 90
invictus-a-um: *unconquered* XXXVII 313
invideō-ēre-vīdī-vīsus: with dat or acc, *envy* N 8, 329-30
invidia-ae, f: *envy* N 8, 329-30
invidus-a-um: *envious* XXVI 244
invitō (1): *invite* N 65, 354
invītus-a-um: *reluctant, unwilling* XXXV 304
involvō-ere-volvī-volūtus: *roll on, envelop* XII 110
ipse, ipsa, ipsum: *self, himself* XIX 169
īra-ae, f: *anger* VI 33
īrāscor, īrāscī, īrātus: *become angry* XX 177
īrātus-a-um: *angry* V 25
is, ea, id: *he, she, it; this, that* XIX 169
iste, ista, istud: *that of yours* XIX 168
ita (adverbial): *thus, so* XXXII 285, 291
iter, itineris, n: *journey* XI 100

jaceo-ēre, jacuī: *lie* N 17, 333
jaciō-ere, jēcī, jactus: *throw* N 135, 391
jactō (1): *throw, accuse* N 66, 354
jam (adverbial): *now, already* XXIV 224
jānua-ae, f: *door, entrance* XI 101
jubeō-ēre, jussī, jussus: *order* N 10, 330
jūcundus-a-um: *pleasant* XIII 114
jūdex-icis, m&f: *judge* XVIII 164
jūdicium-ī, n: *judgment* XXVI 244
jūdicō (1): *pass judgment* XVIII 164
jugum-ī, n: *yoke* N 44, 344
Jugurtha-ae, m: *king of Numidia* XXVIII 257
Jūnō-ōnis, f: wife of Juppiter XV 139
Juppiter, Jovis, m: chief god in Roman pantheon RL II 67

Jūra-ae, f: a chain of mountains extending from the Rhine to the Rhone XI 100
jurgium-ī, n: *quarrel* N 45, 345
jūs, jūris, n: *right, law* XXXV 304-5
jūstitia-ae, f: *justice* XVIII 161
jūstus-a-um: *just* IX 82
juvenis (one ending adj): *young* XXVIII 256
juvō-are, jūvī, jūtus: *help* XXIII 210

Labiēnus-ī, m: officer of Caesar XXIV 224
labor-ōris, m: *hard work* V 30
labōrō (1): *work hard* N 4, 328
lābrum-ī, n: *lip, rim* N 16, 332
lacerō (1): *tear to pieces* N 45, 345
lacrima-ae, f: *tear* VII 52
lacrimō (1): lacrimor (1): *weep* XI 101
lacus-ūs, m: *lake* XI 100
laedo-ere, laesī, laesus: *hard* XIII 112
laetitia-ae, f: *happiness* N 1
laetus-a-um: *glad* XXIV 224
langueō-ēre: *be weak* N 119, 379
lāniger-era-erum: *woolly* N 45, 345
lapis, lapidis, m: *stone* VII 52
lassō (1): *exhaust* N 142, 395-96
lateō-ēre-uī: *hides, is hidden* IX 82
lātrō (1): *bark* XXI 110
latrō-ōnis, m: *bandit, brigand* N 45, 345
lātus-a-um: *wide* XIV 125
laudō (1): *praise* VIII 65
Laurēns (one ending adj): Laurentian N 117, 378
laus, laudis, f: *praise* I 1
lavō-āre, lāvī, lōtus: *wash* I 1
laxō (1): *untie* XXV 228
lēgātus-ī, m: *legate, envoy, officer* XXXIII 293
legiō-ōnis, f: *legion* N 44, 343
legō-ere, lēgī, lēctus: *pick, choose, read* XVII 155
Lemannus-ī, m: the lake of Geneva XI 100
leō-ōnis, m: *lion* XIV 120
lepidus-a-um: *pleasant, charming, neat* XXIV 223
leprōsus-a-um: afflicted with leprosy XXIX 260
lētum-ī, n: *death*
levis-e: *light, fickle, uncertain* RL II 67
lēx, lēgis, f: *law* V 25

libellus-ī, m: *small book* N 8, 329
libenter (adv): *willingly* XXXII 289
līber-era-erum: *free* XV 135
liber, librī, m: *book* RL V 195
lībertās-tātis, f: *liberty* XXIII 213
lībertīnus-a-um: pertaining to a freedman N 147, 399
libet (impersonal verb having only third singular and never a personal noun as subject): *be pleasing*
libīdō-inis, f: *lust, drive* XXXI 279
Libya-ae, f: *Africa* XXII 209
licet-ēre, licuit (impersonal verb): *it is permitted* N 90, 363
lignum-ī, n: *wood* XXV 206
līmes, līmitis, m: *boundary, boundary-wall* XXXII 285
līmus-ī, m: *mud* N 126, 383-84
lingua-ae, f: *tongue, language* IX 82
linquō-ere, līquī: *abandon* N 49, 347
linter-tris, f: *wash tub, boat* N 26, 336
liquidus-a-um: *fluid, liquid* XXXI 276
liquor-ōris, m: *fluid* N 45, 345
līs, lītis, f: *strife, quarrel, lawsuit* X 86
lītigō (1): *quarrel* XIII 114
littera-ae, f: *letter* of alphabet; in plural, *letter, literature* XIII 114
lītus-oris, n: *seashore* N 116, 377-78
locuplēs (one ending adj): *rich* N 116, 377
locus-ī, m: *place, location*; plural usually neuter, *loca* V 28
longus-a-um: *long*; IX 81; longē (adv): *far* XXXV 303
loquācitās-tātis, f: *talkativeness* N 112, 375
loquor, loquī, locūtus: *talk* XX 177
lūceō-ēre, lūxī: *give light, shine* XVI 148
lūdificō (1): *make fun of* N 76, 357
lūdō-ere, lūsī: intransitive, *play*; transitive, *fool, ridicule* XXIII 211
lūdus-ī, m: *school* N 94, 364-65
lūgeō-ēre, lūxī, lūctus: *grieve* N 10, 330
lūgubris-e: *sad* N 103, 369
lūmen-inis, n: *light*; source of light, *lamp*; *receiver of light, eye* XXII 208
lūna-ae, f: *moon* XII 110
lupa-ae, f: *female wolf* VI 36
lupus-ī, m: *male wolf* I 1
luscus-a-um: *one-eyed* XI 96

lūstrō (1): *purify*; walk in a solemn manner as if in ritual purification; *look around* at while walking; *visit* XXXII N 109, 372
lūx, lūcis, f: *light* XVI 148; RL V 196
lympha-ae, f: *water* N 127, 385

maestus-a-um: *sad*, *mourning* N36, 340
magis (adverbial): *more*
magnus-a-um: of size, *large*; of position, *important*; of degree, *great* IV 19
major, majus: *bigger* XIV 120
maledīcō-ere-dīxī-dictus: *curse* N 45, 346
maleficium-ī, n: *damage* XXXVII 312
malefīdus-a-um: *faithless* XVI 148
malitia-ae, f: *malice* XIX 174
mālō, mālle, maluī: *prefer* XXII 202
malus-a-um: possessing undesirable qualities; *wicked*, *bad*, *dishonest*, etc. V 25
mancipium-ī, n: *slave* N 1
mandō (1): *entrust*, *commit* N 44, 343
māne (adverbial): *early in the morning* N 56, 349; XXXVII 313-14
maneō-ēre, mānsī, mānsūrus: intransitive, *remain*; transitival, *wait for* XIII 114
mānēs-ium, f: deified souls of the dead N 19, 334
mānsuefīō-fierī: *be tamed* N 16, 332
manus-ūs, f: *hand; handful* I 1
marceō-ēre: *wither* N 77, 357
mare, maris, n: *sea* VIII 60
maritimus-a-um: pertaining to *ocean* 370
marītus-ī, m: *husband* N 42, 343
marmor-oris, n: *marble* N 125, 383
marmoreus-a-um (adj): *of marble* N 125, 383
Mārs, Mārtis, m: god of war XXX 272
Mārtiālis-is, m: celebrated epigrammatic poet XXII 207
māter, mātris, f: *mother* VI 39
mātrimōnium-ī, n: N 4, 328
mātūrō (1): *ripen; hasten* XXXIII 296
mātūrus-a-um: *ripe* XXIV 224
maximus-a-um: *biggest* XIV 120
medicāmen-inis, n: *remedy* XVII 154
medicīna-ae, f: RL IV 128
medicus-a-um: pertaining to medicine XVI 147
mediocris-e: *mediocre* N 11, 330
medius-a-um: *middle* XXIV 223
Megara-ae, f: *Megara* XXXVII 313
melior, melius: *better* XIV 120
melos-ī, n: (Greek) *lyric poem* N 116, 377-78
membrum-ī, n: *part of body; member* of organization XVI 145
memini, meminisse (perfective system only): with acc or gen, *remember* XXVIII 255
memor (one ending adj): *mindful* N 79, 358
memoria-ae, f: *memory* XVIII 161
mendīcus-ī, m: *beggar* N 116, 377-78
mēns, mentis, f: *mind, judgment, intention, attention* VI 32
mēnsa-ae, f: *table* N 111, 374
mēnsis-is, m: *month* N 19, 334
mentior (4): *tell falsehood* XX 177
mercātor-ōris, m: *merchant* 370
merces-edis, f: *price* XXVIII 256
mereō-ēre-uī-itus: *deserve, earn* N 29, 337
meritum-ī, n: *merit, service* N 83, 362
merus-a-um: *pure* N 110, 373
metuō-ere-uī: *fear* XXVI 244
metus-ūs, m: *fear* XXII 209
meus-a-um: *my, mine* VI 34
mīles-itis, m: *soldier* XXXV 304
mīlia passuum, pl. n: *miles* XXXV 304
mīlle (pl. mīlia): *a thousand* App.
mīmus-ī, m: *slapstick comedy* N 133, 390
minimus-a-um: *least, smallest* XIV 120
minor, minus: *smaller* XIV 120
mīror (1): *wonder at* XX 177
misceō-ēre-uī, mixtus: *mix* XXVIII 257
miser-era-erum: *unhappy* XVI 147
miserābilis-e: *sad, pitiable* N 17, 333
misereor-ērī, miseritus: *pity* N 128, 386
mittō-ere, mīsī, missus: *let go, send* XXXV 303
mōbilis-e: *movable, changeable* XIV 121
mōbilitās-tātis, f: *movement* XXII 209
moderātus-a-um: *restrained, orderly* XXVIII 257
modicus-a-um: *moderate, medium* XIV 124
modo (intensifier): *only*; (adv): *now, lately* XXVII 250

modus-ī, m: *way, method* 370
moenia-ium; n: *walls; fortifications* N 64, 352; XXXI 279
molestus-a-um: *troublesome* N 94, 364-65
molior (4): *do with effort* N 130, 388-89
mollis-e: *soft, gentle, kind; easy* N 85, 362
moneō-ēre-uī-itus: *give advice, warn* XXI 184
mōns, montis, m: *mountain* XI 100
mōnstrō (1): *show* XII 110
monumentum-ī, n: N 87, 363
mordeō-ēre, momordī, morsus: *bite* XV 140
morior, morī, mortuus: *die* XX 177
moror (1): *delay* N 55, 349
mors, mortis, f: *death* XI 100
mortālis-e: *human* VII 57
mortuus-a-um: *dead* RL IV 131
mōs, mōris, m: *custom, habit*; in plural, *character, morals* RL II 72
mōtus-ūs, m: *movement* N 8, 329
moveō-ēre, mōvī, mōtus: *move something* VII 52
mox (adverbial): *soon, presently* XXII 209
mūla-ae, f: *mule* N 113, 375-76
mulier-eris, f: *woman, wife* IX 78
multus-a-um: with plural noun, *many*; with singular noun, *much* VII 53
mundō (1): *cleanse* XXIX 260
mundus-ī, m: *world, universe*, this world compared with afterlife RL IV 128
mūniō (4): *fortify* XXXV 304
mūnus-eris, n: *gift* VIII 60; N 102, 369
murmur-uris, n: *a murmuring* XXVIII 257
mūrus-ī, n: *wall, dam* XI 100
Mūsa-ae, f: *muse* XVI 146
mūtābilis-e: *changeable* RL IV 129
mūtātiō-ōnis, f: *change* XXVII 249
mūtō (1): *change* something XI 96

nam (coord conj): *for* XXVII 250
nancīscor-cīscī, nactus: *find* N 26, 336
nārrō (1): *tell, relate* XXX 240
nāscor, nāscī, nātus: *be born* XX 177
nāsus-ī, m: *nose* N 103, 369; N 110, 373
natō (1): *swim* N 60. 351
nātūra-ae, f: *nature* IX 80
nātūrālis-e: *natural* RL V 195
nātus-a-um: *born*; often used as masculine noun, *son*, or feminine noun, *daughter* VII 56; RL II 72; X 89
naufragium-ī, n: *shipwreck* N 116, 377-78
naufragus-ī, m: *shipwrecked man* N 116, 377-78
nauta-ae, m: *sailor* N 117, 378
nāvicula-ae, f: *small boat* N 26, 336
nāvis-is, f: *ship* X 86
-ne (enclitic particle, asking for a yes-or-no answer) RL I 49; XXX 271
nē (subord conj): *that...not, lest* XXXII 283-84
nē...quidem: *not even* XXVII 250
nec: *and not*; nec...nec: *neither, nor* XXI 188
necessārius-a-um: *necessary* N 135, 391
necessitās-tātis, f: *need* V 25
necessitūdō-tūdinis, f: *need* IX 77
necō (1): *kill, murder* N 45, 345
nefārius-a-um: *heinous* XXXV 304-5
nefās, n: *wickedness, sin*
neglegō-ere, neglēxī, neglēctus: *overlook* VII 52
negō (1): *say no*, deny N 19, 334; XXVIII 254
negōtium-ī, n: *business* XXXV 303
nēmō, m&f (acc neminem; dat neminī): *nobody* IV 23; VI 33
nempe (intensifier): *surely* N 132, 389
nepōs-ōtis, m: *descendant* N 55, 349
Neptūnus-ī, m: *Neptune* XXVIII 257
neque, variant of *nec* 370
nesciō (4): *not know* XXI 190
nescioquis-quid: *someone, something* N 143, 397
neuter-tra-trum (special dat & gen): *neither* XIX 170
nex, necis, f: *slaughter* N 45, 345-46
nī: variant of *nisī*
niger-gra-grum: *black* N 2, 326
nihil, n (only form in common use): *nothing* XI 95
nīl: variant of *nihil* X 86
nimis (adverbial): *too much* XXIX 263
nimius-a-um: *too much* N 25, 335-36
nisī (subord conj): *unless, if not* XVI 148
nīsus-ūs, m: *effort* N 97, 367
niteō-ēre: *shine* N 18, 334

nitor-ōris, m: *brightness* N 136, 392-93
niveus-a-um: *snowy* N 2, 326
nix, nivis, f: *snow* N 1
nīxus-a-um: *resting on* N 130, 388-89
nōbilis-e: *high-born, excellent* N 57, 349
nōbilitās-tātis, f: *nobility* IX 78
nōbilitō (1): *ennoble* RL I 43
nocēns (participle of noceo): *guilty* XIII 115
noceō-ēre-uī-itūrus: with dat, *harm* XIII 115
nocturnus-a-um: *belonging to night* XXIV 222
nōlō, nōlle, nōluī: *not wish* RL V 193
nōmen, nōminis, n: *name* XXI 185
nōminō (1): *name* N 129, 387
nōn (negator affecting single words, phrases, clauses): *not* I 1
nōndum (adverbial): *not yet* N 35, 339; N 44, 343
nōnnūllī-ae-a: *some* XXXV 304
nōnnumquam (adverbial): *sometimes* XIX 173
nōnus-a-um: *ninth* App.
Nōricus-a-um: of Noricum N 26, 336
nōs (pron): *we* XXII 203
nōscō-ere, nōvī, nōtus: in imperfective, *to become acquainted with*; in perfective, *to have become acquainted with* or *to know*, cf. *novi* XXVIII 256
noster-tra-trum: *our* XIV 125
nōtus-a-um: *known* RL V 197
nōvī, nōvisse: *know* N 25, 335-36 XXVIII 256
novus-a-um: *new* VI 38
nox, noctis, f: *night* XI 101
nūbilus-a-um: *cloudy* XXV 229
nūbō-ere, nūpsī, nūptus: *veil oneself*; of a woman, *be married* (with dat) XV 134
nūgae-ārum, f: *trifles* N 115, 376
nūllus-a-um (negating adj: special dat & gen): *no, none* VI 34
num (interrog particle): *surely not, whether* XX 178
nūmen-inis, n: *divinity*
numerus-ī, m: *number* XXIV 224
Numidiae-ārum, m: people of N. Africa XXVIII 257
nummus-ī, m: *coin* XIX 174
numquam (adverbial): *never* I 1
numquid (interrog particle): N 149, 402
nunc (adverbial): *now* N 21, 334
nūntiō (1): *announce* XXIV 224
nūntius-ī, m: *messenger* XXXIII 293
nūper (adverbial): *recently* N 39, 341
nūptiae-ārum, f: *marriage* N 4, 328
nutriō (4): *nourish* XXI 185

ob (prep with acc): *because of* N 22, 335
obeō-īre-iī-itūrus: *go to meet* N 129, 387-88
obitus-ūs, m: *death* N 18, 334
oblectō (1): *delight* N 143, 396
oblīvīscor-ī, oblitus (with gen): *forget* N 112, 375
obscūrus-a-um: *dark, shady* XXIV 224
obsequor-sequī-secūtus: with dat, *obey* N 96, 366
obses-sidis, m: *hostage* N 134, 390-91
obumbrō (1): *cover with a shadow* VII 57
obviam (adv): *in the way, against* XXVIII 257; N 64, 352
obvius-a-um: *face to face* N 116, 377-78
occāsiō-ōnis, f: *opportunity* IV 20
occāsus-ūs, m: *fall* N 135, 391
occīdō-ere: *kill* XXIV 224
occupō (1): *occupy* XXXVII 312
occurrō-ere: *meet* N 40, 342
octāvus-a-um: *eighth* App.
oculus-ī, m: *eye* IX 81
ōdī, ōdisse (perfective system only): *hate* N 8, 329-30; XXIII 216
odium-ī, n: *hatred* N 14, 331
odor-ōris, m: *smell, fragrance* XVII 151
odoror (1): *smell* something N 110, 373
offerrō-ferre, obtuli, oblātus: *offer* something to someone IV 20
officium-ī, n: *duty* N 111, 374-75
oleaster-trī, m: *wild olive* N 117, 378
oleō-ēre-uī: *give off an odor*, pleasant or unpleasant XII 109
olfaciō-ere: *smell* N 110, 373
ōlim (adverbial): *formerly; one day in the future* XXV 229
omnīnō (adverbial): *altogether, entirely* XXXIV 300
omnis-e: with sg nouns, *each, every*; with pl nouns, *all* V 25

opācus-a-um: *dark, shady* XXXII 286
opīniō-ōnis, f: *reputation* XVIII 161
oportet-ēre-uit: (impersonal verb) *ought, should* XXXVI 310
oppidum-ī, n: *town* XXXVII 313
opprimō-ere-pressī-pressus: *crush, overwhelm* N 45, 345-46
ops, opis, f (the nom sg does not occur): *power, wealth, assistance* XII 107
optimus-a-um: *best* XIV 120
optō (1): *wish, desire* XXVI 244
opus, operis, n: *work, labor*; as result of work, *building, book*, etc. VI 32
ōra-ae, f: *coast, edge* N 134, 390
ōrātiō-ōnis, f: *speech* RL I 43
ōrātor-ōris, m: *one who excels at public speaking*, an art much valued by the Romans XX 178
orbis-is, m: *circle; world* (with or without terrarum) RL II 68
ordō-inis, m: *rank, order* IX 82
Orgetorīx-īgis, m: chief of the Helvetii XXXII 286
orīgō-inis, f: *beginning* XXVI 240
orior-īrī, ortus; *rise, be born* N 52, 348
ōrnō (1): *decorate* RL II 68
ōrō (1): *beg, pray* XIII 117
Orpheus-ī, m: *a poet & musician* XXXII 283
ōs, ōris, n: *mouth* N 1
os, ossis, n: *bone* N 46, 346
ōscitō (1): *open the mouth* N 8, 329-30
ōsculum-ī, n: *kiss* N 120, 379; N 140, 394
ōvum-ī, n: *egg* XV 141

pābulum-ī, n: *food* XXVII 250
paene (adverbial): *almost* N 103, 369-70
pāgus-ī, m: *country, district* N 44, 343
palleō-ēre-uī: *be pale* N 8, 329
pallidus-a-um: *pale* N 8, 329
palus-ūdis, f: *marsh* N 126, 383-84
Pamphylia-ae, f: N 134, 390
pānis-is, m: *bread, loaf of bread* XXXIV 299
pār (one ending adj): *equal* N 36, 340
Paradīsus-ī, m: *Paradise* RL IV 129
parcō-ere, peperci, -parsūrus (special intransitive with dat): *spare* XXIV 224
parēns-entis, m&f: *father* or *mother* XVIII 165
pariēs-etis, m: *wall* XXXV 304-5
pariō-ere, peperī, partus: *bear, produce* XXXVI 310
parō (1): *prepare* XIII 112
pars, partis, f: *part* XIII 116
partim (adv): *partly* N 134, 390
parvulus-a-um: *little, tiny* X 86
parvus-a-um: *small* VI 37
pascō-ere, pāvī, pāstus: *feed* someone VII 52
passer-eris, m: *sparrow* N 120, 379-80
passus-ūs, m: *double step; five feet* XI 100
patefaciō-ere-fēcī-factus: *open, disclose* XXXVII 313-14
pateō-ēre-uī: *stretch, lie* XI 102
pater, patris, m: *father* V 25
patior, patī, passus: *permit, allow, suffer, undergo* an experience IV 21
patria-ae, f: *fatherland* X 89
paucī-ae-a: *few* XVI 148
paulō (adverbial): *a little, somewhat* XXIV 224
paulum (adverbial): *a little, somewhat* N 16, 332
pauper (one ending adj): *poor* IV 20
pavidus-a-um: *fearful* N 126, 383-84
pavor-ōris, m: *fear* N 129, 387-88
peccō (1): *sin* XXV 229
pectus-oris, n: *breast, heart* N 103, 369
pecūnia-ae, f: *money* XVI 148
pejor, pejus: *worse* XIII 120
pelagius-a-um: pertaining to the *sea* N 116, 377-78
pellis-is, f: *skin* N 97, 367
pendeō-ēre, pependī: *hang* XII 110
penna-ae, f: *feather* N 136, 392
per (prep with acc): *through* XI 94
peragō-ere-ēgī-āctus: *carry through, complete* XXV 229-30
percellō-ere-culī-culsus: *strike* N 64, 352
percipiō-ere-cēpī-ceptus: *seize hold of*, often with the mind N 143, 396
perdō-ere, perdidī, perditus: *destroy, lose* XIV 121
perdūcō-ere-dūxī-ductus: *bring to, prolong* XXXV 304
peregrīnātiō-ōnis, f: *pilgrimage* N 1
peregrīnor (1): *travel* N 143, 396-97
perennis-e: *perpetual* N 111, 374

pereō-īre-iī-itūrus: *die* I 1
pererrō (1): *wander through* N 109, 372
perferō-ferre-tulī-lātus: *bear, endure* N 36, 340
perficiō-ere-fēcī-fectus: *complete* XIII 112
pergō-ere-rēxī-rēctus: *proceed, go on* XXXIV 300-301
perīculum-ī, n: (variant, *peric'lum*): *danger, trial, experiment, risk* RL II 71
perītus-a-um (with gen or abl): *experienced, expert* XXI 189
perniciēs-ēī, f: *destruction* XXXVII 313
pernoctō (1): *stay all night* N 143, 396
perōdī-ōdisse-ōsus: *hate thoroughly* N 8, 329
perpaucus-a-um: *very little, very few* N 26, 336
perpetuus-a-um: *everlasting* XIX 174
perquīrō-ere-quīsīvī-quīsītus: *inquire thoroughly* XXXI 280
persaepe (adverbial): *very often* XX 180
persolvō-ere-solvī-solūtus: *pay* N 44, 344
persuādeō-ēre-suāsī-suāsūrus: *convince, persuade* XXXII 286
pertineō-ēre-tinuī: *pertain to* RL IV 129
perveniō-īre-vēnī-ventūrus: *come to, arrive* N 26, 336
pēs, pedis, m: *foot* XVII 154
pessimus-a-um: *worst* XIV 120
petō-ere, petīvī, petītus: *seek, beg; attack, aim at* VI 32
petulāns (one ending adj): *saucy* N 126, 383-84
philosophia-ae, f: *philosophy* RL IV 128
philosophus-ī, m: *philosopher* V 30
pictūra-ae, f: *picture* XI 97
pietās-tātis, f: quality of ideal Roman, applied to son, citizen, or soldier, showing respect for institutions of Rome by performing duty to country, family, gods N 36, 340
piger-gra-grum: *lazy, reluctant, dull* XXII 208
piget (impersonal verb having only third sg and never a personal noun as subject): *cause sorrow* XXVIII 256
pila-ae, f: *ball* N 133, 390
pilum-ī, n: *javelin* N 124, 382
pingō-ere, pīnxī, pictus: *paint* XVII 151
pinguis-e: fat; *rich; fertile* N 142, 395-96
pīrāta-ae, m: *pirate* N 116, 377-78
piscis-is, m: *fish* VIII 60
pius-a-um: *dutiful, godly, holy* N 47, 346
placeō-ēre-uī-itūrus: with dative, *please* XV 135
planta-ae, f: *sprout, twig; tree; sole of foot* X 88
plaustrum-ī, n: *wagon, cart* XXXVII 313-14
plēnus-a-um: with gen or abl, *full* XXXII 290
plērīque, plēraeque, plēraque: *very much; very many* XX 181
plōrō (1): *weep* N 98, 367-68
plūrimus-a-um: *most* XIV 120
plūs, plūris, n: *more* XIV 120
pluvia-ae, f: *rain* N 1
pōculum-ī, n: *cup, drink* N 16, 332
poena-ae, f: *punishment* XXI 189
poēta-ae, m: *poet* VI 34
pollēns-entis: *powerful* N 64, 352
polliceor-ērī-itus: *promise* N 56, 349
polluō-ere: *defile* N 120, 380
polus-i, m: *pole, sky* XII 110
pōnō-ere, posuī, positus: *put down* XVIII 161
pontus-ī, m: *sea* XXVIII 257
populus-ī, m: *people* XVII 155
porta-ae, f: *gate, entrance* XXXVII 313
porticus-ūs, f: *portico, colonnade* N 103, 369-70
portō (1): *carry* IV 20
portus-ūs, m: *harbor* N 72, 355
poscō-ere, poposcī: *demand* XXI 189
possum, posse, potuī (compound of *sum*): *can, be able* XXI 184; XXII 202
post (prep with acc and adverbial): *behind, after* XI 94
posteriī-ōrum, m: *descendants* N 109, 372
postquam (subord conj): *after* XIII 114
postulō (1): *demand* XXIV 224
potēns (one ending adj): *powerful* N 97, 367
potestās-tātis, f: *power* XXXV 304
potō (1): *drink* N 56, 349
praebeō-ēre-uī-itus: *offer* N 143, 397
praeceptum-ī, n: *advice* RL IV 128
praeclārus-a-um: *outstanding* XXXV 303

praeclūdō-ere-clūsī-clūsus: *shut off* N 126, 383-84
praecō-ōnis, m: *herald* XXXV 303
praeda-ae, f: *booty* N 129, 387-88
praedicō (1): *declare* N 66, 354
praeficiō-ere-fēcī-fectus: *put in charge* N 124, 382
praedō-ōnis, m: *rubber* N 134, 390
praepōnō-ere-posuī-positus: *put in charge* XV 134
praescrībō-ere (1) scrīpsī-scrīptus: *write before, prescribe* XV 134
praesidium-ī, n: *garrison* XXXV 304
praestō-stāre-stitī: *excel; fulfill* an obligation N 56, 345
praestō (adverbial): *at hand, ready* XXXVII 313
praeter (prep with acc): *besides, beyond, more than* XI 95
praetereā (adverbial): *besides, further* XXXVI 309
praetereō-īre-iī-itus: *pass by* XVIII 161
prātum-ī, n: *meadow* N 97, 367
prāvus-a-um: *evil* N 126, 383
precor (1): *pray to; beg* N 4, 328
premō-ere, pressī, pressus: *press, harass* XII 107
pretium-ī, n: *price, value* N 11, 331
Priamus-ī, m: king of Troy XXXI 276
prīmus-a-um: *first* RL IV 129
prīnceps (one ending adj): *first, chief* XV 137; XVI 148; N 44, 343
prior, prius (comparative): *former, previous* N 26, 336
priusquam (adverbial): *before* N 26, 336
prō (prep with abl): *of place, in front of*; with persons, *in behalf of* X 90
probō (1): *test; approve* XXVI 243
procul (adverbial): *at a distance, far* XXIV 224
prōcurrō-ere: *rush forward* N 124, 382
prōdigiōsus-a-um: N 140, 394
prōditor-ōris, m: *betrayer* N 1
proelium-ī, n: *battle* N 26, 336
profectō (adverbial): *really* N 143, 397
proficīscor-ficīscī-fectus: *set out* XXIV 224
profugiō-ere: *flee* N 26, 336
prōgredior-gredī-gressus: *move forward* XXVI 243-44
prōmittō-ere-mīsī-missus: *promise* N 56, 349
prope (prep with acc): *near* XI 95
Propertius-ī, m: Roman poet XXV 229
prōpōnō-ere-posuī-positus: *put forward* N 129, 387
proprius-a-um: *one's own* XXI 184
propter (prep with acc): *because of* XIX 173
proptereā (adverbial): *therefore* XIV 125; XXVII 250
prōsiliō-īre: *leap forth* N 10, 330
prosperus-a-um: *according to one's wishes* XXI 190
prōsum, prōdesse, prōfuī: *be of advantage* XXXII 290
prōtinus (adverbial): *immediately* N 112, 374
prōveho-ere-vexī-vectus: *transport, sail on* N 135, 391
prōvincia-ae, f: *province, sphere of action* XIV 125
proximus-a-um: usually with dat, *near* XV 135
prūdēns (one ending adj): *prudent* I 1
pūblicus-a-um: *public* N 16, 332
pudīcus-a-um: *chaste* N 111, 374-75
pudor-ōris, m: *shame, modesty* N 120, 379-80
puella-ae, f: *girl* VII 50
puer-ī, m&f: *child*, most commonly a male child, *boy* IV 18
pugnō (1): *fight* 370
pulcher-chra-chrum: *handsome, pretty* I 1
pūniō-īre: *punish* N 136, 392
purgō (1): *purge, cleanse* N 82, 361
pūrus-a-um: *clean* in physical or spiritual sense V 25
puteus-ī, m: *well* N 130, 388
putō (1): *think* N 64, 352; XXXVI 307

quaerō-ere, quaesīvī, quaesītus: *seek, ask* I 1
quaestor-ōris, m: N 124, 382
quaestus-ūs, m: *profit, money making* N 116, 377-78
quālis-e (interrogative adj): *what kind of* VI 33; also used as a relative X 86
quam (adverbial patterning with adj and adv): *how, as* X 86
quam diū (adverbial): *how long* XI 95; N 32, 338

quamvīs (subord conj): *although* N 112, 375
quandō (interrog adv): *when* IX 83
quantō...tantō (correlative adv): in the environment of a comparative, *the... the* XV 132
quantus-a-um (interrog adj): *how great* VI 33
quārtus-a-um: *fourth* XI 97, 101; RL IV 129
quasī (subord conj): *as if* XXIX 263
-que (enclitic coord conj): *and* XII 110
-que...que (enclitic double coord conj): *both...and* XII 110
querēla-ae, f: *complaint* N 78, 357
queror, querī, questus: *complain* XXI 189
quī (adverbial): *how* N 45, 345
quī, quae, quod (interrog adj): *which;* forms are identical with relative pronoun III 14
quī, quae, quod (relative pron): *who, which, what, that*; forms are identical with interrog adj. X 84
quia (subord conj): *because* X 90
quīcumque, quaecumque, quodcumque (relative pron): *whoever, whatever* X 85
quīdam, quaedam, quoddam: *certain, a sort of* RL IV 129
quidem (intensifier): *in fact* N 16, 332
quiēscō-ere, quiēvī, quiētus: *be at rest, be peaceful* XXIV 222
quīn (subord conj): *but that, but without* N 129, 387
quīndecim: *fifteen* N 81, 359
quīnquāgintā: *fifty* N 109, 372
quīntus-a-um: *fifth* App.
quippe (intensifier): *surely* N 128, 385-86
Quiris-itis, m: Roman citizen XXXV 304
quis, quid (interrogative pron): *who, what*; (indefinite pron): *anyone, anything* III 14
quisquam, quaequam, quicquam (indefinite pron): *any, anyone, anything* XXI 190
quisque, quaeque, quodque (indefinite adj): *every, each* RL II 72
quisque, quidque (indefinite pron): *each one, everyone* XV 136, 142
quisquis, quidquid (relative pron): *whosoever* XIX 174
quō (adverbial): *to what place* XI 95
quō...eō (with a comparative): *the...the* XIX 171
quoad (adverbial & conj): *as long as, until* XXXIII 292
quod (adverbial acc of qui, quae, quod): *because* XIV 125
quondam (adverbial): *once, formerly* RL VI 232
quoniam (subord conj): *since, because* XXXV 303
quoque (intensifier): *also* N 5, 328
quot (adjectival): asking for a number, *how many?* VIII 60
quotiens (adv): *how often* IV 21
quotus-a-um: *in what number* XI 97

rādīx-īcis, f: *root,* often in figurative sense XXVII 249
raeda-ae, f: *carriage* N 21, 334
rapiō-ere-uī, raptus: *seize, snatch* N 17, 333; XXX 267
rārus-a-um: *rare* XVI 147
ratiō-ōnis, f: *reason, logical thinking* VI 34
recipiō-ere-cēpī-ceptus: *receive* N 134, 390
recitō (1): *recite* N 12, 331
rēctus-a-um: *correct, right* XII 109, 111
recumbō-ere: *lie down, recline* XXXVII 313-14
reddō-ere, reddidī, redditus: *give back* I 1
redeō-īre-iī-itūrus: *go back* XII 106
referō-ferre, rettulī, relātus: *bring, carry back* N 16, 332
refundō-ere-fūdī-fūsus: *pour back* XXVIII 258
rēgīna-ae, f: *queen* XVIII 161
regiō-ōnis, f: 370
regius-a-um (adj): *royal* N 64, 352
rēgnō (1): *hold power, rule* XI 96
regō-ere, rēxī, rēctus: *guide, rule, direct* I 1
religiō-ōnis, f: *religion* VII 52
reliquus-a-um: *remaining, left* N 26, 336
remaneō-ēre-mānsī-mānsūrus: *remain* XIX 263
remedium-ī, n: *remedy* RL IV 129
remissiō-ōnis, f: *release, mildness, relaxation* N 143, 396
renovō (1): *renew* N 78, 357
repente (adverbial): *suddenly* XXVIII 257

reperiō-īre: *find* N 59, 350
repetō-ere: *go back to* XXXIV 300
repudiō (1): *divorce, refuse* XXXVI 307
requiēs-ēī, f: *rest* N 68, 355
requīrō-ere-quīsīvī-quīsītus: *ask* XXXI 276
rēs, reī, f: a word of wide area of meaning used of all material objects, *thing, object*; also used of actions, *deed, affair, condition, situation*; *rēs publica* is the State I 1; XVII 159
resideō-ēre: *remain, sit* N 136, 392
resistō-ere, restitī: with dat, *stand against* XV 137
resolvō-ere: *unfasten, dissolve* X 86
respiciō-ere: *look at* XXX 267
respondeō-ēre-spondī-spōnsus: *answer* XXXIII 295
restituō-ere: *set up again* XXI 190
retrō (adverbial): *back* XXXVI 310
revēlō (1): *uncover* VIII 64
revertō-ere-vertī-versus: *turn back* XXIV 224
revocō (1): *call back* XXXVI 310
rēx, rēgis, m: *king* XI 101
Rhēnus-ī, m: *Rhine* XIV 125
rhētor-oris, m: *orator, professor* XXXIV 300
Rhodanus-ī, m: *Rhone* XI 100
rīdeō-ēre, rīsī, rīsus: *laugh, laugh at* XXXIV 298
rīdiculus-a-um: N 43, 343
rīpa-ae, f: *bank* N 26, 336
rīsus-ūs, m: *laughter* N 110, 373-74
rīvus-ī, m: *stream, brook* N 45, 345
rogō (1): may take two acc, *ask* N 4, 328
Rōma-ae, f: *Rome* XI 95
Rōmānus-a-um: *Roman* XIII 117
rostrum-ī, n: *beak* N 1
rubeo-ēre-uī: *be red* N 8, 329
rubēscō-ere: *become red* XXIV 224
rubidus-a-um: *red* N 8, 329
rūgōsus-a-um: *wrinkled* N 97, 367
rumpō-ere, rūpī, ruptus: *break* XXV 228
ruō-ere, ruī, rutus: *tumble down, run* XII 106
rūrsus (adv): *again* N 97, 367
rūs, rūris, n: *country, estate* N 38, 341
rūsticor (1): *live in the country* N 143, 397
rūsticus-a-um: pertaining to the *country* XXXIII 295

sacculus-i, m: *pocketbook* N 110, 373
sacer, sacra, sacrum: *sacred* N 18, 334
saeculum-ī, n: *period of time; average lifetime* (33 years); *generation; longest lifetime* (100 years), *century* N 142, 395
saepe (adverbial): *often* IV 19-20
saeviō-īre: *rage* N 128, 385-86
sāl, salis, m: *salt; humor* N 110, 373
saliō-īre: *leap* N 35, 340
salsus-a-um: *salty; witty* N 43, 343
saltō (1): *dance* N 133, 390
saltus-ūs, m: *woods* XXIV 223
salūbris-e: *healthy* N 111, 374
salūs-ūtis, f: *health, safety; salvation* XVII 155
salūtō (1): *greet* XXIV 224
sānctus-a-um: *holy* XXIII 216
sanguis-inis, m: *blood*
sānus-a-um: *sound, healthy* VI 32-33
sapiēns (one ending adj; imperfective participle of *sapiō*): *wise* I 1
sapientia-ae, f: *wisdom* I 1
sapiō-ere, sapīvī: *be wise* XII 104
sarcina-ae, f: *bundle; money bags* N 103, 369-70
sat (variant of *satis*) XV 141
satis (adverbial & adjectival): *enough* X 90
Saturnālia-ium, n: festival of Saturn in December N 102, 369
scelerātus-a-um: *wicked* N 122, 381-82
scientia-ae, f: *knowledge*, not restricted to science RL V 192
scindō-ere: *cut open, tear apart* N 43, 343
sciō (4): *know* RL V 194
scorpiō-ōnis, m: *scorpion* VII 52
scrībō-ere, scrīpsī, scrīptus: *write* XIII 113
scrīptor-tōris, m: *author* N 7, 329
sē (reflexive pron, variant *sēsē*): *himself, herself, itself, themselves* N 5, 328; XXII 208
secō (1): *cut* N 141, 395
sēcrētus-a-um: *secret* RL IV 128
secundus-a-um: *second* RL IV 129
sēcūritās-tātis, f: *freedom from care* XXII 204

sēcūrus-a-um: *free from care* XVIII 164
sed (coord conj): *but* RL II 73
sedeō-ēre, sēdī: *sit* N 147, 399
sēdēs-is, f: *residence* N 36, 340; XXXIV 300
semel (adverbial): *once* XV 135
sēmen-minis, n: *seed* XXIII 217
semper (adverbial): *always* VI 33
senectūs-tūtis, f: *old age* XVI 147
senex (one ending adj; gen *senis*): frequently used as a noun, *old* XXVIII 256
sentiō-īre, sēnsī, sēnsus: *feel* N 41, 342
sepeliō (4): *bury* XIII 116
septem: *seven* XXII 208
Septentriō-ōnis, m: *north wind* XXVII 250
septimus-a-um: *seventh* App.
Sēquanī-ōrum, m: people of N Gaul XI 100
sequor, sequī, secūtus: *follow* XX 177
serēnus-a-um: *bright, fair* XXIV 220
sermō-ōnis, m: *speech* XX 180
sērus-a-um: *late* N 103, 369
serviō (4): with dat, *serve* XV 134
servitūs-tūtis, f: *slavery* XIII 117
servō (1): *preserve, save* XXIII 216
servus-ī, m: *slave, servant* X 89
sex: *six* XXII 208
sextus-a-um: *sixth* App.
sī (subord conj): *if*, with ind, VIII 63; IX 77; with subj XXXIV 300
sīc (adverbial): *thus, so* IX 83
siccitās-ātis, f: *dryness* N 1
siccus-a-um: *dry* N 1
sīdus-eris, n: *star; constellation* XII 110
sīgnum-ī, n: XIX 173
silentium-ī, n: *silence* XXVIII 256
sileō-ēre-uī: *be silent* XIII 116
silva-ae, f: *forest* RL IV 128
similis-e: usually with dat, *like, similar* XV 135
simplex (one ending adj): *simple* N 122, 381
simul (adverbial): *at the same time* XIII 114
simulācrum-ī, n: *likeness* N 127, 385
sincērus-a-um: *whole, genuine* N 110, 373
sine (prep with abl): *without* I 1
singulāris-e: *unique* N 143, 397
singulī-ae-a: *one each, single* XI 101
sinō-ere, sīvī, situs: *let, allow* N 82, 361
sinus-ūs, m: *curve, pocket* N 8, 329
sitiō (4): *be thirsty*; with acc, *thirst for* XXIV 223
sitis-is, f: *thirst* RL IV 129
situs-a-um: *situated* N 40, 340
sīve...sīve: *whether...or* N 44, 344
socer-erī, m: *father-in-law* N 44, 344
societās-tātis, f: *alliance* XXXV 302
socius-a-um: *friend, companion* RL IV 128
sodālis-is, m: *companion* N 94, 365
sodālitās-tātis, f: *organization, club* N 94, 365
sōl, sōlis, m: *sun* XII 110
sōlācium-ī, n: *comfort, consolation* N 143, 396
soleō-ēre, solitus: usually with infinitive, *be accustomed* to do something XX 183
sōlitūdō-tūdinis, f: *solitude* XVI 144
solum-ī, n: *soil, earth* N 142, 396
sōlus-a-um: (special dat & gen) *alone* IX 78
solvō-ere, solvī, solūtus: *loosen, untie; destroy; pay money* V 30
somnium-ī, n: *dream* XXXVII 313-14
somnus-ī, m: *sleep* XII 110
sonō (1): *make a noise* N 80, 358-59
soror-ōris, f: *sister* N 36, 340
sors, sortis, f: *fortune, lot* RL IV 129
spatium-ī, n: *space* N 124, 382
speciēs-ēī, f: *appearance* XVIII 163
speculor (1): *watch for* XXXV 304-5
speculum-ī, n: *mirror* X 89
spernō-ere, sprēvī, sprētus: *despise* XIV 121
spērō (1): *hope;* with acc, *put hope in* XXIX 262
spēs-eī, f: *hope*, often used of foolish hope; *expectation* of good or evil I 1
sphaera-ae, f: *ball, sphere* N 133, 390
spīritus-ūs, m: *breath, spirit* XXX 270
splendeō-ēre: *shine* N 136, 392
sportula-ae, f: *small basket, dole* N 40, 342
stadium-ī, n: *race of about 200 yards* N 132, 389
statim (adverb): *immediately* XII 106
statuō-ere-uī-ūtus: *decide, determine* XXXI 280
status-ūs, m: *situation* XXI 187

stēlla-ae, f: *star* XIII 117
stercus-oris, n: *dung* XXXVII 313-14
stō, stāre, stetī, statūrus: *stand* RL II 68
strēnuus-a-um: *vigorous* X 88
struō-ere, strūxī, strūctus: *build* N 109, 372-73
studiōsus-a-um: *eager, diligent* N 16, 332
studium-ī, n: *enthusiasm, study* IX 82
stultitia-ae, f: *stupidity* XIX 173
stultus-a-um: *stupid* I 1
stupeō-ere-uī: *be stunned* N 8, 329
suādeō-ēre, suāsī, suāsūrus: *persuade* XII 110
suāvis-e: *sweet, pleasant* N 110, 373
suāvium-ī, n: *kiss* N 120, 379-80
sub: as prep with acc, *to a position under, under* XI 95; as prep with abl, *in a position under, under* IV 19-20
subdolus-a-um: *crafty* N 136, 392
subeō-īre: *go under* XXXVII 313
subitus-a-um: *sudden* XV 140; subito (adv): *suddenly* N 75, 357
subsidium-ī, n: *aid, assistance* XXXVI 310
suburbānus-a-um: N 93, 364
subvehō-ere-vexī-vectus: *transform, carry up* XXVII 250
subveniō-īre: *come to the assistance of* XXXVII 313-14
succēdō-ere-cessī: *come up under; take the place of* XV 141
Suēbus or Suēvus-a-um: of or belonging to the Suebi N 26, 336
sum, esse, fuī, futūrus: intransitive, *exist*: copulative in A=B construction, *is* VI 26, 33; XXII 202
summus-a-um: *highest* N 16, 332
sūmō-ere, sūmpsī, sūmptus: *take* N 35, 339-40; XXIX 263
super (prep with acc): *above* XI 95
superbia-ae, f: *pride, arrogance* N 64, 352
superbus-a-um: *haughty, proud* XVI 144
superō (1): *overcome* XIV 121
superstitiō-ōnis, f: VII 52
supersum-esse-fuī: *be left* App. 444
superus-a-um: *upper;* as plural noun, *god* IX 82
suppetō-ere: *be available* XXVII 250
suprā (prep with acc): *above* XI 95; (adv) *on top* XXXVII 313-14
suprēmus-a-um: XVII 155
surgō-ere, surrēxī, surrēctus: *rise, get up* XXXVII 313-14
suscipiō-ere: *undertake* XXXV 303
suscitō (1): *arouse* XXIX 260
suspīrium-ī, n: *deep breath* N 120, 380
suus-a-um: used when verb is third person to show that modified noun belongs to subject, *his, her, its, their* RL I 43

tabula-ae, f: *board, plank, writing tablet* N 116, 377
taceō-ēre-uī-itus: *be silent* XII 109
tālis-e; *such* X 86
tam (adverbial indicating degree): *as* X 86
tamen (conj): *however* XXXVI 310
tamquam (conj): *as if* XIX 171
tandem (adv): *finally* N 97, 367
tangō-ere, tetigī, tāctus: *touch* N 35, 339
Tantalus-ī, m: XXIV 223
tantus-a-um: *so great,* answer to *quantus* XV 132; adverbial acc *tantum* means *only* XVII 152, 155
tardus-a-um: *slow, late* XXX 272
Tartara-ōrum, n: *Tartarus* XXXII 286
taurus-ī, m: *bull* N 16, 332
tēctum-ī, n: *roof* XXXVII 313
tegō-ere, texī, tectus: *cover* XXIII 210; N 64, 352
tellūs-ūris, f: *earth* N 141, 395
tēlum-ī, n: *weapon*
temere (adverbial): *rashly* XXX 271
temperantia-ae, f: *temperance* XIV 128
temperō (1): *divide properly; be moderate;* with abl, *refrain from* N 68, 355
templum-ī, n: *consecrated spot; building* in such a spot XVIII 164
temptō (1): *try* XXVIII 253
tempus, temporis, n: *time* VIII 64
tendō-ere: *stretch* XXV 228
tenebrae-ārum, f: shadows XXXV 304-5
teneō-ere-uī, tentus: *hold* something physically; *hold* something in the mind, *consider* IV 18-20
tener-era-erum: *tender* N 49, 347
tergum-ī, n: *back* N 26, 336
ternī-ae-a: *three each, three* N 19, 334

terō-ere, trīvī, trītus: *wear out* N 103, 369
terra-ae, f: *land, earth* RL II 67
terreō-ere-uī-itus: *frighten* X 87
terror-ōris, m: *fright, alarm* XXVIII 257
tertius-a-um: *third* XI 97, RL IV 129
testāmentum-ī, n: *will* N 33, 338
testimōnium-ī, n: *evidence, proof* N 16, 332
testis-is, m: *witness* N 10, 330
testor (1): *testify* N 129, 387
Thāis, Thāides, f: Greek name N 3, 327
thēsaurus-ī, m: *treasure* X 89
tigillum-ī, n: *small piece of wood* N 126, 383-84
Tigurīnus-ī, m: *a district in Helvetia* N 44, 343
timeō-ēre-uī: *fear* XIII 60
timidus-a-um: *timid* IX 77
timor-ōris, m: *fear* XVII 151
titulus-ī, m: *inscription* N 28, 337
togātus-a-um: *wearing the toga* XXIV 224
tolerō (1): *bear, endure* XIII 117
tollō-ere, sustulī, sublātus: *take away* XXI 185
torqueō-ēre: *turn, twist* XIII 117
torus-ī, m: *bed* N 111, 374
tot (adjectival): *as many* X 86
totiēns (adverb): *as often as*, answer to *quotiens* X 86
tōtus-a-um (special dat & gen): *entire*, the *whole* XVII 151
trabs, trabis, f: *beam; ship* N 116, 377
tractō (1): *handle; treat* RL I 44
trahō-ere, trāxī, tractus: *draw, drag* VII 52
trānō (1): *swim across* N 26, 336
trāns (prep with acc): *across* XI 95
Trānsalpīnus-a-um: *beyond the Alps* N 134, 390
trānseō-ire-ii: pass through N 94, 364-65; XXXV 304
trānsferō-ferre-tulī-lātus: *move across* or *around;* of language, *translate* X 88
trānsmittō-ere: *carry* or *send* from one place to another XXII 207
trēs, tria: *three* XI 101
tribuō-ere: *give, bestow* N 93, 364
trīstis-e; *sad; prudish* XXI 185
trīstitia-ae, f: *sadness* N 120, 379
triumphus-i, m: formal *celebration* of outstanding military victory XXX 272
Troja-ae, f: *Troy* XIII 116
Trojānus-a-um: *Trojan* XIII 116
tū: (pron) *you* XXII 203
tuba-ae, f: *trumpet* XXXVI 310
tum (adverbial): *then* XXVIII 257
tumulus-ī, m: *mound, burial mound* N 17, 333
tunc (adverbial): *then* XXVIII 257
turba-ae, f: *crowd* N 93, 364
turbulentus-a-um: *disturbed; dirty* VI 38
turgidus-a-um: *swollen* N 60, 351
turpis-e: low in the Roman scale of values, *ugly, dishonorable* N 4, 328
tussio (4): *cough* N 4, 328
tūtus-a-um: *safe* XVIII 161
tuus-a-um: *belonging to you* (sg), *your, yours* XXI 191; XXII 203

ubi: as interrogative adverbial, *where* RL I 44; as relative conj, *when, where* IX 77
ubicumque (subord conj): *wherever* N 93, 364
Ubiī-ōrum, m: *German tribe* XXIV 224
ubique (adverbial): *everywhere* N 134, 390
ulcīscor-cīscī, ultus: *avenge* N 44, 344
ūllus-a-um: (special dat & gen) *any* XIX 170
umbra-ae, f: *shade, shadow* VII 57
umerus-ī, m: *shoulder* XIII 117
umquam (adv): *ever* XXVII 249
ūnā (adverbial): *together* XXXVII 313
ūnanimis-e: *harmonious* N 52, 348
unda-ae, f: *wave* XII 106
unde (interrogative adverbial): *from what place* RL II 73
ūndecimus-a-um: *eleventh* App.
ūndēvīcēsimus-a-um: *nineteenth* App.
undique (adverbial): *from all sides* XIV 125
unguentum-ī, n: *ointment* N 43, 343
unguō-ere, ūnxī, unctus: *cover with ointment* N 43, 343
ūnivira-ae, f: woman who has had only one husband N 52, 348
ūnus-a-um: (special dat & gen): *one, sole, single* VII 53
urbs, urbis, f: *city* XIII 116
urgeō-ēre: push, *impel* N 4, 328
ūrus-ī, m: *wild ox* N 16, 332

ūsque (intensifier): with verbs, *without stopping*, with *ad* means *as far as* N 99, 368
ūsus-ūs, m: *use, enjoyment, experience* N 38, 341
ut (subord conj): with ind, *as, when* IX 77; with subj *that, in order that, so that, how, although* XXXI 276
uter, utra, utrum (special dat & gen): *which of two* XIV 125
uterque, utraque, utrumque: *both* XIX 170
utī, variant of *ut* XXXII 283
ūtilis-e: *useful* XXV 228
utinam (adverbial): XXX 266
ūtor, ūtī, ūsus: with abl, *make use of* XXVII 250
utrum...an: *(which)...or* N 16, 332
ūva-ae, f: *bunch of grapes* N 35, 339-40
uxor-ōris, f: *wife* XXXVI 309

vacat (1) (impersonal): *there is time* XXXIV 300-301
vādō-ere: *go* N 81, 359
vadum-ī, n: *shallow water* XXVIII 257
vagor (1): *roam* N 126, 383-84
vagus-a-um: *wandering* N 64, 352
valeō-ēre-uī: *be strong, be worth* RL IV 129
validus-a-um: *strong* XVII 154
vānēscō-ere: *disappear* RL II 71
varius-a-um: *changeable* RL IV 129
vāstō (1): *lay waste* N 128, 386
-ve (coord conj): *or* N 31, 338; XXXVI 310
vehemēns (one ending adj): *violent, strong* XXXIII 296
vel (coord conj or intensifier): *or* XXI 188, 191
vellō-ere, vulsī (vellī), vulsus: *pull out* N 103, 369-70
vēlōcitās-tātis, f: *speed* N 16, 332
vēlōx (one ending adj): *swift* XXII 209
vēnātiō-ōnis, f: *hunting* N 16, 332
vendō-ere: *sell* N 38, 341
venēnum-ī, n: *poison* RL I 43
venerābilis-e: *venerable* N 117, 378
veniō-īre, vēnī, ventūrus: *come* XIV 125; XXIII 189
ventus-ī, m: *wind* XIII 116
Venus, Veneris, f: goddess of love, *love* RL IV 129
venustus-a-um: *charming* N 41, 342
vēr, vēris, n: *springtime* IX 82
verbōsus-a-um: *wordy* XXIX 260
verbum-ī, n: *word* VII 52
vereor, verērī, veritus: *fear;* in good sense *respect* XX 177-78
vēritās-tātis, f: *truth* I 1
vernula-ae, m&f: *young home-born slave* N 140, 394-95
vernus-a-um: of spring X 89
versiculus-ī, m: *unimportant verses* N 63, 352
versor (1): *be engaged* (in); *be busy* (with) XI 101
versus-ūs, m: *verse of poetry* N 8, 329
vertō-ere, vertī, versus: *turn something* XI 95
vērus-a-um: *true* XVII 154
vespillō-ōnis, m: *undertaker* N 39, 341
vester, vestra, vestrum: *your, yours* (pl) XXII 203
vestiō (4): *clothe* IV 20
vestis-is, f: *clothing in general* I 1
vetō (1): *forbid* N 92, 363-64
vetustās-tātis, f: *old age* N 116, 377-78
via-ae, f: *road* RL IV 129
vīcēsimus-a-um: *twentieth* App.
vīcīnus-a-um: *neighboring* N 80, 360
vicissim (adv): *in turn* N 110, 373-74
victor-ōris, XXIV 223
victōria-ae, f: *victory* IX 82
vīcus-ī, m: *village* N 80, 358
videō-ēre, vīdī, vīsus: *see* V25; the passive usually means *seem* and patterns in an A=B construction; also patterns with an infinitive, *seem* to do something
vigeō-ēre: *thrive, flourish* XXII 209
vigilia-ae, f: state of being awake, a *watch* N 44, 343
vigilō (1): *keep watch* XXI 190
vīlēscō-ere: *become worthless* XI 101
vīlicus-a-um: as noun, *foreman* of a farm N 103, 369
vīlis-e: *cheap, worthless* RL I 44
vīlla-ae, f: *country estate* N 38, 341
vincō-ere, vīcī, victus: *conquer* V 25
vinculum-ī, n: *chain* XXXV 303
vindicō (1): *protect* N 21, 334
vīnea-ae, f: *vineyard* N 35, 339-40
vīnum-ī, n: *wine* VI 32
violō (1): *violate* VII 52
vir, virī, m: *man; husband; hero* I 1

virgō-inis, f: *unmarried girl* N 17, 333
virtūs-tūtis, f: desirable quality; *bravery, virtue* IX 78
vīs, f (irreg noun): *force, violence, assault;* plural, vīrēs-ium: *strength* XVII 154
vīta-ae, f: *life* I 1
vitiōsus-a-um: *full of faults, corrupt* N 61, 351
vitium-ī, n: *blemish, imperfection; moral fault, crime, vice* VI 32
vīvō-ere, vīxī, vīctus: *live* I 1
vīvus-a-um: *alive* XXX 271
vix (adverbial): *with difficulty, hardly* RL V 194
vocō (1): *call* XXXIII 295
volō (1): *fly* RL IV 128
volō, velle, voluī: *wish, desire, want* I 1; XXII 202
voluntās-tātis, f: *wish, will* XXV 226
voluptās-tātis, f: *pleasure* RL IV 129
volvō-ere, volvī, volūtus: *turn* something; in passive, *turn oneself, get turned* XVIII 164
vōs (pron): *you* (pl) XXII 203
vōtum-ī, n: *vow* N 55, 349
voveō-ēre: *vow* N 117, 378
vōx, vōcis, f: *voice* XII 109
vulgus-ī, n (note that gender is neuter): *crowd* XXIV 223
vulpēcula-ae, f: *small fox* N 130, 388
vulpēs-is, f: *fox*, often used as symbol of shrewdness I 1
vultus-ūs, m: *face, expression* XII 109

zōna-ae, f: *belt, girdle* N 116, 377-78

INDEX

Consult both Appendix and Contents if you do not find enough information in the Index.